JN441342

COMMERCIAL LAW

3판

상법

총칙 · 상행위 · 회사

이 기 종

三 英 社

제3판 머리말

이번 제3판의 가장 중요한 개정 사항은 2020년 12월 29일 시행된 개정 상법의 내용을 반영한 것이다. 다중대표소송제도와 감사위원 분리선출제도의 도입, 감사·감사위원회위원 선임 시 의결권 제한 규정 정비 및 선임결의 요건 완화, 소수주주권 행사요건 완화, 전환사채의 전환 등의 경우 동등배당의 명시적 허용 등이 그 주된 내용이다. 또한 제2판 출간 이후에 나온 주요 판례를 추가하였으며, 기존 서술 내용 중 부족한 부분들을 보완하였다. 향후 공표되는 판결 및 개정 법령 등은 저자의 블로그(commerciallaw.blog.me)를 통해 신속하게 업데이트를 제공할 예정이다.

저자의 개인 사정으로 제3판 출간 계획이 다소 늦게 확정되었음에도 흔쾌히 이를 수락해 주신 삼영사 고성익 사장님께 진심으로 감사드린다. 촉박해진 일정에도 불구하고 신속히 편집 작업을 진행해 주신 임진숙 과장님께도 깊이 감사드린다. 또한 언제나 저자에게 마르지 않는 활력과 힐링의 원천이 되어 주는 가족들에게 사랑과 감사를 보낸다.

2022년 1월 21일

이 기 종

제2판 머리말

초판에서 아쉬운 부분이 많았는데 생각보다 빨리 제2판을 낼 수 있게 되어 과분한 성원 보내 주신 독자 여러분들께 감사드린다. 이번 판에서는 특히 최신 판례의 보강에 역점을 두었다. 즉, 2017년 이후의 관련 판례를 망라하여 인용하였으며, 주요 최신 판례들은 본문 중에 별도의 박스를 만들어 그 원문을 인용함으로써 그 사실관계와 법리를 상세히 파악할 수 있도록 하였다.

이러한 최신 판례 박스는 일반 학생들의 심화학습은 물론 로스쿨 학생들의 변호사시험 대비 및 법조인들의 실무에도 도움이 될 수 있을 것이다. 향후 독자 여러분들의 반응이 좋을 경우 최신 판례 박스의 내용을 더욱 확충해 나아가고자 한다.

제2판에서는 그 밖에도 초판의 오류와 누락을 바로잡고 개정 법령을 반영하였다. 출간 이후 공표되는 판결 및 개정 법령 등은 저자의 블로그(commerciallaw.blog.me)를 통해 신속하게 업데이트를 제공할 예정이다.

제2판 출간을 권유하고 독려해 주신 삼영사 고성익 사장님께 이 자리를 빌어 심심한 감사를 드린다. 올 들어 경제법과 상법의 개정판 편집 작업을 모두 진행하느라 애쓰신 임진숙 과장님께도 깊이 감사드린다. 또한 저자의 모든 집필 작업의 원동력을 제공해주는 변치 않는 후원자인 소중한 가족들에게 사랑과 감사를 보낸다.

2019년 12월 10일

이 기 종

머 리 말

상법학의 성과는 나날이 풍부해지고 있다. 각 분야별로 풍성한 수확물을 가득 담은 주옥같은 책들이 출간되어 서가를 채우고 있다. 필자가 감히 이 보고(寶庫) 위에 무언가 가치 있는 것을 덧붙이려 한다면 주제넘은 일일 것이다. 이 책은 그보다 훨씬 소박한 목적으로 쓰였다. 상법이라는 울창한 숲속에서 길을 잃지 않도록 주요한 이정표들을 간명하게 보여주고자 하는 것이 이 책의 목적이다. 그래서 이 책은 다음과 같은 방침 아래 집필되었다.

- 대학 및 실무계에서 널리 필요한 분야인 상법총칙·상행위법 및 회사법을 주제로 삼았다.
- 분문에서는 가급적 상법전을 중심으로 서술하고 특별법 등은 각주에서 다루었다.
- 본문만 읽어도 다수설과 판례의 입장을 알 수 있도록 표시하였다.
- 필자가 소수설을 취하는 경우에도 다수설과 판례의 입장을 존중하여 서술하였다.
- 주요 쟁점들을 놓치지 않으면서도 책이 두꺼워지지 않도록 최대한 간결하게 썼다.

한편 상법은 법령의 개정이 빈번하고 끊임없이 새로운 판례가 집적되는 분야이기도 하다. 출간 이후의 주요한 변화를 업데이트하기 위하여 블로그를 개설하였으니 참고하여 주시기 바란다(commerciallaw.blog.me).

이 책은 삼영사 고성익 사장님의 수년간에 걸친 격려가 없었으면 빛을 보지 못했을 것이다. 이 자리를 빌어 깊은 감사의 말씀을 드린다. 경제법에 이어 편집을 맡아 엉성한 원고를 깔끔하게 다듬어 주신 임진숙 과장님께도 심심한 감사를 드린다. 끝으로 '저녁이 없는 삶'이 연장된 것을 불평 없이 감내하면서 항상 새로운 힘을 충전시켜 준 가족들에게 사랑과 감사를 보낸다.

2017년 7월

이 기 종

차 례

제1편 상법총칙

제1장 총 설

제1절 상법의 의의 / 25

제2절 상법의 지위 / 26

Ⅰ. 상법과 민법의 관계 ······ 26
Ⅱ. 상법과 경제법의 관계 ······ 27
Ⅲ. 상법과 노동법의 관계 ······ 27
Ⅳ. 상법과 어음·수표법의 관계 ······ 27

제3절 상법의 특성 / 28

Ⅰ. 기업활동면의 특성 ······ 28
Ⅱ. 기업조직면의 특성 ······ 30
Ⅲ. 상법의 경향 ······ 31

제4절 상법의 법원 / 31

Ⅰ. 상사제정법 ······ 32
Ⅱ. 상사관계조약 ······ 32
Ⅲ. 상관습법 ······ 32
Ⅳ. 상사자치법 ······ 33
Ⅴ. 보통거래약관 ······ 33
Ⅵ. 판례·학설 ······ 34
Ⅶ. 조 리 ······ 35

제2장 상 인

제1절 상인의 의의 / 36

제2절 당연상인 / 37

Ⅰ. 「상행위」를 하는 자 ······ 37

Ⅱ. 「자기명의」로 상행위를 하는 자 ······ 40

제3절 의제상인 / 40

Ⅰ. 설비상인 ······ 41

Ⅱ. 민사회사 ······ 42

제4절 소상인 / 42

제5절 상인자격의 취득과 상실 / 42

Ⅰ. 자연인 ······ 43

Ⅱ. 법 인 ······ 44

제6절 영업능력 / 46

Ⅰ. 미성년자 ······ 46

Ⅱ. 피한정후견인 ······ 47

Ⅲ. 피성년후견인 ······ 47

제3장 상업사용인

제1절 상업사용인의 의의 / 48

제2절 지배인 / 49

Ⅰ. 의 의 ······ 49

Ⅱ. 선임과 종임 ······ 49

Ⅲ. 지배인의 권한 ······ 51

Ⅳ. 공동지배인 ······ 53

Ⅴ. 표현지배인 ······ 55

제3절 부분적 포괄대리권을 가진 상업사용인 / 57

Ⅰ. 의 의 ······ 57

Ⅱ. 선임·종임 …… 57
Ⅲ. 대리권의 범위 …… 57
Ⅳ. 표현지배인 규정의 유추적용 문제 …… 58
제4절 물건판매점포의 사용인 / 59
Ⅰ. 의 의 …… 59
Ⅱ. 적용요건 …… 59
Ⅲ. 대리권의 범위 …… 60
제5절 상업사용인의 경업피지의무 / 60
Ⅰ. 의 의 …… 60
Ⅱ. 내 용 …… 61
Ⅲ. 위반의 효과 …… 62

제4장 기업의 물적 설비

제1절 영업소 / 64
Ⅰ. 의 의 …… 64
Ⅱ. 수개의 영업소(본점과 지점) …… 64
Ⅲ. 영업소의 법률상의 효과 …… 65
제2절 상 호 / 66
Ⅰ. 상호의 의의 …… 66
Ⅱ. 상호의 선정 …… 66
Ⅲ. 상호권 …… 68
Ⅳ. 상호의 이전·변경 및 폐지 …… 71
Ⅴ. 명의대여자의 책임 …… 73
제3절 상업장부 / 77
Ⅰ. 의 의 …… 77
Ⅱ. 종 류 …… 77
Ⅲ. 상업장부에 관한 의무 …… 78

제5장 상업등기

제1절 의 의 / 80
Ⅰ. 개 념 ······ 80
Ⅱ. 등기사항 ······ 80
제2절 상업등기의 절차 / 81
제3절 상업등기의 효력 / 82
Ⅰ. 일반적 효력 ······ 82
Ⅱ. 특수적 효력 ······ 84
Ⅲ. 부실등기의 효력 ······ 84

제6장 영업양도

제1절 의 의 / 87
제2절 영업양도의 절차 / 88
Ⅰ. 영업양도계약의 체결 ······ 88
Ⅱ. 대내적 의사의 결정 ······ 88
제3절 영업양도의 효과 / 89
Ⅰ. 당사자간의 효과 ······ 89
Ⅱ. 제3자에 대한 관계 ······ 90

제2편 상행위법

제1장 총 론

제1절 상행위법의 의의와 특성 / 95
제2절 상행위의 의의와 종류 / 96

Ⅰ. 상행위의 의의 ……………………………………………………………… 96
Ⅱ. 상행위의 종류 ……………………………………………………………… 96

제3절 통 칙 / 99

Ⅰ. 민법 총칙편에 대한 특칙 …………………………………………………… 99
Ⅱ. 민법 물권편에 대한 특칙 …………………………………………………… 102
Ⅲ. 민법 채권편에 대한 특칙 …………………………………………………… 106
Ⅳ. 유가증권에 관한 규정 ……………………………………………………… 112

제4절 상사매매 / 113

Ⅰ. 매도인의 공탁권과 경매권 ………………………………………………… 113
Ⅱ. 확정기매매의 해제의제 …………………………………………………… 114
Ⅲ. 매수인의 목적물 검사·통지의무 ………………………………………… 115
Ⅳ. 매수인의 목적물 보관·공탁·경매의무 ………………………………… 116

제5절 상호계산 / 117

Ⅰ. 의 의 ………………………………………………………………………… 117
Ⅱ. 요 건 ………………………………………………………………………… 118
Ⅲ. 효 력 ………………………………………………………………………… 119
Ⅳ. 종 료 ………………………………………………………………………… 121

제6절 익명조합 / 121

Ⅰ. 의 의 ………………………………………………………………………… 121
Ⅱ. 내부관계 ……………………………………………………………………… 122
Ⅲ. 외부관계 ……………………………………………………………………… 124
Ⅳ. 종 료 ………………………………………………………………………… 124

제7절 합자조합 / 125

Ⅰ. 의 의 ………………………………………………………………………… 125
Ⅱ. 합자조합의 설립 …………………………………………………………… 125
Ⅲ. 합자조합의 법률관계 ……………………………………………………… 126

제2장 각 론

제1절 대리상 / 128
Ⅰ. 의 의 ······ 128
Ⅱ. 대리상과 본인과의 관계 ······ 129
Ⅲ. 대리상과 제3자의 관계 ······ 131
Ⅳ. 대리상계약의 종료 ······ 131
제2절 중개업 / 132
Ⅰ. 중개인의 의의 ······ 132
Ⅱ. 중개계약의 종류와 성질 ······ 133
Ⅲ. 중개인의 의무 ······ 133
Ⅳ. 중개인의 권리 ······ 135
제3절 위탁매매업 / 136
Ⅰ. 위탁매매인의 의의 ······ 136
Ⅱ. 위탁매매계약의 법률관계 ······ 137
Ⅲ. 준위탁매매 ······ 141
제4절 운송주선업 / 142
Ⅰ. 운송주선인의 의의 ······ 142
Ⅱ. 운송주선인의 의무·책임 ······ 142
Ⅲ. 운송주선인의 권리 ······ 143
Ⅳ. 운송물수령인의 지위 ······ 145
Ⅴ. 순차운송주선 ······ 145
제5절 운송업 / 147
Ⅰ. 운송·운송인·운송계약 ······ 147
Ⅱ. 물건운송 ······ 148
Ⅲ. 여객운송 ······ 159
제6절 공중접객업 / 161
Ⅰ. 공중접객업자의 의의 ······ 161
Ⅱ. 공중접객업자의 책임 ······ 161

제7절 창고업 / 163
Ⅰ. 창고업자의 의의 ······ 163
Ⅱ. 창고업자의 의무·책임 ······ 164
Ⅲ. 창고업자의 권리 ······ 166
Ⅳ. 창고증권 ······ 167

제3장 새로운 업종 유형

Ⅰ. 금융리스업 ······ 168
Ⅱ. 가맹업 ······ 170
Ⅲ. 채권매입업 ······ 171

제 3 편 회사법

제1장 통 칙

제1절 회사의 개념 / 175
Ⅰ. 회사는 「사단(社團)」이다 ······ 175
Ⅱ. 회사는 「법인」이다 ······ 176
Ⅲ. 회사는 「영리」 사단법인이다 ······ 177
제2절 회사 개념의 변용 / 178
Ⅰ. 1인회사 ······ 178
Ⅱ. 법인격부인론 ······ 179
제3절 회사의 종류 / 183
Ⅰ. 상법전상의 분류 ······ 183
Ⅱ. 인적회사와 물적회사 ······ 184
Ⅲ. 기타의 분류 ······ 184

제4절 회사의 능력 / 185
Ⅰ. 권리능력 ······ 185
Ⅱ. 의사능력 · 행위능력 ······ 187
Ⅲ. 불법행위능력 ······ 188

제2장 주식회사법 총설

제1절 주식회사의 개념 / 189
Ⅰ. 자본금 ······ 189
Ⅱ. 주 식 ······ 193
Ⅲ. 주주의 유한책임 ······ 194
제2절 주식회사법의 특색 / 194

제3장 주식회사의 설립

제1절 설립절차 / 196
Ⅰ. 총 설 ······ 196
Ⅱ. 발기설립과 모집설립에 공통된 절차 ······ 199
Ⅲ. 발기설립의 절차 ······ 203
Ⅳ. 모집설립의 절차 ······ 205
Ⅴ. 설립등기 ······ 212
제2절 설립에 관한 책임 / 212
Ⅰ. 회사 성립시의 발기인의 책임 ······ 213
Ⅱ. 회사 불성립시의 발기인의 책임 ······ 215
Ⅲ. 이사 · 감사 · 공증인 · 감정인의 책임 ······ 215
Ⅳ. 검사인의 책임 ······ 216
Ⅴ. 유사발기인의 책임 ······ 216
제3절 회사설립의 하자 / 216
Ⅰ. 설립무효 ······ 216
Ⅱ. 회사의 불성립 · 부존재 ······ 218

제4장 주식과 주주

제1절 총　설 / 219

Ⅰ. 주　식 ………………………………………………… 219
Ⅱ. 종류주식 ………………………………………………… 222

제2절 주　주 / 228

Ⅰ. 의　의 ………………………………………………… 228
Ⅱ. 주주(주식)평등의 원칙 ………………………………… 228
Ⅲ. 주주의 권리 ………………………………………………… 229
Ⅳ. 주주의 의무 ………………………………………………… 230

제3절 주권과 주주명부 / 231

Ⅰ. 주　권 ………………………………………………… 231
Ⅱ. 주주명부 ………………………………………………… 234

제4절 주식의 양도 / 237

Ⅰ. 주식양도의 자유와 그 제한 ……………………………… 237
Ⅱ. 주식양도의 방법과 대항요건 ……………………………… 248
Ⅲ. 주권의 선의취득 ………………………………………… 257
Ⅳ. 주식의 담보 ………………………………………………… 258

제5장 주식회사의 기관

제1절 주주총회 / 262

Ⅰ. 의　의 ………………………………………………… 262
Ⅱ. 권　한 ………………………………………………… 262
Ⅲ. 소　집 ………………………………………………… 263
Ⅳ. 의결권 ………………………………………………… 266
Ⅴ. 의사와 결의 ………………………………………………… 272
Ⅵ. 종류주주총회 ………………………………………………… 277
Ⅶ. 결의의 하자 ………………………………………………… 278

제2절 이사 · 이사회 · 대표이사 및 집행임원 / 283
Ⅰ. 개 관 ······ 283
Ⅱ. 이 사 ······ 284
Ⅲ. 이사회 ······ 293
Ⅳ. 대표이사 ······ 297
Ⅴ. 집행임원 ······ 305
Ⅵ. 이사의 의무 ······ 308
Ⅶ. 이사의 책임 ······ 323
Ⅷ. 주주에 의한 이사의 견제와 책임추궁 ······ 330
제3절 감사 및 감사위원회 / 335
Ⅰ. 감 사 ······ 335
Ⅱ. 감사위원회 ······ 339

제6장 신주의 발행

제1절 신주발행사항의 결정 / 342
Ⅰ. 결정기관 및 결정사항 ······ 342
Ⅱ. 액면미달발행 ······ 342
Ⅲ. 신주인수권 ······ 343
제2절 신주발행절차 / 348
Ⅰ. 신주인수권의 내용 및 배정일의 지정 · 공고 ······ 348
Ⅱ. 신주인수권자에 대한 최고 ······ 349
Ⅲ. 주식인수의 청약 및 신주의 배정 · 인수 ······ 349
Ⅳ. 출자의 이행과 실권주의 처리 ······ 349
Ⅴ. 현물출자의 검사 ······ 350
Ⅵ. 신주발행의 효력발생 ······ 351
Ⅶ. 등기와 이사의 자본금충실책임 ······ 351
제3절 위법 · 불공정한 신주발행에 대한 조치 / 352
Ⅰ. 신주발행의 유지청구 ······ 352
Ⅱ. 이사와 통모한 인수인의 책임 ······ 354
Ⅲ. 신주발행무효의 소 ······ 356

제7장 정관의 변경

Ⅰ. 의의 및 범위 ······ 360
Ⅱ. 절 차 ······ 360
Ⅲ. 정관변경의 효력발생 ······ 360
Ⅳ. 문제되는 사항 ······ 361

제8장 자본금의 감소

Ⅰ. 의 이 ······ 362
Ⅱ. 자본금감소의 방법 ······ 362
Ⅲ. 자본금감소의 절차 ······ 364
Ⅳ. 자본금감소의 효력 ······ 364
Ⅴ. 자본금감소의 무효 ······ 365

제9장 회사의 계산

제1절 총 설 / 367
제2절 재무제표 및 영업보고서 / 368
Ⅰ. 재무제표 및 영업보고서의 내용 ······ 368
Ⅱ. 재무제표 등의 승인 및 공시 ······ 368
제3절 준비금 / 369
Ⅰ. 의 의 ······ 369
Ⅱ. 법정준비금 ······ 370
Ⅲ. 임의준비금 ······ 372
제4절 이익배당 / 372
Ⅰ. 의 의 ······ 372
Ⅱ. 이익배당의 요건 ······ 373
Ⅲ. 이익배당의 기준 ······ 373
Ⅳ. 이익배당의 지급 ······ 374

Ⅴ. 위법배당의 효과 ······ 374

제5절 중간배당 / 374

Ⅰ. 의 의 ······ 374

Ⅱ. 요건 및 절차 ······ 375

Ⅲ. 위법중간배당의 효력 ······ 375

제6절 주식배당 / 376

Ⅰ. 의 의 ······ 376

Ⅱ. 성 질 ······ 376

Ⅲ. 요건 및 절차 ······ 376

Ⅳ. 위법한 주식배당의 효과 ······ 378

제7절 주주의 경리검사권 등 / 378

Ⅰ. 주주의 회계장부열람권 ······ 378

Ⅱ. 사용인의 우선변제권 ······ 378

제10장 사 채

제1절 총 설 / 379

Ⅰ. 사채의 의의 ······ 379

Ⅱ. 사채의 발행 ······ 380

Ⅲ. 사채의 유통·관리 및 상환 ······ 380

Ⅳ. 특수사채 ······ 382

제11장 회사의 합병·분할·조직변경·해산 및 청산

제1절 합 병 / 387

Ⅰ. 서 설 ······ 387

Ⅱ. 합병의 절차 ······ 388

Ⅲ. 합병의 효과 ······ 389

Ⅳ. 합병의 무효 ······ 390
제2절 회사의 분할 / 390
Ⅰ. 의 의 ······ 390
Ⅱ. 회사분할의 절차 ······ 391
Ⅲ. 회사분할과 채권자보호 ······ 391
Ⅳ. 회사분할의 효과 ······ 392
Ⅴ. 회사분할의 무효 ······ 392
제3절 조직변경 / 393
Ⅰ. 주식회사의 유한회사에의 조직변경 ······ 393
Ⅱ. 주식회사의 유한책임회사로의 조직변경 ······ 393
제4절 해 산 / 393
Ⅰ. 의 의 ······ 393
Ⅱ. 해산사유 ······ 394
Ⅲ. 해산 및 회사계속의 공시 ······ 394
제5절 청 산 / 395
Ⅰ. 의 의 ······ 395
Ⅱ. 청산인 ······ 395
Ⅲ. 청산사무 ······ 396
Ⅳ. 청산의 종결 ······ 396

제12장 주식회사 이외의 회사

제1절 합명회사 / 397
Ⅰ. 의 의 ······ 397
Ⅱ. 설 립 ······ 397
Ⅲ. 회사의 내부관계 ······ 398
Ⅳ. 회사의 외부관계 ······ 400
Ⅴ. 회사의 해산 등 ······ 401

제2절 합자회사 / 401
Ⅰ. 의 의 ······ 401
Ⅱ. 설 립 ······ 402
Ⅲ. 내부관계 ······ 402
Ⅳ. 외부관계 ······ 403
제3절 유한책임회사 / 403
Ⅰ. 의 의 ······ 403
Ⅱ. 설 립 ······ 404
Ⅲ. 내부관계 ······ 404
Ⅳ. 외부관계 ······ 405
Ⅴ. 회사의 계산 ······ 406
Ⅵ. 회사의 해산 등 ······ 406
제4절 유한회사 / 407
Ⅰ. 의 의 ······ 407
Ⅱ. 설 립 ······ 407
Ⅲ. 사원의 권리의무 ······ 408
Ⅳ. 회사의 관리 ······ 408
Ⅴ. 정관변경 ······ 410
Ⅵ. 합병과 조직변경 ······ 411
Ⅶ. 해산과 청산 ······ 411

제13장 외국회사

Ⅰ. 대표자 및 영업소의 등기 ······ 413
Ⅱ. 대차대조표 등의 공고 ······ 413
Ⅲ. 영업소폐쇄명령 ······ 413
Ⅳ. 한국에 있는 재산의 청산 ······ 414
Ⅴ. 기 타 ······ 414

제14장 벌 칙

Ⅰ. 형사제재 ······ 415
Ⅱ. 과태료 ······ 416

찾아보기 / 417

참고문헌

저 자	서 명	발행연도	인용약어
강위두 · 임재호	상법강의(상) [제3전정]	2009	강위두 · 임재호(상)
권기범	현대회사법론 [제6판]	2015	권기범(회)
김병연 · 박세화 · 권재열	상법총칙 · 상행위: 사례와 이론	2012	김병연 외(총)
김성태	상법총칙 · 상행위법강론	1998	김성태(총)
김영호	상법총론	1990	김영호(총)
김정호	상법강의(상)	2005	김정호(상)
김홍기	상법강의 [제2판]	2016	김홍기
박원선	새상법(상)	1962	박원선(상)
박원선 · 이정한	회사법 [전정]	1979	박원선 · 이정한(회)
배철세 · 강위두	상법강의 [II] -회사-	1982	배철세 · 강위두(회)
서돈각	상법강의(상권) [제3전정]	1990	서돈각(상)
서정갑 · 이남기	회사법 [개정]	1990	서정갑 · 이남기(회)
손주찬	상법(상) [제14정판]	2003	손주찬(상)
송옥렬	상법강의 [제6판]	2016	송옥렬
양승규 · 박길준	신체계해설 상법요론 [제3판]	1995	양승규 · 박길준
이기수 · 최병규	상법총칙 · 상행위법 [제8판]	2016	이기수 · 최병규(총)
	회사법 [제10판]	2015	이기수 · 최병규(회)
이병태	상법(상) [증보판]	1981	이병태(상)
이철송	상법총칙 · 상행위 [제14판]	2016	이철송(총)
	회사법강의 [제25판]	2017	이철송(회)
임중호	상법총칙 · 상행위법 [개정판]	2015	임중호(총)
임홍근	상법 -총칙 · 상행위-	2002	임홍근(총)
	회사법 [개정판]	2001	임홍근(회)
정동윤	상법(상) [제6판]	2012	정동윤(상)
정찬형	상법강의(상) [제20판]	2017	정찬형(상)
정희철	상법학(상)	1990	정희철(상)
채이식	상법강의(상) [개정판]	1996	채이식(상)
최기원 · 김동민	상법학신론(상) [20판]	2014	최기원 · 김동민(상)
최준선	상법총칙 · 상행위법 [제10판]	2016	최준선(총)
	회사법 [제12판]	2017	최준선(회)

법령 약어

* 상법조문을 괄호 안에 인용할 경우 숫자로만 인용하였음(예: '169조'라고만 인용한 경우 상법 제169조를 의미함)

민법	민
민사소송법	민소
민사집행법	민집
보험업법	보
부정경쟁방지법	부경
상법 시행령	영
상업등기법	상등
선박등기규칙	선등칙
수표법	수
약관의 규제에 관한 법률	약
어음법	어
은행법	은
자본시장과 금융투자업에 관한 법률	자
자본시장과 금융투자업에 관한 법률 시행령	자령
주식회사의 외부감사에 관한 법률	외감
주식회사의 외부감사에 관한 법률 시행령	외감령
채무자 회생 및 파산에 관한 법률	회생

제 1 편
상법총칙

제1장 총 설 / 25
제2장 상 인 / 36
제3장 상업사용인 / 48
제4장 기업의 물적 설비 / 64
제5장 상업등기 / 80
제6장 영업양도 / 87

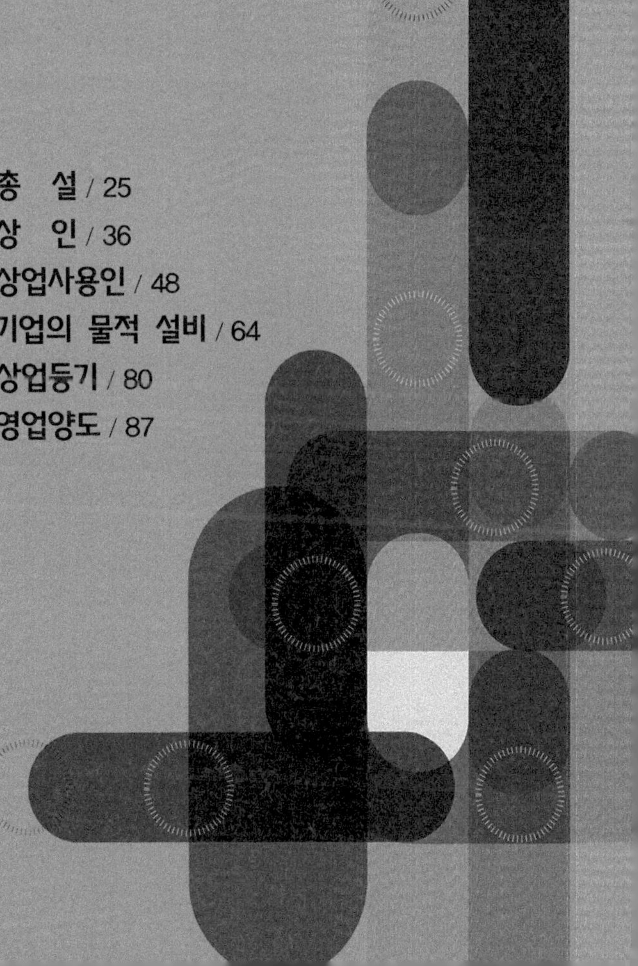

상법총칙

제1장 총 설

제1절 상법의 의의

법전을 찾아보면 '상법'이라는 이름의 법률이 있다[1](법률 제1000호, 1963.1.1. 시행). 이 법(상법전)을 형식적 의의의 상법이라 한다. 그러나 일반적으로 '기업에 관한 법'으로 정의되는 실질적 의의의 상법(통설)[2]에는 상법전 외에도 다양한 특별법과 상관습법 등이 포함된다. 실질적 의의의 상법은 '계획적 · 계속적으로 영리를 추구하는 경제적 조직체'인 기업의 특성을 반영하고 있으며, 기업활동의 신속한 변화에 발맞추어 끊임없이 변모 · 발전해 가고 있다. 이 책은 물론 실질적 의의의 상법을 대상으로 하지만, 형식적 의의의 상법인 상법전이 그 내용의 중심을 이룬다. 이하에서는 상법의 구체적인 내용으로 들어가기에 앞서, 먼저 민법 등 인접 법역들과의 관계 속에서 상법의 지위를 살펴보고, 기업법으로서의 상법의 전반적인 특성 및 법원(法源)에 대해 알아보고자 한다.

---

1) 상법은 1962.1.20. 법률 제1000호로 제정되었으며, 1962.12.12. 일부개정을 거쳐 1963.1.1.부터 시행되었다. 법 시행 후 첫 개정은 1984.4.10.에 이루어졌으나, 최근에는 기업환경의 급격한 변화를 반영하여 날이 갈수록 개정의 빈도가 높아지고 있다.

2) 통설인 기업법설에 대하여, 기업은 권리의무의 주체가 될 수 없으므로 상법은 상인에 관한 법으로 정의하여야 한다는 상인법설이 소수설로서 주장되고 있다. 또한 두 학설 내에서 공법법규를 포함할지에 관하여 다음과 같이 설이 나뉘고 있다. (i) 상법은 기업에 관한(특유한) 법규의 총체라는 설: 손주찬(상) 7면: 정동윤(상) 8면; 강위두 · 임재호(상) 5 · 6면. (ii) 상법은 기업에 관한 특별사법이라는 설: 박원선(상) 36면; 정찬형(상) 10 · 11면; 이철송(총) 7 · 8면; 최준선(총) 33면; 김성태(총) 19면; 임중호(총) 9-11면. (iii) 상법은 상인의 기업조직과 경영활동에 관한 특유한 법규의 전체라는 설: 최기원 · 김동민(상) 5면. (iv) 상법은 상인의 특별사법이라는 설: 이기수 · 최병규(총) 16-19면. 그러나 실질적 의의의 상법에 사법법규만을 포함시키는 입장에서도, 상법상 공법적 규정이 늘고 있고 사법적 규정과 유기적으로 연결되어 있으므로, 이들을 함께 이해함으로써 상법을 올바르게 이해할 수 있다고 한다. 정찬형(상) 10면.

제2절 상법의 지위

Ⅰ. 상법과 민법의 관계

1. 일반법과 특별법

민법은 국민의 사법적 경제생활에 관한 일반법이고, 상법은 그 중에서도 기업적 생활관계를 규율하는 특별법이다. 그러나 기업적 생활관계에 상법만이 적용되는 것이 아니고 상당부분 민법이 적용된다. 두 법의 관계를 정리하면 다음과 같다. 첫째, 상법에 별도의 규정을 두지 않고 민법의 일반규정에 의존하는 경우가 있다. 민법의 능력·법률행위·기간 등에 관한 규정이 그 예이다. 둘째, 민법의 원칙규정에 대한 예외를 상법에 규정하는 경우가 있다. 매매·유치권·시효 등에 대한 상법상의 특칙들이 그 예이다. 셋째, 상법이 고유의 규정을 두는 경우가 있는데, 이는 다시 (i) 민법상의 제도(예: 조합)를 상법이 특수화하여 규정한 경우(예: 익명조합)와 (ii) 민법에 전혀 없는 제도를 상법이 창설한 경우(예: 상호·상업장부·상업등기 등)로 나뉜다.

2. 상법의 자주성

민법과 상법이 서로 영향을 주고받으면서 닮아가는 현상을 '민법의 상화(商化)'라 한다. 이에는 (i) 상법상의 제도가 민법에 채택되어 일반법칙화하는 경우(예: 계약자유의 원칙)와 (ii) 민법상의 제도가 상법의 규율대상이 되는 경우(예: 민사회사의 상인 간주)가 모두 포함된다. 또한 민법과 상법을 단일한 법전으로 묶어 통일적으로 규율하여야 한다는 주장을 민상2법통일론이라고 한다. 그러나 민법과 상법이 닮아가더라도 기업적 생활관계는 끊임없이 발전하므로 상법에는 민법과 구별되는 고유의 영역이 새로이 나타나며(실질적 자주성), 이처럼 양법의 실질적 차이가 해소되지 않는 이상 민법전과 상법전은 분리하여 유지하는 것이 입법정책적으로 타당하다(형식적 자주성).

Ⅱ. 상법과 경제법의 관계

경제법이란 전체경제(국민경제) 차원에서의 국가에 의한 경제 규제에 관한 법을 말한다.[1] 경제법도 상법과 마찬가지로 기업적 생활관계를 규율하기 때문에 양자의 관계가 문제된다. 상법은 개개의 경제주체 상호간의 이익 조정에 관한 법이라는 점에서, 개개 경제주체의 이익을 초월하여 국민경제적 관점에서 조화를 추구하는 경제법과는 그 규제목적에 차이가 있다. 다만 실제로는 경제법과 상법의 영역이 상당부분 겹칠 수 있다.

Ⅲ. 상법과 노동법의 관계

노동법 또한 기업적 생활관계에 적용되는 법으로서 상법과의 관계가 문제된다. 전자는 기업의 대내관계법인데 반해서, 후자는 대외관계법이라는 점에서 차이가 있다. 즉, 노동법은 기업주와 기업보조자간의 내부적 고용관계를 규율하며, 기업보조자의 생활이익을 보호·육성하는 것을 목적으로 한다.

이에 비해 상법은 기업주를 대리하는 기업보조자와 제3자간의 대외적 법률관계를 규율하며, 거래주체 사이의 경제적 이해관계의 조정을 목적으로 한다. 다만 노동관계가 상법의 규율대상이 되는 경우가 있다. 독일의 1976년 공동결정법(Mitbestimmungsgesetz)에 따른 노동자의 경영참가 및 우리나라의 자본시장과 금융투자업에 관한 법률(이하 "자본시장법")에 따른 우리사주조합원에 대한 주식배정의 특례 등이 그 예이다(자 165조의7).

Ⅳ. 상법과 어음·수표법의 관계

어음·수표는 역사적으로 상인 간의 결제수단으로 발전한 것이나, 오늘날은 일반인에게도 널리 쓰이고 있다. 또한 어음법 및 수표법은 상법전과 분리하여 별도의 단행법으로 되어 있다. 따라서 어음·수표법은 실질적으로나 형식적으로나 상법에 속하지 않는다. 그러나 어음·수표를 주로 사용하는 것은 여전히 기업이므로, 어음·수표법은 상법과 밀접한 관련이 있어 강학상 상법의 한 부분으로 취급된다.

---

1) 손주찬, 「경제법」 법경출판사, 1993, 45면. 경제법을 좀 더 협의로 정의하고자 하는 시도에 대하여 이기종, 「경제법(제3판)」 삼영사, 2019, 25-27면.

제3절 상법의 특성

I. 기업활동면의 특성

1. 영리성

영리를 목적으로 하는 기업의 특성을 반영하여 상법은 기업관계의 유상성을 인정하고 있다. 예컨대, 상인이 그 영업범위 내에서 타인을 위하여 행위를 한 때에는 이에 대하여 상당한 보수를 청구할 수 있으며(61조), 상인이 그 영업에 관하여 금전을 대여한 경우 법정이자를 청구할 수 있다(55조 1항). 또한 상행위로 인한 채무의 법정이율은 연 6분으로서(54조) 민법상의 법정이율(연 5분: 민 379조)보다 높다.

2. 거래의 간이·신속 및 정형화

영리 추구의 효율은 거래의 신속과 비례하며, 거래의 신속은 그 간이화와 정형화를 통해 효과적으로 달성될 수 있다. 그리하여 상법은 거래의 간이·신속을 도모하기 위해 상행위의 대리의 비현명주의(48조), 매도인의 공탁권과 자조매각권(77조), 확정기매매의 해제의제(68조) 등을 규정하고 있다. 또한 거래의 정형화의 예로는 주식·사채의 청약방식(302조, 474조)을 법정하고 있는 것, 보통거래약관에 의한 거래의 발달 등을 들 수 있다.

3. 개성의 상실

기업관계에서는 경제적 목적이 달성되는 한 거래상대방이 누구인가는 부차적인 문제임이 일반이다. 특히 기업거래가 집단적·반복적으로 이루어짐에 따라 당사자의 개성은 그 중요성을 상실해가고 있다. 대리인의 이행의무(48조 단서), 각종 개입권(17조 2항, 107조, 198조 2항, 397조 2항 등) 및 개입의무(99조), 주식회사 발기인의 자본금충실책임(321조)에 관한 규정 등은 이러한 현상을 반영하고 있다.

4. 계약의 자유

계약자유의 원칙은 오늘날 사법 전반에 적용되는 일반원칙이지만, 상법 분야에서는 이 원칙이 더욱 철저하게 관철되고 있다. 예컨대, 유질계약의 허용(59조)이 그것이다. 상법은 경제적 자기방위의 능력이 완전한 기업가를 그 규율의 대상으로 삼아 법의 후견적 작용을 고려하지 않고 당사자의 자유의사에 기업활동을 맡기고 있는 것이다.

5. 거래의 안전

거래가 안전하지 않으면 신속할 수 없다. 그리하여 상법은 다음과 같이 세 가지 방면에서 거래안전을 위해 배려하고 있다.

가. 공시주의

상법은 거래상대방의 보호를 위해 거래상 중요한 사항(예: 상대방의 능력 · 권한 · 자력 등)을 일반 제3자에게 알릴 것을 요구하곤 한다. 상업등기(34조 이하), 주식회사의 대차대조표 공고(449조 3항), 재무제표 등의 비치(448조 1항)에 관한 규정 등이 그 예이다.

나. 외관존중주의

진실과 다른 외관을 신뢰한 자가 보호받지 못한다면 거래 당사자들은 진실을 탐구하느라 신속한 거래로 나아가기 어려워질 것이다. 그리하여 상법은 (i) 외관이 존재하고, (ii) 외관의 형성에 대해 본인에게 귀책사유가 있으며, (iii) 상대방이 외관을 신뢰한 경우 외관대로의 권리 · 의무를 인정하는 소위 외관존중주의를 반영한 여러 규정들을 두고 있다. 표현지배인(14조), 표현대표이사(395조) 및 명의대여자의 책임(24조)에 관한 규정 등이 그 예이다. 이는 독일의 외관법리(Rechtsscheintheorie) 및 영미법상의 표시에 의한 금반언의 법리(estoppel by representation)와 맥을 같이 하는 것이다.

다. 책임의 가중 및 연대

상법은 당사자가 기대하는 경제상의 효과의 확실한 실현을 위해 상대방의 책임을 가중하거나 연대책임을 인정하는 여러 규정들을 두고 있다. 매수인의 하자

검사·통지의무(69조), 목적물보관의무(60조, 70조, 71조) 등에 관한 규정은 전자의 예이고, 다수당사자의 채무(57조), 순차운송인의 손해배상책임(138조) 등에 관한 규정은 후자의 예이다.

II. 기업조직면의 특성

1. 자본의 집중과 노력의 보충

기업 규모의 확대와 영리추구의 효율은 비례함이 일반이다. 상법은 민법보다 더욱 합목적적이고 효과적으로 기업의 인적·물적 규모의 확대를 도모하고 있다. 첫째, 자본의 집중을 용이하게 함으로써 기업의 물적 규모의 확대를 촉진한다. 익명조합(78조 이하)·선박공유(756조 이하)·선박담보(777조 이하) 및 각종 회사제도, 주식회사의 수권자본제(416조)와 사채발행제도(469조 이하) 등이 그 예이다. 둘째, 노력의 보충을 용이하게 함으로써 기업의 인적 규모의 확대를 조장한다. 상업사용인(10조 이하)·대리상(87조 이하)·중개인(93조 이하)·위탁매매인(101조 이하)·합명회사(178조 이하) 등에 관한 규정이 그 예이다.

2. 위험의 분산과 책임의 제한

영리추구는 손실의 위험을 수반한다. 상법은 위험의 분산과 책임의 제한을 통해 손실의 위험을 완화·경감하고 있다. 주식회사제도(288조 이하)·보험제도(638조 이하)·공동해손제도(832조 이하) 등은 전자의 예이고, 각종 회사의 유한책임사원의 책임(279조·287조의7·331조·553조), 선박소유자의 책임제한(769조), 공동해손분담의무자의 책임(868조) 등에 관한 규정은 후자의 예이다.

3. 기업의 유지

상법은 다음과 같은 방법으로 적극적으로 기업의 유지·존속을 조장하고 있다. 첫째, 기업을 그 구성원의 개성으로부터 분리하여 그 독립성을 인정한다. 주식회사제도가 그 전형적인 예이며 상호(18조 이하), 상업장부(29조 이하) 및 상인 사망 시 대리권의 존속(50조)에 관한 규정 등도 그 예이다. 둘째, 기업의 자산의 충실을 도모한다. 주식회사의 자본금 및 준비금제도, 회계에 관한 규정(446조의2

이하) 등이 그 예이다. 셋째, 적임자에 의한 경영의 전문화를 추구한다. 주식회사에서의 소유와 경영의 분리, 인적회사에서의 업무집행사원과 그 권한상실(201조, 205조, 269조), 익명조합(78조 이하), 지배인제도(10조 이하) 등이 그 예이다.

또한 상법은 기업의 해소를 회피함으로써 광범위한 기업의 이해관계자(예: 투자자, 채권자, 종업원 및 그 가족, 국민 일반)들을 보호한다. 회사의 계속(229조 1항, 269조, 287조의40, 519조, 610조 1항) · 조직변경(242조, 286조, 287조의43, 604조, 607조) · 합병제도(174조, 235조, 287조의41, 522조, 598조) 및 일인회사(517조, 609조 1항)에 관한 규정 등이 그 예이다.

Ⅲ. 상법의 경향

상법을 자동차에 비유한다면, 위에서 살펴본 상법의 특성들은 이 자동차 자체의 제원(諸元)이라 할 수 있고, 상법의 경향은 이 자동차가 나아가는 방향이라고 할 수 있다. 상법의 경향으로는 다음 두 가지가 거론된다. 첫째, 상법은 그 규율대상인 기업관계가 끊임없이 발전함에 따라 **유동적이며 진보적인 경향**을 갖는다. 이는 상대적으로 보수적 · 전통적 경향을 갖는 민법과 대비된다. 둘째, 상법은 보편적인 경제적 합리주의와 기업활동의 국제화를 반영하여 **세계적 · 통일적 경향**을 갖는다. 특히 국제적 상호작용이 활발한 물품매매 · 해상 · 어음 · 수표 등의 분야에서는 다수의 통일조약이 성립하고 있다.

제4절 상법의 법원

상법의 법원(法源)이란 실질적 의의의 상법의 존재형식 내지 상법의 존재를 인식하는 근거가 되는 자료를 말한다. 상법 제1조는 "상사(商事)에 관하여 본법에 규정이 없으면 상관습법에 의하고 상관습법이 없으면 민법의 규정에 의한다."고 규정한다. 그러나 이 규정은 상법의 법원을 모두 열거한 것은 아니며, 그 외에도 상사특별법령 등 다양한 상법의 법원이 존재한다. 또한 민법을 상법의 법원으로 보는 견해도 있으나,[1] 민법은 상관습법의 후순위로 상사에 적용되는 법규일 뿐 상법의 법원이 되는 것은 아니다(통설). 상법의 법원으로 거론되는 것들은 다음과 같다.

Ⅰ. 상사제정법

우리나라는 성문법국가로서 제정법이 가장 중요한 법원이며, 그 중에서도 1962년 1월 20일 법률 제1000호로서 제정·공포되어 1963년 1월 1일부터 시행된 상법전이 중심이 된다. 상법전의 하위에 있는 상사특별법령으로는 상법전의 규정을 시행하거나 구체적인 세목을 정하는 부속특별법령과 상법전의 규정을 보충 또는 변경하는 수많은 독립특별법령이 있다. 전자의 예로는 상법시행법, 상법시행령, 상업등기법, 선박소유자 등의 책임제한절차에 관한 법률 등을 들 수 있고, 후자의 예로는 자본시장법, 독점규제 및 공정거래에 관한 법률(이하 "공정거래법"), 약관의 규제에 관한 법률(이하 "약관규제법") 등이 있다.

Ⅱ. 상사관계조약

헌법에 의하여 체결·공포된 조약은 국내법과 같은 효력을 가진다(헌 6조 1항). 따라서 상사에 관하여 직접 체약국 국민의 권리의무를 규정하는 조약에 가입한 경우에는 그 조약 자체가 상법의 법원이 된다(예: 우리나라가 2004년에 가입한 1980년의 국제물품매매계약에 관한 UN협약). 그러나 조약이 특정 내용의 국내법 제정의무를 부과하는 데 불과한 경우에는 그 조약 자체는 상법의 법원이 아니다(예: 1930년의 제네바 어음법통일조약).

Ⅲ. 상관습법

상관습법이란 관습의 형태로 존재하는 상사에 관한 법을 말한다. 상사에 관하여 동일한 관행이 상당기간 반복되면 사실인 상관습이 형성되고 여기에 사회의

1) 임홍근(총) 36면.

법적 확신과 인식이 더해지면 상관습법이 된다(법적 확신설)(통설). 상관습법과 사실인 상관습을 구별하지 않는 견해도 있으나,[1] 판례는 양자의 차이를 인정한다. 즉, 상관습법은 법규범이므로 당사자의 주장 여하에 불구하고 법원이 이를 적용하여야 하나, 사실인 상관습은 의사표시 해석의 자료에 불과하므로 당사자가 그 존재를 주장하고 또 그에 의할 의사로 한 행위임을 주장할 경우에만 이를 심사할 수 있다(대판 1959.5.28., 4291민상1).

상관습법은 기업관계의 변화와 발전을 반영하는 상법의 생장점이라 할 수 있다. 그러나 상관습법이 형성되면 성문법으로 수용되는 경향이 있어(예: 백지어음에 관한 어음법 10조) 현존하는 상관습법의 예를 찾기 어렵다. 판례는 소위 보증도의 '상관습'을 인정하나, 이에 따라 선하증권 소지인이 아닌 자에게 운송물을 인도함으로써 선하증권 소지인의 운송물에 대한 권리를 침해한 경우 손해배상책임이 인정됨을 주의하여야 한다(대판 1992.2.14., 91다13571). 국제적인 상관습을 성문화한 예로는 공동해손에 관한 요크-앤트워프 규칙(York-Antwerp Rules), 국제물품거래조건의 해석에 관한 Incoterms 등을 들 수 있다.

Ⅳ. 상사자치법

상사자치법이란 회사 등의 단체가 그 조직 및 운영 등에 관하여 자주적으로 정하는 규칙(예, 회사의 정관, 한국거래소의 업무규정)을 말한다. 회사의 정관은 계약에 불과하고 거래소 업무규정은 내부적 업무처리지침에 불과하다는 견해가 있으나,[2] 통설은 그 법원성을 인정한다(법규설). 이들은 법령에 근거하여 작성되어 그 작성자뿐 아니라 널리 그 단체의 구성원・기관 등에 대하여 구속력을 갖기 때문이다(사단법인의 정관에 관한 대판 2000.11.24., 99다12437 참조).

Ⅴ. 보통거래약관

보통거래약관 또는 단순히 약관이라 함은 그 명칭이나 형태 또는 범위에 상관

1) 정찬형(상) 43면.
2) 정동윤(상) 30・31면; 김정호(상) 24-26면(정관이 구속력을 갖는 것은 조직성립계약의 효과에 불과하다 함).

없이 계약의 한쪽 당사자가 여러 명의 상대방과 계약을 체결하기 위하여 일정한 형식으로 미리 마련한 계약의 내용을 말한다(약 2조 1호). 이러한 약관은 대량의 집단적 거래를 합리적이고 신속하게 처리할 수 있게 해 주나, 작성자(주로 기업)에게 일방적으로 유리한 조항을 포함하는 등 폐해가 발생할 우려가 있다. 그리하여 약관규제법은 신의성실의 원칙에 어긋나는 불공정한 조항을 일반적으로 금지하면서(약 6조) 면책조항 등 구체적인 유형별로 불공정약관조항의 금지규정을 두고 있다(약 7조 내지 14조).

보통거래약관의 법원성에 대하여는 긍 · 부 양설이 대립하나,[1] 약관은 그 자체가 규범은 아니며 당사자의 합의가 있을 때 계약조건으로서 구속력을 가질 뿐이라고 본다(법률행위설 · 계약설)(대판 1991.9.10., 91다20432). 약관규제법도 사업자에게 약관의 명시 및 설명의무를 부과하고 이를 위반하여 계약을 체결한 경우 해당 약관을 계약의 내용으로 주장할 수 없도록 하고 있어(약 3조 2항 내지 4항) 계약설에 근거한 것으로 이해된다.

Ⅵ. 판례 · 학설

영미법계와 달리 대륙법계인 우리나라에서는 일반적 선례구속의 원칙(doctrine of stare decisis)이 인정되지 않아 판례를 법원으로 인정하기 어렵다(디수설).[2] 다만

---

1) 약관의 본질 내지 약관이 당사자를 구속하는 근거에 관하여 다음과 같은 견해들이 주장되고 있다. (i) 약관은 자치법이라는 견해가 있다. 김영호(총) 47면, (ii) 약관이 존재하는 거래권에서는 "계약은 보통거래약관에 의한다"는 것이 상관습 내지 상관습법으로 되어 있으므로 보통거래약관이 당사자를 구속한다는 견해가 있다(백지상관습법설). 강위두 · 임재호(상) 25-27면. (iii) 보통거래약관은 당사자의 합의가 있을 때 계약의 조건으로서 구속력을 가질 뿐이라는 견해가 있다(법률행위설 · 계약설 · 채용합의설). 이기수 · 최병규(총) 81면; 정찬형(상) 46면; 최준선(총) 73면; 임중호(총) 26면. (iv) (iii)을 바탕으로 하면서도 약관의 명시 등이 있는 경우 약관에 의하여 계약을 체결할 의사가 있었던 것으로 추정하는 견해가 있다(의사추정설 · 합의추정설). 손주찬(상) 44 · 45면; 정동윤(상) 32 · 33면. 이 중 (i)에 의하면 약관의 규범성 내지 법원성이 인정되나, 여타 견해들은 이를 부정한다. (ii)의 경우에도 약관 자체를 상관습법으로 보는 것이 아니라 계약은 약관에 의한다는 것이 상관습법으로 되어 있다는 취지이기 때문이다. 강위두 · 임재호(상) 25면. 또한 주의할 것은 (i)의 입장에서도 약관이 사업자에 의해 일방적으로 작성됨으로써 발생하는 문제(일방성의 문제)는 약관규제법을 통해 해결할 수 있다고 본다는 점이다. 김영호(총) 47면.

2) 손주찬(상) 49면; 최기원 · 김동민(상) 36면; 이기수 · 최병규(총) 96면; 이철송(총) 60면; 임중호(총) 28면. 반대: 정찬형(상) 50면; 최준선(총) 83면.

상급법원의 재판에 있어서의 판단은 해당 사건에 관하여 하급심을 기속하고(법조 8조), 대법원 판례의 변경에는 엄격한 절차가 요구되므로(법조 7조 1항 3호), 상급심 특히 대법원의 판단은 하급법원에 대하여 강력한 영향력을 갖는다.

급속히 발전하는 상사에 관하여 성문법 · 관습 · 판례 등이 다루지 않은 새로운 사실이 발생할 때 법학자의 목적론적 창조성에 따라 형성된 학설이 법원이 될 수 있다는 견해[1)]가 있다. 학설이 입법이나 판결에 많은 영향을 미칠 수는 있으나 직접적 법원성을 인정하기는 어렵다고 본다(통설).

Ⅶ. 조 리

조리는 사물의 본질적 법칙 내지 합리적이고 객관적인 공동생활의 원리를 말한다. 민법 제1조는 "민사에 관하여 법률에 규정이 없으면 관습법에 의하고 관습법이 없으면 조리에 의한다."고 규정한다. 다수설은 조리의 법원성을 부정하나,[2)] 법관은 재판을 거부할 수 없으므로 다른 법원이 존재하지 않을 경우 조리에 준거하여 재판하여야 한다는 점에서 조리의 법원성이 인정된다 할 것이다.[3)] 다만 조리는 다른 법원들과 달리 미리 규범의 형태로서 존재하는 것이 아니라 법관이 구체적인 사건에 임해서 타당한 재판규준을 정립하기 위한 실마리 내지 지침이 된다는 점에서 구별된다.[4)]

1) 박원선(상) 45면.
2) 최기원 · 김동민(상) 37면; 강위두 · 임재호(상) 30면; 정동윤(상) 35 · 36면; 이기수 · 최병규(총) 97면; 정찬형(상) 50 · 51면; 이철송(총) 61면; 최준선(총) 84면; 채이식(상) 26면.
3) 손주찬(상) 50면; 김정호(상) 27면.
4) 임홍근(총) 35-36면.

상법총칙

제2장 상 인

제1절 상인의 의의

상인은 기업의 법적 주체이며, 상인이 관계된 일정 범위의 행위(상행위)에는 상법이 적용된다. 따라서 상인개념은 상법의 적용범위를 정하기 위한 기초를 이룬다. 상인개념에 관한 입법주의로는 (i) 실질적으로 일정한 행위(상행위)를 하는 자를 상인으로 정하는 실질주의(객관주의), (ii) 사업의 종류와 관계없이 형식면에서 상인적 방법으로 영업하는 자를 상인으로 정하는 형식주의(주관주의) 및 (iii) (i)과 (ii)를 병용하는 절충주의가 있다. 우리 상법은 기본적 상행위를 영업으로 함으로써 인정되는 당연상인(실질상인)(4조)과 영업의 내용과 무관하게 상인적 설비와 방법에 의하여 인정되는 의제상인(형식상인)(5조)을 함께 규정하고 있어 절충주의에 속한다(이설 있음).[1] 한편 상법은 그 일부 규정의 적용을 면제받는 소상인(9조)에 대하여도 규정하고 있다. 이하 상인의 종류를 차례로 살펴본 후, 상인 자격의 취득과 상실에 대하여 알아본다.

1) 절충주의설: 손주찬(상) 65면; 최기원・김동민(상) 42면; 최준선(총) 98면; 임중호(총) 62면; 송옥렬 17면. 실질주의설: 이철송(총) 78-80면. 형식주의설: 임홍근(총) 52-53면; 정동윤(상) 45면. 주관주의적 절충주의설(형식주의에 가까운 절충주의라고도 함): 강위두・임재호(상) 39면; 이기수・최병규(총) 109면; 정찬형(상) 57-58면.

제2절 당연상인

당연상인이란 자기명의로 상행위를 하는 자를 말한다(4조). 그 요건을 분설하면 다음과 같다.

Ⅰ. 「상행위」를 하는 자

1. 기본적 상행위의 유형

당연상인은 상행위를 함으로써 상인으로 인정되는 자이다. 여기서 '상행위'란 영업으로 하는 다음의 행위(기본적 상행위)를 말한다(46조).

1) 동산, 부동산, 유가증권 기타의 재산의 매매
2) 동산, 부동산, 유가증권 기타의 재산의 임대차
3) 제조, 가공 또는 수선에 관한 행위
4) 전기, 전파, 가스 또는 물의 공급에 관한 행위
5) 작업 또는 노무의 도급의 인수
6) 출판, 인쇄 또는 촬영에 관한 행위
7) 광고, 통신 또는 정보에 관한 행위
8) 수신·여신·환 기타의 금융거래
9) 공중(公衆)이 이용하는 시설에 의한 거래(공중접객업에 관한 151조 내지 154조 참조)
10) 상행위의 대리의 인수(대리상에 관한 87조 내지 92조의3 참조)
11) 중개에 관한 행위(중개업에 관한 93조 내지 100조 참조)
12) 위탁매매 기타의 주선에 관한 행위(위탁매매업 및 운송주선업에 관한 101조 내지 124조 참조)
13) 운송의 인수(운송업에 관한 125조 내지 150조 및 제5편(해상)·제6편(항공운송) 참조)
14) 임치의 인수(창고업에 관한 155조 내지 168조 참조)
15) 신탁의 인수
16) 상호부금 기타 이와 유사한 행위
17) 보험(제4편(보험) 참조)

18) 광물 또는 토석의 채취에 관한 행위
19) 기계, 시설, 그 밖의 재산의 금융리스에 관한 행위(금융리스업에 관한 168조의2 내지 168조의5 참조)
20) 상호·상표 등의 사용허락에 의한 영업에 관한 행위(가맹업에 관한 168조의6 내지 168조의10 참조)
21) 영업상 채권의 매입·회수 등에 관한 행위(채권매매업에 관한 168조의11 내지 168조의12 참조)
22) 신용카드, 전자화폐 등을 이용한 지급결제 업무의 인수[1)]

이러한 상행위 목록에 포함된 업종은 대부분 3차 산업에 해당하나, 2차 산업(위 3)의 제조·가공 및 수선)과 1차 산업 중 광업(위 18)의 광물 또는 토석의 채취)도 이에 포함된다. 광업 이외의 1차 산업(농·축·수산업 등) 종사자가 그 생산물을 판매하는 경우 위 1)의 매매에 해당되는지에 관하여 설이 나뉜다. 이는 매매의 의미에 관한 학설대립과 연관된다. 매매의 의미에 관하여는 이를 (i) '매수와 매도'로 보는 견해,[2)] (ii) '매수 또는 매도'로 보는 견해[3)] 및 (iii) '매수와 매도' 또는 '매도'로 보는 견해가 대립한다.[4)] 이 중 (i)은 물론 (ii)의 입장에서도 매수(내지 유상의 승계취득)와 매도 사이에 내면적 연관성을 요구하기 때문에,[5)] 농·어민 등이 원시취득한 생산물을 매도하는 행위는 기본적 상행위가 아니라고 본다. 다만 원시생산업자가 후술하는 의제상인에 해당할 경우 그 영업목적인 행위는 후술하는 준상행위(66조)가 될 수 있다고 한다(다수설). 그러나 (iii)의 입장에서는 매수와 매도가 꼭 연결되어야 하는 것은 아니고 매도만으로도 상행위가 될 수 있다고 보기 때문에, 원시산업으로 채취한 물건의 매도행위도 기본적 상행위가

---

1) 그 밖에 특별법상의 상행위로 담보부사채신탁법상의 사채총액의 인수가 있다(동법 23조 2항). 사채총액의 인수란 사채발행회사(위탁회사)가 물상 담보가 붙은 사채(담보부사채)의 모집을 신탁업자(수탁회사)에게 위임한 경우 신탁계약에서 정하는 바에 따라 그 사채의 총액을 제3자가 인수하는 것을 말한다. 사채총액의 인수는 영업으로 하지 않아도 상행위가 된다는 점에서 상법 제46조의 기본적 상행위와 다르다.
2) 최기원·김동민(상) 47면; 강위두·임재호(상) 171면; 이기수·최병규(총) 296면; 최준선(총) 111면; 임중호(총) 67면.
3) 손주찬(상) 69면; 정동윤(상) 145면; 정찬형(상) 61면((i)의 견해는 매수와 매도를 합쳐서 하나의 상행위로 보나 (ii)의 견해는 매수 또는 매도를 별도로 상행위로 보는 점에서 구별된다고 함); 송옥렬 19면.
4) 이철송(총) 320면(원시산업과 같이 매도만을 하는 영업은 쉽게 생각할 수 있으나 오로지 매수만을 하는 영업은 상상하기 어렵다 함).
5) 따라서 (i)설과 (ii)설의 차이는 실제로 크지 않다.

될 수 있다고 한다(소수설).

생각건대 매수 또는 매도 중 어느 한쪽의 행위라도 기본적 상행위로서의 매매가 될 수 있지만, 이를 위해서는 적어도 매도와 매수 사이에 어느 정도의 내적 연관성이 인정되어야 한다고 본다((ii)설). 따라서 원시생산물의 매도행위는 이에 해당하지 않는다고 해석된다. 이러한 해석이 광업 이외의 1차 산업을 기본적 상행위 목록에 포함시키지 않은 상법의 입법취지에 부합한다 할 것이다. 농어민 등이 기업적 방식으로 영업을 할 수도 있지만, 이 경우 후술하는 의제상인으로서 충분히 상법 적용이 가능하기 때문이다.

2. 기본적 상행위의 영업성

기본적 상행위는 이를 '영업으로' 하는 경우에만 상행위가 된다(영업적 상행위)(46조 본문). 여기서 영업으로 한다 함은 영리를 목적으로 동종의 행위를 계속 반복적으로 하는 것을 의미한다(대판 1994.4.29., 93다54842: 대한광업진흥공사의 대금행위의 영업성 부정).

상행위의 영업성이 인정되기 위해서는 다음과 같은 요건이 갖추어져야 한다.[1] 첫째, **영리 목적**, 즉 이익을 추구하는 의도가 있어야 한다. 이는 개개의 행위에 대하여 인정될 필요는 없고 반복되는 일련의 행위에 대하여 전체로서 존재하면 족하다. 또한 실제 이익이 발생하지 않아도 무방하다. 둘째, **동종행위가 계속 반복**되어야 한다. 따라서 단발성 행위나 기회 있을 때마다 하는 투기 등은 영업으로 하는 행위가 아니다. 한 가지 종류의 행위뿐 아니라 수종의 행위가 일정기간 반복되는 경우에도 영업성이 인정된다. 그 기간의 장단은 불문한다. 셋째, **영업의사**가 외부에서 인식될 수 있어야 한다. 영업의사는 일반 공중에게 표시될 필요는 없으며, 점포 임차 등의 개업준비행위를 통해 대외적으로 인식될 수 있으면 족하다.

3. 예 외

상법 제46조에 열거된 행위를 영업으로 하더라도 오로지 임금을 받을 목적으로 물건을 제조하거나 노무에 종사하는 자의 행위는 상행위가 아니다(46조 단서).

---

1) 손주찬(상) 67-68면; 이기수 · 최병규(총) 110-112면; 임홍근(총) 55-57면; 최준선(총) 99-101면.

이는 기업으로서 너무 영세한 자의 행위로서 상법을 적용하는 것이 부적당하기 때문이다.[1] 여기서 임금을 받는다 함은 특정인에게 고용되어 보수를 받는다는 뜻이 아니라 제조 또는 노무의 양에 따라 영세한 보수를 받음을 의미한다.[2]

Ⅱ. 「자기명의」로 상행위를 하는 자

기본적 상행위는 이를 자기명의로 하여야 당연상인으로 인정된다. '자기명의로'라 함은 그 행위의 결과 생기는 **권리의무의 주체**가 된다는 것이다. 자기명의로 상행위를 하는 이상, 이를 타인의 계산으로 하더라도 무방하다. 즉, 손익이나 영업자본의 귀속은 불문한다. 또한 권리의무의 주체가 되는 이상 영업행위 자체는 타인에게 대리시켜도 무방하다. 타인의 성명 또는 상호를 사용하여 영업하는 소위 명의대여(24조)의 경우 권리의무의 주체가 되는 것은 명의대여자가 아니라 명의차용자이므로 후자가 상인이 된다.[3] 한편 자기명의 여부는 실질에 따라 판단하여야 하므로 행정관청에 대한 인·허가 명의나 국세청에 신고한 사업자등록상의 명의와 실제 영업상의 주체가 다를 경우 후자가 상인이 된다(대판 2008.12.11., 2007다66590).

제3절 의제상인

의제상인이란 상행위가 아닌 영업의 설비·방법 및 조직을 기준으로 인정하는 상인을 말한다. 경제의 발전에 따라 상법전상의 상행위목록에 들어있지 않은 종류의 영업이 출현할 경우 이에 대해 상법을 적용하기 위한 개념이다. 의제상인의 종류로는 설비상인과 민사회사가 있으며, 상법의 적용이라는 면에서는 당연상인과 차이가 없다.

---

1) 손주찬(상) 75면.
2) 최준선(총) 102면.
3) 손주찬(상) 67면 주1; 최기원·김동민(상) 45·46면; 정찬형(상) 59면; 송옥렬 20면.

Ⅰ. 설비상인

설비상인이란 기본적 상행위(46조)를 하지 않지만 점포 기타 유사한 설비에 의하여 상인적 방법으로 영업을 하는 자를 말한다(5조 1항). 그 요건을 분설하면 다음과 같다.

첫째, **상인적 설비와 방법**을 사용하여야 한다. 점포 등의 공간적 시설과 상호·상업장부·영업보조자 등 사회통념상 상인의 영업방법으로 인정되는 수단들을 사용하는 경우가 이에 해당할 것이다. 예컨대 계주가 여러 개의 낙찰계를 운영하여 얻은 수입으로 가계를 꾸려 왔다 할지라도 상인적 방법에 의한 영업으로 계를 운영한 것이 아니라면 설비상인으로 볼 수 없다(대판 1993.9.10., 93다21705).

둘째, **기본적 상행위로 열거되지 않은 행위**를 하여야 한다. 이에는 다시 (i) 광업 이외의 1차 산업(농업·임업·어업 등) 종사자가 그 원시생산물을 판매하는 경우와 (ii) 신종 서비스업 등 3차 산업 종사자가 영업을 하는 경우가 있다. (i)의 경우 당연상인은 아니지만, 상인적 설비와 방법으로 영업한다면 설비상인이 될 수 있는 것이다. (ii)의 예로는 경영자문업·결혼상담업·흥행업[1] 및 컴퓨터 소프트웨어 개발업[2] 등이 거론된다. 판례는 학원업자를 설비상인으로 인정하나(대판 2012.4.13., 2011다104246), 변호사(대결 2007.7.26., 2006마334)와 법무사(대결 2008.6.26., 2007마996)에 대하여는 그 직무의 공공성 내지 윤리성을 근거로 상인성을 부정한다.[3]

셋째, 기본적 상행위 이외의 행위를 **'영업으로'** 하여야 한다. 즉, 영리를 목적으로 동종행위를 계속 반복적으로 하여야 한다. 예컨대 약 5,000평의 사과나무 과수원을 경영하면서 그 중 약 2,000평 부분의 사과나무에서 사과를 수확하여 이를 대부분 대도시의 사과판매상에 위탁판매하는 경우 영업으로 사과를 판매하는 것으로 볼 수 없다고 한 판례가 있다(대판 1993.6.11., 93다7174).

---

1) 이철송(총) 86면.
2) 임중호(총) 76면.
3) 공정거래법에서는 업종을 가리지 않고 모든 사업자를 그 적용대상으로 하고 있어(동법 2조 1호) 변호사·법무사 등과 같은 전문자유업 종사자도 동법의 적용대상인 사업자에 포함된다.

II. 민사회사

회사란 상행위 기타 영리를 목적으로 하여 설립한 법인을 말한다(169조). 회사 중 상행위, 즉 상법 제46조의 기본적 상행위를 목적으로 하는 경우(상사회사)는 당연상인이 되며(4조), 그 이외의 행위를 목적으로 하는 경우(민사회사)에는 의제상인이 된다(5조 2항). 민사회사의 업종은 위의 설비상인에서 본 바와 같다. 상사회사와 민사회사는 상법의 적용면에서 아무런 차이가 없다.

제4절 소상인

소상인이란 영세한 규모로 인해 상법의 일부규정의 적용이 배제되는 상인을 말한다. 소상인 이외의 상인을 보통상인 또는 완전상인이라 한다. 소상인의 요건은 (i) 자본금액이 1천만원에 미치지 못하는 상인으로서, (ii) 회사가 아닌 자이다(영 2조). 여기서 자본금액은 영업재산의 현재가격을 말한다(통설). 회사는 소상인이 될 수 없는데, 이는 소규모 회사라도 그 기업성이 뚜렷하고 상호·상업등기 등에 관한 규정이 적용되어야 하기 때문이다. 소상인에 대하여는 상법 중 지배인·상호·상업장부 및 상업등기에 관한 규정을 적용하지 않는다(9조).

제5절 상인자격의 취득과 상실

어떤 권리주체가 언제부터 상인자격을 취득하고 언제 그것을 상실하는지 하는 문제는 상법의 적용 여부를 결정짓는 중요한 문제이다. 상인자격을 유지하는 동안 그 권리주체의 행위에는 상법이 적용되기 때문이다. 상인자격의 취득 및 상실 시기는 그 권리주체가 자연인인지 법인인지, 또 법인인 경우 회사인지 아닌지에 따라 차이가 있다. 차례로 살펴본다.

Ⅰ. 자연인

1. 상인자격의 취득

자연인은 당연상인(4조) 또는 의제상인(5조 1항)의 요건을 갖춤으로써 상인이 된다. 이러한 요건을 언제 구비했다고 볼 것인가에 관하여는 설이 갈리고 있다. 다수설은 영업목적인 행위를 개시하기 전이라도 점포의 임차, 상업사용인의 고용, 자금 차입 등의 준비행위를 통하여 영업의사가 객관적으로 나타났을 때 상인 자격을 취득하고, 이러한 준비행위는 보조적 상행위(47조)가 된다고 본다(개업준비행위시설).[1)]

판례도 같은 입장이며, 영업자금 차입 행위의 경우 "행위 자체의 성질로 보아서는 영업의 목적인 상행위를 준비하는 행위라고 할 수 없지만, 행위자의 주관적 의사가 영업을 위한 준비행위였고 상대방도 행위자의 설명 등에 의하여 그 행위가 영업을 위한 준비행위라는 점을 인식하였던 경우에는 상행위에 관한 상법의 규정이 적용된다"고 한다(대판 2012.4.13., 2011다104246).

이에 대하여 소수설은 다수설에 따를 경우 상인자격 취득시기가 불명확해진다고 비판하면서, 상인자격은 객관적으로 기업으로서 인식될 수 있는 조직이 갖추어졌을 때 취득된다고 한다. 또한 영업의 준비행위에 대하여는 후술하는 설립중의 회사와 동일하게 보조적 상행위로 인정하여 상법을 적용하는 것으로 충분하다고 한다(객관적조직구비시설).[2)]

생각건대 회사의 경우는 설립등기를 통해 비로소 권리능력을 취득하므로 그 이전에는 상인자격을 부정하되 그 설립준비행위를 보조적 상행위로 인정하여 상법을 적용하는 이론구성이 불가피하다. 그러나 자연인의 경우는 이미 권리능력을 갖추고 있으므로 개업준비행위를 통해 영업의사가 객관적으로 나타난 때에 바로 상인성을 인정하여 상법을 적용하는 것이 타당하다 하겠다. 한편 어느 설을 취하든 상인자격의 취득은 행정관청의 인·허가 취득이나 신고 여부와는 무관하다고 본다.

---

1) 손주찬(상) 83면; 최기원·김동민(상) 58·59면; 정동윤(상) 55면; 강위두·임재호(상) 47면; 이기수·최병규(총) 117면; 임홍근(총) 67면; 이철송(총) 92면; 임중호(총) 83면; 최준선(총) 127면; 송옥렬 24면.
2) 정희철(상) 74·75면; 정찬형(상) 76면.

2. 상인자격의 상실

자연인의 상인자격은 영업의 폐지(종료)에 의하여 상실된다. 영업폐지의 시기도 기본적인 영업활동뿐 아니라 그 사후처리(잔무처리)까지 종료한 때이다(통설). 이 사후처리행위 역시 보조적 상행위로서 상법이 적용된다. 폐업광고나 폐업신고가 있더라도 영업을 종료하지 않으면 상인자격이 유지된다. 설비상인의 경우 상법 제5조 소정의 설비가 폐지되어도 상인자격을 상실한다.[1)]

II. 법 인

1. 사법인

가. 회 사

영리법인은 상행위를 목적으로 하든 상행위 이외의 영리를 목적으로 하든 회사가 되고(169조) 상인이 된다(4조 · 5조). 회사는 설립등기를 마침으로써 법인격과 상인자격을 동시에 취득한다. 영업은 개시하지 않아도 무방하다. 설립중의 회사는 법인격이 없어 상인이 될 수 없으나, 그 설립준비행위는 보조적 상행위로서 상법의 적용대상이 될 수 있다. 한편 회사는 해산 후에도 청산의 목적 범위 내에서 존속하므로, 그 상인자격은 청산의 종결로 상실된다.

나. 비영리법인

(1) 공익법인

학술 · 종교 · 자선 등 공익사업을 목적으로 하는 비영리법인은 그 목적사업을 수행하기 위해 필요한 범위 내에서 부수적으로 영리사업을 할 수 있으며, 이 경우 상인이 될 수 있다(통설). 예컨대, 그 수익을 사립학교의 경영에 충당하기 위해 학교법인이 수익사업을 하는 경우(사립학교법 6조 1항)가 그것이다.[2)] 이때 그 상인자격의 취득 및 상실 시기는 자연인의 경우와 같다.

---

1) 손주찬(상) 86면; 강위두 · 임재호(상) 47면.

2) 반대: 박원선(상) 49면(비영리법인은 원칙상 상인으로서 영업을 할 수 없으며, 사립학교에 대해서는 예외가 허용된 것이라 함).

(2) 중간법인

민 · 상법 이외의 특별법에 의하여 구성원 간의 상호부조 및 공동이익의 증진을 목적으로 설립된 법인들(예: 각종 협동조합, 상호보험회사)은 영리법인도 공익법인도 아니라는 의미에서 중간법인이라 불린다. 이들이 상인이 될 수 있는지에 대하여는 설이 갈린다.

먼저 **부정설**은 이들의 사업목적이 비영리사업에 특정되어 있으므로 상인이 될 수 없다고 한다.[1] 판례도 수산업협동조합법에 의한 수산업협동조합은 상인이 아니라 하며(대판 2001.1.5., 2000다50817), 농업협동조합법에 의해 설립된 조합이 그 사업의 일환으로 조합원이 생산하는 물자의 판매사업을 하더라도 이를 상인이라 할 수 없다고 한다(대판 2000.2.11., 99다53292).

그러나 **긍정설**은 농업협동조합중앙회 및 수산업협동조합중앙회가 신용사업을 영위하거나 비회원에 대하여 영리행위를 하는 경우 그 범위 내에서 상인이 된다고 본다.[2] 생각건대 중간법인은 원칙적으로 상인이 될 수 없으나, 각종 협동조합의 중앙회가 신용사업 등 상행위에 해당하는 행위를 요하는 사업을 직접 경영하는 경우에는 상인이 될 수 있다고 본다. 이때 그 상인자격의 취득 · 상실 시기는 자연인의 경우와 같다.

2. 공법인

가. 일반적 공법인

국가 및 지방자치단체와 같은 일반적 공법인은 그 존립목적이 특정사업으로 제한되어 있지 않으며, 국민 내지 주민의 복지증진 등 일반적인 행정목적을 위해 존재한다. 따라서 이들은 그 행정목적을 달성하기 위해 영리사업을 할 수도 있으며, 이 경우 상인이 될 수 있다(통설). 그 상인자격의 취득 및 상실 시기는 자연인의 경우와 같다. 공법인의 상행위에 대하여는 법령에 다른 규정이 없는 경우에 한하여 상법을 적용한다(2조).

---

1) 손주찬(상) 88면; 최기원 · 김동민(상) 62면; 채이식(상) 41면(상호보험회사 등의 대규모거래는 예외라 함); 정찬형(상) 78면; 김정호(상) 58면.
2) 최준선(총) 124면; 임중호(총) 88면; 임홍근(총) 65면; 강위두 · 임재호(상) 49면; 정동윤(상) 56면.

나. 특수적 공법인

공법인의 목적이 그 근거법령에 의하여 특정한 공공적 사업으로 제한되어 있는 경우(예: 농지개량조합·예금보험공사) 그 목적사업에 영리성이 없으므로 상인이 될 수 없다(통설). 그러나 한국전력공사·대한석탄공사 등의 소위 정부투자기관은 공공적 성질이 강한 사업을 영위하고 있지만, 독립채산의 원칙에 의하여 사경제적 방법으로 영업을 하는 범위 내에서 상인성을 인정할 수 있다고 본다.[1] 이때 그 상인자격의 취득·상실 시기는 자연인의 경우와 같다.

제6절 영업능력

자연인은 민법에 의해 행위능력이 제한될 수 있으며, 민법상의 제한능력자인 미성년자·피한정후견인 및 피성년후견인은 그 상인으로서의 영업능력도 제한된다. 다만 상법은 상행위의 특수성을 고려하여 몇 가지 특칙을 두고 있다. 이하 제한능력자의 종류별로 그 영업능력에 대한 제한을 살펴본다.

Ⅰ. 미성년자

미성년자가 법률행위를 함에는 법정대리인의 동의를 얻어야 하며, 이에 위반한 행위는 취소할 수 있다(민 5조). 그러나 미성년자가 법정대리인으로부터 허락을 얻은 특정한 영업에 관하여는 성년자와 동일한 행위능력이 있다(민 8조 1항). 미성년자가 법정대리인의 허락을 얻어 영업을 하는 때에는 상업등기부에 등기하여야 한다(6조).

또한 미성년자가 법정대리인의 허락을 얻어 회사의 무한책임사원이 된 때에는 그 사원자격으로 인한 행위에는 능력자로 본다(7조).

한편 미성년자의 법정대리인은 미성년자를 대리하여 영업을 할 수 있는데(예:

1) 임홍근(총) 66면; 최준선(총) 125·126면; 임중호(총) 89면. 또한 채이식(상) 42면(법률에 의하여 설립된 특수공법인의 경우 그 설립의 근거가 된 법률의 해석 여하에 따라 상인적격 여부를 가린다 함).

자의 재산에 관한 친권자의 대리권(민 920조)), 이 경우 법정대리인이 미성년자를 위하여 영업을 하는 때에는 상업등기부에 등기하여야 한다(8조 1항). 이때 법정대리인의 대리권에 대한 제한은 선의의 제삼자에게 대항하지 못한다(동조 2항).

II. 피한정후견인

피한정후견인은 한정후견인의 동의를 받아야 하는 행위의 범위를 가정법원이 정하지 않은 한(민 13조 1항) 단독으로 유효한 법률행위를 할 수 있다. 따라서 피한정후견인은 원칙적으로 영업능력이 제한되지 않는다. 법정대리인이 피한정후견인을 위하여 영업을 하는 때에는 상업등기부에 등기하여야 함은 미성년자의 경우와 같다(8조).

III. 피성년후견인

피성년후견인은 원칙적으로 단독으로 유효한 법률행위를 할 수 없다(민 10조 1항). 따라서 피성년후견인은 영업능력이 없으며, 법정대리인이 영업을 대리할 수 있을 뿐이다. 후자의 경우 상업등기부에 등기하여야 함은 미성년자의 경우와 같다(8조).

제3장 상업사용인

상인의 기업 활동을 보조하는 자에는 두 가지가 있다. 첫째, 특정 상인에 종속한 기업 내부의 보조자가 있다. 상업사용인이 이에 속한다. 둘째, 기업 외부의 보조자로서 그 자신이 독립한 상인인 자가 있다. 이를 독립보조상이라 하며, 대리상・중개인・위탁매매인・운송인・운송주선인・창고업자 등이 이에 해당한다. 이 자리에서는 기업 내부의 보조자인 상업사용인에 대해 살펴보고, 독립보조상에 대하여는 후술하는 상행위편에서 알아본다.

제1절 상업사용인의 의의

상업사용인이란 특정한 상인(영업주)에 종속되어 대리권을 가지고 영업주를 위하여 대외적인 영업상의 업무를 보조하는 자를 말한다. 그 요건을 분설하면 다음과 같다.

첫째, **특정 상인에 종속된 보조자**이다. 종속되었다 함은 기업 내부에서 영업주의 지시를 받음을 의미한다. 이사・업무집행사원 등은 회사 조직의 일부를 구성하는 기관이지 종속된 보조자가 아니다. 그러나 회사의 기관(예: 경리담당 상무이사)이라도 상업사용인을 겸임하는 경우에는 상업사용인에 관한 규정이 적용된다(대판 1996.8.23., 95다39472). 대리상도 특정 상인을 보조하지만 기업 외부의 독립한 상인이므로 영업주에 종속된 보조자가 아니다.

둘째, **대리권을 가지고 대외적인 영업상의 업무를 보조**하여야 한다. 대리권이 없이 대내적인 업무에만 종사하는 회계원・기사 등은 상업사용인이 아니다. 대리권이 있는 한 고용관계는 없어도 무방하다(예: 자녀가 부모의 영업상 업무를 보조하는 경우).

대외활동을 하더라도 그것이 영업상 업무가 아닌 경우(예: 기자)에는 상업사용인이라 할 수 없다. 상업사용인은 영업활동을 보조하여야 하므로 자연인에 한한다(통설).

상법은 대리권의 범위 내지 유무를 기준으로 세 가지 유형의 상업사용인을 구분하여 규정한다. 지배인, 부분적 포괄대리권을 가진 상업사용인 및 물건판매점포의 사용인이 그것이다. 이하 각 유형을 차례로 살펴본 후 상업사용인의 경업피지의무에 대하여 알아보자.

제2절 지배인

Ⅰ. 의 의

지배인이란 영업주에 갈음하여 그 영업에 관한 재판상·재판 외의 모든 행위를 할 수 있는 상업사용인을 말한다(11조). 지배인은 영업상의 포괄적인 대리권, 즉 지배권(Prokura)을 가지므로 거래 상대방은 그 권한의 범위를 조사할 필요가 없어 거래안전이 도모된다. 지배인인지 여부는 그 명칭 여하(예: 지점장·영업부장)를 불문하고 실질적인 지배권의 유무에 의해 결정된다.

Ⅱ. 선임과 종임

1. 선 임

가. 선임권자

지배인은 **영업주**인 상인(10조) 또는 그 **대리인**이 선임한다. 여기서 대리인에는 법정대리인뿐 아니라 영업주로부터 지배인선임의 권한을 수여받은 임의대리인도 포함된다(이설 있음).[1] 이러한 권한 수여가 없는 한 지배인도 다른 지배인을 선임

1) 손주찬(상) 96면; 최기원·김동민(상) 72면; 정찬형(상) 88면; 송옥렬 27면. 반대: 정

할 수 없다(11조 2항).

회사의 경우 대표기관이 지배인을 선임하나, 일정한 **내부절차**(예: 주식회사의 경우 이사회결의)를 거쳐야 한다(203조, 274조, 287조의18, 393조, 564조). 다만 이러한 절차에 위반한 경우에도 선임행위 자체의 효력에는 영향이 없다(통설)(이설 있음).[1]

청산 또는 파산중의 회사는 영업을 할 수 없으므로 지배인을 선임할 수 없다. 또한 소상인이 포괄적 대리권을 가진 상업사용인을 선임하여도 이는 상법상의 지배인이 아니며 지배인에 관한 규정이 적용되지 않는다(9조).

나. 지배인의 자격

지배인은 자연인에 한정되나 행위능력자가 아니어도 무방하다(민 117조). 회사의 업무집행사원이나 이사는 지배인을 겸임할 수 있으나, 감사는 이를 겸할 수 없다(411조, 570조).

다. 선임행위

지배인 선임행위의 **법적 성질**에 대하여는 (i) 고용계약 또는 위임계약과 결합된 대리권 수여계약이라는 설,[2] (ii) 대리권 수여계약이라는 설[3] 및 (iii) 지배인의 수령을 요하는 영업주의 단독행위라는 설[4]이 대립한다. 지배인 선임은 고용계약 등을 전제로 하지 않고, 지배인과의 합의가 필요하다는 점에서 (ii)설이 타당하다.

지배인 선임의 **방식**에 대하여는 제한이 없으므로 서면에 의하지 않아도 무방하다. 또한 묵시적 의사표시로도 가능하다(이설 있음).[5]

2. 종 임

지배인은 그 **대리권의 소멸**로 종임한다. 대리권 소멸원인은 대체로 민법에 의한다(민 127등). 그러나 지배권은 상행위의 위임에 의한 대리권이므로 영업주의 사망

동윤(상) 60면(법정대리인만이 지배인을 선임할 수 있다 함).

1) 손주찬(상) 96면; 정찬형(상) 88면; 최기원 · 김동민(상) 72면; 임홍근(총) 80면; 임중호(총) 101면; 최준선(총) 138면. 반대: 이철송(총) 115 · 116면(선임행위는 무효가 되며, 이 경우 거래상대방의 보호는 표현지배인 규정 등에 의한다고 함).

2) 최기원 · 김동민(상) 73면; 정동윤(상) 61면.

3) 손주찬(상) 97면; 정찬형(상) 89면; 최준선(총) 138면.

4) 이철송(총) 115면.

5) 손주찬(상) 97면; 정찬형(상) 89면; 송옥렬 27면. 반대: 정동윤(상) 61면.

으로는 소멸하지 않는다(50조). 지배인 선임이 고용계약이나 위임계약을 전제로 한 경우 그 계약의 종료로도 지배권이 소멸한다.

또한 지배인 선임은 영업을 전제로 하므로 영업주의 영업폐지, 회사의 해산 및 파산의 경우에도 지배인은 종임한다.

3. 등 기

지배인의 선임과 종임은 등기사항이다. 따라서 영업주는 그 지배인을 둔 본점 또는 지점소재지에서 등기하여야 한다(13조).

Ⅲ. 지배인의 권한

1. 지배권의 포괄성

지배인은 영업주의 영업에 관한 재판상·재판 외의 모든 행위를 할 수 있는 포괄적인 대리권(지배권)을 가지고 있다(11조 1항). 즉, 지배인은 임의대리인이지만 영업에 관한 포괄적인 대리권을 갖는 것으로 그 내용이 법정되어 있는 것이다. 이를 분설하면 다음과 같다.

첫째, 지배권은 **'영업에 관한' 행위**에 미치므로, 영업과 관계없는 신분법상의 행위(예: 혼인) 등은 제외된다. 또한 지배권은 영업의 존재를 전제로 하므로 영업의 폐지·양도는 하지 못한다. 다만 영업에 관한 행위라도 반드시 영업주가 직접 해야 하는 것(예: 선서·서명 등)은 제외된다. 어떤 행위가 영업에 관한 행위인지 여부는 지배인의 주관적 의사와 관계없이 그 행위의 객관적 성질에 따라 추상적으로 판단한다(대판 1987.3.24., 86다카2073). 그리하여 문제된 행위(예: 대표이사의 배서를 위조하여 어음을 할인한 행위)가 객관적으로 영업에 관한 행위로서 지배인의 대리권 범위에 속하는 것으로 판정되는 경우 지배인이 개인적 목적을 위하여 이를 한 때에도 그 행위의 효력은 영업주에게 미친다(대판 1998.8.21., 97다6704). 지배인은 지배인이 아닌 점원 기타 사용인을 선임·해임할 수 있다(11조 2항).

둘째, **'재판상의 행위'**란 소송행위를 가리키며, 지배인은 변호사가 아니라도 영업주의 소송대리인이 될 수 있다(민소 87조).

셋째, **'재판외의 행위'**란 법률행위를 포함하여 사법상의 모든 적법행위를 말하며,

영업주의 영업목적인 행위(기본적 상행위 또는 준상행위)이든, 영업을 위하여 하는 행위(보조적 상행위)이든 불문한다. 또한 무상행위도 포함된다.

2. 지배권의 획일성

지배권의 내용은 위와 같이 법정되어 있으나, 내부적으로 영업주가 지배인의 대리권을 제한하는 경우가 있을 수 있다. 상법은 영업주가 이러한 제한으로 선의의 제3자에게 대항하지 못하도록 함으로써 거래의 안전을 보호하고 있다(11조 3항). 즉, 대외적인 관계에서 지배권은 제한이 불가능한 획일적인 내용을 갖는 것이다. 다만 제3자가 내부적 제한을 알고 있었거나 이를 알지 못한 데에 중과실이 있는 경우에는 영업주가 그러한 사유를 들어 대항할 수 있다. 이때 제3자의 악의·중과실은 영업주가 입증하여야 한다(대판 1997.8.26., 96다36753). 또한 영업주는 내부적 제한을 위반한 지배인을 해임하거나 이에 대해 손해배상을 청구할 수 있다.

한편 영업주가 지배인에게 법정 권한을 초과하는 대리권을 부여하여도 이는 지배권 자체를 확장하는 것이 아닌 별개의 수권일 뿐이다.[1] 법정 권한에서 벗어나는 지배권의 제한이나 확장은 등기로 공시할 수 없으며, 설사 잘못 등기되어도 효력이 없다.[2]

3. 지배권의 범위

지배인이 대리권을 갖는 영업은 영업주의 모든 영업이 아니고, 특정 **영업소**(본점 또는 지점)의 영업에 국한됨이 원칙이다(10조·13조, 상등 50조 1항 4호). 다만 수개의 영업소에 대한 지배권을 갖는 지배인을 선임할 수도 있는데(예: 총지배인),[3] 이 경우 각 영업소에서 모두 등기하여야 할 것이다.[4]

---

1) 손주찬(상) 100면; 정찬형(상) 93면.
2) 손주찬(상) 100면.
3) 손주찬(상) 100면; 정찬형(상) 93면; 최준선(총) 141면.
4) 임중호(총) 107면; 최기원·김동민(상) 76면. 한편 영업주가 수개의 **상호**로 수개의 영업을 하는 경우에도 각 상호별로 지배인을 등기하여야 한다(상등 50조 1항 3호).

4. 지배권의 남용

지배인이 영업주가 아니라 자기 또는 제3자의 이익을 위해 그 대리권을 행사하는 것을 지배권의 남용이라 한다. 이러한 행위도 객관적으로 영업에 관한 행위로서 지배인의 대리권 범위 내에 속한다면 그 효력이 영업주에게 미침은 전술한 바와 같다. 그러나 상대방이 악의인 경우에는 이를 보호할 필요가 없다 할 것인데, 이에 관한 법리구성을 놓고 학설이 대립하고 있다.[1)]

먼저 **권리남용설**에 의하면 남용행위 자체는 유효이나 상대방이 남용사실을 알았거나 중과실로 모른 경우 그 권리를 주장하는 것은 권리남용(민 2조)으로 허용되지 않는다고 한다.[2)] 반면 **비진의표시설**은 이를 심리유보(민 107조)의 문제로 보아 상대방이 남용사실을 알았거나 알 수 있었을 때에는 남용행위가 효력이 없다고 한다.[3)]

과거의 판례 중에는 권리남용설과 같은 결론을 취한 것이 있으나(대판 1987.3.24., 86다카2073), 최근의 판결들은 일관되게 비진의표시설을 취하여 지배권 남용에 대하여 민법 제107조를 유추적용하고 있다(대판 1999.3.9., 97다7721 · 7738 등). 그러나 (i) 지배권 남용의 경우에 지배인에게 그 행위를 할 진의가 없었다고 보는 데에는 무리가 있으며, (ii) 경과실인 상대방도 보호할 필요가 있어 권리남용설이 타당하다고 본다.

Ⅳ. 공동지배인

1. 의 의

영업주가 수인의 지배인을 선임한 경우 원칙적으로 각자가 대리권을 행사한다. 그러나 수인의 지배인이 공동으로만 지배권을 행사할 수 있게 할 수도 있다(공동지배)(12조 1항). 이 경우의 지배인을 공동지배인이라 한다. 이 제도는 지배인의 광범위한 대리권이 오 · 남용되는 것을 막기 위한 것이다. 영업주는 수인의 지배인 중 전부 또는 일부를 공동지배인으로 선임할 수 있다. 어느 경우이든 대리권의 범위가 제한되는 것은 아니며, 그 행사방법이 제한될 뿐이다.

---

1) 주식회사 대표이사의 대표권 남용행위에 관하여도 유사한 학설대립이 있다(후술).
2) 손주찬(상) 101면; 정동윤(상) 66면; 임중호(총) 115면; 최준선(총) 143면.
3) 채이식(상) 53면.

2. 능동대리

공동지배인의 제3자에 대한 의사표시 등 능동대리행위는 공동으로 하여야만 영업주에 효력이 미친다. 그 의사표시는 동시에 이루어질 필요는 없고 순차로 하여도 무방하다.

공동지배인 상호간에 대리권행사를 포괄적으로 위임하는 것은 허용되지 않는다(이설 없음)(주식회사 공동대표에 관한 대판 1989.5.23., 89다카3677 참조). 그러나 특정사항에 대한 **개별적 위임**에 관하여는 설이 갈린다. 먼저 부정설은 개별적 위임이 대리권의 남용방지 등 공동지배제도의 취지에 어긋난다고 한다(주식회사 공동대표에 관한 대판 1989.5.23., 89다카3677 참조).[1] 또한 공동지배인간의 위임관계를 대리행위 시에 현명(顯名)하는 경우에 한하여 개별위임이 허용된다는 견해도 있다(절충설).[2] 그러나 개별위임의 경우는 대리권 남용의 우려가 적으므로 기업활동의 원활을 위해 이를 허용함이 타당하다(긍정설: 다수설).[3] 긍정설을 취하더라도 어음·수표행위의 경우는 요식행위이므로 공동지배인 각각의 기명날인이 필요하다고 본다.

재판상의 행위에 대하여 공동지배인 규정이 적용되는지에 관하여도 긍[4]·부[5] 양설이 갈린다. 부정설은 민사소송법상의 개별대리 원칙(민소 93조 1항)을 근거로 제시하나, 재판상의 행위에서 지배권이 오·남용될 경우 영업주의 권리관계를 심각하게 저해할 수 있어 긍정설이 타당하다.

3. 수동대리

수동대리의 경우는 각 공동지배인이 의사표시 등의 수령권한을 갖는다(12조 2항). 이는 거래의 원활과 신속을 기하여 거래상대방의 이익을 보호하기 위한 것이다.

---

1) 손주찬(상) 102면
2) 이철송(총) 127면.
3) 최기원·김동민(상) 78면; 정동윤(상) 64면; 이기수·최병규(총) 151면; 정찬형(상) 94면; 임중호(총) 117면; 최준선(총) 145면.
4) 손주찬(상) 102면; 채이식(상) 52면.
5) 최기원·김동민(상) 78면; 정동윤(상) 64면; 정찬형(상) 94면; 이철송(총) 126면; 최준선(총) 145면.

4. 등 기

공동지배는 거래상대방에게 중요한 영향을 미치는 사항이다. 따라서 공동지배인의 선임 및 그 변경은 등기하여야 한다(13조).

V. 표현지배인

1. 의 의

본점 또는 지점의 본부장, 지점장 기타 지배인으로 인정될 만한 명칭을 사용하여 지배인의 대리권을 가진 것으로 의제되는 사용인을 표현지배인이라 한다(14조 1항). 이는 표현적 명칭을 가진 사용인을 지배인으로 신뢰하고 거래한 상대방을 보호하여 거래의 안전을 보호하기 위한 제도이다. 독일의 외관법리 및 영미법의 표시에 의한 금반언의 원칙과 궤를 같이 한다.

2. 요 건

표현지배인으로 인정되기 위하여는 외관법리에 따라 (i) 외관이 존재하고(표현적 명칭의 사용), (ii) 외관 형성에 대하여 영업주에게 귀책사유가 있으며(명칭 사용의 허락), (iii) 외관에 대한 신뢰가 있어야 한다(상대방의 선의).

가. 표현적 명칭의 사용

표현지배인은 본점 또는 지점의 본부장, 지점장 그 밖에 **지배인으로 인정될 만한 명칭**(표현적 명칭)을 사용하였어야 한다. 예컨대 지배인 · 지사장 · 영업부장 · 영업소장 · 출장소장 등 거래통념상 특정 영업소의 책임자라는 믿음을 줄 수 있는 명칭들이 이에 해당한다.[1] 따라서 지점차장과 같이 상급자의 존재를 추측케 하는 명칭은 이에 해당하지 않는다(대판 1993.12.10., 93다36974). 또한 건설회사의 현장소장은 일반적으로 공사의 시공에 관한 업무만을 담당하므로 표현지배인이 아니다(대판 1994.9.30., 94다20884).

1) 이철송(총) 130면.

이와 관련하여 표현적 명칭이 붙은 본점 또는 지점이 상법상 **영업소로서의 실체**를 가져야 하는지가 문제된다. 거래 안전을 이유로 영업소의 외관만 있으면 된다는 견해도 있으나(외관설: 소수설),[1] 문제된 사용인이 지배인과 동일한 영업상의 대리권을 갖는 것으로 의제되기 위하여는 그 근무장소가 상법상의 영업소인 본점 또는 지점의 실체를 갖추고 어느 정도 독립적으로 영업활동을 할 수 있는 곳이어야 할 것이다(실질설: 다수설)(대판 1978.12.23., 78다1567).[2] 따라서 이러한 실질을 결하는 보험회사의 영업소(대판 1983.10.25., 83다107) 및 지사(대판 1967.9.26., 67다1333)의 장(長)은 표현지배인에 해당하지 않는다. 그러나 업종에 따라서는 영업소장이나 지사장이 표현지배인으로 인정될 수도 있을 것이다.

표현적 명칭은 **지배인의 권한 범위 내의 행위**에 사용하였어야 한다. 권한 범위 내인지 여부는 객관적으로 판단하므로, 문제된 사용인이 개인적 목적을 위해 거래한 경우에도 표현지배인이 성립할 수 있다(대판 1998.8.21., 97다6704). 다만 영업에 관한 행위라도 재판상의 행위는 제외되는데(14조 1항 단서) 이 경우는 외관 존중보다 실체적 진실이 중요하기 때문이다.[3]

나. 명칭 사용의 허락

영업주가 표현적 명칭의 사용을 허락하였어야 한다. 즉, 영업주의 귀책사유로서 명시적 또는 묵시적 허락이 있어야 한다.

다. 외관에 대한 신뢰

표현지배인 규정은 상대방이 악의인 경우에는 적용하지 않는다(14조 2항). 따라서 상대방은 문제된 사용인이 지배인이 아님을 몰랐어야 한다. 상대방에게 중과실이 있는 경우도 악의로 취급한다(통설). 악의·중과실의 판단은 거래시(어음·수표의 경우 취득시)를 기준으로 하며, 그 입증책임은 영업주에게 있다.

---

1) 채이식(상) 62면; 이기수·최병규(총) 153면(거래의 상대방이 영업소라고 객관적으로 생각하는 실체가 있으면 족하다 함); 최준선(총) 147면.

2) 손주찬(상) 104면; 최기원·김동민(상) 81면; 강위두·임재호(상) 64면; 정동윤(상) 69면; 정찬형(상) 97면; 이철송(총) 133면; 임중호(총) 121면.

3) 임중호(총) 122·123면.

3. 효 과

표현지배인은 지배인과 동일한 권한이 있는 것으로 본다(14조 1항 본문). 따라서 영업주는 표현지배인의 영업에 관한 재판 외의 행위에 대하여 그 상대방에게 책임을 진다. 그러나 표현지배인이 지배인이 되는 것은 아니다.

제3절 부분적 포괄대리권을 가진 상업사용인

Ⅰ. 의 의

부분적 포괄대리권을 가진 상업사용인이란 영업의 특정한 종류 또는 특정한 사항에 대하여서만 재판 외의 모든 행위를 할 수 있는 대리권을 가진 사용인을 말한다(15조 1항). 이들은 부장 · 팀장 · 차장 · 과장 · 계장 · 주임 · 대리 등의 직함을 갖는 것이 보통이나, 이에 해당하는지 여부는 그 대리권의 실질적 내용에 따라 판단한다.

Ⅱ. 선임 · 종임

부분적 포괄대리권을 가진 상업사용인은 영업 전반에 대한 대리권은 없고 재판상의 행위도 하지 못하므로 영업주 외에 지배인도 이를 선임 · 해임할 수 있으며, 등기도 필요 없다. 또한 소상인이 부분적 포괄대리권을 가진 상업사용인을 선임한 경우에도 상법 제15조가 적용된다.

Ⅲ. 대리권의 범위

부분적 포괄대리권을 가진 상업사용인은 영업주로부터 위임받은 특정한 종류 또는 사항에 관하여 재판 외의 모든 행위를 할 수 있다. 즉, 영업 전반에 대한 대리권은 없지만, 판매・구입・대부・출납 등과 같은 **특정 분야의** 부분적인 범위 내에서는 **포괄적인 대리권**을 갖는다. 구체적으로 어떠한 행위가 이 범위 내에 속하는지는 당해 영업의 규모와 성격, 거래행위의 형태 및 계속 반복 여부, 사용인의 직책명, 전체적인 업무분장 등 여러 사정을 고려해서 거래통념에 따라 객관적으로 판단하여야 한다(대판 2009.5.28., 2007다20440・20457). 예컨대 회사의 경리부장은 자금차용에 관한 대리권이 없으며(대판 1990.1.23., 88다카3250), 증권회사의 지점장 대리는 채무면제(손실부담)약정을 할 권한이 없다(대판 1994.1.28., 93다49703). 부분적 포괄대리권을 가진 사용인의 대리권은 재판상의 행위에는 미치지 않는다.

한편 영업주가 이러한 대리권에 내부적으로 제한을 가하여도 이를 가지고 선의의 제3자에게 대항하지 못한다(15조 2항, 11조 3항). 즉, 이들에게는 대외적으로 제한이 불가능한 **획일적인 대리권**이 인정되며, 이는 거래의 안전을 위한 것이다.

Ⅳ. 표현지배인 규정의 유추적용 문제

부분적 포괄대리권을 가진 상업사용인과 유사한 명칭을 가진 사용인의 행위에 대해 표현지배인 규정을 유추적용하여 영업주의 책임을 물을 수 있는지에 대해 설이 갈린다. **부정설**은 명문규정 없이 이러한 유추적용을 인정하면 영업주의 책임을 지나치게 확대할 우려가 있으며, 거래상대방은 표현대리(민 125조) 및 사용자책임(민 756)에 관한 규정으로 보호할 수 있다고 한다(대판 2007.8.23., 2007다23425).[1]

이에 대해 **긍정설**은 민법의 규정만으로는 제3자의 보호가 충분치 않다고 한다.[2] 생각건대 거래 상대방으로서는 내부적인 수권 여부를 알기 어려워 사용인의 직함에 상당부분 근거하여 그 권한을 판단하는 것이 현실이므로, 표현적인 명칭에 대한 영업주의 사용 허락이 있었다면 상법 제14조를 유추적용할 필요가 있지 않은가 한다.

1) 최기원・김동민(상) 87면; 임중호(총) 128・129면; 이철송(총) 142면; 최준선(총) 153면; 송옥렬 40면.
2) 손주찬(상) 108면; 강위두・임재호(상) 70면; 임홍근(총) 91면; 정동윤(상) 71・72면; 정찬형(상) 101・102면; 김정호(상) 74면.

제4절 물건판매점포의 사용인

I. 의 의

물건을 판매하는 점포의 사용인은 그 판매에 관한 모든 권한이 있는 것으로 본다(16조 1항). 이를 물건판매점포의 사용인이라 한다. 이러한 사용인이 실제로는 물건판매의 대리권이 없더라도(예: 회계담당자) 제3자로서는 이를 알기 어려우므로 거래 안전을 위해 대리권을 의제하고 있는 것이다. 외관법리를 근거로 한 제도이다.

II. 적용요건

상법 제16조는 물건을 판매하는 점포의 사용인에 적용되며(1항), 상대방이 악의인 경우에는 적용하지 않는다(2항). 이를 분설하면 다음과 같다.

첫째, 동조는 '**점포**'의 사용인에게 적용된다. 사용인이 점포에 있다는 것이 외관을 구성하기 때문이다. 따라서 백화점 지점의 외무사원은 이에 해당하지 않는다(대판 1976.7.13., 76다860). 또한 물건판매점포의 사용인은 특별한 수권이 없는 한 그 점포 외에서 대금을 영수할 권한이 없다(대판 1971.3.30., 71다65).

둘째, 동조는 '**사용인**'에 적용된다. 여기서 사용인은 상업사용인뿐 아니라 널리 물건판매의 대리권이 있는 듯한 외관을 가진 자를 포함한다.[1] 따라서 고용계약이 없는 경우도 이에 해당할 수 있다(예: 영업주의 가족).[2]

셋째, 동조는 '**물건을 판매**하는' 점포의 사용인에 적용된다. 그러나 물건임대업, 공중접객업 등을 영위하는 점포의 사용인에 대하여도 동조를 유추적용할 필요가 있다(통설).[3]

1) 정찬형(상) 102면; 이철송(총) 145면.
2) 손주찬(상) 110면; 최기원 · 김동민(상) 88 · 89면; 송옥렬 42면. 또한 정찬형(상) 102면(이 경우 상법 제16조를 '유추적용'한다고 함).
3) 손주찬(상) 111면; 정동윤(상) 72면; 정찬형(상) 103면; 이철송(총) 146면; 최준선(총) 156면; 송옥렬 42면.

넷째, 동조가 적용되려면 **상대방이 선의**라야 하며, 악의인 경우에는 적용하지 않는다. 여기서 악의라 함은 물건판매의 대리권이 없음을 아는 것을 의미한다. 중과실은 악의와 같이 취급한다.[1)]

Ⅲ. 대리권의 범위

물건판매점포의 사용인은 물건의 판매에 관한 모든 권한이 있는 것으로 간주된다. 따라서 현실적인 판매 외에 외상판매, 할인판매, 교환, 대금의 수령 등 통상적인 판매에 관한 모든 행위를 할 권한이 있다.[2)] 그러나 물건의 구입, 영업자금의 차입, 점포의 대여 등은 그 권한 범위 밖이다.

제5절 상업사용인의 경업피지의무

Ⅰ. 의 의

상업사용인[3)]은 영업주의 허락 없이 자기 또는 제3자의 계산으로 영업주의 영업부류에 속한 거래를 하거나 회사의 무한책임사원, 이사 또는 다른 상인의 사용인이 되지 못한다(17조 1항). 이를 상업사용인의 경업피지의무(競業避止義務)라 한다. 영업주의 영업 내용에 정통한 상업사용인이 그와 경쟁이 되는 영업을 함으로써 영업주의 이익을 침해하지 않도록 하고, 겸직으로 인해 상업사용인이 영업주의 영업에 집중하지 못하게 되는 것을 막기 위한 제도이다.

1) 정찬형(상) 104면; 임중호(총) 134면.
2) 최기원 · 김동민(상) 89면; 정찬형(상) 103면; 이철송(총) 145면.
3) 점포사용인에게 경업피지의무를 부과함은 입법상 무리가 있다는 견해로, 임홍근, 「상법총칙」 법문사, 1987, 242면.

Ⅱ. 내 용

1. 경업거래의 금지

상업사용인은 영업주의 허락 없이 자기 또는 제3자의 계산으로 영업주의 영업부류에 속한 거래를 해서는 안 된다. 이를 분설하면 다음과 같다.

첫째, '영업주의 **영업부류에 속한 거래**'란 영업주의 영업목적인 행위(기본적 상행위 또는 준상행위)를 의미하며 영업을 위하여 하는 행위(보조적 상행위)를 뜻하는 것이 아니다. 다만 영리성이 없는 거래(예, 부동산 매매업자의 사용인이 자기의 주택을 구입하는 행위)는 제외된다.

둘째, '**자기 또는 제3자의 계산**으로'라 함은 그 거래로 인한 손익이 영업주 이외의 자에게 귀속됨을 의미한다. 따라서 거래의 명의는 불문한다.

셋째, **영업주의 허락**은 묵시적인 방법으로도 할 수 있고, 구두로도 가능하며, 사후추인도 유효하다. 이러한 경업거래 금지의무는 재임 중에만 인정되나, 재임 중인 이상 근무시간 외에도 경업거래를 하여서는 안 된다.

2. 겸직의 금지

상업사용인은 영업주의 허락이 없으면 회사의 무한책임사원, 이사 또는 다른 상인의 사용인이 되지 못한다. 여기서 겸직 금지 대상인 '회사'에 영업주와 동종 영업을 목적으로 하는 회사만 포함된다는 견해가 있으나(제한설),[1] 업종을 불문하고 무한책임사원 · 이사의 겸직이 금지된다 할 것이다(무제한설: 다수설).[2] 이러한 해석이 대리상(89조) · 무한책임사원(198조 · 269조) · 이사(397조 · 567조) · 업무집행자(287조의10) 등의 경우와 달리 상업사용인의 겸직 금지 업종을 제한하지 않은 상법의 문언에 부합한다 할 것이다. 또한 '다른 상인'의 상업사용인을 겸직하는 행위도 그 업종을 불문하고 금지된다.

1) 서돈각(상) 101면.
2) 손주찬(상) 113면; 최기원 · 김동민(상) 93면; 이기수 · 최병규(총) 164면; 정찬형(상) 196면; 임중호(총) 137면; 최준선(총) 159면; 송옥렬 45면.

III. 위반의 효과

상업사용인이 경업피지의무에 위반한 경우에도 그 경업거래 또는 겸직행위 자체는 유효하다. 그러나 상법은 영업주에게 계약해지권 · 손해배상청구권 및 개입권을 인정하여 의무에 위반한 상업사용인을 제재할 수 있도록 하고 있다.

1. 경업거래금지에 위반한 경우

가. 계약해지권 · 손해배상청구권

영업주는 경업거래금지에 위반한 상업사용인에 대한 계약을 해지하거나 그에 대하여 손해배상을 청구할 수 있다(17조 3항). 여기서 계약이란 경업거래를 말하는 것이 아니라 영업주의 사용인에 대한 대리권수여계약 등을 말한다.[1]

나. 개입권

상법은 계약해지권과 손해배상청구권에 덧붙여 영업주에게 개입권을 인정함으로써 상업사용인이 경업거래를 통해 얻은 경제적 이익을 손해액의 증명 없이 영업주에게 귀속시킬 수 있도록 하고 있다. 이는 두 경우로 나뉜다.

첫째, 경업거래가 **상업사용인 자신의 계산으로 이루어진 경우** 영업주는 이를 영업주의 계산으로 한 것으로 볼 수 있다(17조 2항). 이때 영업주가 거래의 당사자가 되는 것은 아니며, 단지 사용인이 취득한 물건 또는 권리를 영업주에게 양도할 의무를 부담할 뿐이다. 또한 영업주는 사용인이 부담한 채무를 변제하며 지급한 비용을 변제하여야 한다.

둘째, 경업거래가 **제3자의 계산으로 이루어진 경우** 영업주는 사용인에 대하여 이로 인한 이득의 양도를 청구할 수 있다. 이때 양도를 청구하는 이득은 거래행위 자체로 인한 이득이 아니라, 제3자가 준 사례 · 보수 등을 말한다.

개입권은 영업주의 일방적인 의사표시로 행사되는 형성권이다. 영업주는 개입권을 행사하면서 동시에 전술한 계약해지권 · 손해배상청구권을 행사할 수도 있다(17조 3항). 한편 개입권은 영업주가 그 거래를 안 날로부터 2주간을 경과하거나 그 거래가 있은 날로부터 1년을 경과하면 소멸한다(4항). 이 기간은 제척기간이다.

---

1) 손주찬(상) 115면; 정찬형(상) 107면; 최준선(총) 160면.

2. 겸직금지에 위반한 경우

겸직금지에 위반한 경우도 영업주에게 계약해지권과 손해배상청구권이 인정된다(17조 3항의 유추적용). 개입권도 인정된다는 견해가 있으나,[1] 상법은 명확히 '거래'의 경우에만 개입권을 인정하고 있고, 겸직행위는 거래가 아니므로 이를 부정함이 타당하다(통설).

1) 채이식(상) 58면.

상법총칙

제4장 기업의 물적 설비

기업은 매우 다양한 물적 설비를 필요로 하나, 상법은 모든 업종에 공통된 다음 세 종류의 설비에 대하여 규정한다. 즉, (i) 기업 활동의 장소적 중심인 '영업소', (ii) 기업의 동일성을 표시하고 신용의 표적이 되는 명칭인 '상호' 및 (iii) 기업의 활동과 재무상황을 명백히 하기 위한 기록인 '상업장부'가 그것이다. 차례로 살펴본다.

제1절 영업소

I. 의 의

영업소란 상인의 기업 활동을 지휘·통솔하는 장소적 중심을 말한다. 자연인의 주소에 대응하는 개념이며, 주소와 마찬가지로 순수한 공간적 개념으로서 특정한 시설(예: 점포)을 요하지 않는다. 그러나 어느 정도의 고정성과 시간적 계속성은 필요하므로 일시적인 이동매점은 영업소가 될 수 없다. 또한 영업소에서는 영업상의 결정과 명령이 이루어지고 그 결과가 취합되어야 하며, 이러한 사실이 외부적으로도 나타나야 한다. 따라서 공장·창고 등은 영업소가 아니다.

II. 수개의 영업소(본점과 지점)

상인이 한 종류의 영업에 여러 개의 영업소를 두는 경우 그 중 주된 영업소인 본점은 하나밖에 있을 수 없으므로, 나머지 종된 영업소들은 지점이 된다. 이때 지점도 하나의 영업소이므로 기업 활동의 장소적 중심으로서의 요건을 갖추어야 한다. 즉, 본점의 지휘를 전제로 하지만 어느 정도 독립적인 활동이 요구되므로, 지점에는 상당히 광범위한 대리권을 가지는 상업사용인을 두고 그의 의사결정에 따라 기업 활동이 이루어져야 한다.[1)]

Ⅲ. 영업소의 법률상의 효과

1. 일반적 효과

일반적으로 영업소는, (i) 영업에 관한 채무의 이행장소가 되고(민 467조 2항 단서), (ii) 변제장소를 정하지 않은 증권채권의 변제장소가 되며(민 516조, 524조 등), (iii) 상업등기소와 법원의 관할을 정하는 기준이 되고(34조, 민소 12조), (iv) 민사소송법상 소송서류송달의 장소가 된다(민소 183조).

2. 지점에 대한 효과

지점은 본점과 별개의 영업소이므로, (i) 각 지점에 별도의 지배인을 선임할 수 있고(10조 · 13조), (ii) 표현지배인도 각 지점별로 인정될 수 있으며(14조 1항), (iii) 지점소재지의 등기는 본점소재지의 그것과 독립하여 효력이 발생하고(38조), (iv) 채권자의 지점에서의 거래로 인한 채무이행의 장소는 그 지점이 되며(56조), (v) 지점의 영업만을 따로 양도할 수 있다(374조 1항 1호). 다만 본점소재지에서 등기할 사항은 지점소재지에서도 등기하여야 한다(35조).

---

1) 손주찬(상) 118면.

제2절 상 호

I. 상호의 의의

상호란 상인이 영업상 자기를 표시하기 위하여 사용하는 명칭을 말한다(통설).[1] 이를 분설하면, 첫째, 상호는 '상인'의 명칭이므로 상인 아닌 자의 명칭은 상호가 아니다. 예컨대 변호사가 상인이 아닌 이상 그 명칭은 상호등기로 보호될 수 없다(대결 2007.7.26., 2006마334). 둘째, 상호는 '영업상' 사용하는 명칭이다. 따라서 영업 외의 생활에 사용하는 명칭(예: 성명 · 예명 · 속칭)은 상호가 아니다. 다만 자연인의 경우 영업거래에서 성명 또는 상호를 선택적으로 사용할 수 있는 경우가 있다(예: 화물명세서: 126조 2항 3호). 또한 회사는 상호 외에 일반생활상의 명칭이 따로 없다. 셋째, 상호는 '명칭'이므로 문자로 표시될 수 있어야 한다. 따라서 상품이나 영업의 동일성을 형상으로 표시하는 상표 및 영업표와 구별된다.

II. 상호의 선정

1. 상호선정에 관한 입법주의

상호가 영업의 실체와 어느 정도 일치해야 하는지에 관하여 세 가지 입법주의가 있다. 첫째, **상호자유주의**는 상인이 영업의 실체와 관계없이 어떠한 상호라도 선정할 수 있다고 한다(영미법계). 이에 따를 경우 거래상대방이 영업의 실체를 오인할 우려가 있다. 둘째, **상호진실주의**는 상호가 영업내용 · 영업주 등 영업의 실체와 일치하여야 한다고 한다(프랑스 · 스페인 · 벨기에 등). 이 경우 상인의 상호 선택 폭이 좁아진다. 셋째, **절충주의**는 다시 두 가지로 나뉘는데, (i) 새로운 상호는 영업의 실체와 부합하여야 하나 기존 영업이 이전되는 경우에는 종전 상호의 사용이 허용되는 '진실주의적 절충주의'(독일)와, (ii) 상호선정의 자유를 원칙으로 하되 이에 대한 일정한 제한을 인정하는 '자유주의적 절충주의'(한국 · 일본)가 있다.

---

1) 이에 대해 상호는 기업(영업)의 명칭이라고 하는 견해가 있다. 정찬형(상) 112면.

2. 상호선정의 자유와 그 제한

상법은 상인이 그 성명 기타의 명칭으로 상호를 정할 수 있도록 함으로써 상호선정자유의 원칙을 채택하고 있다. 그러나 이에 대하여는 다음과 같은 예외들이 있다. 첫째, **회사**의 상호에는 그 종류에 따라 합명회사·합자회사·유한책임회사·주식회사 또는 유한회사의 문자를 사용하여야 한다(19조).[1] 회사의 종류별로 사원의 책임·기관구성·대표행위의 절차 등 거래안전에 영향을 미치는 사항들에 차이가 있기 때문에 거래처 등이 회사의 상호만 보고도 그 종류를 알 수 있도록 하기 위함이다. 둘째, **회사가 아닌 자**는 상호에 회사임을 표시하는 문자를 사용하지 못한다. 회사의 영업을 양수한 경우에도 같다(20조). 이를 위반할 경우 과태료가 부과된다(28조).[2] 셋째, 누구든지 부정한 목적으로 **타인의 영업으로 오인할 수 있는 상호**를 사용하지 못한다(23조 1항). 상세는 후술하는 '상호권의 보호'에서 살펴본다.

3. 상호의 수

가. 개인상인

상인 1인이 여러 개의 영업을 할 경우 하나의 상호를 공용할 수도 있고, 각 영업마다 별개의 상호를 사용할 수도 있다. 그러나 동일한 영업에는 단일상호를 사용하여야 한다(상호단일의 원칙: 21조 1항). 일반 공중의 혼동을 피하기 위함이다. 그런데 지점의 경우 엄격한 상호단일주의를 관철하면 본·지점의 구별이 불가하고, 동일영업에 복수상호를 허용할 수도 없으므로, 상법은 본점과의 종속관계를 표시하도록 하는 절충안을 택하고 있다(동조 2항).[3]

나. 회 사

한 회사가 여러 개의 영업을 하는 경우에도 상호는 하나만이 허용된다. 회사에 있어서 상호는 단순한 상호에 그치지 않고 (자연인의 성명과 같이) 하나의 전인격

1) 특별법상 회사의 상호에 그 업종을 나타내는 문자를 표시하여야 하는 경우가 있다(예: 보 8조 1항).
2) 특별법상 특정 업종에 종사하지 않는 회사가 그 업종을 나타내는 문자를 상호에 사용하는 것이 금지되는 경우가 있다. 은행업·금융투자업·보험업 등이 그 예이다(은 14조, 자 38조 1항, 보 8조 2항).
3) 임홍근(총) 106·107면.

을 표시하는 명칭이기 때문이다.[1)]

4. 상호의 등기

상호는 상인 자신은 물론 거래 상대방 등 일반 대중의 이해에 영향을 미치므로 공시의 필요에서 등기가 인정되어 있다. 회사의 상호는 설립등기사항이므로(180조 1호, 271조 1항, 287조의5 1항 1호, 317조 2항 1호, 549조 2항 1호) 법률상 등기가 강제되지만(절대적 등기사항), 개인상인의 상호는 임의적·상대적 등기사항에 불과하다. 다만 개인상인도 등기를 함으로써 상호권을 강화할 수 있다.

5. 상호의 가등기

상법은 상호의 본등기를 준비하기 위해 시간이 많이 소요될 우려가 있는 일정한 경우에 가등기를 통하여 타인이 상호를 가로채는 것을 막고 장래의 상호등기를 보전할 수 있도록 하고 있다. 즉, (i) 주식회사 또는 유한회사를 설립하고자 할 때, (ii) 회사가 상호나 목적 또는 상호와 목적을 변경하고자 할 때, (iii) 회사의 본점을 이전하고자 할 때가 그것이다. (i)·(ii)의 경우는 본점소재지 관할등기소에, (iii)의 경우는 이전할 곳을 관할하는 등기소에 가등기를 신청할 수 있다(22조의2 1항 내지 3항).

Ⅲ. 상호권

1. 의의 및 성질

상인이 그 상호에 대하여 갖는 권리를 상호권이라 한다. 이는 (i) 타인의 방해없이 그 상호를 간판·문서 등에 사용할 수 있는 '상호사용권'과 (ii) 타인이 부정한 목적으로 자기의 영업으로 오인할 수 있는 상호를 사용하는 경우 이를 배척할 수 있는 '상호전용권'으로 이루어진다. 상호권은 등기의 유무와 무관하게 인정되며, 다만 등기를 통해 상호전용권이 강화될 뿐이다(통설).[2)]

---

1) 손주찬(상) 131면.
2) 반대: 채이식(상) 73면(상호를 등기한 때에 '협의의 상호전용권'이 생긴다고 함).

상호권의 법적 성질을 재산권으로 보는 견해도 있으나,[1] 인격권적 성질을 겸유하는 재산권이라 보아야 할 것이다(통설). 상호권은 경제적 가치와 양도성이 있으면서도, 그 침해는 인격권의 침해와 유사한 결과(예: 신용 훼손)를 가져오기 때문이다.

2. 상호권의 내용

가. 상호사용권

적법하게 상호를 선정하여 사용한 자는 그 상호를 등기하기 전에도 타인의 방해를 받지 않고 사용할 수 있다. 따라서 상호사용의 방해는 불법행위(민 750)를 구성한다.

나. 상호전용권

(1) 상호사용폐지청구권

누구든지 부정한 목적으로 자기의 영업으로 오인할 수 있는 상호를 사용하는 자가 있는 경우에 이로 인하여 손해를 받을 염려가 있는 자는 그 폐지를 청구할 수 있다(23조 1항 · 2항). 이를 상호사용폐지청구권이라 한다. 그 요건을 분설하면 다음과 같다.

첫째, **'자기의 영업으로 오인할 수 있는 상호'**라 함은 상호권자의 상호와 동일 또는 유사한 상호로서 영업의 종류 · 규모 · 지역 등을 고려할 때 상호권자의 영업으로 오인될 가능성이 있어야 한다. 예컨대, 1995년 설립되어 전자제품 등의 도소매업을 하는 소규모의 '파워컴 주식회사'와 2001년 한국전력의 자회사로 설립되어 전기통신회선설비 임대 등을 하는 대형회사인 '주식회사 파워컴'의 상호가 유사하더라도, 후자가 전자의 영업으로 오인할 수 있는 상호를 사용하였다고 볼 수 없다(대판 2002.2.26., 2001다73879).

둘째, **'부정한 목적'**이란 "어느 명칭을 자기의 상호로 사용함으로써 일반인으로 하여금 자기의 영업을 그 명칭에 의하여 표시된 타인의 영업으로 오인시키려고 하는 의도"를 말한다(대판 1995.9.29., 94다31365). 예컨대, '뉴서울사장'이라는 상호

---

1) 강위두 · 임재호(상) 91면(상인의 명칭인 상호에 재산권으로서의 배타성과 양도성이 인정되므로 '약간의 특수성을 가진 재산권'이라 함).

옆 또는 아래에 작은 글씨로 '전 허바허바 개칭'이라고 기재한 경우 이는 '허바허바 사장'이라는 상호를 사용한 것으로 부정한 목적이 인정되나(대판 1964.4.28., 63다811), 주식회사 고려당의 마산대리점이 "SINCE 1945 신용의 양과 서울 고려당 마산분점"이라는 간판을 사용한 경우 마산 시내 다른 지역 소재 '고려당'이 가지는 신용 또는 경제적 가치를 자신의 영업에 이용하려는 부정한 목적을 인정할 수 없다(대판 1993.7.13., 92다49492).

셋째, 상호를 '**사용**'한다 함은 법률상의 사용(예: 계약서)과 사실상의 사용(예: 광고)을 모두 포함한다.

넷째, '**손해를 받을 염려**'가 있어야 한다. 따라서 현재에는 손해가 발생하고 있지 않아도 무방하다.

이와 같은 요건이 갖추어진 경우 문제된 상호의 폐지, 즉 현재 및 장래의 사용금지를 청구할 수 있다. 부정사용된 상호가 등기된 경우 그 말소를 청구할 수 있으며, 미등기상호권자인 경우에도 같다.[1]

(2) 손해배상청구권 등

상호의 부정사용으로 상호권자에게 손해가 발생한 경우(예: 신용 훼손) 상호사용폐지청구와 별도로 그 손해의 배상을 청구할 수 있다(23조 3항). 또한 상호의 부정사용에 대하여는 200만원 이하의 과태료가 부과된다(28조).

다. 등기상호의 상호권 강화

(1) 상호사용폐지청구의 요건 완화

등기상호의 경우 다음과 같은 점에서 상호사용폐지청구권의 행사가 보다 용이하다. 첫째, 동일한 특별시·광역시·시·군에서 동종영업으로 타인이 등기한 상호를 사용하는 자는 **부정한 목적이 추정**된다(23조 4항). 따라서 상호권자는 부정목적을 입증하지 않고도 상호사용폐지를 청구할 수 있고, 상대방에게 그 입증책임이 전환되는 것이다. 둘째, 등기상호의 경우 부정사용으로 인해 **손해를 받을 염려를**

---

1) 부정경쟁방지 및 영업비밀보호에 관한 법률(이하 "**부정경쟁방지법**")은, 국내에 널리 인식된 타인의 성명·상호 등을 사용하여 타인의 상품·영업시설 또는 활동과 혼동하게 하는 부정경쟁행위(부경 2조 1호 가목·나목)가 고의·과실로 이루어진 경우에 대한 제재로서 손해배상(5조)과 신용회복조치(6조)를 규정한다. 또한 부정경쟁행위자에 대하여는 형사제재가 인정된다(18조 3항 1호).

입증하지 않아도 상호사용폐지를 청구할 수 있다(23조 2항)(이설 있음).[1)]

(2) 동일 상호의 사전등기배척

타인이 등기한 상호는 동일한 서울특별시 · 광역시 · 시 · 군에서 동종영업의 상호로 등기하지 못한다(22조). 이때 등기가 배척되는 상호는 종래 등기된 상호와 **동일한 상호에 국한**된다(상등 30조).

등기배척을 규정한 상법 제22조의 성질에 관하여, 이는 동일 상호의 등기 신청이 있으면 등기공무원이 이를 각하하여야 한다는 등기법상의 효력을 규정한 데 불과하다는 견해가 있다.[2)] 그러나 동조는 동일한 상호가 2중으로 등기된 경우 먼저 등기한 자가 후에 등기한 자에 대하여 등기의 말소를 구할 수 있는 **사법상 효력까지 규정**한 것으로 보아야 할 것이다(다수설)(대판 2004.3.26., 2001다72081).[3)] 상법 제23조에 의한 등기말소청구는 부정목적을 요건으로 하나, 제22조에 기한 등기말소청구는 이를 요하지 않아 상호권자를 더욱 두텁게 보호할 수 있기 때문이다.[4)]

한편 상법 제22조에 따라 선등기자가 후등기자를 상대로 등기의 말소를 소로써 청구할 수 있는 범위 역시 동일한 상호에 한정된다. 예컨대 먼저 등기한 상호인 '동부주택건설 주식회사'와 나중에 등기한 상호인 '동부건설 주식회사,' '주식회사 동부' 등은 동일하지 않아 동부주택건설 주식회사에 상법 제22조에 기한 등기말소청구권이 인정되지 않는다(대판 2011.12.27., 2010다20754).

Ⅳ. 상호의 이전 · 변경 및 폐지

1. 상호의 이전

상호권은 인격권적 성질뿐 아니라 재산권적 성질을 겸유하므로, 상호는 양도 ·

1) 손주찬(상) 139면; 정동윤(상) 81면; 강위두 · 임재호(상) 95면; 이기수 · 최병규(총) 205면; 정찬형(상) 124면; 송옥렬 53면. 반대(미등기상호권자도 손해를 받을 염려를 입증할 필요가 없다 함): 이철송(총) 187면; 김영호(총) 178면; 최준선(총) 183면(손해의 염려 뿐 아니라 부정목적의 입증에 있어서도 등기상호와 미등기상호 사이에 실질적 차이가 없다 함).
2) 정찬형(상) 124 · 125면; 이철송(총) 188 · 189면; 강위두 · 임재호(상) 98면.
3) 손주찬(상) 139면; 최기원 · 김동민(상) 113면; 정동윤(상) 82면; 이기수 · 최병규(총) 205면; 임중호(총) 167면; 최준선(총) 185면.
4) 양설이 실제적 차이가 없다는 견해로 송옥렬 56 · 57면.

상속의 대상이 된다.

가. 상호의 양도

상호를 영업과 분리하여 양도하는 것은 원칙적으로 허용되지 않는다. 상호 배후에 동일 기업을 예상하는 일반 공중의 신뢰를 해하기 때문이다. 따라서 상호는 (i) **영업과 더불어** 또는 (ii) **영업을 폐지하면서** 양도하는 것만 허용된다(25조 1항). (ii)를 허용하는 것은 영업이 폐지되어 혼동의 우려가 없을 뿐 아니라 상호에 부수된 재산적 가치를 환가할 수 있도록 하기 위함이다.[1] 이때 영업의 폐지란 행정절차를 밟은 경우에 한하지 않고 사실상 폐업하는 경우도 포함된다(대판 1988.1.19., 87다카1295).

상호의 양도는 당사자 간의 **합의만으로 효력**이 생긴다. 미등기상호의 경우 제3자에게 상호의 양도를 대항하려면 등기하여야 한다는 견해가 있으나,[2] 상호 양도의 경우에만 등기를 강제할 이유는 없으므로, 양수의 사실만으로 대항할 수 있다고 본다(다수설).[3] 그러나 등기상호의 양도를 제3자에게 대항하려면 등기하여야 한다(25조 2항).

나. 상호의 상속

상호의 등기 전후를 불문하고 상속이 가능하며, 등기상호의 경우에도 대항요건으로서 등기가 요구되지 않는다.[4] 다만 등기 전에는 등기상호로서의 보호는 받지 못한다.[5]

2. 상호의 변경 · 폐지

상인이 상호를 폐지 또는 변경하면 폐지 · 변경 전의 상호에 대한 상호권이 절대적으로 소멸한다. 등기상호의 경우 그 폐지 · 변경 시에는 지체 없이 등기하여야 한다(40조). 상호를 등기한 자가 정당한 사유 없이 2년간 상호를 사용 않는 경우

1) 최기원 · 김동민(상) 116면.
2) 이철송(총) 199면; 이기수 · 최병규(총) 207면.
3) 최기원 · 김동민(상) 117면; 정동윤(상) 83면; 강위두 · 임재호(상) 99면; 임중호(총) 172면; 최준선(총) 187면; 송옥렬 59면.
4) 등기상호의 상속인이 상호를 계속 사용하고자 하는 경우 등기를 신청할 수 있다(상등 33조).
5) 이철송(총) 201면.

이를 폐지한 것으로 본다(26조). 상호를 변경 또는 폐지한 경우 2주간 내에 상호를 등기한 자가 변경·폐지의 등기를 하지 않은 때에는 이해관계인이 그 등기의 말소를 청구할 수 있다(27조).

V. 명의대여자의 책임

1. 의 의

타인에게 자기의 성명 또는 상호를 사용하여 영업을 할 것을 허락하는 것을 명의대여라 한다. 이 경우 명의대여자는 자기를 영업주로 오인하여 거래한 제3자에 대하여 그 타인과 연대하여 변제할 책임이 있는데, 이를 명의대여자의 책임이라 한다(24조). 이는 외관을 신뢰한 제3자를 보호하여 거래의 안전을 도모하기 위한 것으로, 독일의 외관법리 및 영미법상의 표시에 의한 금반언의 법리에 따른 것이다.

2. 요 건

가. 외관의 존재

(1) '명의'의 사용

명의대여자는 자신의 '성명 또는 상호'를 사용할 것을 허락하여야 한다. 이때 사용하는 명칭은 대여자의 그것과 동일 또는 유사한 것으로서 **객관적으로 대여자의 명칭으로 인식**될 수 있으면 족하다. 예컨대 타인의 상호에 시사(대판 1969.3.31., 68다2270)·현장사무소(대판 1973.11.27., 73다642)·출장소(대판 1976.9.28., 76다955) 등의 명칭을 부가한 경우에도 명의대여가 인정된다. 그러나 타인의 상호 아래 대리점이라는 명칭을 붙인 경우는 타인의 영업을 종속적으로 표시한 부가부분으로 보기 어려워 명의대여자의 책임이 부정된다(대판 1989.10.10., 88다카8354).

명의대여자는 상인이 아니어도 무방하다(통설). 예컨대 인천직할시가 사단법인 한국병원관리연구소에게 인천직할시립병원이라는 이름을 사용하여 병원업을 경영할 것을 승낙한 경우 명의대여가 인정된다(대판 1987.3.24., 85다카2219).

(2) 명의의 '사용'

명의차용자가 대여자의 성명 또는 상호를 사용하였어야 한다. 영업주가 자기의 상점 · 전화 · 창고 등을 사용하게 하였으나 문제된 거래에서 영업주의 상호를 사용한 사실이 없는 경우 묵시적 명의대여책임을 부정한 판례가 있다(대판 1982.12.28., 82다카887).

(3) 명의를 사용한 '영업'

명의대여자는 자신의 명의를 사용하여 '영업'을 할 것을 허락하여야 한다. 즉, 명의대여자의 영업인 듯한 외관이 존재해야 하는 것이다. 이와 관련하여 명의대여자와 차용자의 영업이 동일한 업종이어야 하는지가 문제된다. 명의대여자와 차용자의 **업종이 다르더라도** 업종 간의 연관성, 영업장소 등 제반사정을 종합적으로 고려할 때 명의대여자의 영업인 듯한 외관이 인정되는 경우가 있을 수 있다. 예컨대 호텔을 경영하는 자가 그 지하의 나이트클럽 영업에 자신의 명의사용을 허락했다면 명의대여자로서 책임을 질 수 있다(대판 1978.6.13., 78다236). 따라서 동종의 영업은 요건이 아니라고 본다(다수설).[1] 동종 영업이 요건이라고 보는 견해도 있으나, 이 입장에서도 영업이 동종인지 여부는 신축성 있게 판단한다고 하고 있어[2] 실제적인 차이는 크지 않다.

명의를 '영업'에 사용하여야 하므로 **명의차용자는 상인이어야** 한다(다수설).[3] 이에 대해 소수설과 판례는 명의차용자가 상인임을 요하지 않는다고 하나(전술한 인천직할시립병원 판결: 대판 1987.3.24., 85다카2219),[4] 명의차용자가 상인이 아닌 경우에는 표현대리 등의 법리에 의하는 것이 타당할 것이다.

나. 귀책사유: 명의사용의 허락

명의대여자가 명의사용을 허락하여야 한다. 여기서 허락에는 명시적 허락뿐 아니라 **묵시적 허락**도 포함된다. 단순히 타인이 자기의 상호를 사용함을 알면서 장

---

1) 최기원 · 김동민(상) 122면; 이기수 · 최병규(총) 184면; 정찬형(상) 133면; 이철송(총) 211면; 최준선(총) 170 · 171면; 송옥렬 61면.
2) 정동윤(상) 85면.
3) 손주찬(상) 127면; 최기원 · 김동민(상) 123면; 강위두 · 임재호(상) 104면; 이철송(총) 209 · 210면; 김병연 외(총) 110면.
4) 정동윤(상) 84 · 85면(명의차용자가 상인이 아닌 경우 상법 제24조를 유추적용함); 송옥렬 62면.

기간 방치한 경우 묵시적 허락이 인정된다는 견해가 있다.[1] 그러나 상호자유의 원칙상 타인에 의한 자기 상호의 사용을 금지시킬 의무가 있는 것은 아니므로, 그러한 부작위가 사회통념상 허용될 수 없다고 여겨지는 부가적 사정(예: 영업의 임대, 점포의 사용허가)이 있어야 할 것이다(통설).[2] 판례는 같은 업종에 종사하는 자에게 회사의 사무실 내에서 같은 사업을 경영할 수 있도록 허용한 경우 명의대여자의 책임을 인정하였다(대판 1977.7.26., 77다797).

다. 거래상대방의 오인

제3자가 명의대여자를 영업주로 오인하여야 한다. 여기서 '오인'은 선의를 의미하며 과실 여부를 불문한다는 견해가 있다(단순선의설).[3] 그러나 상법상 중과실은 통상 악의와 동일하게 취급되므로 상대방이 중과실인 경우는 보호되지 않는다고 보아야 할 것이다(무중과실설)(통설)(대판 1991.11.12., 91다18309). 상대방의 악의·중과실은 명의대여자가 입증하여야 한다(대판 2001.4.13., 2000다10512).

3. 책임의 내용

가. 책임의 성질

명의대여자는 거래상대방에 대하여 명의차용자와 연대하여 변제할 책임이 있다(24조). 이는 명의대여자와 차용자의 부진정연대 관계를 인정한 것으로, 거래상대방은 양자 중 누구에게든 변제를 청구할 수 있다. 그러나 명의대여자가 변제한 경우에는 차용자에게 구상할 수 있다. 한편 이와 같은 부진정연대채무에서는 채무자 1인에게 발생한 소멸시효의 중단사유(예: 이행청구, 채무의 승인)나 시효이익의 포기는 다른 채무자에게 영향을 미치지 못한다(대판 2011.4.14., 2010다91886).

나. 책임의 범위

명의대여자는 자신이 **허락한 영업의 범위 내**에서 명의차용자와 제3자 간의 영업상의 거래로 인한 채무에 대하여 책임을 진다. 이에는 거래로 인하여 직접 발생한

---

1) 이철송(총) 207면.
2) 최기원·김동민(상) 120면; 정찬형(상) 132·133면(영미법상 표시에 의한 금반언의 법리가 적용되는 경우에도 부작위의 경우에는 일정한 의무위반을 구성해야 하기 때문이라고 함); 임중호 181면; 최준선(총) 175면; 송옥렬 62면.
3) 강위두·임재호(상) 105·106면.

채무뿐 아니라 그 불이행으로 인한 손해배상채무 및 계약해제로 인한 원상회복의무가 모두 포함된다. 그러나 허락한 영업의 범위를 벗어나는 거래에 대하여는 책임이 없다. 예컨대 정미소영업을 위해 명의를 차용한 자가 부속건물을 임대한 행위에 대하여 명의대여자는 책임이 없다(대판 1983.3.22., 82다카1852).

여기서 명의차용자의 불법행위에 대하여 명의대여자가 책임을 지는지에 관하여 설이 갈린다. 먼저 부정설은 불법행위의 경우 영업주에 대한 피해자의 오인과 그 손해 사이에 인과관계가 없으므로 명의대여자의 책임을 인정할 수 없다고 한다(대판 1998.3.24., 97다55621).[1] 그러나 이러한 논리는 교통사고와 같은 사실행위로서의 불법행위에 대하여는 타당하다 하겠으나, 사기행위와 같이 **거래행위의 외형을 갖는 불법행위**의 경우에는 영업주에 대한 오인과 손해 사이에 인과관계가 존재할 수 있어 명의대여자의 책임을 인정할 여지가 있다고 본다(긍정설).[2] 한편 판례는 명의대여자가 명의차용자를 실제로 지휘·감독했는지 여부와 관계없이 객관적·규범적으로 보아 후자를 지휘·감독해야 할 지위에 있는 경우 그 불법행위에 대하여 명의대여자의 사용자책임을 인정하고 있다(대판 2001.8.21., 2001다3658: 어린이집 사건).

또한 명의차용자의 **어음행위**에 대하여 명의대여자가 책임을 지는지가 문제된다. 이에는 두 가지 경우가 있다. (i) 영업을 위하여 명의를 차용하고 그 영업을 위하여 어음행위를 한 경우와 (ii) 어음행위만을 위한 명의대여가 있은 경우가 그것이다. (i)·(ii)의 경우 모두 상법 제24조의 적용을 부정하는 견해,[3] 및 (i)의 경우는 상법 제24조를 적용하고 (ii)의 경우는 동조를 유추적용하는 견해[4]가 있으나, (i)의 경우에만 동조를 적용할 수 있을 것이다.[5] (ii)의 경우는 명의대여자가 영업주라는 외관이 없기 때문이다. 판례 중에는 (i)의 경우에 명의대여자의 책임을 인정한 것이 있다(대판 1969.3.31., 68다2270).

1) 정찬형(상) 135면; 이철송(총) 217면; 최준선(총) 171면; 김병연 외(총) 111·112면.
2) 손주찬(상) 129면; 정동윤(상) 86면; 강위두·임재호(상) 106면; 이기수·최병규(총) 192면; 임홍근(총) 122면; 임중호(총) 187면.
3) 이철송(총) 220면.
4) 손주찬(상) 129면; 정찬형(상) 136면.
5) 최기원·김동민(상) 127면; 이기수·최병규(총) 195면; 최준선(총) 171면; 임중호(총) 188·189면; 김병연 외(총) 112면.

제3절 상업장부

Ⅰ. 의 의

상인이 영업상의 재산 및 손익의 상황을 명백히 하기 위해 상법상의 의무로서 작성하는 회계장부 및 대차대조표를 상업장부라 한다(29조 1항). 따라서 상인이 아닌 자(예: 상호보험회사)가 임의로 작성하는 장부는 상업장부가 아니다. 또한 소상인에게는 상업장부에 관한 규정이 적용되지 않으므로(9조) 이들이 작성하는 장부 역시 상업장부가 아니다.

Ⅱ. 종 류

1. 회계장부

회계장부란 거래와 기타 영업상의 재산에 영향이 있는 사항을 기재하여 대차대조표 작성의 기초를 제공하는 상업장부를 말한다(30조). 실무에서는 (i) 거래가 발생하는 순서에 따라 분개장을 작성한 후 이를 집계하여 총계정원장을 작성하거나, (ii) 전표를 작성한 후 이를 집계하여 전표집계표 및 일계표를 작성하는 등의 방식을 쓰며, 이들 서류들이 모두 회계장부에 해당한다. 어떤 서류가 회계장부에 해당하는지는 그 명칭이 아닌 실질적인 내용에 따라 판단한다.

2. 대차대조표

대차대조표란 상인의 재무상태를 명백히 하기 위해 일정 시점의 자산·부채 및 자본금을 개괄적으로 표시한 상업장부를 말한다.[1] 이에는 (i) 통상대차대조표로서의 개업대차대조표 및 결산대차대조표(30조 2항)와 (ii) 비상대차대조표로서의 합병대차대조표(522조의2 1항 3호, 603조) 및 청산대차대조표(533조 1항, 613조 1항)

---

1) 후술하는 일반기업회계기준은 상법상의 대차대조표에 해당하는 서류를 '재무상태표'라 부른다(문단 2.17).

등이 있다. 상인은 영업을 개시한 때와 매년 1회 이상 일정시기에, 회사는 성립한 때와 매 결산기에 회계장부에 의하여 대차대조표를 작성하고, 작성자가 이에 기명날인 또는 서명하여야 한다(30조 2항).

Ⅲ. 상업장부에 관한 의무

1. 작성의무

소상인을 제외한 모든 상인은 상업장부를 작성할 의무가 있다(29조 1항). 상업장부의 구체적인 작성방법은 국제적인 회계관행과 연동하여 끊임없이 변화·발전하고 있으므로, 상법은 이에 관해 최소한의 규정만을 두고 나머지는 일반적으로 공정·타당한 회계관행에 의하도록 하고 있다(2항). 여기서 "일반적으로 공정타당한 회계관행"의 주요 내용은 주식회사의 외부감사에 관한 법률(이하 "외부감사법")에 의거 제정된 회계처리기준(외감 13조 1항)에 나타나 있다.[1)]

2. 보존의무

상인은 장부를 폐쇄한 날로부터 10년간 상업장부와 영업에 관한 중요서류를 보존하여야 한다. 다만 전표 또는 이와 유사한 서류는 5년간 이를 보존하여야 한다(33조 1항·2항). 이들 장부와 서류는 마이크로필름 기타의 전산정보처리조직에 의하여 이를 보존할 수 있다(동조 3항, 영 3조).

3. 제출의무

법원은 신청에 의하여 또는 직권으로 소송당사자에게 상업장부 또는 그 일부분의 제출을 명할 수 있다(32조). 즉, 상업장부의 경우에는 민사소송법 제344조의 요건을 갖출 필요 없이 당사자의 신청 유무에 불구하고 법원이 직원으로 제출을 명할 수 있는 것이다. 그러나 상업장부에 대해 특별히 강한 증거력이 법정되어 있는 것은 아니므로, 그 증거력은 법원의 자유로운 심증에 의해 판단한다(민소 202조).

---

1) 이는 다시 한국채택국제회계기준(K-IFRS)과 일반기업회계기준으로 나뉘며, 전자는 상장회사·은행·보험회사 등에 적용되고(동항 1호, 외감령 7조의2 1항), 후자는 비상장회사에 적용된다. 다만 비상장회사도 전자를 채택할 수 있다.

4. 의무 위반의 효과

개인상인의 경우 상업장부의 작성·보존·제출의무에 위반하여도 상법상 제재는 없다. 그러나 회사의 경우 상업장부의 허위·부실작성에 대해 과태료가 인정된다(635조 1항 9호). 또한 이사의 손해배상책임이 인정될 수 있다(399조, 401조, 567조).[1)]

1) 상업장부의 불작성·부실작성 등이 사기회생·사기파산 및 과태파산의 요건을 충족시키는 경우 형벌에 처한다(회생 643조 1항 3호, 650조 1항 3호, 651조 1항 3호).

상법총칙

제5장 상업등기

제1절 의 의

Ⅰ. 개 념

상업등기란 상법의 규정에 따라 소정의 사항을 상업등기부에 기록하는 것을 말한다(34조). 이는 기업의 주요 사항을 공시함으로써 거래의 원활과 안전을 기하기 위한 것이다. 상법의 규정에 따른 등기라도 선박등기(743조)는 상업등기부와 별도의 선박등기부(선등칙 2조 1호)에 등기되므로 상업등기가 아니다. 상업등기에 관한 규정은 소상인에게는 적용되지 않는다(9조).

Ⅱ. 등기사항

상업등기부에 등기할 사항은 법에 개별적으로 규정되어 있는 바, 주로 거래안전에 영향을 미치는 책임관계를 명확히 하기 위한 것들이다. 이를 **등기주체별**로 보면, (i) 상인 일반에 공통된 사항으로서 지배인(13조)・상호(22조) 등에 관한 등기가 있고, (ii) 개인상인에 특유한 사항으로서 미성년자가 법정대리인의 허락을 얻어 영업을 하는 경우(6조) 및 법정대리인이 미성년자・피한정후견인 또는 피성년후견인을 위하여 영업을 하는 경우(8조)의 등기가 있으며, (iii) 회사, 특히 주식회사에 관하여 설립부터 해산・청산에 이르기까지 많은 등기사항들이 규정되어 있다. 또한 **강제성 유무**를 기준으로 보면, (i) 대부분의 등기사항은 반드시 등기하여야 하나(절대적 등기사항), (ii) 개인상인의 상호와 같이 당사자의 의사로 등기 여부를 정할 수 있는 사항도 있다(상대적 등기사항). 다만 상대적 등기사항도 일단 등기한 후에는 그 변경·소멸을 반드시 등기하여야 한다(40조). 그 밖에도 등기사항은 그 **법적 효과**에 따라 (i) 지배인 선임, 상호 선정 등과 같이 법률관계를 창설하는 설정적 등기사항과 (ii) 지배인의 해임, 상호의 폐지 및 회사의 해산과 같이 법률관계의 해소를 목적으로 하는 면책적 등기사항으로 나누어진다.

제2절 상업등기의 절차

상업등기의 절차에 관한 상세는 상업등기법과 상업등기규칙에 의하여 규율되며, 상법은 다음 두 가지 사항을 규정하고 있을 뿐이다(34조).[1] (i) 상업등기는 당사자의 신청에 의함이 원칙이다. (ii) 상업등기는 당사자의 영업소 소재지를 관할하는 법원의 상업등기부에 등기한다. 여기서 (i)과 관련하여 등기공무원이 등기신청사항에 대하여 어느 정도의 심사권을 갖는지가 문제된다. 즉, 등기공무원이 신청사항의 형식적 적법성(예: 신청권한·등기사항 및 관할의 적합 여부, 신청서의 방식 등)을 심사하여야 함은 물론이나, 그 실체적 진실까지 조사할 권한 내지 의무가 있는지에 관하여 설이 갈리고 있다. (i) 이를 긍정하는 입장을 **실질적 심사주의**라 하고,[2] (ii) 부정하는 견해를 **형식적 심사주의**라 하며(대판 2008.12.15., 2007마1154),[3] (iii) (i) 또는 (ii)를 기반으로 하되 의심스러운 경우에만 예외적으로 실체적 진실에 대한 조사권한과 의무를 인정하는 학설을 **절충주의**(다수설)라 한다.[4] 생각건대 이론적으로는 상업등기가 진실과 부합하여야 할 것이나, 현실적으로 등기공무원

1) 과거 상업등기는 부동산등기나 선박등기와는 달리 등기부에 의한 개별적 공시 외에 관보와 신문을 통한 일반적 공시를 행하도록 되어 있었다(공고제도). 그러나 이에는 막대한 비용이 소모되어 부칙으로 그 시행을 정지하고 있던 중, 1995년 상법개정으로 공고제도는 폐지되었다.
2) 서돈각(상) 129면(다만 공무원으로서 사실상 할 수 있는 조사를 할 뿐이라 함).
3) 임홍근(총) 151·152면; 이철송(총) 245면; 임중호 213면.
4) 박원선(상) 119면; 정희철(상) 119·120면; 손주찬(상) 172면; 강위두·임재호(상) 128면; 최기원·김동민(상) 148면; 정동윤(상) 99면; 이기수·최병규(총) 234면; 정찬형(상) 156면; 채이식(상) 122·123면; 최준선(상) 206면; 김정호(상) 103면; 김병연 외(총) 134면.

이 신청서와 그 첨부서류 이외의 자료를 수집하여 사실관계를 조사하기는 어려우므로 형식적 심사주의가 타당하다 하겠다.

제3절 상업등기의 효력

Ⅰ. 일반적 효력

1. 등기전의 효력

상업등기로 등기할 사항(예: 지배인의 해임)을 등기하기 전에는 선의의 제3자에게 대항할 수 없다(소극적 공시주의, 소극적 공시력)(37조 1항). 제3자에게 중과실이 있는 경우 악의로 취급한다는 견해가 있으나,[1] 이에 따를 경우 등기하지 않은 사항의 존재에 대한 조사의무를 제3자에게 부과하는 결과가 되므로 제3자의 과실 여부는 불문한다고 본다.[2] 제3자의 악의는 이를 주장하는 자가 입증하여야 한다. 또한 등기의무자는 선의의 제3자에게 등기하지 않은 사항을 주장할 수 없지만, 선의의 제3자는 이를 주장할 수 있다. 대등한 거래관계의 당사자가 아닌 조세부과처분의 경우의 국가는 여기서 말하는 제3자에 해당하지 않는다(대판 1990.9.28., 90누4235: 합자회사의 무한책임사원으로 등기되었다 해서 곧 납세의무자는 아니라고 함).

2. 등기후의 효력

등기할 사항을 등기한 후에는 제3자의 악의가 의제되어 선의의 제3자에 대하여도 대항할 수 있다(적극적 공시주의, 적극적 공시력). 다만 제3자가 정당한 사유로 이를 알지 못한 경우는 예외이다(37조 2항). 여기서 '정당한 사유'라 함은 이를 엄격히 해석하여 객관적 사유(예: 등기소의 화재)에 한하며 주관적 사유(예: 출장 ·

1) 강위두 · 임재호(상) 132면; 이철송(총) 250면; 정찬형(상) 158면; 김정호(상) 129면; 김병연 외(총) 135면; 송옥렬 69면.
2) 손주찬(상) 179면; 최기원 · 김동민(상) 153 · 154면; 정동윤(상) 101면; 이기수 · 최병규(총) 240면; 채이식(상) 105면; 최준선(총) 207면; 임중호(총) 220면.

질병 등)는 제외된다(통설).

한편 지배인 또는 대표이사로 등기되어 있지 않은 자라도 **표현지배인 또는 표현대표이사**의 요건을 충족시키는 경우 상법 제37조보다 제14조 또는 제395조가 우선 적용되어 선의의 상대방이 보호된다는 데 이설이 없다. 다만 그 근거에 대하여 설이 갈리는데, (i) 상법 제14조 및 제395조는 제37조의 예외규정이라는 견해(원칙·예외설),[1] (ii) 등기된 사항과 다른 외관을 야기한 자가 등기의 적극적 공시력을 주장하는 것은 권리남용에 해당된다는 견해(권리남용설)[2] 및 (iii) 상업등기제도와 표현지배인·표현대표이사제도는 서로 법익을 달리하는 다른 차원의 제도라는 견해(이차원설)(대판 1979.2.13., 77다2436)[3]가 있다. (iii)설이 타당하다.

3. 적용범위

가. 법률관계에 관한 적용범위

상법 제37조는 거래관계에 전형적으로 적용되나, 불법행위·부당이득·사무관리 등의 **비거래관계**에도 적용되는지에 관하여 설이 갈린다. (i) 긍정설은 동조가 비거래관계를 포함하는 기업관계 일반에 적용된다고 한다.[4] (ii) 부정설은 불법행위 등의 경우 제3자의 신뢰가 문제되지 않고 거래안전과 무관하여 동조가 적용되지 않는다고 한다.[5] (iii) 절충설은 동조가 원칙적으로 비거래관계에는 적용되지 않지만 거래관계와 불가분적 관련이 있는 경우(예: 사기행위)에는 적용된다고 한다(다수설).[6] (iii)설이 타당하다.

적법절차의 요청 등을 이유로 **소송행위**에 대하여 상법 제37조의 적용을 부정하는 견해가 있다(표현대리에 관한 대판 1994.2.22., 93다42047 참조).[7] 그러나 소송행위도 거래활동의 연장이므로 이를 긍정하는 것이 타당하다(통설).

---

1) 손주찬(상) 183·184면; 정찬형(상) 162면; 최준선(총) 211면.
2) 임중호(총) 229면.
3) 강위두·임재호(상) 133면; 정동윤(상) 103면; 이기수·최병규(총) 245면; 송옥렬 71면.
4) 정희철(상) 122면.
5) 서돈각(상) 131면; 이철송(총) 253면; 정찬형(상) 160면; 채이식(상) 108면; 임중호(총) 231면; 김정호(상) 133면.
6) 손주찬(상) 182면; 강위두·임재호(상) 135면; 최기원·김동민(상) 156면; 임홍근(총) 155면; 정동윤(상) 102면; 이기수·최병규(총) 241면; 최준선(총) 209·210면; 김병연 외(총) 136면; 송옥렬 70면.
7) 정동윤(상) 102면.

나. 다른 규정과의 관계

등기의 효력을 상법 제37조와 달리 정한 규정들이 있어 주의를 요한다. 첫째, (등기)상호의 양도는 등기하지 않으면 대항하지 못하는데(25조 2항), 이때 제3자의 선의 · 악의를 불문한다. 둘째, 지점에서의 거래에 대하여는 그 지점 소재지에서의 등기 여부를 기준으로 동조가 적용된다(38조).

Ⅱ. 특수적 효력

몇몇 등기사항들과 관련하여서는 등기 자체만으로 제3자의 선의 여부와 무관하게 다음과 같은 일정한 효력이 발생한다. 이를 상업등기의 특수적 효력이라 한다. 첫째, 등기에 의하여 새로운 법률관계가 형성되는 경우가 있다(창설적 효력). 예컨대, 설립등기로 회사가 성립하고(172조), 합병등기를 함으로써 합병의 효력이 발생한다(234조). 둘째, 등기 후에는 그 전제인 사실에 대한 하자를 주장할 수 없게 되는 경우가 있다(보완적 효력). 예컨대, 주식회사의 설립등기 후에는 주식인수인이 주식청약서의 요건 흠결을 이유로 그 무효를 주장하거나 사기 · 강박 또는 착오를 이유로 그 인수를 취소하지 못한다(320조 1항). 셋째, 등기가 면책의 기초가 되거나 일정한 행위를 허용하는 효과가 인정되는 경우가 있다(해제적 효력 · 부수적 효력). 인적회사 사원의 퇴사등기 후 2년이 경과하면 책임을 면하는 것은 전자의 예이고(225조 · 269조), 주식회사의 설립등기가 있으면 권리주의 양도와 주권발행이 허용되는 것은 후자의 예이다(319조 · 355조).

Ⅲ. 부실등기의 효력

진실과 상이한 등기가 있는 경우 이를 신뢰한 제3자를 보호할 것인지가 문제된다. 이는 상업등기에 추정력 내지 공신력을 인정할 것인지의 문제와 연관된다.

1. 상업등기의 추정력

상업등기에는 일반적으로 공신력이 없으며(대판 1996.10.29., 96다19321), 추정력이 인정될 뿐이다. 예컨대 법인등기부에 이사 또는 감사로 등기되어 있다면 특단의 사정이 없는 한 정당한 절차에 의하여 선임된 적법한 이사 · 감사로 추정한다(대판 1983.12.27., 83다카331). 그러나 여기서 말하는 추정은 사실상의 추정으로 이해하여야 할 것이다(통설). 신청사항에 대한 등기관의 실질적 심사가 곤란한 현실에서 거증책임의 전환을 가져오는 법률상의 추정력을 인정하기는 어렵기 때문이다.

2. 고의 · 과실에 의한 부실등기의 효력

가. 의 의

상업등기에 사실상의 추정력만이 인정된다는 것은 거래안전에 큰 위협이 된다. 그리하여 상법은 고의 · 과실로 사실과 상위한 등기를 한 자는 그 상위를 선의의 제3자에게 대항하지 못한다고 규정하고 있다(39조). 이러한 상법 제39조의 입법취지에 대해서 (i) 제한적 공신력을 인정한 것이라는 견해[1]와 (ii) 공신력과 무관하게 외관주의에 기초를 둔 제도라는 견해[2]가 대립한다. 그러나 (i)의 입장에서도 동조는 외관법리 내지 표시에 의한 금반언의 원칙을 반영한 것으로 보기 때문에 실제적 차이는 없다.[3]

나. 요 건

외관법리에 따라 상법 제39조의 적용요건을 살펴보면 다음과 같다. 첫째, 사실과 상위한 사항이 등기되어야 한다(외관의 존재). 이와 관련하여 등기 당시에는 사실과 부합하였으나 그 변경 · 소멸 등기(예: 지배인 해임등기)를 하지 않음으로써 등기와 사실이 일치하지 않게 된 경우에 동조가 적용될 수 있는지가 문제된다. 이 경우 상법 제37조 제1항과 제39조가 함께 적용될 수 있다는 견해가 있다.[4] 그러나 제39조는 적극적으로 사실과 다른 등기를 한 경우에 적용되는 조항이며, 등기 후에 변경등기를 게을리 한 경우는 제37조 제1항의 적용대상이라고 보아야 할 것이다.[5] 둘째, 등기한 자의 고의 · 과실이 있어야 한다(귀책사유). 이와 관련하여 등기신청권자가 아닌 제3자의 허위신청으로 부실등기가 이루어진 경우가

1) 최기원 · 김동민(상) 162 · 163면; 정찬형(상) 164면.
2) 정동윤(상) 104 · 105면; 이기수 · 최병규(총) 247면; 이철송(총) 258면.
3) 손주찬(상) 188면.
4) 손주찬(상) 189면; 최기원 · 김동민(상) 164면; 정찬형(상) 166면.
5) 정동윤(상) 105면; 이철송(총) 259면; 임중호 237면.

문제된다. 이 경우 등기신청권자가 과실[1] 또는 중과실[2]로 이를 방치한 경우에도 동조가 적용된다는 견해가 있으나, 적어도 등기신청권자가 부실등기에 관여하였거나 이를 알고 방치한 경우에 한하여 동조가 적용된다 할 것이다(대판 2008.7.24., 2006다24100).[3] 셋째, 제3자는 선의이어야 한다. 다만 선의라도 중과실이 있는 경우에는 상법 제39조의 보호대상이 되지 않는다(이설 있음).[4]

다. 효 과

위의 요건이 갖추어진 경우 부실등기를 한 자는 제3자에게 대항하지 못한다. 즉, 그 등기가 사실과 다름을 주장하지 못하는 것이다. 그러나 제3자가 등기와 상이한 사실을 주장하는 것은 부방하다.

---

1) 이철송(총) 261 · 262면.
2) 최기원 · 김동민(상) 163면.
3) 임중호 238면; 송옥렬 76면.
4) 최기원 · 김동민(상) 164 · 165면; 이철송(총) 263면; 정찬형(상) 167면; 송옥렬 76면. 반대(과실이 있어도 보호된다고 함): 손주찬(상) 189 · 190면; 정동윤(상) 105면.

상법총칙

제6장 영업양도

제1절 의 의

상법상 '영업'이라는 말이 영업활동의 의미로 사용되는 경우가 있다(주관적 의의의 영업). 미성년자의 영업과 등기(6조), 법정대리인에 의한 영업의 대리(8조) 등에서 말하는 영업이 그 예이다. 그러나 영업양도(41조 내지 45조)라고 할 때의 영업은 객관적 존재로서의 영업을 의미한다(객관적 의의의 영업). 즉, 영업양도란 "일정한 영업 목적에 의하여 조직화된 유기적 일체로서의 기능적 재산"의 이전을 목적으로 하는 채권계약이며, 이 기능적 재산에는 유형·무형의 재산과 경제적 가치를 갖는 사실관계가 모두 포함된다(대판 1997.11.25., 97다35085)(영업재산양도설: 다수설).[1] 또한 재산에는 적극재산과 소극재산(부채)이 모두 포함된다.[2]

따라서 영업양도가 있었다고 볼 수 있는지의 여부는 "양수인이 유기적으로 조직화된 수익의 원천으로서의 기능적 재산을 이전받아 양도인이 하던 것과 같은 영업적 활동을 계속하고 있다고 볼 수 있는지" 여부에 따라 판단한다(대판 2005.7.22., 2005다602). 또한 영업재산을 전부 양도했어도 그 영업조직을 해체하여 양도했다면 영업의 양도가 아니나, 그 일부를 유보한 채 영업시설을 양도했어도 그 양도한 부분만으로 종래의 조직이 유지되어 있다고 사회관념상 인정된다면 영업양도에 해당한다(대판 2002.3.29., 2000두8455).

---

1) 손주찬(상) 193면; 강위두·임재호(상) 145면; 최기원·김동민(상) 170면; 임홍근(총) 164면; 정동윤(상) 118·119면; 이기수·최병규(총) 256·257면; 정찬형(상) 172면. 또한 소수설로서 (i) 영업양도는 기업의 동일성을 유지하면서 기업 그 자체를 일체로서 이전하는 계약이라는 견해(기업자체이전설: 정희철(상) 130·131면; 양승규·박길준 95면) 및 (ii) 영업양도는 경영자인 지위의 인계와 영업재산의 이전을 내용으로 하는 채권계약이라는 견해(지위·재산이전설: 서돈각(상)136·137면) 등이 있다.

2) 최기원·김동민(상) 168면; 임중호(총) 241·242면; 김병연 외(총) 153면.

제2절 영업양도의 절차

Ⅰ. 영업양도계약의 체결

영업양도는 양도인과 양수인 간의 계약에 의해 이루어진다. 양도인은 상인이어야 하나, 양수인은 상인이 아니어도 무방하다. 개인상인이 영업을 양도하면 상인자격을 상실하나, 수종의 영업 또는 수개의 지점의 영업 중 일부만을 양도한 경우는 상인자격이 유지될 수 있다. 회사는 청산중에도 영업을 양도할 수 있으며, 영업 전부를 양도하여도 해산사유가 되지 않아 정관상의 목적을 변경하여 새로운 영업을 할 수 있다.

영업양도계약은 주로 자산과 부채의 이전, 영업소 및 상호의 양도, 사용인의 인계, 양도의 대가 등의 내용으로 이루어지며, 법정된 형식은 없으나 통상 계약서가 작성된다.

Ⅱ. 대내적 의사의 결정

개인상인의 경우는 문제가 없으나, **회사**의 경우 의사결정의 신중을 기하기 위해 일정한 **내부절차**를 필요로 하고 있다. 이러한 절차는 양도계약을 먼저 체결한 후 밟아도 무방하다. 첫째, 양도인이 합명회사·합자회사 및 유한책임회사인 경우 (i) 그 존속중에 영업양도를 하는 때에는 총사원의 동의를 요하나(204조, 269조, 287조의16), (ii) 청산중에 영업양도를 하는 때에는 총사원의 과반수의 결의를 요한다(257조, 269조, 287조의45). 둘째, 양도인이 주식회사 또는 유한회사인 경우 주주총회 또는 사원총회의 특별결의를 요한다(374조 1항 1호, 576조 1항). 셋째, 양수인이 주식회사 또는 유한회사인 경우 회사의 영업에 중대한 영향을 미치는 다른 회사의 영업 전부 또는 일부를 양수하는 때에는 주주총회 또는 사원총회의 특별결의를 요한다(374조 1항 3호, 576조 1항). 넷째, 주식회사의 경우 영업양도 또는 영업양수를 위한 주주총회의 특별결의에 반대하는 주주에게는 주식매수청구권이 인정된다(374조의2).

제3절 영업양도의 효과

Ⅰ. 당사자간의 효과

1. 영업재산의 이전의무

영업양도인은 영업재산을 모두 양도하여야 하나, 영업의 동일성을 유지하는 범위 내에서 일부 재산을 제외할 수 있다. 영업양도의 경우에는 상속이나 합병의 경우와 같은 재산의 포괄적 승계가 인정되지 않으므로 특정승계의 방법에 의하여 재산의 종류에 따라 **개별적으로 이전행위를 하고 대항요건을 구비**하여야 하며, 지명채권 양도의 경우 그 대항요건으로 채무자에 대한 통지 또는 채무자의 승낙이 필요하다(대판 1991.10.8., 91다22018·22025). 또한 채무의 이전을 위하여도 민법상의 채무인수 (민 453조·454조) 또는 채무자변경으로 인한 경개(501조)의 절차를 밟아야 한다.[1] 따라서 양도인과 양수인 간의 합의로 채무를 인수하는 경우 채권자의 승낙이 있어야 그 효력이 발생한다(민 454조 1항).

또한 영업양도는 영업목적에 의해 조직화된 물적·인적 조직을 그 동일성을 유지하면서 일체로서 이전하는 것이기 때문에(대판 1981.8.9., 91다15225), 영업이 양도되면 반대의 특약이 없는 한 양도인과 근로자 간의 근로관계도 원칙적으로 양수인에게 승계된다(대판 1994.6.28., 93다33173). 다만 근로자는 영업양도 후 상당한 기간 내에 반대의사를 표시함으로써 양도기업에 잔류하거나 양도기업 및 양수기업 모두에서 퇴직할 수 있다(대판 2012.5.10., 2011다45217).

2. 경업피지의무

양도인은 특약이 없는 한 10년간 동일한 특별시·광역시·시·군과 인접한 특별시·광역시·시·군에서 동종영업을 하지 못한다(41조 1항). 여기서 '동종영업'이란 영업의 내용·규모·방식·범위 등을 종합적으로 고려할 때 양도된 영업과 경쟁관계가 발생할 수 있는 영업을 말하며, '경업금지지역'으로서의 동일 지역 또는 인접 지역은 양도된 물적 설비가 있던 지역이 아니라 양도인의 통상적인

1) 손주찬(상) 199면; 최기원·김동민(상) 177면.

영업활동이 이루어지던 지역을 기준으로 정한다(대판 2015.9.10., 2014다80440: 영업양도의 대상인 중부공장 영업은 가공한 육류를 전국적으로 유통·판매하는 것까지 목적으로 하고 있으므로 그 영업 지역을 중부공장 소재지 군과 인접 군에 한정되는 것으로 볼 수 없다 함). 경업피지의무가 인정되는 기간을 특약으로 연장하는 것은 가능하나 이 특약은 20년을 초과하지 않는 범위 내에서만 효력이 있다(2항). 반대로 이 기간을 단축하거나 경업금지지역을 축소하는 특약의 효력에는 제한이 없다.

경업피지의무에 위반한 경우의 구제조치에 대하여는 상법에 규정이 없어 민법에 따른다. 즉, 양수인은 양도인의 비용으로 그 위반한 것을 제거하고 장래에 대한 적당한 처분을 법원에 청구할 수 있으며(민 389조 3항), 손해배상을 청구할 수 있다(민 390조·393조).

Ⅱ. 제3자에 대한 관계

영업양도가 있더라도 영업상의 채권·채무가 당연히 모두 이전되는 것은 아니며, 양도인에게 여전히 채권·채무가 남아 있을 수 있다. 그러나 영업양도 후에도 그 영업에 양도인의 상호가 계속 사용되는 경우에는 채권·채무가 모두 이전된 듯한 외관을 갖게 된다. 그리하여 상법은 외관법리에 따라 이러한 외관을 신뢰한 영업상의 채권자 및 채무자를 보호하는 규정들을 두고 있다.

1. 영업상의 채권자에 대한 관계

가. 상호를 속용하는 경우

영업양수인이 양도인의 상호를 계속 사용하는 경우에는 양도인의 영업으로 인한 제3자의 채권에 대하여 양수인도 변제할 책임이 있다(42조 1항). 즉, 상법은 외관법리에 따라 영업양수인에게 이전되지 않은 채무에 대하여도 양수인의 책임을 인정하고 있는 것이다. 그 요건을 분설하면 다음과 같다.

첫째, 양수인이 **양도인의 상호를 계속 사용**함으로써 외관의 존재와 양수인의 귀책사유가 인정된다. 여기서 상호의 속용은 양도인이 사용하던 상호와 양수인이 사용하는 상호가 완전히 동일하지 않더라도 전후의 상호가 주요부분에 있어서 공통되면 족하다(대판 1989.12.26., 88다카10128: 양도인이 사용했던 상호는 '삼정장여관'이고 양수인이 사용한 상호는 '삼정호텔'임). 또한 양수인이 상호 아닌 옥호 또는 영업표지를 속용하는 경우(대판 2010.9.30., 2010다35138: 교육시설의 영업을 양도받아 그 명칭인 '서울종합예술원'이라는 명칭을 사용하여 같은 영업을 계속함) 및 영업을 출자하여 설립된 주식회사가 상호를 속용하는 경우(대판 1995.8.22., 95다12231: 비법인 협성산업의 영업을 현물출자하여 주식회사 협성을 설립함)에도 상법 제42조가 유추적용되어 양수인의 책임이 인정될 수 있다.

둘째, 명문규정은 없지만 **제3자는 선의**이어야 한다. 제3자가 악의이어도 무방하다는 견해가 있으나,[1] 외관을 신뢰한 제3자만이 보호대상이라 할 것이다.[2] 이때 제3자가 영업양도의 사실을 알았더라도 채무인수의 사실 등이 없음을 몰랐다면 보호대상이 된다(대판 1989.12.26., 88다카10128).

이러한 요건이 갖추어진 경우 양수인은 양도인의 영업으로 인한 채무에 대한 책임을 진다. 여기서 **영업으로 인한 채무**라 함은 영업상의 활동에 관하여 발생한 모든 채무를 말하므로 거래상의 채무뿐 아니라 불법행위로 인한 손해배상채무(대판 1989.3.28., 88다카12100) 및 부당이득반환채무 등도 포함된다. 양수인이 이러한 책임을 지는 경우에도 채무 자체는 양도인에게 속하므로 양도인과 양수인은 **부진정연대채무**를 진다.

그러나 (i) 양수인이 영업양도를 받은 후 지체없이 양도인의 채무에 대해 책임이 없음을 **등기**하거나, (ii) 양도인과 양수인이 지체없이 제3자에 대하여 그 뜻을 **통지**한 경우에는 양수인의 책임이 인정되지 않는다(동조 2항). 양수인이 단독으로 통지한 것만으로는 (ii)의 요건이 충족되지 않는다(대판 1976.4.27., 75다1209).

영업임대차의 경우 상법 제42조 제1항의 유추적용 여부(소극)(대판 2017.4.7., 2016다47737)

『・・・영업임대차의 경우에는 상법 제42조 제1항과 같은 법률규정이 없을 뿐만 아니라, 채권자가 제공하는 영업상의 신용에 대하여 실질적인 담보의 기능을 하는 영업재산의 소유권이 재고상품 등 일부를 제외하고는 모두 임대인에게 유보되어 있고 임차인은 사용・수익권만을 가질 뿐이어서 임차인에게 임대인의 채무에 대한 변제책임을 부담시키면서까지 임대인의 채권자를 보호할 필요가 있다고 보기 어렵다. 여기에 상법 제42조 제1항에 의하여 양수인이 부담하는 책임은 양수한 영업재산에 한정되지 아니하고 그의 전 재산에 미친다는 점 등을 더하여 보면, 영업임대차의 경우에 상법 제42조 제1항을 그대로 유추적용할 것은 아니다(대법원 2016.8.24. 선고 2014다9212 판결 참조). 이는 영업임대차의 종료로 영업을 반환하는 경우에도 마찬가지이다.』

1) 정동윤(상) 124・125면; 최준선(총) 234・235면.
2) 이기수・최병규(총) 283면; 이철송(총) 301・302면.

나. 상호를 속용하지 않은 경우

영업양수인이 양도인의 상호를 계속 사용하지 않는 경우 채무가 이전된 듯한 외관이 없으므로 양수인의 책임이 인정되지 않음이 원칙이다. 그러나 양수인이 양도인의 영업으로 인한 채무를 인수할 것을 **광고**한 때에는 양수인도 변제할 책임이 있다(44조). 이때 광고 내용에 채무인수라는 표현이 사용되지 않더라도 사회통념상 영업상의 채무를 인수한 것으로 채권자가 신뢰할 수 있으면 족하다(통설). 또한 상법 제44조는 광고가 아닌 양도인의 채권자에 대하여 개별적으로 **통지**를 하는 방식으로 채무인수의 취지를 표시한 경우에도 적용된다(통설)(대판 2008.4.11., 2007다89722).

다. 양도인의 책임

위의 각 규정에 의하여 양수인이 책임을 지는 경우 양도인의 제3자에 대한 채무는 영업양도 또는 광고 후 **2년**이 경과하면 소멸한다(45조). 따라서 그 후에는 양수인만이 책임을 진다. 양도인의 채무는 개인의 채무라기보다는 영업상의 채무인데 영업양도 후에도 장기간 양도인의 지위를 불안정하게 하는 것은 바람직하지 못하므로 특별한 제척기간을 둔 것이다.[1]

2. 영업상의 채무자에 대한 관계

영업양수인이 양도인의 **상호를 계속 사용하는 경우**에 양도인의 영업으로 인한 채권에 대하여 채무자가 선의이며 중대한 과실 없이 양수인에게 변제한 때에는 그 효력이 있다(43조). 이는 상호의 속용으로 인해 영업양도가 없었던 듯한 외관이 형성되므로 이를 신뢰한 채무자를 보호하기 위한 규정이다. 따라서 상호의 속용이 없는 경우에는 일반원칙에 따르게 되어, 채권양도가 없는 한 영업양수인에게 변제한 채무자는 보호를 받지 못한다.

---

1) 손주찬(상) 204면; 이철송(총) 306면.

제 2 편
상행위법

제1장 총 론 / 95
제2장 각 론 / 128
제3장 새로운 업종 유형 / 168

상행위법

제1장 총 론

제1절 상행위법의 의의와 특성

실질적 의의의 상행위법은 기업의 거래활동에 관한 법을 말한다. 이는 기업의 조직에 관한 법(회사법 등 기업조직법)과 대비되는 것이다. 실질적 의의의 상행위법은 기업조직법에 비해 사적 자치가 강조되는 법역으로서 주로 임의법규로 이루어진다. 다만 기업의 거래상대방인 일반대중을 보호하기 위한 강행규정들도 있음을 주의하여야 한다(예: 보험계약자 등의 불이익변경금지에 관한 663조).

이에 비해 **형식적 의의**의 상행위법은 상법전 제2편(상행위편)을 말한다. 그러나 형식적 의의의 상행위법 가운데에는 기업의 조직(예: 익명조합 · 합자조합)에 관한 규정이나 기업 아닌 일반인의 거래에도 적용되는 규정(예: 유가증권에 관한 65조) 등 실질적 의의의 상법에 해당하지 않는 규정들도 함께 들어 있다. 또한 실질적 의의의 상행위법에 해당되지만 상행위편 아닌 다른 곳에 규정되어 있는 것들도 있다. 보험계약(상법 제4편) · 해상기업거래(상법 제5편) · 증권거래(자본시장법) 등에 관한 규정들이 그 예이다. 또한 상행위는 상관습이나 보통거래약관에 의해 규율되는 경우도 많다.

한편 상행위편의 내용 중에는 **업종**을 불문하고 적용되는 것들이 있는가 하면(통칙 · 매매 · 상호계산 · 익명조합 및 합자조합에 관한 제1장 내지 제4장의2), 개별적인 특수 업종에 관한 규정들도 있다(대리상 · 중개업 · 위탁매매업 · 운송업 등에 관한 제5장 내지 제14장). 본서에서는 전자를 상행위법 총론으로, 후자를 각론으로 묶어 살펴본다.

제2절 상행위의 의의와 종류

Ⅰ. 상행위의 의의

상행위란 실질적으로는 영리에 관한 행위를 말하고 형식적으로는 상법과 특별법에 상행위로 규정되어 있는 것을 말한다. 상행위에 대하여는 그 주체가 상인인 경우는 물론 공법인인 때에도 법령에 다른 규정이 없는 경우 상법이 적용되기 때문에(2조) 상행위는 **상법의 적용범위**를 정하는 중요한 기준이 된다.

이러한 상행위를 어떻게 정의할지에 관하여 세 가지 **입법주의**가 있다. 첫째, 객관주의는 행위의 주체와 무관하게 그 객관적 성질에 따라 상행위를 정한다. 이는 경제 발전으로 생성되는 신종 상행위를 포섭하기 어려워 오늘날 이를 따르는 입법례는 없다. 둘째, 주관주의는 먼저 상인 개념을 정하고 그 영업상의 행위를 상행위로 한다(독일 상법, 스위스 채무법). 셋째, 절충주의는 주관주의를 위주로 하되 객관주의를 가미한다(프랑스 상법, 일본 상법). 우리 상법은 행위의 객관적 성질만으로 인정되는 상행위(절대적 상행위)를 규정하고 있지 않아 주관주의를 취한 것으로 보인다(이설 있음).[1)]

Ⅱ. 상행위의 종류

1. 영업적 상행위 · 보조적 상행위

가. 영업적 상행위

상인이 '영업으로' 하는 행위, 즉 그 영업의 목적인 행위를 영업적 상행위라 한다. 당연상인의 영업적 상행위는 이를 **기본적 상행위**라 하며(46조), 그 상세한

1) 주관주의설: 손주찬(상) 215면; 최기원(상) 199면; 정동윤(상) 139면; 정찬형(상) 205면. 절충주의설: 강위두 · 임재호(상) 168면; 채이식(상) 144면. 어느 입장을 취하든 상법의 해석상 실제적인 차이는 없다. 다만 특별법인 담보부사채신탁법이 규정하는 사채총액의 인수(동법 23조)는 상인 개념을 전제로 하지 않고 그 행위의 객관적 성질만으로 인정되는 절대적 상행위이다.

내용은 앞에서 살펴보았다. 의제상인의 영업 목적인 행위는 이를 **준상행위**라 한다. 준상행위에 대하여는 상행위편 통칙의 규정을 준용한다(66조).

나. 보조적 상행위

상인이 '영업을 위하여' 하는 행위를 보조적 상행위(부속적 상행위)라 한다(47조 1항). 여기서 상인은 당연상인 · 의제상인 및 소상인을 불문한다. 어떠한 행위가 영업을 위한 것인지는 그 **행위의 객관적 성질**에 따라 판단한다. 예컨대, 영업자금의 차입 및 점포의 임차 등은 보조적 상행위에 해당한다. 개업준비행위도 보조적 상행위가 됨은 전술한 바와 같다. 기본적 영업활동을 종료하거나 폐업신고를 한 후의 청산사무나 잔무처리 행위 역시 영업을 위한 행위로서 보조적 상행위로 볼 수 있다(대판 2021.12.10., 2020다295359).

회사의 행위는 그 영업목적인 행위 외에는 모두 보조적 상행위가 된다. 다만 회사가 상법에 의해 상인으로 의제된다고 하더라도 회사의 기관인 대표이사가 상인이 되는 것은 아니다. 따라서 대표이사 개인이 회사의 운영 자금으로 사용하려고 돈을 빌리거나 투자를 받더라도 그것만으로 상행위에 해당하는 것은 아니다(대판 1992.11.10., 92다7948; 동 2012.7.26., 2011다43594 등).

개인상인의 행위는 그것이 영업을 위한 것인지 불명확한 경우가 있다. 따라서 상법은 거래의 안전을 위하여 상인의 행위는 **영업을 위하여 하는 것으로 추정**하고 있다(47조 2항). 예컨대, 상인의 금전대여행위는 반증이 없는 한 영업을 위하여 하는 것으로 추정된다(대판 2008.12.11., 2006다54378: 음식점업을 영위하는 상인이 부동산중개업을 영위하는 상인에게 금원을 대여함).

그러나 상인이 그 영업과 관계없이 개인 자격에서 돈을 투자하는 행위는 상인의 기존 영업을 위한 보조적 상행위로 볼 수 없다(대판 2018.4.24., 2017다205127).

대표이사 개인이 회사 운영 자금으로 사용하려고 돈을 빌리거나 투자를 받는 행위의 상행위성(소극) / 상인이 개인 자격에서 돈을 투자하는 행위의 상행위성(소극)(대판 2018.4.24., 2017다205127)

『상인은 상행위에서 생기는 권리 · 의무의 주체로서 상행위를 하는 것이고, 영업을 위한 행위가 보조적 상행위로서 상법의 적용을 받기 위해서는 행위를 하는 자 스스로 상인 자격을 취득하는 것을 당연한 전제로 한다.

회사가 상법에 의해 상인으로 의제된다고 하더라도 회사의 기관인 대표이사 개인이 상인이 되는 것은 아니다. 대표이사 개인이 회사의 운영 자금으로 사용하려고 돈을 빌리거나 투자를 받더라도 그것만으로 상행위에 해당하는 것은 아니다(대법원 1992.11.10. 선고 92다7948 판결, 대법원 2012.7.26. 선고 2011다43594 판결 등 참조).

또한 상인이 그 영업과 상관없이 개인 자격에서 돈을 투자하는 행위는 상인의 기존 영업을 위한 보조적 상행위로 볼 수 없다. · · ·

(1) 원심판결과 적법하게 채택한 증거에 따르면, 피고는 덕성건설이나 태백엔지니어링의 대표이사가 아닌 개인 자격으로 소외인으로부터 돈을 지급받은 것임을 알 수 있다. 원심이 인정한 것과 같이 그 명목이 피고가 태백엔지니어링의 공장 신축을 위한 자금을 마련하기 위하여 소외인으로부터 투자를 받았다고 하더라도 그와 같은 사정만으로 피고를 상인으로 볼 수 없다.

(2) 소외인이 콘테이너 제조 · 판매 · 대여업을 하던 상인이었다고 해도 다음과 같은 사정에 비추어 소외인 또한 개인 자격에서 피고에게 자금을 투자하거나 지급한 것으로 볼 수 있어 보조적 상행위로 볼 수도 없다.

(가) 소외인은 피고와 같은 고향 선 · 후배 관계로 친분이 두터웠다.

(나) 피고는 소외인으로부터 받은 돈으로 태백엔지니어링 공장을 설립하였는데, 태백엔지니어링은 '가연성 쓰레기를 이용한 고체연료를 만드는 기계생산 및 판매업', '고체연료 및 조연제생산 및 판매업' 등을 목적으로 하는 회사로서 소외인의 콘테이너 제조 · 판매 · 대여업과 관련성이 없다.

(다) 소외인의 자금 지급과 관련하여 투자약정서가 작성되거나 자금 투자에 따른 이익이나 손실의 배분, 투자금의 반환에 관한 사항 등 구체적인 약정이 없다.』

신분법상의 행위는 보조적 상행위가 될 수 없으나, 재산법상의 행위인 한 유상이든 무상이든 불문한다. 또한 법률행위뿐 아니라 준법률행위 · 사무관리 · 부당이득(대판 1976.12.14., 76다2212) 및 **불법행위**도 보조적 상행위가 될 수 있다(불법행위 포함실: 나수설)[1]. 그러나 판례는 불법행위로 인한 손해배상채무에 상사법정이율(54조)이 적용되지 않는다고 한다(대판 1985.5.28., 84다카966).

2. 일방적 상행위 · 쌍방적 상행위

당사자 중 일방에게만 상행위가 되는 행위(예: 소매상과 소비자 간의 거래)를 일방적 상행위라 한다. 상법의 규정은 원칙적으로 일방적 상행위에도 적용된다(3조). 이에 비해 당사자 쌍방에게 상행위가 되는 행위를 쌍방적 상행위라 한다(예: 도매상과 소매상 간의 거래). 상법의 규정 중에는 쌍방적 상행위에만 적용되는 것들이 있다(58조, 67조 내지 69조).

---

1) 손주찬(상) 218면; 강위두 · 임재호(상) 177면; 최기원(상) 202면; 정동윤(상) 142면; 정찬형(상) 208면; 임중호(총) 279면; 김병연 외(총) 210면. 반대: 임홍근(총) 221면; 이철송(총) 327 · 328면; 최준선(총) 120면; 송옥렬 96면.

제3절 통 칙

Ⅰ. 민법 총칙편에 대한 특칙

1. 상행위의 대리와 위임

가. 대리의 방식

민법상 대리인이 본인을 위한 것임을 표시하지 않은 경우 그 의사표시는 자기를 위한 것으로 본다(현명주의)(민 115조 본문). 그러나 빈번하게 이루어지는 상거래에서 대리인이 일일이 본인을 위한 것임을 표시하여야 한다면 상거래의 간이·신속의 요구에 반한다. 따라서 상법은 상행위의 대리인이 본인을 위한 것임을 표시하지 않아도 그 행위는 본인에 대하여 효력이 있다고 규정한다(비현명주의)(48조 본문).

그런데 이 경우 상대방이 대리인을 당사자로 믿고 거래하였다면 그 신뢰를 보호할 필요가 있다. 그리하여 상법은 상대방이 본인을 위한 것임을 알지 못한 때에는 대리인에 대하여도 이행을 청구할 수 있도록 하고 있다(동조 단서). 이때 거래 자체는 본인과 상대방 사이에 성립하므로(대판 1996.10.25., 94다41935·41942) 본인과 대리인은 **부진정연대채무**를 진다(다수설).[1] 반면 이 경우 상대방과 본인 간의 법률관계 및 상대방과 대리인 간의 법률관계가 동시에 성립하고 상대방이 그 중 하나를 선택할 수 있다는 견해[2]가 있으나 이는 상법 제48조의 문언과 거리가 있다.

한편 상대방이 선의이나 대리행위임을 모른 데에 과실이 있는 경우 상법 제48조 단서에 의한 보호대상이 되느냐에 관하여 긍[3]·부[4] 양설이 갈린다. 생각건

1) 연대설: 손주찬(상) 222면; 최기원·김동민(상) 207·208면; 이기수·최병규(총) 312면; 이철송(총) 335면; 정찬형(상) 213면; 채이식(상) 155·156면; 최준선(총) 251면; 김병연 외(총) 215면; 송옥렬 97면.

2) 택일설: 임홍근(총) 228면; 정동윤(상) 154면.

3) 과실불문설: 최기원(상) 207면; 이기수·최병규(총) 312면; 이철송(총) 335면; 정찬형(상) 213면; 채이식(상) 155면.

4) 과실적용배제설: 손주찬(상) 221면; 강위두·임재호(상) 184면; 정동윤(상) 154면; 임중호(총) 296면.

대 상대방이 선의이면 경과실이 있더라도 보호대상이 되나, **중과실**이 있는 경우는 제외된다고 본다.[1)]

상법 제48조는 본인에 대해 상행위가 되는 경우에 적용되며, 상대방에 대해서만 상행위가 되는 경우에는 적용되지 않는다. 또한 동조는 엄격한 문언성이 요구되는 어음・수표행위의 대리에도 적용되지 않는다.

나. 본인의 사망과 대리권의 존속

민법상 본인이 사망하면 대리인의 대리권은 소멸한다(민 127조 1호). 그러나 영업상의 대리권이 본인의 사망으로 소멸할 경우 영업활동이 중단되고 거래의 안전을 해할 우려가 있다. 그리하여 상법은 상행위의 위임에 의한 대리권은 본인이 사망하여도 소멸하지 않는다고 규정한다(50조). 여기서 '상행위의 위임에 의한 대리권'이라 함은 **상인이 그 영업에 관하여 수여한 대리권**을 의미하며, 예컨대 상인이 지배인을 선임함으로써 발생한 대리권이 이에 해당한다. 이때 지배인의 선임행위는 본인을 위한 보조적 상행위가 된다.

다. 수임인의 권한

상행위의 위임을 받은 자는 위임의 본지에 반하지 않는 범위 내에서 위임을 받지 아니한 행위를 할 수 있다(49조). 예컨대, 위임받은 바에 따라 상품을 구매한 자가 그 상품 가격이 하락할 우려가 있을 때 손실을 막기 위해 이를 전매하는 행위가 이에 해당한다. 이것이 "위임의 본지에 따라 선량한 관리자의 주의로서 위임사무를 처리하여야" 하는 수임인의 권한(민 681조)을 확장한 특칙이라는 견해가 있으나,[2)] 이는 **민법의 원칙을 구체화**한 데 지나지 않는다고 본다(다수설).[3)]

2. 소멸시효

가. 상사채권의 단기시효

민법상 일반 채권의 소멸시효는 10년이다(민 162조 1항). 그러나 상법은 **상행위로**

---

1) 중과실적용배제설: 최준선(총) 251면; 송옥렬 97면.
2) 예외규정설: 이기수・최병규(총) 313면; 채이식(상) 157・158면.
3) 주의규정설: 손주찬(상) 224면; 강위두・임재호(상) 184면; 최기원・김동민(상) 209면; 정동윤(상) 156면; 이철송(총) 337면; 정찬형(상) 214면; 최준선(총) 253면; 송옥렬 99면.

인한 채권(상사채권)의 소멸시효기간을 원칙적으로 5년으로 규정한다(64조). 이는 상거래 관계의 신속한 종결을 위한 것이다. 여기서 '상행위'는 영업적 상행위이든 보조적 상행위이든 불문하고, 쌍방적 상행위와 일방적 상행위를 모두 포함하며, 일방적 상행위의 경우 채권자를 위한 상행위든 채무자를 위한 상행위(예: 비상인의 상인에 대한 영업자금 대여)든 불문한다(대판 1998.7.10., 98다10793). 또한 상행위로 인한 보증채무는 주채무가 민사채무인 경우에도 상사시효의 적용대상이 된다.

최신 판례 **당사자가 민법에 따른 소멸시효기간을 주장한 경우 법원이 직권으로 상법에 따른 소멸시효기간을 적용할 수 있는지 여부(적극)**(대판 2017.3.22., 2016다258124)

『민사소송절차에서 변론주의 원칙은 권리의 발생·변경·소멸이라는 법률효과 판단의 요건이 되는 주요사실에 관한 주장·증명에 적용된다. 따라서 권리를 소멸시키는 소멸시효 항변은 변론주의 원칙에 따라 당사자의 주장이 있어야만 법원의 판단대상이 된다.

그러나 이 경우 어떤 시효기간이 적용되는지에 관한 주장은 권리의 소멸이라는 법률효과를 발생시키는 요건을 구성하는 사실에 관한 주장이 아니라 단순히 법률의 해석이나 적용에 관한 의견을 표명한 것이다. 이러한 주장에는 변론주의가 적용되지 않으므로 법원이 당사자의 주장에 구속되지 않고 직권으로 판단할 수 있다(대법원 2008.3.27. 선고 2006다70929, 70936 판결 등 참조). 당사자가 민법에 따른 소멸시효기간을 주장한 경우에도 법원은 직권으로 상법에 따른 소멸시효기간을 적용할 수 있다.』

한편 직접 상행위로 발생한 채권뿐 아니라 이로부터 파생되어 **그와 동일성이 인정되는 채권**들에도 상사시효가 적용된다. 상사채무의 불이행으로 인한 손해배상청구권(대판 1997.8.26., 97다9260), 상사계약의 해제로 인한 원상회복청구권(대판 1993.9.14., 93다21569) 등이 그 예이다. 또한 상사채무에 대하여 면책적 채무인수가 이루어진 경우에도 여전히 상사시효의 적용대상이 된다(대판 1999.7.9., 99다12376). 그러나 상행위가 아닌 불법행위로 인한 손해배상청구권에는 단기시효가 적용되지 않는다(대판 1985.5.28., 84다카966). 다만 불법행위가 보조적 상행위로 인정되는 경우에는 상사시효가 적용될 수 있을 것이다.[1)]

나. 예 외

상법에 다른 규정이 있는 경우에는 위의 상사시효가 적용되지 않는다(64조 본문). 예컨대, 공중접객업자의 책임에 대하여는 6월(154조 1항), 운송주선인의 책임

1) 손주찬(상) 225면 주4; 정동윤(상) 157면.

에 대하여는 1년(121조)의 단기소멸시효가 각각 규정되어 있어 상법 제64조가 적용되지 않는다.

또한 **다른 법령**에 보다 단기의 소멸시효기간이 규정된 때에는 그 규정에 의한다(64조 단서). 예컨대, 숙박료·음식료 등에 대하여는 1년의 소멸시효가 민법에 규정되어 있고(민 164조), 어음의 주채무자에 대한 어음상 권리의 소멸시효기간은 3년으로 어음법에 규정되어 있어(어 70조 1항, 77조 1항 8호) 상법 제64조가 적용되지 않는다.

Ⅱ. 민법 물권편에 대한 특칙

1. 일반상사유치권(상인간의 유치권)

가. 의 의

상인간의 상행위로 인한 채권이 변제기에 있는 때에는 채권자는 변제를 받을 때까지 그 채무자에 대한 상행위로 인하여 자기가 점유하고 있는 채무자소유의 물건 또는 유가증권을 유치할 수 있다(58조). 이를 상인간의 유치권 또는 일반상사유치권이라 한다.[1] 이는 **민법상의 유치권**(민 320조)**보다 성립요건이 완화**되어 있어, 상인간의 채권에 대해 특별한 약정 없이도 편리하고 강력한 담보를 제공해 준다.

나. 성립요건

(1) 당사자

채권자와 채무자 모두 상인이어야 한다. 여기서 상인에는 소상인도 포함된다. 유치권이 성립한 후에는 당사자가 상인자격을 상실하여도 무방하다. 민사유치권의 경우는 당사자에 제한이 없다.

(2) 피담보채권

당사자 **쌍방에게 상행위가 되는 행위로 인하여 생긴 채권**이어야 한다(통설). 이는 민사유치권에서는 인정되지 않는 요건이다. 쌍방적 상행위인 이상 영업적 상행위이

---

1) 이와 별도로 대리상(91조)·위탁매매인(111조)·운송주선인(120조)·육상운송인(147조)·해상운송인(807조 2항) 등 특수 업종의 상인에 대하여 인정되는 특별상사유치권이 있는 바, 이에 관하여는 각각 관계되는 곳에서 후술한다.

든 보조적 상행위이든 불문한다. 그러나 일방적 상행위나 상행위가 아닌 행위로 인하여 생긴 채권은 제외된다(통설). 또한 이미 발생한 타인의 채권을 취득하는 경우도 제외된다. 채무자가 예상치 못한 손실을 입을 염려가 있기 때문이다. 다만 지시식·무기명식 증권의 양수인에게는 유치권이 인정되는데, 이러한 증권의 채무자는 그 증권이 양도되리라고 예상할 수 있기 때문이다. 또한 상속·합병과 같이 채권과 목적물이 함께 포괄승계되는 경우에도 유치권이 성립한다(통설).

한편 피담보채권은 **변제기**에 있어야 하며, 이는 민사유치권과 같다.

(3) 유치목적물

채무자에 대한 상행위로 목적물의 점유를 취득하였어야 한다. 민사유치권의 경우는 이러한 제한이 없다. 이때 상행위는 채권자의 입장에서 상행위로 인정될 수 있으면 족하다. 점유는 직접점유·간접점유를 불문한다.

목적물은 **채무자의 소유**라야 한다. 이 또한 민사유치권에는 인정되지 않는 요건이다. 유치권 성립 당시에 채무자 소유인 한 그 이후에 소유권이 이전되어도 무방하다.

유치목적물은 **물건 또는 유가증권**에 한한다. 이는 민사유치권과 같다. 따라서 무체재산권 등은 제외된다. 물건에 동산만 포함된다는 견해가 있으나,[1] 부동산을 제외한다는 명문의 규정이 없으므로 부동산도 포함된다고 본다(통설).[2]

(4) 목적물과 피담보채권과의 관련성

민법상의 유치권과 달리 일반상사유치권은 목적물과 피담보채권 간의 개별적 관련성을 필요로 하지 않으며, 위의 요건들을 충족함으로써 영업을 통한 **일반적 관련성**이 인정되면 족하다.

(5) 유치권배제의 특약

일반상사유치권은 법정담보물권이지만 직접적으로는 채권자의 이익을 위한 것이므로 당사자 간의 약정으로 배제할 수 있다(58조 단서). 이 특약은 **묵시적으로도 가능**하다(대판 2012.9.27., 2012다37176). 예컨대, 위탁매매인이 매도위탁을 받아 보관

---

1) 최기원·김동민(상) 217·218면.
2) 손주찬(상) 227·228면; 강위두·임재호(상) 197면; 임홍근(총) 245면; 정동윤(상) 159면; 이기수·최병규(총) 327면; 정찬형(상) 220면; 이철송(총) 349면; 최준선(총) 258면.

하는 물건에 대하여는 유치권배제의 특약을 인정할 수 있을 것이다. 민사유치권의 경우에도 명문규정은 없지만 유치권배제의 특약은 유효하다고 해석된다.

다. 효 력

일반상사유치권의 효력에 대하여는 상법에 규정이 없어 **민법에 따른다**. 즉, 유치권자는 변제를 받을 때까지 목적물을 유치할 수 있고(민 320조 1항), 유치물을 경매하거나 이로써 직접 변제에 충당할 것을 법원에 청구할 수 있으며(민 322조), 과실수취권(민 323조) 등을 갖는다.

2. 유질계약의 허용

민법은 경제적 약자인 채무자를 보호하기 위하여 유질계약을 금지하고 있다(민 339조). 그러나 상법은 **상행위로 인하여 생긴 채권**을 담보하기 위한 유질계약은 이를 허용한다(59조). 이는 (i) 경제적 자위능력을 가진 상인에게는 법의 후견적 역할이 필요 없고, (ii) 기업금융의 원활화와 신속한 상거래를 위하여 유질계약이 필요하기 때문이다.

여기서 '상행위로 인하여 생긴 채권'에는 쌍방적 상행위와 일방적 상행위로 인한 채권이 모두 포함된다. 일방적 상행위와 관련하여 채권자 및 채무자 어느 쪽을 위한 상행위이든 유질계약이 허용된다는 견해가 있다(대판 2017.7.18., 2017다207499).[1] 그러나 채권자에 대한 일방적 상행위의 경우(예: 비상인이 상인에게 채무를 부담하는 경우)에는 법의 후견적 역할이 필요하므로, **채무자에게 상행위가 되는 경우에만** 유질계약이 허용된다고 본다.[2]

질권설정자가 상인이 아닌 경우 유질약정의 유효성(적극)(대판 2017.7.18., 2017다207499)

『질권설정계약에 포함된 유질약정이 상법 제59조에 따라 유효하기 위해서는 질권설정계약의 피담보채권이 상행위로 인하여 생긴 채권이면 충분하고, 질권설정자가 상인이어야 하는 것은 아니다. 또한 상법 제3조는 "당사자 중 그 1인의 행위가 상행위인 때에는 전원에 대하여 본법을 적용한다." 라고 정하고 있으므로, 일방적 상행위로 생긴 채권을 담보하기 위한 질권에 대해서도 유질약정을

1) 손주찬(상) 230·231면; 강위두·임재호(상) 199면; 최기원·김동민(상) 214·215면; 임홍근(총) 248면; 정동윤(상) 160면.

2) 이기수·최병규(총) 324면; 이철송(총) 344면; 정찬형(상) 222·223면; 채이식(상) 176면; 최준선(총) 261면; 임중호(총) 329·330면; 김병연 외(총) 224면; 송옥렬 106면.

허용한 상법 제59조가 적용된다고 보아야 한다. 이러한 결론이 법규정의 문언에 충실한 해석일 뿐만 아니라, 위와 같은 질권에 대하여 유질약정을 금지할 필요가 없다는 점에서도 정당하다.

· · · 원심판결 이유와 적법하게 채택된 증거에 의하면, 다음의 사실을 알 수 있다.

(1) 피고 백익인베스트먼트는 2007.12.20. 피고 주식회사 우리은행(이하 '피고 우리은행'이라 한다)과 사이에, 피고 백익인베스트먼트가 중국 북경시 소재 ○○○○○ 빌딩(이하 '이 사건 빌딩'이라 한다)의 인수·매각 사업 자금 마련을 위하여 대한생명보험 주식회사(이하 '대한생명보험'이라 한다)로부터 1,500억 원, 주식회사 국민은행(이하 '국민은행'이라 한다)으로부터 2,300억 원 합계 3,800억 원을 대출받되(이하 '이 사건 대출금'이라 한다), 피고 백익인베스트먼트가 1년 내에 대출금을 변제하지 않으면 피고 우리은행이 대한생명보험과 국민은행으로부터 이 사건 대출금 채권을 양수하기로 하는 약정(이하 '이 사건 업무약정'이라 한다)을 하였다.

(2) 피고 백익인베스트먼트는 이 사건 대출계약과 이 사건 업무약정에 따라 2007.12.20. 대한생명보험으로부터 1,500억 원, 2008.1.30. 국민은행으로부터 2,300억 원을 대출받았다.

(3) 피고 백익인베스트먼트는 이 사건 대출금을 1년 내에 변제하지 않았고, 피고 우리은행은 이 사건 업무약정에 따라 2009.12.14.과 2010.1.22.에 각각 대한생명보험과 국민은행으로부터 이 사건 대출금 채권을 양수하였다.

(4) 피고 백익인베스트먼트의 실질적인 책임재산은 중국의 시행사인 북경중천굉업방지산자문 유한책임공사(이하 '중천굉업'이라 한다) 소유의 이 사건 빌딩인데, 이 사건 빌딩과 중천굉업 발행 주식에 대하여는 이미 동아은행유한공사 북경분행 앞으로 담보권이 설정되어 있었다. 따라서 피고 우리은행은 원고로부터 위 대출금을 담보하기 위하여 중천굉업의 지분 100%를 보유하고 있는 바베이도스 소재 법인인 Mountain Breeze SRL(이하 'MB'라 한다)의 발행주식, MB의 지분 100%를 보유하고 있는 홍콩 소재 법인인 New PI Investment Co., Limited(이하 'New PI'라 한다)의 발행주식, New PI의 지분 100%를 소유하고 있는 피고 백익인베스트먼트의 발행주식에 질권을 설정받기로 합의하였다.

(5) 원고와 소외인은 2010.1.22. 피고 우리은행에 이 사건 대출금 채권을 담보하기 위하여 자신들이 보유하고 있던 피고 백익인베스트먼트 발행 주식[원고: 3,000주(지분 60%), 소외인: 2,000주(지분 40%), 이하 '이 사건 주식'이라 한다. 이후 원고는 소외인으로부터 그가 보유하던 주식 전부를 인수하였다]에 관하여 근질권설정계약(이하 '이 사건 근질권설정계약'이라 한다)을 체결하였다. 이 사건 근질권설정계약 제8조 제2항은 '본건 근질권을 실행할 수 있는 경우에 피고 우리은행은 일반적으로 적당하다고 인정되는 방법, 시기, 가격 등에 의하여 담보주식을 임의 처분하고 그 취득금을 충당하거나, 일반적으로 적당하다고 인정되는 방법, 시기, 가격 등에 의하여 피담보채무의 전부 또는 일부의 변제에 갈음하여 담보주식을 취득할 수 있다.'고 정하고 있다.

· · · 위 사실관계에 따르면, 이 사건 근질권설정계약의 피담보채권은 피고 우리은행이 대한생명보험과 국민은행으로부터 양수한 이 사건 대출금 채권으로서 피고 백익인베스트먼트와 금융기관인 대한생명보험과 국민은행 쌍방의 상행위로 인하여 생긴 채권이고, 원고는 이러한 상행위로 인하여 생긴 채권을 담보하기 위하여 피고 우리은행에 이 사건 주식에 대하여 근질권을 설정하면서 이 사건 근질권설정계약 제8조 제2항과 같이 유질계약을 한 것이라고 할 수 있다. 따라서 이러한 유질계약은 상법 제59조에 따라 민법 제339조의 규정이 적용되지 않아 유효하다고 보아야 한다.』

Ⅲ. 민법 채권편에 대한 특칙

1. 상사계약의 성립

가. 대화자 간의 청약

상법은 대화자 간의 계약의 청약을 상대방이 즉시 승낙하지 않으면 그 청약은 효력을 잃는다고 규정한다(51조). 민법에는 대화자 간의 청약에 관한 명문규정이 없으나 해석상 동일한 결과가 인정되므로, 상법 제51조는 민법에 대한 특칙이라 할 수 없다(통설).[1]

나. 청약을 받은 상인의 의무

(1) 낙부통지의무

(가) 의 의

민법상 계약의 청약은 청약자를 구속할 뿐이며(민 527조) 그 상대방이 승낙 여부를 통지할 의무를 지는 것은 아니다. 그러나 상법은 상인이 상시 거래관계에 있는 자로부터 그 영업부류에 속한 계약의 청약을 받은 때에는 지체없이 낙부의 통지를 발송하여야 하며, 이를 해태한 때에는 승낙한 것으로 본다고 규정한다(53조). 이는 **거래상대방의 신뢰를 보호하고 상거래의 신속과 편의를 도모**하기 위한 것이다.

(나) 요 건

낙부통지의무가 발생하기 위한 요건은 다음과 같다. 첫째, '**상인**'이 청약을 받아야 한다. 청약을 한 자는 상인이 아니어도 무방하다. 둘째, '**상시 거래관계가 있는 자**'로부터 청약을 받아야 한다. 즉, 종래에도 거래관계가 있어왔고 장래에도 거래의 계속이 예상되는 자의 청약이 있어야 한다. 셋째, '그 **영업부류에 속한 계약**'의 청약을 받아야 한다. 즉, 이 계약은 청약을 받은 상인의 기본적 상행위 또는 준상행위에 해당하는 것이어야 한다.

---

1) 종래 상법은 격지자 간의 계약의 청약에 관한 제52조를 두고 있었으나, 이 조항은 2010년 개정으로 삭제되었다. 따라서 현행법상 격지자 간의 청약의 효력에 대하여는 전적으로 민법에 따른다.

(다) 효 과

위와 같은 청약을 받은 상인은 지체없이 낙부의 통지를 발송하여야 한다(53조 전단). 통지의 발송으로 족하며(발신주의) 그 도달의 지연이나 불도달의 위험은 청약자인 상대방이 부담한다. 상인이 **낙부통지의무를 해태한 때에는 그 청약을 승낙한 것으로 간주**된다(동조 후단). 다만 과실책임주의의 원칙상 청약을 받은 상인이 제한능력자이거나 그에게 과실이 없는 경우는 승낙의제는 생기지 않는다(통설). 낙부통지의무는 이를 위반하여도 손해배상책임은 발생시키지 않아 간접의무 또는 부진정의무에 해당한다.

(2) 물건보관의무

민법상 청약과 함께 물건을 받은 자가 그 청약을 거절한 때에는 이를 보관할 의무가 없으며, 보관할 경우 사무관리가 성립할 수 있을 뿐이다. 그러나 상법은 상인이 그 영업부류에 속한 계약의 청약을 받은 경우에 견품 기타의 물건을 받은 때에는 그 청약을 거절한 때에도 청약자의 비용으로 물건을 보관하여야 한다고 규정한다(60조 본문). 이는 **상거래의 안전과 신용을 도모**하기 위한 것이다.

물건보관의무의 **성립요건**은 전술한 낙부통지의무의 그것과 유사하나 다음과 같은 차이가 있다. 첫째, 청약자와 그 상대방이 상시 거래관계에 있지 않아도 무방하다. 둘째, 청약을 받은 상인이 '견품 기타의 물건'을 받아야 한다. 여기서 견품이란 목적상품의 일부로서 받는 경우를 말하며, 거래상의 자료로서 제공되어 통념상 반환이 기대되지 않는 경우에는 보관의무가 없다. 셋째, 물건보관의무는 성질상 격지자 간의 청약의 경우에만 인정되며, 대화자 간의 청약의 경우는 제외된다.

위의 요건이 갖추어진 경우 상인은 선량한 관리자의 주의로 물건을 보관하여야 하며, 이를 위반한 경우 손해배상책임을 진다. **보관비용**은 청약자의 부담으로 하며, 그 비용청구권과 관련하여 상사 및 민사유치권이 인정된다. 그러나 물건의 가액이 보관의 비용을 상환하기에 부족하거나 보관으로 인하여 손해를 받을 염려가 있는 때에는 보관의무가 인정되지 않는다(60조 단서).

2. 상행위의 유상성

상인의 영업상 행위는 영리를 목적으로 하는 것이므로 원칙적으로 유상성을 인정할 필요가 있다. 그리하여 상법은 일정한 요건 하에 상인에게 보수청구권과 이자청구권을 인정한다.

가. 보수청구권

민법상 위임이나 임치의 경우 특약이 없으면 보수청구권이 인정되지 않는다(민 686조, 701조). 그러나 상법은 상인이 그 영업범위 내에서 타인을 위하여 행위를 한 때에는 이에 대하여 상당한 보수를 청구할 수 있다고 규정한다(61조).

그 요건을 분설하면 다음과 같다. 첫째, 보수청구권자는 상인이어야 하나, 그 상대방은 상인이 아니어도 무방하다. 둘째, **영업범위 내의 행위**란 영업적 상행위(기본적 상행위・준상행위)와 보조적 상행위를 불문하며, 법률행위는 물론 사실행위(예: 물건의 보관)도 포함된다. 셋째, **타인을 위한 행위**란 그 행위의 법률상・사실상 효과가 타인에게 귀속하는 것으로 족하다는 견해가 있으나,[1)] 타인의 이익을 위한 행위라야 한다고 본다(대판 1977.11.22., 77다1889).[2)] 다만 타인에게 실제로 이익이 발생할 필요는 없다.

위의 요건을 갖춘 경우 상인은 **상당한 보수**를 청구할 수 있다. 이때 상당한 보수인지 여부는 거래관행과 사회통념에 따라 결정한다. 그러나 보수청구권을 배제하는 법률의 규정(예: 134조 1항), 관행(예: 견적서의 작성) 또는 특약이 있는 경우에는 보수를 청구할 수 없다.

한편 직업 또는 영업에 의하여 유상으로 타인을 위하여 일하는 사람이 향후 계약이 체결될 것을 예정하여 그 직업 또는 영업의 범위 내에서 타인을 위한 행위를 하였으나 그 후 계약이 체결되지 아니함에 따라 타인을 위한 사무를 관리한 것으로 인정되는 경우, 그 사무관리를 위하여 다른 사람을 고용하였을 때 지급하는 통상의 보수에 상응하는 금액을 필요비 내지 유익비로 청구할 수 있다(대판 2010. 1.14., 2007다55477: 다만 이 경우 그 사무의 처리가 본인의 이익과 의사에 부합하는지 등 사무관리 성립요건의 충족 여부에 관하여 보다 엄격하고도 신중한 판단이 이루어져야 한다고 함).

나. 이자청구권

(1) 소비대차의 이자

민법상 소비대차는 특약이 없는 한 무이자가 원칙이다(민 598조). 그러나 상인이 그 영업에 관하여 금전을 대여한 경우에는 **특약이 없더라도** 법정이자를 청구할

---

1) 최기원・김동민(상) 225면.
2) 손주찬(상) 239면; 정동윤(상) 166면; 정찬형(상) 247면; 송옥렬 107면.

수 있다(55조 1항). 따라서 상인 간의 금전소비대차에 대한 약정이자의 지급을 구하는 청구에는 이자 지급약정이 인정되지 않을 경우 법정이자의 지급을 구하는 취지가 포함되어 있다고 본다(대판 2007.3.15., 2006다73072). 이러한 이자청구권은 상인이 비상인에게 금전을 대여하는 경우에도 인정된다. 다만 영업과 관계없는 소비대차의 경우는 제외된다.

(2) 상사법정이율

민법상 채권의 법정이율은 연 5푼이다(민 379조). 그러나 상행위로 인한 채무의 법정이율은 연 **6푼**으로 더 높다(54조). 이는 상인에게는 자금의 수요가 크고, 자금을 이용해 얻을 수 있는 수익도 크기 때문이다. 여기서 상행위는 쌍방적 상행위와 일방적 상행위를 모두 포함하며, 채권자를 위한 상행위든 채무자를 위한 상행위든 불문한다(통설). 또한 '상행위로 인한 채무'에는 상행위로 인하여 직접 생긴 채무뿐 아니라 그와 동일성이 있는 채무 또는 그 변형으로 인정되는 채무(예: 채무불이행으로 인한 손해배상채무)도 포함된다(대판 2014.11.27., 2012다14562). 그러나 상행위가 아닌 불법행위로 인한 손해배상채무에 대하여는 상사법정이율이 적용되지 않는다(대판 1985.5.28., 84다카966).

(3) 체당금의 이자

체당(替當)이란 타인을 대신해서 금전을 지급하는 것을 말한다. 타인의 물건을 보관하는 자가 그 보관비용을 지급하는 경우가 그 예이다. 민법상으로는 체당금에 대하여 법정이자를 청구할 수 있는 경우도 있으나(예: 위임)(민 668조 1항) 그렇지 않은 경우도 있나(예: 사무관리)(민 739조 1항). 그러나 상법은 상인이 그 **영업범위 내**에서 타인을 위하여 금전을 체당한 때에는 어느 경우든 체당한 날 이후의 법정이자를 청구할 수 있도록 하고 있다(55조 2항). 또한 상인은 체당금에 대한 법정이자와 별도로 체당행위에 대한 보수를 청구할 수 있다(통설).

3. 상사채무의 이행

가. 이행장소

민법상 채무의 성질 또는 당사자의 의사표시로 변제장소를 정한 경우 채무의 변제는 그 장소에서 하여야 하나, 그렇지 않은 경우 (i) 특정물의 인도는 채권성립당시에 그 물건이 있던 장소에서 하여야 하고, (ii) 특정물 인도 이외의 채무변제는 채권자의 현주소에서 하여야 한다. 다만 영업에 관한 채무의 변제는 채권자의 현영업소에서 하여야 한다(지참채무)(민 467조). 이러한 민법의 규정에 의하면 위 (ii)의 경우 수개의 영업소를 가진 상인의 영업상 채무자는 그 상인의 여러 영업소들 중 어디에서 변제하여도 무방하다는 결과가 되나, 이는 상인의 채권관리에 매우 큰 부담을 야기할 수 있다.[1] 그리하여 상법은 이 경우 **채권자의 지점**에서의 거래로 인한 채무이행은 그 지점을 이행장소로 본다(56조).

나. 이행(청구)의 시기

법령 또는 관습에 의하여 **영업시간**이 정하여져 있는 때에는 채무의 이행 또는 이행의 청구는 그 시간내에 하여야 한다(62조). 민법에는 이러한 규정이 없으나 이는 특칙이라기보다는 조리상 당연한 사항을 주의적으로 규정한 것에 불과하다(통설). 이러한 경우 영업시간 외의 이행은 채권자가 수령할 의무가 없고, 채무자가 영업시간 외의 이행청구에 응하지 않아도 이행지체가 되지 않는다. 다만 이 규정은 임의규정이므로 다른 약정이 가능하며, 영업시간 외의 청구에 임의로 응하는 것은 무방하다.

4. 상사채권의 인적 담보

가. 다수채무자의 연대책임

민법상 채무자가 수인인 경우 특약이 없으면 각자가 균등한 비율로 의무를 부담한다(분할채무)(민 408조). 그러나 상법은 수인이 **그 1인 또는 전원에게 상행위가 되는 행위**로 인하여 채무를 부담한 경우 이를 연대하여 변제할 책임을 지우고 있다(연대채무)(57조 1항). 이는 상거래상 채무의 이행을 확실하게 하여 거래의 안전을 도모하기 위한 것이다.

연대채무의 성립요건은 다음과 같다. 첫째, 채무자들 중 1인 이상에게 상행위가 되는 행위로 채무가 발생하여야 한다. 따라서 **채권자에게만 상행위가 되는 경우는 이에 해당하지 않는다**. 둘째, 채무가 수인의 채무자에 의한 하나의 행위(공동의 행위)로 인하여 발생하여야 한다. 따라서 개별적 행위에 의하여 발생한 채무는 제외된

1) 이철송(총) 373 · 374면.

다. 판례는 조합원 전원을 위한 상행위로 인하여 부담한 조합채무에 대하여 각 조합원들의 연대책임을 인정하나(대판 2001.11.13., 2001다55574: 쌀 소매업자들간의 공동사업을 동업관계로 인정), 그룹 조달본부를 통해 물품을 구매한 각 계열사들의 연대책임은 이를 부정한다(대판 1987.6.23., 86다카633).[1]

이상의 요건에 부합하는 채무뿐 아니라 그 변형이거나 이와 동일성이 인정되는 채무에 대하여도 연대책임이 인정된다(통설). 채무불이행으로 인한 손해배상채무(대판 1962.1.31., 4294민상410) 및 계약해제로 인한 원상회복채무(대판 1991.11.22., 91다30705) 등이 그 예이다.

상법 제57조 제1항은 임의규정이므로 이와 다른 약정은 유효하다.

나. 보증인의 연대책임

민법상 보증인은 특약이 없는 한 최고・검색의 항변권을 가지며(민 437조), 보증인이 수인인 경우 각 보증인은 분별의 이익을 갖는다(공동보증)(민 439조). 그러나 상법은 보증인이 있는 경우에 그 **보증이 상행위이거나 주채무가 상행위로 인한 것인 때**에는 주채무자와 보증인은 연대하여 변제할 책임을 진다고 규정한다(연대보증)(57조 2항). 이 역시 상거래상 채무의 이행을 확실하게 하여 거래의 안전을 기하고자 하는 것이다.

여기서 상행위는 쌍방적 상행위뿐 아니라 일방적 상행위도 포함되며, 영업적 상행위와 보조적 상행위를 불문한다. 그런데 **보증이 채권자에게만 상행위가 되거나 주채무가 채권자에게만 상행위가 되는 행위로 인한 것인 경우**(예: 은행이 비상인에게 대출을 하고 비상인이 보증을 하는 경우)**에도 연대보증이 성립하는지**에 대하여 설이 갈린다. 이러한 경우를 명시적으로 배제하지 않고 있는 상법 제57조 제2항의 문언을 근거로 이를 긍정하는 견해가 있으나(대판 1959.8.27., 4291민상407),[2] 상인의 신용을 강화하여 거래안전을 기하려는 동조의 취지와 채무자 쪽의 상행위성만을 문제 삼는 동조 제1항과의 조화를 고려할 때 이를 부정하는 것이 타당하다(다수설).[3] 즉, 연대보증은 당해 행위가 보증인 또는 주채무자에게 상행위가 되는 경우에만 인정된다.

위의 요건이 갖추어지는 경우 보증인은 최고・검색의 항변권을 갖지 못하며

1) 후자의 판결에 대한 비판으로 이철송(총) 378면.
2) 손주찬(상) 243・244면; 최기원・김동민(상) 231면.
3) 강위두・임재호(상) 193면; 임홍근(총) 240・241면; 정동윤(상) 171면; 이기수・최병규(총) 351면; 이철송(총) 379면; 정찬형(상) 226・227면; 채이식(상) 181면; 최준선(총) 273면; 임중호(총) 318면; 김병연 외(총) 230면; 송옥렬 110면.

주채무자와 연대책임을 진다. 이때 보증인이 수인이면 **보증인 상호간에도 연대관계**(보증연대)**가 성립하는지**에 관하여 설이 갈린다. 먼저 긍정설은 상사채무의 이행을 확실하게 하려는 법의 취지에 비추어 이 경우 보증인들이 분별의 이익을 상실한다고 한다.[1] 이에 반해 부정설은 법률의 규정이나 특약 없이 보증인들에게 무거운 책임을 지우는 연대관계를 인정할 수 없다고 본다.[2] 후자의 견해가 타당하다.

상법 제57조 제2항도 임의규정이므로 이와 다른 특약은 유효하다.

5. 임치를 받은 상인의 책임

민법상 유상임치의 수치인은 선량한 관리자의 주의의무를 지나(민 701조, 686조), 무상임치의 경우에는 자기재산과 동일한 주의의무를 지는 데 그친다(민 695조). 그러나 상법상 상인이 그 영업범위 내에서 물건의 임치를 받은 경우에는 보수를 받지 않는 때에도 **선량한 관리자의 주의**를 하여야 한다(62조). 이는 상인의 주의의무를 가중하여 그 신용을 높이기 위한 것이다. 여기서 '영업범위 내에서 물건의 임치를 받은 경우'라 함은 그 임치가 기본적 상행위에 해당하는 경우뿐 아니라 보조적 상행위에 해당하는 경우(예: 백화점이 고객의 물건을 일시 보관하는 경우)도 포함한다. 상법 제62조 또한 임의규정이므로 이와 다른 특약이 가능하다.

Ⅳ. 유가증권에 관한 규정

유가증권이란 재산적 가치가 있는 사권(私權)을 표창한 증권을 말한다. 유가증권에 관하여는 화물상환증 · 창고증권 · 주권 · 채권 · 보험증권 · 선하증권 · 어음 · 수표 등 각 종류별로 상법 · 어음법 및 수표법 등에 상세한 규정이 있다. 상행위편 통칙에서는 이러한 규정이 없는 경우에 적용할 규정에 대해서만 1개의 규정을 두고 있다. 즉, 금전의 지급청구권, 물건 또는 유가증권의 인도청구권이나 사원이 지위를 표시하는 유가증권에 대하여는 다른 법률에 특별한 규정이 없으면

1) 손주찬(상) 244면; 최기원 · 김동민(상) 231면; 정찬형(상) 227 · 228면(보증인 또는 주채무자측에서 상행위가 되어 주채무자와 연대관계가 성립하는 한 보증인 상호간에도 연대관계를 인정함); 최준선(총) 274면.

2) 강위두 · 임재호(상) 194면; 정동윤(상) 172면; 이기수 · 최병규(총) 352면; 이철송(총) 380면(주채무가 상행위로 인한 경우와 그렇지 않은 경우를 구별함); 임중호(총) 319면; 송옥렬 111면.

민법 제508조부터 제525조까지의 규정을 적용하는 외에 어음법 제12조 제1항 및 제2항을 준용한다(65조 1항). 또한 이러한 유가증권으로서 그 권리의 발생 · 변경 · 소멸을 전자등록하는 데에 적합한 유가증권은 전자등록기관의 전자등록부(356조의2 1항)에 등록하여 발행할 수 있으며, 이 경우 상법 제356조의2 제2항부터 제4항까지의 규정을 준용한다(65조 2항).

제4절 상사매매

매매에 관하여는 민법에 상세한 규정이 있으나, 상법은 상인간의 매매, 즉 상사매매에 관하여 특별규정을 두고 있다. 이는 주로 매도인을 보호하고 거래의 신속을 기하기 위한 것이다. 이 특칙은 상인과 비상인 간의 매매에 대하여는 적용되지 않으나, 상인간의 매매인 한 그것이 기본적 상행위인 경우뿐 아니라 보조적 상행위인 경우에도 적용된다.

Ⅰ. 매도인의 공탁권과 경매권

민법상 채권자가 변제를 받지 않거나 받을 수 없는 때 또는 변제자가 과실 없이 채권자를 알 수 없는 경우 채무자는 목적물을 공탁하여 채무를 면할 수 있다(변제공탁)(민 487조 전단). 그러나 (i) 변제의 목적물이 공탁에 적당하지 않거나, (ii) 멸실 또는 훼손될 염려가 있거나, (iii) 공탁에 과다한 비용을 요하는 경우에는 변제자는 법원의 허가를 얻어 그 물건을 경매하거나 시가로 방매하여 대금을 공탁할 수 있다(자조매각금의 공탁)(민 490조).

그러나 상인간의 매매에 있어서 매수인이 목적물의 수령을 거부하거나 이를 수령할 수 없는 때에는 매도인은 그 물건을 공탁하거나 상당한 기간을 정하여 최고한 후 경매할 수 있다(67조 1항 전단). 즉, 민사매매의 경우와 달리 매도인은 **공탁권과 경매권을 임의로 선택**하여 행사할 수 있으며, 위 (i) · (ii) · (iii)의 요건을 갖추지 않은 경우에도 최고를 거치기만 하면 경매를 할 수 있는 것이다. 더 나아가 매수인에 대하여 최고를 할 수 없거나 목적물이 멸실 또는 훼손될 염려가 있는 때에는 최고 없이도 경매가 가능하다(2항). 매도인이 공탁 또는 경매를 한 때에는 지체없이 매수인에게 그 통지를 발송하여야 한다(1항 후단).

한편 민사매매의 경우 자조매각금을 반드시 공탁하여야 하나, 상사매매의 경우 그 대금에서 경매비용을 공제한 잔액을 공탁하거나 그 전부나 일부를 매매대금에 충당할 수 있다(대금충당권)(3항).

Ⅱ. 확정기매매의 해제의제

민법상 정기행위의 경우, 즉 계약의 성질 또는 당사자의 의사표시에 의하여 일정한 시일 또는 일정한 기간내에 이행하지 아니하면 계약의 목적을 달성할 수 없을 경우에 당사자일방이 그 시기에 이행하지 아니한 때에는 상대방은 최고 없이 계약을 해제할 수 있다(민 545).

그러나 상법은 확정기매매에 있어서 당사자의 일방이 이행시기를 경과한 때에는 상대방은 즉시 그 이행을 청구하지 아니하면 계약을 해제한 것으로 본다(68조). 즉, 민법과 달리 최고는 물론 **해제의 의사표시가 없어도** 해제를 의제하는 것이다.

여기서 '**확정기매매**'란 매매의 성질 또는 당사자의 의사표시에 의하여 일정한 일시 또는 일정한 기간내에 이행하지 아니하면 계약의 목적을 달성할 수 없는 경우를 말한다. 예컨대, 선물환계약은 환율변동의 위험(환리스크)을 회피하기 위하여 장래의 일정기일 또는 기간 내에 일정금액 · 일정종류의 외환을 일정환율로써 교부할 것을 약정하는 계약으로서, 그 성질상 그 약정 결제일에 이행되지 않으면 계약의 목적을 달성할 수 없으므로 확정기매매에 해당한다(대판 2003.4.8., 2001다38593).

한편 '**당사자 일방이 이행시기를 경과**'한 것이 그 귀책사유에 의한 것(예: 이행지체)이라야 하는지에 관하여 설이 갈린다. 민법의 일반원리에 따라 해제로 인한 손해배상 등의 효과를 인정하기 위해서는 귀책사유가 필요하다는 설이 있으나,[1] 상거래의 신속한 처리를 도모하는 상법의 취지에 비추어 귀책사유가 없는 경우에도 객관적으로 이행시기를 경과한 이상 특칙이 적용된다고 본다(다수설).[2]

해제가 의제된 경우의 효과에 대하여는 민법의 일반원칙에 따른다.

---

1) 이철송(총) 389 · 390면; 정찬형(상) 238면; 최준선(총) 290면; 송옥렬 120면.
2) 손주찬(상) 250면; 강위두 · 임재호(상) 212면; 최기원 · 김동민(상) 249면; 임홍근(총) 320 · 321면; 정동윤(상) 208 · 209면; 이기수 · 최병규(총) 365면; 임중호(총) 343면; 김병연 외(총) 233면.

Ⅲ. 매수인의 목적물 검사 · 통지의무

1. 의 의

민법상 매수인은 (i) 매매의 목적물에 하자가 있는 경우 그 사실을 안 날부터 6월 내에(민 582조), (ii) 수량부족이 있는 경우 그 사실을 안 날부터 1년(선의인 경우) 또는 계약일부터 1년(악의인 경우) 내에 매도인의 담보책임을 물을 수 있다(민 573 · 574조).

그러나 상인간의 매매에 있어서 매수인이 목적물을 수령한 때에는 지체없이 이를 검사하여야 하며, 하자 또는 수량의 부족을 발견한 경우 즉시 매도인에게 통지하지 않으면 이로 인한 계약해제 · 대금감액 또는 손해배상을 청구하지 못한다(69조 1항 전단). 이는 민법의 일반원칙에 따를 경우 매도인의 지위를 오랫동안 불안정하게 하므로, 상거래의 신속한 처리가 가능하도록 특칙을 둔 것이다.

2. 요 건

매수인의 목적물 검사 · 통지의무의 요건은 다음과 같다. (i) 상인간의 매매라야 한다. (ii) 매수인이 **목적물을 수령**하여야 한다. 목적물 자체가 아닌 화물상환증이나 선하증권 등을 교부받은 경우는 목적물을 검사할 수 있는 상태가 아니므로 이에 해당하지 않는다. 목적물은 특정물과 불특정물을 포함한다(통설). 그러나 특정인만이 사용할 수 있는 불대체물의 경우에는 상법 제69조 제1항은 적용되지 않는다(대판 1987.7.21., 86다카2446: 포장지에 회사 이름까지 인쇄됨). (iii) 목적물에 **하자 또는 수량부족**이 있어야 한다. 권리의 하자의 경우는 제외된다(통설). 또한 상법 제69조 제1항은 매도인의 하자담보책임에 대한 특칙이므로 채무불이행에 해당하는 불완전이행의 경우에도 동조가 적용되지 않는다(대판 2015.6.24., 2013다522: 유류 · 중금속 등으로 오염된 토지를 매도함). (iv) **매도인이 선의**라야 한다(69조 2항). 즉, 목적물의 인도 시에 하자 또는 수량부족이 있음을 몰랐어야 한다.

3. 효 과

매수인이 목적물을 수령한 때에는 지체없이 이를 **검사**하여야 한다. 이때 매수인은 일반적으로 요구되는 객관적인 주의로써 검사하여야 하며 그 주관적 사정은 고려되지 않는다(예: 능력 · 인력 · 시간 부족)(통설). 검사 결과 하자 또는 수량부족을 발견한 경우 즉시 매도인에게 그 **통지**를 발송하여야 한다. 통지의 방법에는 제한이 없다. 목적물에 **즉시 발견할 수 없는 하자**가 있는 경우 매수인이 6월 내에 이를 발견한 때에도 즉시 이를 매도인에게 통지하여야 한다(69조 1항 후단). 사과의 과심(果心)이 부패한 경우 즉시 발견할 수 없는 하자에 해당한다는 판례가 있다(대판 1993.6.11., 93다7174 · 7181). 위와 같이 검사 및 통지가 이루어졌다는 사실은 매수인이 입증하여야 한다(대판 1990.12.21., 90다카28498 · 28504). 상인에게 통상 요구되는 **객관적인 주의의무를 다하여도 즉시 발견할 수 없는 하자**가 있는 경우에도 매수인은 6월 내에 그 하자를 발견하여 지체없이 이를 통지하지 않으면 그 과실 유무를 불문하고 매도인에게 하자담보책임을 물을 수 없다(대판 1999.1.29., 98다1584)(이설 있음).[1)]

검사 및 통지의무 위반의 경우 매수인은 목적물의 하자 또는 수량부족으로 인한 계약해제 · 대금감액 또는 손해배상을 청구하지 못한다. 그러나 의무불이행으로 인한 손해배상책임은 발생하지 않으므로 매수인의 검사 · 통지의무는 불완전의무 내지 간접의무에 해당한다.

검사 및 통지의무를 이행한 경우의 효과는 민법의 일반원칙에 따른다.

Ⅳ. 매수인의 목적물 보관 · 공탁 · 경매의무

민법상 매매 목적물의 하자 또는 수량부족으로 인해 계약이 해제된 경우 매수인은 원상회복의무로서 그 목적물을 반환하면 된다(민 548조). 그러나 상인간의 매매에 이 원칙을 적용할 경우 매도인은 운송으로 인한 비용과 위험을 부담하여야 하며, 목적물 소재지에서의 전매기회를 상실할 우려가 있다. 그리하여 상법은 상사매매의 매수인이 목적물의 하자 또는 수량부족을 이유로 계약을 해지한 때

---

1) 손주찬(상) 254면; 최기원 · 김동민(상) 241면; 송옥렬 123면. 반대: 이철송(총) 397면(매수인이 목적물의 성질에 따라 통상 요구되는 정도의 검사를 하였으나 발견되지 않은 하자는 6월 이후라도 이를 발견하여 즉시 통지하면 된다 함).

에도 매도인의 비용으로 매매의 목적물을 **보관 또는 공탁**하도록 하고 있다(70조 1항 본문). 매수인에게 인도된 물건이 매매의 목적물과 상위하거나 수량이 초과한 경우 그 상위 또한 초과한 부분에 대하여도 같다(71조). 그러나 그 목적물이 멸실 또는 훼손될 염려가 있는 때에는 법원의 허가를 얻어 **경매**하여(긴급매각) 그 대가를 보관 또는 공탁하여야 한다(70조 1항 단서). 이와 같이 목적물을 경매한 때에는 매수인은 지체없이 매도인에게 그 통지를 발송하여야 한다(2항).

이처럼 상법의 특칙은 목적물의 하자 · 상위 · 수량부족 및 수량초과의 경우에 대해서만 규정하고 있으나, 그 밖에 다른 이유로 매매계약이 해제된 경우에도 이 특칙이 **유추적용**된다(통설). 그러나 이 특칙은 목적물의 **인도장소**가 매도인의 영업소 또는 주소와 동일한 특별시 · 광역시 · 시 · 군에 있는 때에는 적용되지 않는다(3항). 이 경우는 매도인이 즉시 적절한 조치를 취할 수 있기 때문이다. 또한 매도인은 **선의**라야 한다(통설). 즉, 목적물의 하자 · 상위 · 수량부족 · 수량초과 등이 있음을 매도인이 몰랐어야 한다(71조, 70조 1항, 69조 2항).

제5절 상호계산

Ⅰ. 의 의

상호계산이란 상인간 또는 상인과 비상인간에 상시 거래관계가 있는 경우 일정한 기간의 거래로 인한 채권채무의 총액에 관하여 상계하고 그 잔액을 지급할 것을 약정하는 계약을 말한다(72조). 이는 상인간의 결제를 간편하게 해 주고, 일정기간 동안 당사자 간에 신용을 제공하며, 당사자들의 채권이 서로 담보가 되게 해 주는 기능을 갖는다. 민법상의 상계가 개별적인 채무를 소멸시키는 단독행위인 데 비해(민 492조 이하), 상법상의 상호계산은 다수의 채무를 포괄적으로 소멸시키는 계약이라는 점에서 차이가 있다. 상호계산의 법적 성질은 상법상의 독자적인 낙성계약으로 본다(통설).

Ⅱ. 요 건

1. 상호계산의 당사자

상호계산의 당사자 중 **적어도 일방은 상인**이어야 한다. 상인인 당사자의 입장에서 상호계산은 보조적 상행위(47조)가 된다. 비상인간의 상호계산(민사상호계산)에 대하여는 상호계산에 관한 상법규정이 적용되지 않는다(통설)(이설 있음).[1)]

당사자들 간에 **상시 거래관계**가 있어야 한다. 예컨대, 위탁자와 위탁매매인, 운송인과 운송인, 본인과 대리점 상호간의 관계가 이에 해당한다. 그러나 당사자의 일방에게만 채권 또는 채무가 발생할 것이 예정되어 있는 경우(예: 소매상과 소비자 간)(일방적 상호계산)는 상법상의 상호계산에 해당하지 않는다(통설)(이설 있음).[2)] 다만 당사자 쌍방에게 채권채무의 발생이 예상되는 관계인 한 실제로는 일방만이 채무를 부담하더라도 무방하다.

2. 상호계산의 대상

상호계산의 대상이 되는 것은 **'일정한 기간의 거래로 인한 채권채무'**이다. 당사자가 상계할 기간(상호계산기간)을 정하지 않은 경우 그 기간은 6월로 한다(74조). 불법행위나 사무관리와 같이 거래가 아닌 원인으로 발생한 채권채무는 제외된다(통설). 거래로 인한 채권이라 하더라도 금전채권이 아닌 경우는 일괄상계에 부적당하므로 제외된다. 또한 금전채권이라 하더라도 (i) 즉시 또는 현실에 이행되어야 할 채권이나 (ii) 증권에 의한 특수한 행사방법을 요하는 권리(예: 어음상의 권리)도 제외된다. 다만 어음 기타의 유가증권 수수의 대가를 지급할 채무(예: 어음할인대금 지급채무)는 상호계산에 계입할 수 있다(73조 참조).

---

1) 손주찬(상) 272면; 강위두 · 임재호(상) 219면; 최기원 · 김동민(상) 251면; 임홍근(총) 275면; 이철송(총) 410면; 정찬형(상) 254 · 255면; 최준선(총) 294면; 송옥렬 126면. 반대: 김성태(총) 363면(상법규정을 유추적용할 수 있다 함).

2) 손주찬(상) 271 · 272면: 강위두 · 임재호(상) 219 · 220면; 최기원 · 김동민(상) 251면; 정동윤(상) 181면; 이기수 · 최병규(총) 377면; 이철송(총) 411면; 정찬형(상) 255면; 최준선(총) 294면; 송옥렬 126면. 반대: 임중호(총) 361면.

Ⅲ. 효 력

1. 소극적 효력(상호계산기간중의 효력)

가. 당사자간의 효력

상호계산에 계입된 채권채무는 그 독립성을 상실하고 상호계산기간 경과 후 일괄 상계될 때까지 구속 내지 정지 상태에 놓이게 된다(상호계산불가분의 원칙). 그 결과 당사자는 각 채권을 개별적으로 행사할 수 없다. 다른 채권과의 상계도 금지된다. 따라서 상호계산기간 중에는 이행지체도 되지 않으며, 시효도 진행되지 않는다. 다만 확인의 소를 제기하거나 원계약상의 취소권・해제권 등을 행사하는 것은 허용된다.

또한 상호계산에 계입된 채권채무를 당사자가 임의로 제거할 수도 없다. 다만 어음 기타의 상업증권으로 인한 채권채무를 상호계산에 계입한 경우 그 증권채무자가 변제하지 않는 때에는 당사자는 그 채무의 항목을 상호계산에서 제거할 수 있다(상호계산불가분의 원칙의 예외)(73조). 예컨대, 약속어음을 어음할인으로 취득하면서 그 대가채무를 상호계산에 계입했으나 그 어음의 발행인이 만기에 어음금을 지급하지 않는 경우 이 대가채무를 상호계산에서 제거할 수 있는 것이다.

나. 제3자에 대한 효력

상호계산불가분의 원칙이 제3자에 대하여도 효력을 미치는지에 관하여 설이 갈린다. 첫째, 동 원칙은 제3자에게도 효력이 있으므로 상호계산에 계입된 채권은 양도・입질 및 압류가 금지된다는 견해가 있다(절대적 효력설).[1] 둘째, 동 원칙은 당사자간에만 적용되므로 (i) 상호계산에 계입된 채권을 양도 또는 입질하여도 손해배상의 문제가 생길 뿐 선의의 제3자에게 대항하지 못하며, (ii) 당사자의 의사로 압류금지재산을 만드는 것은 부당하므로 제3채권자의 선의・악의를 불문하고 압류는 유효하다는 견해가 있다(상대적 효력설).[2] 셋째, (i) 상호계산에 계입된 채권의 양도・입질에 대하여는 상대적 효력설을 따르나, (ii) 상호계산의

---

1) 손주찬(상) 275면; 최기원・김동민(상) 254면; 이기수・최병규(총) 381・382면; 채이식(상) 204면; 임중호(총) 366・367면.

2) 강위두・임재호(상) 222・223면; 임홍근(총) 280면; 정동윤(상) 183・184면; 정찬형(상) 259면; 최준선(총) 298면; 김정호(상) 236・237면; 송옥렬 129면.

담보적 기능을 위해 상호계산에 계입된 채권은 압류할 수 없다는 견해가 있다(절충설).[1] 생각건대, 상호계산계약은 제3자에게 공시되지 않으므로 상호계산에 계입된 채권을 압류의 대상에서 제외하기는 어려우며, 채권이 양도된 경우 선의의 제3자를 보호할 필요가 있다고 본다. 즉, 상대적 효력설이 타당하다.

2. 적극적 효력(상호계산기간 경과 후의 효력)

상호계산기간이 경과하면 당사자는 계입된 채권채무의 총액에 관하여 상계하고 그 잔액을 지급하여야 한다. **잔액채권의 확정**은 채권채무의 각 항목과 상계잔액을 기재한 계산서를 각 당사자가 승인함으로써 한다(75조 본문). 잔액채권의 확정으로 상호계산기간 중의 개별적인 채권채무는 소멸한다. 담보부채권이 상호계산에 계입된 경우 개별채권에 붙어 있던 담보가 잔액채권의 담보로 이행한다는 견해가 있다.[2] 그러나 잔액채권도 담보한다는 특약이 없는 한 개별채권과 함께 담보도 소멸한다고 보아야 할 것이다.[3] 소멸시효도 잔액채권에 대하여 새로이 진행한다. 잔액채권에 대하여 채권자는 계산폐쇄일 이후의 법정이자를 청구할 수 있다(76조 1항). 또한 당사자는 각 항목을 상호계산에 계입한 날로부터 이자를 붙일 것을 약정할 수 있는데(2항), 이 경우 채무자는 이중으로 이자를 지급하게 된다(重利).

당사자가 채권채무의 각 항목을 기재한 계산서를 승인한 때에는 그 각 항목에 대하여 이의를 하지 못한다(75조 본문). 계산서승인 후에도 이의를 허용할 경우 상호계산과 관련된 모든 채권채무의 이행관계에 혼란을 가져오고 잔액채권을 압류한 제3채권자의 권리에도 영향을 끼치기 때문이다.[4] 다만 승인행위 자체에 사기·강박·착오 등의 하자가 있을 때에는 일반원칙에 따라 그 효력을 다툴 수 있다. 반면 **계산서에 착오 또는 탈루가 있는 경우**에는 이의를 제기할 수 있는데(동조 단서), 그 의미에 관하여 설이 갈린다. 이 경우 승인행위 자체의 효력을 다툴 수 있다는 견해가 있으나(승인행위 무효설: 소수설),[5] 상호계산 외에서 부당이득의 반환을 청구

---

1) 이철송(총) 413-415면.
2) 정동윤(상) 186면; 이철송(총) 417면; 정찬형(상) 260면; 최준선(총) 300면; 임중호(총) 371면; 김정호(상) 241·242면.
3) 손주찬(상) 277면; 강위두·임재호(상) 223면; 최기원·김동민(상) 256면; 이기수·최병규(총) 383면; 채이식(상) 202면; 김병연 외(총) 255면; 송옥렬 130면.
4) 이철송(총) 418면.
5) 이철송(총) 418·419면; 정찬형(상) 261면.

할 수 있을 뿐이라고 본다(부당이득설: 다수설).[1]

Ⅳ. 종 료

상호계산은 계약의 일반적 종료원인에 의하여 종료하며, 특히 상호계산계약의 **존속기간**을 정한 경우 그 만료로 종료한다. 상호계산계약의 존속기간은 전술한 상호계산기간과 다르며, 계약존속기간 내에 수회의 상호계산기간이 포함될 수 있다.

상호계산은 상호간의 신뢰를 전제로 하므로 법은 각 당사자가 언제든지 상호계산을 **해지**할 수 있도록 하고 있다. 이 경우 즉시 계산을 폐쇄하고 잔액의 지급을 청구할 수 있다(77조).

제6절 익명조합

Ⅰ. 의 의

익명조합이란 당사자의 일방(익명조합원)이 상대방(영업자)의 영업을 위하여 출자하고 상대방은 그 영업으로 인한 이익을 분배할 것을 약정하는 계약을 말한다(78조). 익명조합은 자금력을 가진 자와 경영능력을 가진 자가 결합하되 대외적으로는 그 출자관계를 공개하지 않고 **단독기업의 형식**으로 운영하는 데 적합한 기업형태이다.

영업자는 상인이어야 하나, 익명조합원은 상인이 아니어도 무방하다. 익명조합원의 출자의무와 영업자의 이익분배의무는 익명조합에 있어 본질적인 것이므로, 영업이익 여부에 관계없이 정기적으로 일정한 금액을 지급할 것을 약정한 경우는 익명조합이 아니다(대판 1962.12.27., 62다660). 익명조합은 **이익분배**를 요소로 한다는 점에서 소비대차와 구별될 뿐 아니라, 외부적으로는 영업자의 단독기업이라는 점

1) 손주찬(상) 276 · 277면; 강위두 · 임재호(상) 225면; 최기원 · 김동민(상) 256면; 정동윤(상) 186면; 이기수 · 최병규(총) 383면; 최준선(총) 300면; 임중호(총) 372면; 송옥렬 131면.

에서 합자회사 및 민법상의 조합과도 구별되는 상법상의 특수한 계약이다. 다만 그 내부관계에 관하여는 조합에 관한 민법의 규정을 유추적용할 수 있다.

Ⅱ. 내부관계

1. 출 자

익명조합원은 영업을 위한 출자를 하여야 한다. 이 출자는 금전 기타의 재산에 한정되며, 노무·신용의 출자는 할 수 없다(86조, 272조). 출자이행의 시기는 다른 약정이 없는 경우 영업자의 최고가 있은 때이다(민 387조 2항). 출자이행을 위해 익명조합원은 영업자에게 재산권을 이전하는 절차(예: 등기·인도)를 밟아야 한다. 익명조합계약은 유상계약으로서 매매에 관한 규정이 준용되어(민 567조), 익명조합원은 출자목적물에 대하여 담보책임(민 570조 이하) 등을 진다. 익명조합원이 출자한 재산은 영업자의 재산으로 보므로(79조) 영업자가 영업이익을 임의로 자기의 용도에 사용하여도 횡령죄가 성립하지 않는다(대판 1971.12.28., 71도2032).

2. 영업의 집행

익명조합은 외부적으로는 **영업자**의 단독기업이므로 영업자만이 **영업을 집행할 권한**이 있다. 그러나 내부적으로는 조합에 관한 규정이 유추적용되므로 영업자는 선량한 관리자의 주의로써 영업을 집행할 의무가 있다(민 707조, 681조). 이에 위반하여 영업을 개시하지 않는 등의 경우 익명조합원은 계약을 해지하거나(83조 2항) 손해배상을 청구할 수 있다. 또한 선량한 관리자의 주의의무를 기초로 영업자에게는 경업피지의무가 인정된다(통설)(이설 있음).[1] 다만 명문의 규정이 없으므로 익명조합원에게 개입권(17조)은 인정되지 않으며, 위반행위의 중지와 손해배상을 청구할 수 있을 뿐이다.

---

1) 손주찬(상) 285면; 강위두·임재호(상) 232면; 최기원·김동민(상) 266면; 정동윤(상) 190면; 이기수·최병규(총) 134면; 이철송(총) 428면; 정찬형(상) 268·269면; 채이식(상) 211면; 최준선(총) 309면; 임중호(총) 379면; 김정호(상) 251·252면; 송옥렬 135면. 반대: 정희철(상) 175면(정당한 영업수행의무의 위반 유무를 따져 구체적으로 그 유무를 결정함); 서돈각(상) 181면(구체적으로 그 계약의 취지에 따라 판단함).

익명조합원은 영업을 집행할 권한은 없으나, 합자회사의 유한책임사원과 동일한 **감시권**을 갖는다. 즉, 익명조합원은 영업연도 말에 영업시간 내에 한하여 회계장부・대차대조표 기타의 서류를 열람할 수 있고 업무와 재산의 상태를 검사할 수 있으나, 중요한 사유가 있는 때에는 언제든지 법원의 허가를 얻어 이러한 열람과 검사를 할 수 있다(86조, 277조).

3. 손익의 분배

영업자는 익명조합원에게 영업으로 인한 **이익을 분배할 의무**가 있다. 익명조합에는 자본금 제도가 인정되지 않으므로 여기서 이익은 순재산의 증가액을 말한다. 이익분배의 비율은 특약이 없으면 출자액의 비율에 의한다(민 711조 1항의 유추적용). 즉, 익명조합원의 출자액과 영업자가 영업에 사용한 재산과 노력을 평가하여 비율을 계산하게 된다. 이익의 유무는 매 영업연도를 기준으로 결정하며, 영업연도는 특약이 없으면 1년으로 한다(30조 2항).

익명조합원의 **손실 분담은 익명조합의 필수요소가 아니다.** 그러나 다른 약정이 없으면 손실분담의 묵시적 특약이 있는 것으로 추정한다(통설). 손실분담의 비율은 이에 관한 약정이 없으면 이익분배의 비율과 공통된 것으로 추정한다(민 711조 2항). 익명조합원의 출자가 손실로 인하여 감소된 경우 다른 약정이 없으면 그 손실을 전보한 후가 아니면 이익배당을 청구하지 못한다(82조 1항・3항). 또한 손실이 출자액을 초과한 경우 다른 약정이 없으면 익명조합원은 이미 받은 이익의 반환 또는 증자할 의무가 없다(2항・3항).

4. 지위불양도의무

익명조합은 상호간의 인적 신뢰를 기초로 하므로 특약이 없는 한 각 당사자는 그 지위를 타인에게 양도하지 못한다(통설). 익명조합원의 경우 감시권을 통해 영업에 정통할 수 있는 지위에 있으므로 출자의무를 완전히 이행한 후에도 그 지위를 일방적으로 양도할 수 없다.[1]

---

1) 손주찬(상) 284면.

Ⅲ. 외부관계

익명조합은 경제적으로는 공동기업이나 법률적으로는 영업자의 단독기업이다. 따라서 영업상의 모든 권리의무는 영업자에게 귀속하며, 익명조합의 채무에 대하여 **영업자만이 책임**을 진다. 따라서 익명조합원은 영업자의 행위에 관하여 제3자에 대하여 권리나 의무가 없다(80조). 다만 익명조합원이 자기의 성명을 영업자의 상호 중에 사용하게 하거나 자기의 상호를 영업자의 상호로 사용할 것을 허락한 때에는 그 사용 이후의 채무에 대하여 영업자와 연대하여 변제할 책임이 있다(81조). 이는 **명의대여자의 책임**에 관한 상법 제24조와 같은 취지를 주의적으로 규정한 것이다(통설). 따라서 익명조합원은 선의의 제3자에 대하여서만 책임을 진다.

Ⅳ. 종 료

익명조합은 계약의 일반적 종료 원인으로 종료하는 외에 다음과 같은 사유로 종료한다. 첫째, 당사자의 계약으로 조합의 존속기간을 정한 때에는 그 **존속기간의 만료**로 종료한다. 둘째, 다음과 같이 당사자의 **해지**에 의하여 종료할 수 있다. 즉, (i) 조합의 존속기간을 정하지 아니하거나 어느 당사자의 종신까지 존속할 것을 약정한 때에는 각 당사자는 영업연도말에 계약을 해지할 수 있다. 그러나 이 해지는 6월전에 상대방에게 예고하여야 한다(예고해지)(83조 1항). (ii) 조합의 존속기간의 약정 유무에 불구하고 부득이한 사정이 있는 때에는 각 당사자는 언제든지 계약을 해지할 수 있다(긴급해지)(2항). 셋째, (i) 영업의 폐지 또는 양도, (ii) 영업자의 사망 또는 성년후견개시, (iii) 영업자 또는 익명조합원의 파산의 경우에는 해지가 필요 없이 당연히 종료된다(법정사유에 의한 당연종료)(84조).

조합계약이 종료된 때에는 영업자는 익명조합원에게 그 출자의 가액을 반환하여야 한다. 그러나 출자가 손실로 감소된 때에는 그 잔액을 반환하면 된다(85조).

제7절 합자조합

Ⅰ. 의 의

합자조합은 조합의 업무집행자로서 조합의 채무에 대하여 무한책임을 지는 조합원과 출자가액을 한도로 하여 유한책임을 지는 조합원이 상호출자하여 공동사업을 경영할 것을 약정하는 계약을 말한다(86조의2). 이는 내부적으로는 조합의 실질을 갖추면서도 외부적으로는 구성원의 유한책임이 확보되는 새로운 기업형태에 대한 수요에 부응하기 위하여 2011년 상법개정을 통해 도입된 제도이다. 합자조합은 그 구성원 중 일부에게 유한책임이 인정된다는 점에서 민법상의 조합과 구별되고, 법인격이 없으며 유한책임을 지는 구성원이 경영에 참여할 수 있다는 점에서 합자회사와 다르다.

Ⅱ. 합자조합의 설립

합자조합의 설립을 위한 **계약서**에는 일정한 사항을 적고 총조합원이 기명날인하거나 서명하여야 한다. 그 법정 기재사항은 (i) 목적, 명칭 및 주된 영업소의 소재지, (ii) 업무집행조합원의 성명 또는 상호, 주소 및 주민등록번호, (iii) 유한책임조합원의 성명 또는 상호, 주소 및 주민등록번호, (iv) 조합원의 출자 및 손익분배에 관한 사항, (v) 유한책임조합원의 지분의 양도에 관한 사항, (vi) 둘 이상의 업무집행조합원이 공동으로 합자조합의 업무를 집행하거나 대리할 것을 정한 경우에는 그 규정, (vii) 업무집행조합원 중 일부 업무집행조합원만 합자조합의 업무를 집행하거나 대리할 것을 정한 경우에는 그 규정, (viii) 조합의 해산 시 잔여재산 분배에 관한 사항, (ix) 조합의 존속기간이나 그 밖의 해산사유에 관한 사항, (x) 조합계약의 효력 발생일이다(86조의3).

또한 업무집행조합원은 합자조합 설립 후 2주 내에 조합의 주된 영업소의 소재지에서 위 (i)·(ii)·(iii)·(vi)·(vii)·(ix)·(x)의 사항 및 조합원의 출자의 목적, 재산출자의 경우에는 그 가액과 이행한 부분을 **등기**하여야 한다(다만 (iii)은 유한책임조합원이 업무를 집행하는 경우에 한함)(86조의4 1항). 등기사항이 변경된 경우에는 2주 내에 변경등기를 하여야 한다(2항). 등기의무의 해태에 대하여는 과태료가 인정된다(86조의9).

Ⅲ. 합자조합의 법률관계

1. 업무집행조합원의 권리의무

업무집행조합원은 조합계약에 다른 규정이 없으면 각자가 합자조합의 업무를 집행하고 대리할 권리와 의무가 있다(86조의5 1항). 또한 업무집행조합원은 선량한 관리자의 주의로서 업무를 집행하여야 한다(2항). 둘 이상의 업무집행조합원이 있는 경우에 조합계약에 다른 정함이 없으면 그 각 업무집행조합원의 업무집행에 관항 행위에 대하여 다른 업무집행조합원의 이의가 있는 경우에는 그 행위를 중지하고 업무집행조합원 과반수의 결의에 따라야 한다(3항).

2. 유한책임조합원의 책임

유한책임조합원은 조합계약에서 정한 출자가액에서 이미 이행한 부분을 뺀 가액을 한도로 하여 조합채무를 변제할 책임이 있다(86조의6 1항). 이 경우 합자조합에 이익이 없음에도 불구하고 배당을 받은 금액은 변제책임을 정할 때에 변제책임의 한도액에 더한다(2항).

3. 조합원의 지분의 양도

업무집행조합원은 다른 조합원 전원의 동의를 받지 아니하면 그 지분의 전부 또는 일부를 타인에게 양도하지 못한다(86조의7 1항). 이와 달리 유한책임조합원의 지분은 조합계약에서 정하는 바에 따라 양도할 수 있다(2항). 유한책임사원의 지분을 양수한 자는 양도인의 조합에 대한 권리 · 의무를 승계한다(3항).

4. 준용규정

합자조합에 대하여는 상법 제182조 제1항, 제228조, 제253조, 제264조 및 제

285조를 준용한다(86조의8 1항). 또한 업무집행조합원에 대하여는 제183조의2, 제198조, 제199조, 제200조의2, 제208조 제2항, 제209조, 제212조 및 제287조를 준용한다. 다만, 제198조와 제199조는 조합계약에 다른 규정이 있으면 그러하지 아니하다(86조의8 2항). 한편 조합계약에 다른 규정이 없으면 유한책임조합원에 대하여는 제199조, 제272조, 제275조, 제277조, 제278조, 제283조 및 제284조를 준용한다(86조의8 3항).

합자조합에 관하여 이 법 또는 조합계약에 다른 규정이 없으면 민법 중 조합에 관한 규정을 준용한다. 다만, 유한책임조합원에 대하여는 동법 제712조 및 제713조는 준용하지 아니한다(86조의8 4항).

제2장 각 론

제1절 대리상

I. 의 의

대리상이란 일정한 상인을 위하여 상업사용인이 아니면서 상시 그 영업부류에 속하는 거래의 대리 또는 중개를 영업으로 하는 자를 말한다(87조). 이를 분설하면, 첫째, 대리상은 본인인 '일정한 상인'의 영업활동을 보조한다. 상인이 특정되어 있는 한 복수의 상인을 보조하는 것도 가능하다. 상인 아닌 자를 보조하는 경우는 상법상의 대리상이 아니다. 둘째, 본인을 '상시' 보조하여야 한다. 즉, 본인과 대리상 간에는 계속적 거래관계가 있어야 한다. 셋째, 본인의 "영업부류에 속하는 거래의 대리 또는 중개"를 하여야 한다. 따라서 본인의 영업부류에 속하지 않는 거래를 보조하는 경우(예: 매매업자를 위해 금융거래를 대리)는 대리상이 아니다. 거래의 대리를 하는 자를 '체약대리상', 중개를 하는 자를 '중개대리상'이라 한다. 넷째, 대리상은 상인의 종속된 보조자인 상업사용인과 달리 그 자신이 독립된 상인이다.

대리상은 상인이 그 영업의 지역적 범위를 확대하는 수단으로 이용된다. 즉, 새로운 지역에 지점을 개설하고 상업사용인을 파견하려면 비용도 많이 들고 이를 감독하기도 어렵다. 그러나 현지의 대리상을 활용할 경우 성과에 따른 수수료만 지급하면 되고, 그 대리상의 명성과 신용을 활용할 수 있으며, 영업규모의 확대·축소도 용이하게 이루어질 수 있는 것이다.

II. 대리상과 본인과의 관계

대리상과 본인인 상인 간의 계약인 대리상계약은 위임계약이며, 민법의 위임에 관한 규정이 적용된다(통설). 따라서 대리상은 본인인 상인에 대하여 선량한 관리자의 주의의무를 진다(대판 2003.4.22., 2000다55775 · 55782). 그 밖에도 상법은 다음과 같은 대리상의 권리의무를 규정한다.

1. 대리상의 의무

가. 통지의무

민법상 수임인은 위임인의 청구가 있는 때와 위임이 종료한 때에 보고의무가 인정된다(민 683조). 그러나 대리상에게는 더욱 엄격한 보고의무가 인정되어 거래의 대리 또는 중개를 한 때에는 지체없이 본인에게 그 통지를 발송하여야 한다(88조).

나. 경업금지의무

대리상은 본인의 허락없이 자기나 제3자의 계산으로 본인의 영업부류에 속한 거래를 하거나 동종영업을 목적으로 하는 회사의 무한책임사원 또는 이사가 되지 못한다(89조 1항). 이는 대리상과 본인 사이의 이익충돌을 방지하여 본인을 보호하기 위한 것이다. **겸직금지의 범위**가 동종영업을 목적으로 하는 회사로 국한되어 있는 것은 상업사용인과 다르다. 명문규정은 없지만 동종영업을 목적으로 하는 '다른 상인의 사용인'도 되지 못한다고 본다(이설 있음).[1] 대리상의 경업금지의무 위반의 효과는 상업사용인의 경우와 같다. 즉, 개입권 · 손해배상청구권 및 해지권이 인정된다(89조 2항, 17조 2항 내지 4항).

다. 영업비밀준수의무

대리상은 계약의 종료 후에도 계약과 관련하여 알게 된 본인의 영업상의 비밀을 준수하여야 한다(92조의3). 대리상은 계약기간 중에는 본인에 대하여 선량한

1) 최기원 · 김동민(상) 285면; 이기수 · 최병규(총) 396면; 이철송(총) 466면; 정찬형(상) 295면; 채이식(상) 242면; 최준선(총) 323면; 송옥렬 149면. 반대: 손주찬(상) 292 · 293면; 강위두 · 임재호(상) 240면.

관리자의 주의의무를 부담하고 이에 따라 영업비밀 준수의무가 인정되나, **계약 종료 후에도** 이 의무가 인정됨을 분명히 하고자 1995년 상법개정을 통해 명문규정을 둔 것이다. 대리상이 영업비밀준수의무를 위반하여 본인에게 손해가 생긴 경우 이를 배상할 책임이 있다.

2. 대리상의 권리

가. 보수청구권

대리상의 보수에 관하여 별도의 규정은 없으나, 대리상이 본인을 위하여 거래의 대리·중개를 한 경우 상인의 보수청구권에 관한 상법 제61조에 의하여 상당한 보수를 청구할 수 있다.

나. 유치권

대리상은 거래의 대리 또는 중개로 인한 채권이 변제기에 있는 때에는 그 변제를 받을 때까지 본인을 위하여 점유하는 물건 또는 유가증권을 유치할 수 있다(91조 본문). 이는 대리상이 본인에 대하여 가지는 보수청구권·체당금상환청구권 등을 보다 효과적으로 담보할 수 있도록 **민사유치권**(민 320조)**이나 일반상사유치권**(상인간의 유치권)(58조)**보다 더욱 요건이 완화**된 유치권을 인정한 것이다. 즉, 대리상의 유치권은 (i) 유치목적물과 피담보채권 사이에 견련관계가 요구되지 않는 점에서 민사유치권과 다르고 일반상사유치권과 같으며, (ii) 목적물이 채무자인 본인 소유임을 요하지 않고 이를 채무자에 대한 상행위로 인하여 점유할 것도 요하지 않는 점에서 일반상사유치권과 다르다. 한편 대리상의 유치권은 당사자 간의 약정으로 제한 또는 배제할 수 있다(91조 단서).

다. 보상청구권

대리상의 활동으로 본인이 새로운 고객을 획득하거나 영업상의 거래가 현저하게 증가하고 이로 인하여 계약의 종료 후에도 본인이 이익을 얻고 있는 경우에는 대리상은 본인에 대하여 상당한 보상을 청구할 수 있다(92조의2 1항 본문). 이는 대리상의 노력으로 새로운 고객이 확보되자 본인이 대리상계약을 종료하고 직접 고객과 거래하는 경우가 있어 대리상 보호를 위해 1995년 개정상법에서 도입된 제도이다. 계약 존속 중에 인정되는 보수청구권(61조)과 달리 대리상의 보상청구권은 **계약 종료 후에 발생**한다. 그러나 계약의 종료가 대리상의 책임 있는 사유로 인한 경우에는 보상청구권이 인정되지 않는다(동항 단서). 또한 대리상 계약의 존속 중에 당사자의 특약으로 이를 배제하는 것도 가능하다(이설 있음).[1] 대리상에 대한 보상금액은 계약의 종료 전 5년간의 평균년 보수액을 초과할 수 없으며, 계약의 존속기간이 5년 미만인 경우에는 그 기간의 평균년 보수액을 기준으로 한다(동조 2항). 대리상의 보상청구권은 계약이 종료한 날부터 6월을 경과하면 소멸한다(3항). 이 기간은 제척기간이다.

Ⅲ. 대리상과 제3자의 관계

체약대리상은 본인을 위한 대리권을 가지므로 물건의 판매를 대리할 경우 일반원칙에 따라 매매목적물의 하자 등에 관한 통지를 수령할 권한이 있다. 그러나 중개대리상의 경우 이러한 대리권이 없으므로 거래상대방이 직접 본인에 대하여 하자 등의 통지를 하여야 하는 불편을 겪을 우려가 있다. 그리하여 상법은 "물건의 판매나 그 중개의 위탁을 받은 대리상은 매매목적물의 하자 또는 수량부족 기타 **매매의 이행에 관한 통지를 받을 권한**이 있다."고 규정하여 중개대리상에게도 일정한 통지 수령권을 인정하고 있다(90조). 그러나 중개대리상은 대금을 수령하거나 매매계약의 무효·취소의 통지를 수령할 권한은 없으므로 이에 관한 상대방의 보호는 표현대리의 법리에 의하는 수밖에 없다.[2]

Ⅳ. 대리상계약의 종료

대리상과 본인은 위임관계이므로 민법상의 **위임종료사유**(민 690조)가 있으면 대리상계약은 종료한다. 그러나 본인의 사망은 위임종료사유가 아니다(50조). 약정된 계약의 **존속기간이 만료**하거나 본인이 영업을 폐지한 때에도 대리상계약은 종료한다. 당사자가 계약의 존속기간을 약정하지 않은 경우 각 당사자는 2월 전에 예고

1) 손주찬(상) 301면; 최기원·김동민(상) 294면: 임홍근(총) 347면; 채이식(상) 243면; 최준선(총) 326면; 송옥렬 151면. 반대: 이철송(총) 478면; 정찬형(상) 298면; 김정호(상) 267면; 김병연 외(총) 276면.
2) 손주찬(상) 295면.

하고 **해지**할 수 있다(92조 1항). 그러나 존속기간의 약정 유무에도 불구하고 부득이한 사정이 있는 때에는 각 당사자는 언제든지 계약을 해지할 수 있다(동조 2항, 83조 2항).

제2절 중개업

Ⅰ. 중개인의 의의

중개인이란 **타인간의 상행위의 중개를 영업으로 하는 자**이다(93조). 이를 분설하면, 첫째, 중개인은 '타인간의' 상행위를 중개한다. 이때 타인은 불특정다수인을 말하며, 이 점에서 특정 상인을 위해 중개하는 중개대리상과 다르다. 둘째, 중개인은 '상행위'를 중개한다. 여기서 상행위에는 쌍방적 상행위와 일방적 상행위가 모두 포함된다. 그러나 상행위 아닌 행위의 중개를 하는 민사중개인(예: 결혼중매인)은 상법상의 중개인이 아니다. 셋째, '중개'란 타인간의 법률행위의 성립을 위해 노력하는 사실행위이다. 따라서 중개인에게는 대리권이 인정되지 않으며, 이 점에서 체약대리상과 다르다. 넷째, 상행위의 중개를 '영업으로' 하여야 한다. 이는 중개라는 사실행위가 아닌 '중개의 인수'(46조 11호)라는 법률행위를 영업으로 한다는 의미이며, 이로써 중개인은 상인이 된다(4조). 전술한 민사중개인도 중개의 인수를 영업으로 하므로 상인에는 해당한다.

중개인은 상대방을 물색하고, 그 신용 및 자력을 조사하며, 시장 및 거래에 대한 각종 정보를 제공함으로써 상인을 보조한다. 또한 중개인은 제3자적 입장에서 거래의 성립을 촉진할 수 있는 장점도 있다. 그리하여 중개인은 매매・보험・해상・금융 등 다양한 분야에서 활용되나, 별다른 시설이나 자본을 요하지 않기 때문에 폐해의 우려도 있다.

Ⅱ. 중개계약의 종류와 성질

중개인과 위탁자 사이에 체결되는 중개계약에는 두 종류가 있다. 수탁자인 중개인이 적극적으로 중개할 의무를 부담하는 **쌍방적**(쌍무적) **중개계약**과 중개인이 적극적으로 주선할 의무는 없으나 계약이 성립하면 보수를 청구할 수 있는 **일방적**(편무적) **중개계약**이 그것이다. 쌍방적 중개계약의 법적 성질은 위임으로 본다(통설)(이설 있음).[1] 일방적 중개계약 역시 위임으로 보나(이설 있음),[2] 그 주의의무는 다소 감경된다 할 것이다.[3] 당사자의 특약이 없는 경우 중개계약은 원칙적으로 쌍방적 중개계약으로 본다(이설 있음).[4] 그러나 중개업에 대한 상법의 규정은 쌍방적 중개계약과 일방적 중개계약 모두에 적용된다.[5]

Ⅲ. 중개인의 의무

중개계약은 위임이므로 중개인은 위탁자에 대하여 선량한 관리자의 주의의무를 진다(민 681조). 그 밖에도 상법은 다음과 같은 중개인의 의무를 규정한다.

1. 견품보관의무

중개인이 그 중개한 행위에 관하여 견품을 받은 때에는 그 행위가 완료될 때까지 이를 보관하여야 한다(95조). '견품'이란 견품매매, 즉 견품에 의해 목적물의 품질을 담보하는 매매의 경우의 견품을 말한다. 이 경우 목적물의 하자에 관한 분쟁이 발생할 때에 대비하여 중개인에게 견품보관의무를 인정한 것이다. 따라

1) 반대: 임홍근(총) 357면(위임 및 도급에 유사한 특수계약이라 함); 임중호(총) 415면(고용 · 도급 및 위임의 혼합계약이라 함).
2) 강위두 · 임재호(상)248면; 최기원 · 김동민(상) 296면; 이기수 · 최병규(총) 406면; 이철송(총) 486면; 채이식(상) 249면; 최준선(총) 331면; 송옥렬 154면. 반대: 손주찬(상) 303면(도급에 유사한 독자적인 계약이라 함); 정찬형(상) 304면(도급에 유사한 특수계약이라 함); 임홍근(총) 357면(위임 및 도급에 유사한 특수계약이라 함); 임중호(총) 415면(상법상 특수계약이라 함); 김정호(상) 271면(상법상 특수계약이라 함).
3) 채이식(상) 249면.
4) 손주찬(상) 303면; 강위두 · 임재호(상) 248면; 정찬형(상) 304면; 이기수 · 최병규(총) 405면(쌍방적 중개계약으로 추정함). 반대(일방적 중개계약으로 봄): 최기원 · 김동민(상) 296면; 이철송(총) 486면; 최준선(총) 331면; 임중호(총) 414면.
5) 손주찬(상) 303면; 임홍근(총) 357면.

서 '행위가 완료될 때까지'라 함은 단순히 중개행위가 완료한 때가 아니라 **분쟁이 발생하지 않을 것이 확실하게 된 때**(예: 시효기간 만료시)**까지**를 의미한다. 보관의무의 위반에 대하여는 손해배상책임이 인정된다. 중개인은 특약이 없는 한 보관에 대한 보수를 청구할 수 없다.

2. 결약서교부의무

당사자 간에 계약이 성립된 때에는 중개인은 지체없이 각 당사자의 성명 또는 상호, 계약연월일과 그 요령을 기재한 서면을 작성하여 기명날인 또는 서명한 후 각 당사자에게 교부하여야 한다(96조 1항). 이 서면을 결약서(結約書)라 하는데, 당사자 간의 **분쟁을 예방하기 위하여 작성하는 증거서면**에 불과하며, 계약서도 아니고 계약 성립의 요건도 아니다.

당사자가 즉시 이행을 하여야 하는 경우를 제외하고 중개인은 각 당사자로 하여금 결약서에 기명날인 또는 서명하게 한 후 그 상대방에게 교부하여야 한다(2항). 당사자의 어느 일방이든 결약서의 수령을 거부하거나 기명날인 또는 서명하지 아니한 때에는 중개인은 지체없이 상대방에게 그 통지를 발송하여야 한다. 중개인이 이 통지를 게을리한 때에는 손해배상책임을 진다(통설).

3. 장부작성과 등본교부의무

중개인은 전술한 결약서의 기재사항을 장부에 기재하여야 하며, 당사자는 언제든지 자기를 위하여 중개한 행위에 관한 장부의 등본의 교부를 청구할 수 있다(97조). 이 장부를 '중개인 일기장'이라고도 하는데, **타인의 거래에 관한 증거의 보전을 위해 작성**하는 데 불과하므로 중개인 자신의 거래에 관한 추가기재(예: 수수료)가 없는 한 상업장부는 아니다. 그러나 이 경우에도 증거보전을 위해 상업장부의 보전에 관한 규정(33조 1항)을 유추적용하여야 할 것이다.

4. 성명 · 상호묵비의무

당사자가 그 성명 또는 상호를 상대방에게 표시하지 아니할 것을 중개인에게 요구한 때에는 중개인은 그 상대방에게 교부할 **결약서 및 중개인 일기장의 등본에 이를 기재하지 못한다**(98조). 이는 상거래의 경우 익명이 유리한 경우가 있고, 상대방에게도 당사자가 누구인지는 중요하지 않을 수 있기 때문이다. 중개인의 묵비의무는 중개를 위탁한 자 뿐 아니라 그 상대방이 요구한 경우에도 인정된다.[1)]

5. 개입의무(이행담보책임)

중개인이 임의로 또는 당사자의 요구에 따라 당사자 일방의 성명 또는 상호를 상대방에게 표시하지 않은 때에는 상대방은 중개인에 대하여 이행을 청구할 수 있다(99조). 이는 중개인을 신뢰하고 거래한 당사자의 보호를 위해 법정의 이행담보책임을 인정한 것이다. 이를 '개입의무'라고도 하나 **중개인이 당사자가 되는 것은 아님**을 주의하여야 한다. 즉, 중개인은 당사자의 의무를 대신하여 이행하고 그에 대하여 구상권을 행사할 수 있을 뿐 상대방에게 반대급부를 청구할 수 없다. 이 점 후술하는 위탁매매인의 개입권(107조)과 비교된다. 한편 계약 성립으로 상대방의 중개인에 대한 이행청구권이 일단 발생한 후에는 중개인이 묵비된 당사자의 성명·상호를 밝히더라도 그 청구권이 소멸하지 않는다(통설).

Ⅳ. 중개인의 권리

1. 보수청구권

중개인은 상인이므로 특약이 없더라도 중개행위에 대하여 보수(중개료)를 청구할 수 있다(61조). 다만 다음과 같은 요건을 갖추어야 한다. (i) 계약이 유효하게 성립하여야 한다. 그 이행 여부는 불문한다. (ii) 중개행위와 계약의 성립 사이에 인과관계가 있어야 한다. (iii) 전술한 **결약서의 작성 및 교부절차**(96조)**를 종료하여야** 한다(100조 1항).

중개인의 보수는 다른 특약 또는 관습이 없는 한 당사자 쌍방이 균분하여 부담한다(100조 2항). 따라서 당사자 일방이 중개료를 지급하지 않은 경우 다른 당사자에게 그 부분의 지급까지 청구할 수 없다. 또한 중개료에는 비용이 포함되기 때문에 특약 또는 관습이 없는 한 중개인에게는 별도의 비용상환청구권이 인정되지 않는다.

---

1) 손주찬(상) 306면; 정동윤(상) 228면; 정찬형(상) 307면.

2. 급여수령권한의 부존재

중개인은 그 중개한 행위에 관하여 당사자를 위하여 지급 기타의 이행을 받지 못한다(94조 본문). 중개인은 상행위를 중개할 뿐 그 행위의 **당사자도 아니고 그 대리인도 아니기 때문**이다. 다만 다른 약정이나 관습이 있는 경우는 예외이다(동조 단서). 예컨대, 당사자가 중개인에 대하여 성명·상호의 묵비를 요구한 때에는 급여수령권을 부여하는 묵시적 약정이 있는 것으로 볼 수 있다(통설).

제3절 위탁매매업

Ⅰ. 위탁매매인의 의의

위탁매매인이란 자기명의로써 타인의 계산으로 물건 또는 유가증권의 매매를 영업으로 하는 자를 말한다(101조). 이를 분설하면, 첫째, '**자기명의**로써'라 함은 위탁매매인이 매매계약의 당사자로서 권리의무의 주체가 됨을 의미한다(법률적 형식). 따라서 거래의 당사자가 되지 않는 중개인 및 중개대리상과 다르며, 본인 명의로 거래하는 체약대리상 및 대리인과도 구별된다. 둘째, '**타인의 계산**으로'라 함은 그 거래에서 발생하는 손익이 타인에게 귀속됨을 의미한다(경제적 효과). 이처럼 법률적 형식과 경제적 효과의 귀속 주체가 분리되는 행위를 주선(周旋)이라 한다. 셋째, '**물건 또는 유가증권의 매매**를 영업으로' 한다는 것은 매매(매도 또는 매수)의 주선을 영업으로 한다는 뜻이며, 위탁매매인은 이로써 상인이 된다(46조 12호). 매매 자체는 위탁매매인에게 보조적 상행위가 된다. 여기서 '물건'에 동산 외에 부동산도 포함되는지가 문제되나, 부동산의 매도위탁은 부동산 실권리자명의 등기에 관한 법률에 저촉될 우려가 크고 매수위탁은 이중의 등기절차로 인한 비용부담 등의 문제를 발생시키므로, 부동산은 제외하는 것이 타당하다(이설 있음).[1]

---

1) 권기범, "위탁매매의 법적구조와 위탁물의 귀속," 「서울법학」 제22권 제2호(I), 2014, 72-74면; 최기원·김동민(상) 305면; 이기수·최병규(총) 417면; 이철송(총) 497면; 최준선(총) 339면; 임중호(총) 426면; 김정호(상) 278면; 김병연 외(총) 288면. 반대: 손주찬(상) 310면; 강위두·임재호(상) 255면; 임홍근(총) 368면; 정동윤(상) 232면;

넷째, **위탁자는 상인이 아니어도 무방**하다. 이 점에서 대리상 및 중개인과 다르다.

위탁매매인은 자신의 신용을 기초로 직접 자기명의로 거래하기 때문에 외국 등 낯설은 지역에 진출하고자 하는 상인에게 유용한 보조자가 될 수 있다. 오늘날 운송과 통신이 발달하면서 위탁매매인의 이용이 줄고 있으나, 유가증권·농산물·골동품 등 특수 분야의 거래에서 여전히 활용되고 있다.

II. 위탁매매계약의 법률관계

1. 위탁매매인 또는 위탁자와 제3자와의 관계(외부관계)

가. 위탁매매인과 제3자와의 관계

위탁매매인은 위탁자를 위한 매매로 인하여 상대방에 대하여 직접 권리를 취득하고 의무를 부담한다(102조). 즉, **위탁매매에 있어 매도인 또는 매수인이 되는 것은 위탁자가 아니라 위탁매매인**인 것이다. 이는 상대방이 위탁매매임을 알고 있는 경우에도 마찬가지이다. 따라서 상대방과의 매매계약의 성립 또는 효력을 좌우하는 사유들(예: 착오·사기·항변 등)에 관하여는 위탁매매인과 상대방만을 고려하면 된다.

나. 위탁자와 제3자와의 관계

위탁매매는 위탁매매인의 명의로 이루어지므로 **위탁자와 그 매매 상대방인 제3자 사이에는 아무런 법률관계도 없다.** 따라서 위탁자는 제3자에 대하여 매매에 따른 채무의 이행을 청구할 수도 없고, 그 채무불이행으로 인한 손해배상을 청구할 수도 없다. 위탁자는 채권자대위권(민 404조)을 행사하거나 위탁매매인의 이행담보책임(105조)(후술)을 물을 수 있을 뿐이다.

다. 위탁자와 위탁매매인의 채권자와의 관계(위탁물의 귀속)

위탁매매인이 위탁자로부터 받은 물건 또는 유가증권이나 위탁매매로 인하여 취득한 물건, 유가증권 또는 채권은 법률적으로 위탁매매인에게 귀속한다. 그러나 위탁매매인이 이러한 물건 등을 처분하거나 위탁매매인의 채권자가 이에 대한 강제집행 등을 통해 채권의 만족을 얻는다면 위탁자의 이익을 크게 해하게

정찬형(상) 312면; 채이식(상) 257면; 송옥렬 158면.

된다. 그리하여 상법은 위탁자의 보호를 위해 이러한 물건 등은 **(i) 위탁자와 위탁매매인 또는 (ii) 위탁자와 위탁매매인의 채권자 간의 관계에서는 이를 위탁자의 소유 또는 채권으로 본다**고 규정한다. 즉, 위탁매매인이 위탁매매로 인하여 취득한 물건 등의 양도행위가 없더라도 이를 위탁자의 재산으로 의제하는 것이다. 따라서 위탁매매인이 제3자에 대하여 부담하는 채무를 담보하기 위해 그 채권자에게 위탁매매로 인한 채권을 양도한 경우 이는 위탁자에 대한 관계에서는 위탁자에 속하는 채권을 무권리자로서 양도한 것으로 본다(대판 2011.7.14. 2011다31645: 후술하는 준위탁매매에 관한 사례임). 또한 위탁매매인의 채권자가 위탁물에 대한 강제집행을 한 경우 위탁자는 그 채권자를 상대로 이의의 소를 제기할 수 있다(민집 48조).

2. 위탁매매인과 위탁자와의 관계(내부관계)

가. 위탁매매인의 의무

위탁매매인과 위탁자 사이에 체결되는 위탁매매계약은 매매의 주선을 위탁하는 위임계약이다(통설). 따라서 위탁매매인과 위탁자 간의 관계에는 위임에 관한 규정이 적용되며(112조), 위탁매매인은 수임인으로서 **선량한 관리자의 주의의무**를 진다(민 681조). 상법은 그 밖에도 다음과 같은 위탁매매인의 의무를 규정하고 있다.

(1) 위탁실행의 통지의무와 계산서제출의무

위탁매매인이 위탁받은 매매를 한 때에는 지체없이 위탁자에 대하여 그 계약의 요령과 상대방의 주소·성명의 통지를 발송하여야 하며, 계산서를 제출하여야 한다(104조). 이는 민법상 수임인의 보고의무(민 683조)와 달리 **위탁자의 청구가 없는 경우에도** 통지의무를 인정함으로써 위탁자가 적시에 필요한 조치를 할 수 있도록 한 것이다.

(2) 지정가액준수의무

위탁자가 매도 또는 매수가액을 지정한 때에는 위탁매매인은 이를 준수하여야 한다. 위탁매매인이 **지정가액보다 불리한 가액으로 매매한 경우**(즉, 지정가액보다 싸게 팔거나 비싸게 산 경우) 위탁의 본지에 반하므로 위탁자가 이를 거부할 수 있다. 다만 상법은 이러한 경우에도 위탁매매인이 그 차액을 부담한 때에는 그 매매는 위탁자에 대하여 효력이 있다고 규정한다(106조 1항). 이는 위탁자에게 손실이 없는 경우 거래의 성립을 인정하여 위탁매매인이 수수료를 청구할 수 있도록 한 것이다.

한편 위탁매매인이 **지정가액보다 유리한 가액으로 매매한 경우**(즉, 지정가액보다 비싸게 팔거나 싸게 산 경우) 그 차액은 위탁자에게 귀속하는 것이 타당하다. 위탁매매는 위탁자의 계산으로 이루어지기 때문이다. 그리하여 상법은 이러한 경우 다른 약정이 없으면 그 차액을 위탁자의 이익으로 한다고 규정하고 있다(2항).

(3) 이행담보책임(개입의무)

(가) 의 의

위탁매매는 위탁매매인의 명의로 이루어지기 때문에 상대방이 채무를 이행하지 않을 때 위탁자에게는 직접 그 상대방에게 채무의 이행을 청구할 권리가 없다. 따라서 상법은 이러한 경우 위탁자를 보호하기 위해 위탁매매인에게 이행담보책임을 부과하고 있다. 즉, 위탁매매인은 **위탁자를 위한 매매에 관하여 상대방이 채무를 이행하지 아니하는 경우**에는 위탁자에 대하여 이를 이행할 책임이 있다(105조 본문). 이는 위탁매매제도의 신용을 유지하기 위해 법이 인정한 무과실책임이며, 보증채무와 유사하나 위탁자와 상대방 간에 주채무가 존재하지 않으므로 보증채무는 아니다. 따라서 위탁매매인에게는 최고・검색의 항변권(민 437)이 없다.

(나) 요건 및 내용

위탁매매인의 이행담보책임은 대체급부가 가능한 경우에만 인정된다.[1] 또한 이행담보책임의 내용은 **상대방의 채무와 동일한 내용의 채무**이다. 따라서 대금지급채무나 목적물인도채무 외에 하자담보책임도 부담한다. 또한 상대방이 항변권(예: 동시이행의 항변권)을 갖는 경우 위탁매매인도 이 항변권을 원용할 수 있다. 다만 위탁자가 위탁매매인에게 하자 없는 물건을 공급하였으나 위탁매매인이 이를 상대방에게 인도하지 않은 경우 위탁매매인은 위탁자의 매매대금청구에 대하여 동시이행의 항변권을 행사할 수 없다.[2] 위탁매매인의 이행담보책임은 당사자간의 약정이나 관습으로 이를 배제할 수 있다(105조 단서).

---

1) 손주찬(상) 313면; 강위두・임재호(상) 262면; 정찬형(상) 318면.
2) 손주찬(상) 314면; 최기원・김동민(상) 313면; 정찬형(상) 318면(이 경우 위탁매매인은 선관의무 위반으로 인한 손해배상책임을 함께 진다 함).

(다) 소 멸

상대방의 채무가 소멸한 경우(예: 계약해제 시)에는 위탁매매인의 이행담보책임도 소멸한다. 또한 이행담보책임은 영업상의 채무이므로 5년의 시효로 소멸한다(64조). 그러나 위탁자가 위탁매매인으로부터 상대방에 대한 채권을 양수한 경우에도 이행담보책임은 소멸하지 않는다.[1] 이 경우 위탁자는 상대방에 대하여는 계약상의 책임을 묻고 위탁매매인에 대하여는 이행담보책임을 물을 수 있다.[2]

(4) 위탁물의 훼손 · 하자 등의 통지의무와 처분의무

위탁매매인이 위탁매매의 목적물을 인도받은 후에 그 **물건의 훼손 또는 하자를 발견하거나 그 물건이 부패할 염려가 있는 때 또는 가격저락**(價格低落)**의 상황**(商況)**을 안 때**에는 지체없이 위탁자에게 그 통지를 발송하여야 한다(108조 1항). 이 경우 위탁자의 지시를 받을 수 없거나 그 지시가 지연되는 때에는 위탁매매인은 위탁자의 이익을 위하여 적당한 처분(예: 공탁 · 전매 등)을 할 수 있다(2항). 이는 위탁매매인의 선관의무를 구체화한 것이다(다수설)(이설 있음).[3]

나. 위탁매매인의 권리

(1) 비용상환청구권 · 보수청구권 · 유치권 및 공탁 · 경매권

위탁매매인은 수임인으로서의 비용상환청구권(민 687조, 688조 1항)과 상인으로서의 보수청구권을 가지며(61조), 대리상과 동일한 유치권이 인정된다(111조, 91조). 또한 위탁매매인이 매수의 위탁을 받은 경우에 위탁자가 매수한 물건의 수령을 거부하거나 이를 수령할 수 없는 때에는 상인간의 매매에 있어서의 매도인과 동일한 공탁 · 경매권이 인정된다(109조, 67조).

(2) 개입권

위탁매매인이 **거래소의 시세가 있는 물건 또는 유가증권의 매매를 위탁받은 경우**에는

---

1) 손주찬(상) 314면.
2) 정찬형(상) 318면.
3) 선관의무설: 손주찬(상) 315면; 강위두 · 임재호(상) 261면; 임홍근(총) 383면; 이기수 · 최병규(총) 423면; 최준선(총) 342면; 임중호(총) 435면; 김정호(상) 286 · 287면. 특칙설: 최기원 · 김동민(상) 314면; 정동윤(상) 234면; 김병연 외(총) 290면. 절충설(가격저락 관련 내용은 일반적인 수임인의 주의의무로 볼 수 없다 함): 이철송(총) 507면; 정찬형(상) 319면.

직접 그 매도인이나 매수인이 될 수 있다(107조 1항 전단). 이러한 경우에는 위탁자와 위탁매매인 간에 매매가액과 관련한 이해충돌의 우려가 없어 위탁매매인의 개입권을 인정한 것이다. 이는 위탁매매인의 일방적 의사표시로 효과가 발생하는 형성권이다.

개입권이 인정되려면, (i) 거래소의 시세가 있는 물건 또는 유가증권이라야 하고, (ii) 개입을 금지하는 명시 또는 묵시의 특약이나 법률의 규정[1)]이 없어야 하며, (iii) 주선행위를 실행하기 전이라야 한다.

개입권을 행사한 경우 매매대가는 위탁매매인이 매매의 통지를 발송한 때의 거래소의 시세에 따른다(동항 후단). 개입권을 행사한 경우에도 위탁매매인은 위탁자에게 보수를 청구할 수 있다(2항).

다. 매수위탁자가 상인인 경우

매수위탁의 경우 위탁매매인은 자기명의로 취득한 목적물을 위탁자에게 다시 이전하여야 한다. 이때 위탁자가 상인이라면 위탁매매인과 위탁자 사이에는 상사매매(상인간의 매매)와 유사한 관계가 성립한다. 그리하여 상법 제110조는 상인인 매수위탁자와 위탁매매인 간의 관계에 상사매매에 관한 제68조(확정기매매의 해제) · 제69조(매수인의 목적물의 검사와 하자통지의무) · 제70조(매수인의 목적물보관, 공탁의무) 및 제71조(매수인의 목적물보관, 공탁의무-수량초과 등의 경우)를 준용하고 있다. 상법 제67조(매도인의 목적물의 공탁, 경매권)는 매수위탁자가 상인이 아닌 경우에도 적용되므로, 상인인 매수위탁자와 위탁매매인 간의 관계에는 **상사매매에 관한 상법의 모든 규정이 적용**되는 것이다.

Ⅲ. 준위탁매매

자기명의로써 타인의 계산으로 매매 아닌 행위를 영업으로 하는 자를 준위탁매매인이라 한다(113조). 출판 · 광고 · 공연 · 보험계약 및 여객운송의 주선업자 등이 그것이다. 예컨대, 영화의 국내배급대행계약을 준위탁매매계약으로 본 판례가 있다(대판 2011.7.14. 2011다31645). 물건운송의 주선업자는 운송주선인으로서

1) 자본시장법은 투자매매업자 및 투자중개업자가 금융투자상품에 관한 매매에서 개입권을 행사하는 것을 금지하고 있다(동법 67조).

별도의 규율을 받으며(114조 이하), 여기서 말하는 준위탁매매인에는 해당하지 않는다. 준위탁매매인에 대하여는 위탁매매업에 관한 규정이 준용된다(113조). 다만 매매의 주선을 전제로 한 규정들(107조 내지 110조)은 제외된다.

제4절 운송주선업

Ⅰ. 운송주선인의 의의

운송주선인이란 **자기명의로 물건운송의 주선을 영업으로 하는 자**를 말한다(114조). 여기서 물건을 운송의 객체가 될 수 있는 모든 물건을 포함한다. 물건운송인 이상 육상·해상 및 항공운송을 불문한다. 운송주선인은 물건운송의 주선을 영업으로 함으로써 상인이 된다(46조 12호, 4조). 운송주선인은 주선의 목적이 물건운송이라는 점을 제외하면 위탁매매인과 같으므로 상법은 운송주선인에 고유한 몇몇 규정을 두는 외에 위탁매매인에 관한 규정을 준용하고 있다(123조). 그러나 운송주선인에 대한 특칙이 있는 개입권(107조) 및 유치권(111조)에 관한 규정이나, 그 성질상 준용될 여지가 없는 위탁매매인의 이행담보책임(105조) 및 매수위탁자가 상인인 경우의 특칙(110조)에 관한 규정들은 제외된다.

운송주선업은 위탁매매업에서 분화·발전하였으며, 다양한 운송수단이 발달하고 장거리 운송의 필요성이 커지면서 그 수요도 증가하였다. 운송주선인은 운송인과 함께 상인의 영업활동의 공간적 장벽을 극복하도록 돕는 보조자이며, 스스로 운송업·위탁매매업 등을 겸영하는 경우도 종종 있다.

Ⅱ. 운송주선인의 의무·책임

1. 운송주선인의 의무

운송주선계약은 위탁매매계약과 마찬가지로 위임계약이다(123조, 112조). 따라서 운송주선인은 선량한 관리자의 주의로 운송을 주선하여야 한다(민681조). 또한 운송주선인은 위탁매매인과 마찬가지로 위탁실행통지의무·계산서제출의무(104조), 지정가액준수의무(106조) 및 위탁물의 훼손 등의 통지 및 처분의무(108조)를 부담한다.

2. 운송주선인의 손해배상책임

운송주선인은 자기나 그 사용인이 운송물의 수령, 인도, 보관, 운송인이나 다른 운송주선인의 선택 기타 운송에 관하여 주의를 해태하지 아니하였음을 증명하지 아니하면 운송물의 멸실, 훼손 또는 연착으로 인한 손해를 배상할 책임을 면하지 못한다(115조). 이는 운송주선인의 손해배상책임에 관하여 **과실책임주의**를 취한 것이며, **무과실의 입증책임을 운송주선인이 부담**하게 한 것이다. 운송인의 선택에 대하여 과실이 없음을 증명한 이상 운송주선인은 운송인의 과실에 대하여는 책임이 없다. 손해배상액에 관하여는 육상물건운송인의 경우와 같은 특칙(137조)이 없으므로 민법의 일반원칙에 따른다. 화폐, 유가증권 기타의 고가물에 대하여는 운송주선을 위탁할 때에 그 종류와 가액을 명시한 경우에 한하여 운송주선인이 손해를 배상할 책임이 있다(124조, 136조).

운송주선인의 책임은 수하인이 운송물을 수령한 날로부터 1년을 경과하면 소멸시효가 완성한다(121조 1항). 이 시효기간은 운송물이 전부멸실한 경우에는 그 운송물을 인도할 날로부터 기산한다(2항). 이러한 **단기소멸시효**는 운송주선인이나 그 사용인이 악의인 경우에는 적용하지 아니한다(3항).

Ⅲ. 운송주선인의 권리

운송주선인은 수임인으로서의 비용상환청구권(123조, 112조, 민 687조 및 688조 1항)을 가지며, 위탁매매인에 관한 규정의 준용에 따라 운송물의 공탁·경매권을 갖는다(123조, 109조, 67조). 그 밖에도 상법은 운송주선인의 권리에 관하여 다음과 같이 규정하고 있다.

1. 개입권

운송주선인은 다른 약정이 없으면 직접 운송할 수 있다(116조 1항 전단). 이를 운송주선인의 개입권이라 한다. **위탁매매인의 경우와 달리 거래소의 시세가 있을 것을 요구하지 않는다.** 운임이나 운송방법이 대개 일정하여 폐단이 없기 때문이다. 또한 운송계약을 체결한 후에도 이를 위탁자에게 통지하기 전에는 이를 해제하고 개입권을 행사할 수 있다. 개입권은 형성권이므로 일단 개입의 의사표시가 위탁자에게 도달하면 그 효력이 발생하며, 이후에는 개입을 취소하지 못한다. 개입의 의사는 명시적으로든 묵시적으로든 표시되어야 하는 것이 원칙이나, 운송주선인이 위탁자의 청구에 의하여 화물상환증을 작성한 때에는 개입한 것으로 의제한다(2항). 개입권을 행사한 운송주선인은 운송인과 동일한 권리의무가 있다(1항 후단). 그러나 운송주선인으로서의 지위도 유지하므로 그 보수를 청구할 수 있고, 선관의무 위반의 경우에는 손해배상책임을 진다.

2. 보수청구권

운송주선인은 상인으로서의 보수청구권을 가지며(61조), 운송물을 운송인에게 인도한 때에는 즉시 보수를 청구할 수 있다(119조 1항). 즉, 운송의 종료를 기다릴 필요가 없는 것이다. 그러나 운송주선계약으로 운임의 액을 정한 경우(소위 '확정운임운송주선'의 경우)에는 다른 약정이 없으면 보수를 청구하지 못한다(2항). 이 경우 운송주선인이 개입권을 행사한 것으로 보는 견해[1]와 운송계약이 성립한 것으로 보는 견해[2]가 있으나, 운송주선계약에서 운송주선인의 보수와 운임이 포괄적으로 정해진 데 불과하다고 보아야 할 것이다.[3] 판례는 운송계약설을 취하나, 다만 운송주선계약으로 운임의 액이 정해진 경우라도 이를 확정운임운송주선계약으로 볼 수 있으려면 (i) 운송주선인에게 해상운송인으로서의 기능을 수행할 수 있는 재산적 바탕(선박 등의 영업설비 또는 상업신용)이 있어야 하고, (ii) 그 정해진 '운임의 액'이 순수한 운송수단의 댓가, 즉 운송부분의 댓가만이 아니고 운송품이 위탁자로부터 수하인에게 도달되기까지의 액수가 정해진 경우라야만 한다고 설시하고 있다(대판 1987.10.13., 85다카1080).

---

1) 서돈각(상) 209면.
2) 손주찬(상) 326면; 최기원 · 김동민(상) 327면; 이기수 · 최병규(총) 445면; 정찬형(상) 334면; 최준선(총) 360 · 361면; 김정호(상) 347 · 348면; 송옥렬 169면.
3) 강위두 · 임재호(상) 332면; 이철송(총) 575면; 채이식(상) 279면; 임중호(총) 503면.

3. 유치권

운송주선인은 **운송물에 관하여 받을 보수, 운임, 기타 위탁자를 위한 체당금이나 선대금에 관하여서만** 그 운송물을 유치할 수 있다(120조). 운송주선인의 보수청구권은 운송물을 운송인에게 인도한 때에 발생하나, 이때에도 운송주선인은 운송인을 통해 운송물을 간접점유하고 있으므로 송하인으로서의 운송물처분청구권(139조)에 의하여 유치권을 행사할 수 있다.

4. 운송주선인의 채권의 소멸시효

운송주선인의 위탁자 또는 수하인에 대한 채권(보수청구권 · 비용상환청구권)은 1년간 행사하지 아니하면 소멸시효가 완성한다(122조).

Ⅳ. 운송물수령인의 지위

운송주선계약에서 운송물의 수령인으로 지정된 자(운송계약상의 수하인과 다를 수 있음)는 운송주선계약의 당사자가 아니나, 운송의 과정이 진전되어감에 따라 운송주선인과의 사이에 직접적 법률관계가 발생한다. 즉, (i) 운송물이 도착지에 도착한 때에는 운송물수령인은 운송주선계약의 위탁자와 동일한 권리를 취득하고, (ii) 운송물이 도착지에 도착한 후 수령인이 그 인도를 청구한 때에는 수령인의 권리가 위탁자의 권리에 우선하며, (iii) 수령인이 운송물을 수령한 때에는 운송주선인에 대하여 보수 기타 비용과 체당금을 지급할 의무를 부담한다(124조, 140조 · 141조).

Ⅴ. 순차운송주선

1. 의 의

장거리 국제운송 등의 경우에는 한 사람의 운송주선인이 전 과정의 운송계약을 주선하기 어려워 여러 명의 운송주선인이 순차로 참여할 때가 있다. 이를 **광의의 순차운송주선**이라 하며, 다음과 같은 세 가지 유형이 있다. (i) 수인의 운송주선인이 각 구간에 대하여 독립하여 위탁자와 운송주선계약을 체결하는 경우가 있다(부분운송주선). 이 경우 각 운송주선인 간에는 직접적인 법률관계가 없다. (ii) 한 사람의 운송주선인이 전 과정의 운송주선을 인수하고 그 전부 또는 일부를 다른 운송주선인에게 하도급을 주는 경우가 있다(하수운송주선). 이 경우 최초의 운송주선인만이 위탁자와의 운송주선계약의 당사자가 되고 다른 운송주선인들은 그 이행보조자가 되는 데 불과하다. (iii) 최초의 운송주선인이 첫 구간의 운송을 주선하고, 다음 구간의 운송주선인(중간운송주선인)과 자기명의로써 위탁자의 계산으로 운송주선계약을 체결하는 경우가 있다(중간운송주선 · 중계운송주선). 이를 **협의의 순차운송주선**이라 하며, 이에 대하여 상법은 다음과 같은 특별규정을 두고 있다.

2. 순차운송주선인의 지위

가. 전자의 권리를 행사할 의무

수인이 순차로 운송을 주선하는 경우에는 후자는 전자에 갈음하여 그 권리를 행사할 의무를 부담한다(117조 1항). 이는 후자가 운송주선인으로서 전자에 대하여 갖는 선관의무를 구체화한 것이다. 따라서 여기서 전자는 자신에게 운송주선을 위탁한 직접 전자를 말한다(다수설)(이설 있음).[1] 예컨대, A · B · C가 순차로 운송주선을 하는 경우 B는 A에 갈음하여 그 권리(보수 · 비용청구권, 유치권 등)를 행사할 의무가 있다.

나. 전자의 권리의 취득

순차운송주선의 후자가 전자에게 변제한 때에는 전자의 권리를 취득한다(117조 2항). 여기서 전자는 직접 전자뿐 아니라 모든 전자를 포함한다(통설). 직접 전자가 아니더라도 변제를 받는 것은 불이익이 되지 않기 때문이다. 예컨대, 위의 예에서 A 및 B의 운송주선에 대한 보수를 C가 변제한 때에는 A 및 B의 위탁자에 대한 보수청구권을 취득하는 것이다.

---

1) 손주찬(상) 330면; 최기원 · 김동민(상) 333면; 임홍근(총) 415면; 정동윤(상) 293면; 정찬형(상) 340면. 반대: 이철송(총) 580면; 채이식(상) 283면.

다. 운송인의 권리의 취득

순차운송주선의 경우 운송주선인이 운송인에게 변제한 때에는 운송인의 권리를 취득한다(118조). 여기서 운송인은 전자, 즉 앞 구간의 운송주선인으로부터 운송을 위탁받은 운송인을 말한다. 예컨대, 위의 예에서 B로부터 운송을 위탁받은 X에게 C가 운임을 지급한 때에는 그 운임청구권을 취득하는 것이다.

제5절 운송업

Ⅰ. 운송 · 운송인 · 운송계약

운송인은 운송주선인과 함께 상인으로 하여금 영업활동의 공간적 장벽을 극복하도록 돕는 보조자이다. 운송은 그것이 행하여지는 장소에 따라 **육상운송 · 해상운송 및 항공운송**으로 분류된다. 상법은 해상운송에 관하여는 제5편(해상) 제2장(운송 및 용선)에서, 항공운송에 관하여는 제6편(항공운송)에서 각각 규정하며, 상행위편 제9장(운송업)에서는 육상운송에 대하여서만 규정하고 있다. 이곳에서는 육상운송에 대하여 살펴보기로 한다.

(육상)**운송인**이란 육상 또는 호천(湖川), 항만[1)]에서 물건 또는 여객의 운송을 영업으로 하는 자를 말한다(125조). 여기서 '육상'은 지상 및 지하를 포함한다. 호천 및 항만에서의 운송을 육상운송에 포함시킨 것은 그 규모가 작고 육상운송과 비슷한 정도의 위험을 수반하기 때문이다. '물건'은 운송 및 보관이 가능한 것이면 거래의 객체가 아니어도 무방하다(예: 시체). '여객'은 모든 자연인을 포함하며, 운송계약의 당사자가 아니어도 무방하다(예: 어린이). '운송'이란 물건 또는 여객의 장소적 이동을 말하며, 그 도구 및 방법에는 제한이 없다. 운송인은 운송의 인수를 영업으로 함으로써 상인이 된다(4조, 46조 13호). 그러나 직접 운송을 하여야 하는 것은 아니며 하수운송(下受運送)도 가능하다.

운송계약은 일의 완성을 목적으로 하므로 도급계약이다(통설)(대판 1983.4.26. 82누

1) 여기서 호천 · 항만의 범위는 선박안전법 시행령 제2조 제1항 제3호 가목에 따른 평수(平水) 구역으로 한다(영 4조).

92). 그러나 상법이 이에 관해 상세한 규정을 두고 있어 도급에 관한 민법의 규정이 적용될 여지는 거의 없다. 운송계약은 낙성(諾成)·불요식의 계약이며, 원칙적으로 유상·쌍무계약이다.

Ⅱ. 물건운송

1. 물건운송계약

물건운송계약의 **당사자**는 운송을 위탁하는 송하인과 운송을 인수하는 운송인이다. 송하인은 운송물의 소유자일 필요는 없으며, 운송주선을 위탁한 경우에는 운송주선인이 송하인이 된다. 도착지에서 운송물을 인도받는 수하인이나 후술하는 화물상환증소지인은 당사자가 아니다.

물건운송계약의 **방식**에는 제한이 없다(불요식계약). 운송계약이 성립하면 송하인은 화물명세서를 교부하여야 하고(126조 1항) 운송인은 화물상환증을 교부하여야 하나(128조), 이는 운송계약의 성립요건이 아니며 계약서도 아니다(낙성계약).

2. 운송인의 의무

운송인은 계약의 본지에 따라 **운송의무**를 이행하여야 한다. 또한 상법은 운송인의 운송물보관·처분의무와 운송물인도의무를 다음과 같이 규정하고 있다. 그밖에도 운송인은 송하인의 청구에 의하여 **화물상환증을 교부할 의무**가 있으나(128조 1항), 이에 관하여는 후술한다.

가. 운송물 보관 및 처분의무

운송인은 운송물을 수령하여 도착지에서 인도할 때까지 선량한 관리자의 주의로써 이를 보관하여야 한다(135조). 또한 **송하인 또는 화물상환증소지인이 운송의 중지, 운송물의 반환 기타의 처분을 청구한 경우**에는 이에 따라야 한다(139조 1항 전단). 운송인에게 이러한 처분의무를 인정한 것은 송하인 등으로 하여금 시장상황 등의 변화에 대처할 수 있도록 하기 위한 것이다. 따라서 이러한 처분이 운송인의 계약상 의무를 가중하는 것이어서는 안 된다(통설). 예컨대, '운송물의 반환'이라 함은 현재지에서의 반환을 의미하며 출발지로의 반송은 포함되지 않는다. 운송인이 송하인 등의 청구에 따른 처분을 한 경우에는 이미 운송한 비율에 따른 운임(비율운임), 체당금 및 처분으로 인한 비용의 지급을 청구할 수 있다(동항 후단).

나. 운송물인도의무

(1) 화물상환증이 발행된 경우

화물상환증을 작성한 경우에는 운송물의 인도청구권이 이 증권에 표창되어 이와 상환하지 않으면 운송물의 인도를 청구할 수 없다(상환증권성)(129조). 따라서 운송인은 **화물상환증소지인에 대하여서만 그와 상환으로 운송물을 인도**할 수 있으며, 이에 위반한 경우 그 정당한 소지인에 대하여 채무불이행 또는 불법행위로 인한 손해배상책임을 진다. 실제로는 운송인이 운송물인도를 청구한 자를 신뢰하여 화물상환증과 상환하지 않고 운송물을 인도하거나[가도(假渡) · 공도(空渡)], 은행 등의 보증장을 받고 화물상환증과 상환함이 없이 운송물을 인도(보증인도 · 보증도)하는 상관습이 있다. 그러나 이러한 상관습이 화물상환증의 정당한 소지인에 대한 손해배상책임을 면제하지 않는다(선하증권에 관한 대판 1999.4.23., 98다13211 참조).

(2) 화물상환증이 발행되지 아니한 경우

운송물이 도착지에 도착한 때에는 수하인은 송하인과 동일한 권리를 취득한다(140조 1항). 또한 운송물이 도착한 후 수하인이 그 인도를 청구한 때에는 수하인의 권리가 송하인의 권리에 우선한다(2항). 따라서 이 경우 **수하인**이 청구하면 운송인은 운송물을 인도하여야 한다. 그러나 운송물이 도착지에 도착한 후 수하인이 인도청구를 하기 전까지는 **송하인**의 권리가 우선한다.

한편 수하인이 운송물을 수령한 때에는 운송인에 대하여 운임 기타 운송에 관한 비용과 체당금을 지급할 의무를 부담한다(141조). 수하인은 운송계약의 당사자가 아니나 운송의 과정이 진전됨에 따라 운송인에 대하여 권리의무를 갖게 되는 것이다. 이러한 **수하인의 법적 지위**의 근거에 관하여는 설이 갈린다. 수하인이 제3자를 위한 계약의 수익자라고 보는 견해가 있으나,[1] 수하인은 수익의 의사표시 없이도 권리를 취득하고 권리 외에 의무도 부담하므로 제3자를 위한 계약의

---

1) 최기원 · 김동민(상) 340면; 이기수 · 최병규(총) 485면; 채이식(상) 309면; 임중호(총) 471면.

수익자로 보기 어렵다. 따라서 수하인의 지위는 운송의 특수성을 반영하여 법률이 특별히 인정한 것으로 보아야 할 것이다(다수설).[1]

3. 손해배상책임

가. 책임원인

운송인은 자기 또는 운송주선인이나 사용인, 그 밖에 운송을 위하여 사용한 자가 운송물의 수령, 인도, 보관 및 운송에 관하여 주의를 게을리하지 아니하였음을 증명하지 아니하면 운송물의 멸실, 훼손 또는 연착으로 인한 손해를 배상할 책임이 있다(135조). 이는 선술한 운송주선인의 손해배상책임의 경우와 마찬가지로 **과실책임주의**를 취하면서, **무과실의 입증책임을 운송인이 부담**하게 한 것이다. 운송주선인 등 이행보조자와 관련하여서도 그 선임과 감독에 과실이 없었음을 입증하는 것으로는 부족하며, 이행보조자의 무과실을 입증하여야 면책된다. 이러한 상법 제135조는 민법의 일반원칙에 대한 예외를 규정한 것은 아니고, 이를 운송에 관하여 구체화시킨 것에 불과하다(통설). 민법상 채무불이행의 경우에도 채무자는 이행보조자의 고의·과실에 대하여 책임을 지며(민 391조) 채무자측이 무과실의 입증책임을 지기 때문이다.

나. 손해배상액

상법은 일상적으로 대량의 운송물을 위탁받는 운송인의 **손해배상액을 정형화**함으로써 배상액을 어느 정도 감경하는 한편 배상액과 관련된 분쟁으로부터 운송기업을 보호하고 있다. 즉, (i) 운송물이 전부멸실 또는 연착된 경우의 손해배상액은 '인도할 날'의 도착지의 가격에 따르며, (ii) 운송물이 일부 멸실 또는 훼손된 경우의 손해배상액은 '인도한 날'의 도착지의 가격에 의하도록 하고 있다(137조 1항·2항).

(i)에서 **연착의 경우**의 배상액에 관하여는 설이 갈린다. 첫째, 연착의 경우 '인도할 날'의 가격과 실제로 '인도한 날'의 가격의 차액을 배상하며, 전자가 후자보다 높지 않은 경우에는 배상책임이 없다는 견해가 있다.[2] 둘째, 연착의 경우는 민법

1) 손주찬(상) 339면; 강위두·임재호(상) 298면; 임홍근(총) 448·449면; 정동윤(상) 264면; 이철송(총) 547면 ; 정찬형(상) 352면; 최준선(총) 392면; 송옥렬 186면.
2) 정동윤(상) 252면; 정찬형(상) 355면; 최준선(총) 377면.

의 일반원칙에 의한다는 견해가 있다.[1] 현행법의 해석상으로는 첫째 견해가 타당하다.[2]

이러한 정액배상의 특칙은 운송물의 멸실·훼손·연착의 경우에 한하여 적용되므로, 그 밖의 경우(예: 전술한 운송물처분의무 위반의 경우)에는 민법의 일반원칙에 따라 손해를 배상하여야 한다. 또한 운송물의 멸실·훼손·연착이 운송인의 **고의나 중대한 과실로 인한 때에는 운송인은 모든 손해를 배상하여야** 한다(3항). 즉, 민법의 일반원칙에 따라 상당인과관계에 있는 모든 손해를 배상하고(민 393조 1항), 운송인이 알았거나 알 수 있었을 때에는 특별한 사정으로 인한 손해도 배상하여야 한다(동조 2항).

한편 운송물의 멸실 또는 훼손으로 인하여 지급을 요하지 아니하는 운임 기타 비용은 손해배상액에서 공제하여야 한다(137조 4항). 이는 **이중이득을 방지**하기 위한 것이다.

다. 고가물에 대한 특칙

화폐, 유가증권 기타의 고가물에 대하여는 송하인이 운송을 위탁할 때에 그 **종류와 가액을 명시한 경우에 한하여 운송인이 손해를 배상**할 책임이 있다(136조). 이는 운송인이 고가물임을 미리 알고 특별한 주의를 기울이는 한편 고율의 운임을 청구할 수 있는 기회를 제공하기 위한 것이다. 그 종류와 가액은 운송물 인도 시까지 명시하면 족하다는 견해가 있으나(다수설)[3] 운임 결정을 위해 늦어도 계약 성립 시까지 명시하여야 할 것이다.[4]

고가물임을 명시하지 않은 경우 운송인은 보통물로서의 책임도 지지 않는다(통설). 이는 운송인이 보통물로서의 주의조차 기울이지 않은 경우에도 마찬가지이다(다수설)(이설 있음).[5] 보통물로서의 책임을 인정하려 해도 그 가액을 산정하기 어렵고, 고가물의 명시를 촉구하기 위해서이다. 다만 운송인이 고의로 운송물

1) 손주찬(상) 432면; 강위두·임재호(상) 281면.
2) 연착의 경우는 제137조에서 제외시켜 민법의 일반원칙에 의하도록 하거나 별도로 규정하자는 입법론으로 이철송(총) 530면; 정찬형(상) 355면; 송옥렬 181·182면.
3) 강위두·임재호(상) 282면; 최기원·김동민(상) 353면; 정동윤(상) 253면; 최준선(총) 379면; 김정호(상) 315면; 송옥렬 182면.
4) 손주찬(상) 343면; 임홍근(총) 432면; 임중호(총) 460면.
5) 강위두·임재호(상) 283면; 최기원·김동민(상) 354면; 정찬형(상) 356면; 김정호(상) 317면. 반대(보통물로서의 책임을 진다 함): 이철송(총) 533·534면; 김병연 외(총) 304면.

을 멸실·훼손시킨 경우 고가물로서의 손해배상책임을 지되 송하인의 불명시에 대한 과실상계가 인정될 수 있다(이설 있음).[1)]

고가물임을 명시하지 않았으나 운송인이 우연히 이를 안 경우에 관하여 설이 갈린다. (i) 이 경우 운송인은 아무런 책임을 지지 않는다는 견해[2)]와 (ii) 고가물로서의 주의의무를 지고 이를 해태한 경우 고가물로서의 책임을 진다는 견해가 있으나,[3)] (iii) 보통물로서의 주의의무를 지되 이를 해태한 경우 고가물로서의 책임을 진다고 보아야 할 것이다(다수설).[4)]

라. 손해배상책임의 소멸

상법은 다수의 운송물을 처리하여야 하는 운송인을 오랫동안 불안정한 상태에 두지 않기 위해 다음과 같이 특별소멸사유와 단기소멸시효를 규정하고 있다. 또한 운송인의 책임에 관한 상법의 규정은 강행규정이 아니므로 당사자 간의 합의로 이를 감면할 수 있다(예: 면책약관).

(1) 특별소멸사유

운송인의 책임은 수하인 또는 화물상환증소지인이 **유보 없이 운송물을 수령하고 운임 기타의 비용을 지급한 때**에는 소멸한다. 그러나 운송물에 즉시 발견할 수 없는 훼손 또는 일부 멸실이 있는 경우에 운송물을 수령한 날로부터 2주간 내에 운송인에게 통지를 발송한 때에는 그러하지 아니하다(146조 1항). 이러한 특별소멸사유는 운송인 또는 그 사용인이 악의인 경우에는 적용되지 않는다(2항).

(2) 단기소멸시효

운송인의 책임은 수하인이 운송물을 수령한 날로부터 1년을 경과하면 소멸시효가 완성하며, 전부멸실의 경우 이 시효기간은 그 운송물을 인도할 날로부터 기

---

1) 정찬형(상) 356면; 이기수·최병규(총) 478면. 반대: 이철송(총) 535면(운송인의 고의·중과실로 운송물에 손해가 발생한 경우 채무불이행의 일반원칙에 따라 해결하여야 한다 함).
2) 채이식(상) 299면; 최준선(총) 380면.
3) 손주찬(상) 344면; 강위두·임재호(상) 281면; 이철송(총) 534·535면; 김병연 외(총) 304면(고가물에 걸맞는 운송방법을 취할 기회가 있는 경우에 한하여 고가물로서의 책임을 지되, 운임 증액 및 추가비용의 청구를 할 수 있다 함).
4) 최기원·김동민(상) 354면; 임홍근(총) 433면; 정동윤(상) 254면; 이기수·최병규(총) 477면; 정찬형(상) 357면; 임중호(총) 461면; 김정호(상) 318면.

산한다(147조, 121조 1항·2항). 이러한 단기소멸시효는 운송인이나 그 사용인이 악의인 경우에는 적용하지 아니한다(147조, 121조 3항). 여기서 **'악의'**라 함은 적극적으로 운송물의 멸실·훼손을 야기하거나 이를 은폐한 경우를 가리킨다는 견해가 있으나,[1] 소극적으로 멸실·훼손을 알면서 이를 수하인에게 알리지 않은 경우도 포함된다 할 것이다(대판 1987.6.23., 86다카2107).[2] 이 경우 일반 상사시효(64조)가 적용되어 5년을 경과하면 소멸시효가 완성한다.

마. 불법행위책임과의 관계

운송물이 멸실·훼손된 경우 운송계약상의 채무불이행 외에 불법행위의 요건도 충족시킬 수 있어 양자의 관계가 문제된다. 계약법은 특별법으로서 일반적인 불법행위 규정의 적용을 배제하므로 채무불이행책임만이 발생한다는 견해가 있으나(법조경합설),[3] 채무불이행책임과 불법행위책임은 그 요건과 효과가 다르며 특히 전자에 대하여는 운송인의 책임을 경감하는 상법상의 특칙들이 있으므로, 피해자를 두텁게 보호하기 위하여 양자는 병존한다고 보아야 할 것이다(청구권경합설)(통설)(대판 1983.3.22., 82다카1533).[4]

4. 운송인의 권리

가. 운송물 인도청구권

운송물을 수령하지 않아도 운송계약은 성립하나(낙성계약) 운송계약상의 채무를 이행하기 위하여 운송인은 송하인에게 운송물의 인도를 청구할 권리가 있다. 송하인이 운송물의 인도를 지체할 경우 채권자지체의 책임을 진다.

나. 화물명세서 교부청구권

송하인은 운송인의 청구에 의하여 화물명세서를 교부하여야 하며, 이에는 (i) 운송물의 종류, 중량 또는 용적, 포장의 종별, 개수와 기호, (ii) 도착지, (iii) 수

1) 손주찬(상) 346면; 최기원·김동민(상) 325면; 임홍근(총) 436면; 이철송(총) 536·537면.
2) 강위두·임재호(상) 286면; 정동윤(상) 256면; 이기수·최병규(총) 481면; 정찬형(상) 332면.
3) 정희철(상) 207면.
4) 손주찬(상) 345면; 강위두·임재호(상) 288면(운송계약에서 예상한 정도를 일탈한 경우에만 청구권의 경합을 인정함); 최기원·김동민(상) 357면; 이기수·최병규(총) 479면; 정동윤(상) 257면; 이철송(총) 537·538면; 정찬형(상) 331면.

하인과 운송인의 성명 또는 상호, 영업소 또는 주소, (iv) 운임과 그 선급 또는 착급의 구별, (v) 화물명세의 작성지와 작성연월일을 기재하고 송하인이 기명날인 또는 서명하여야 한다(126조). 이는 계약서도 유가증권도 아닌 증거증권에 불과하며, 운송인의 운송 준비와 수하인의 확인 작업 등에 이용된다.

송하인이 화물명세서에 허위 또는 부정확한 기재를 한 때에는 운송인이 악의인 경우를 제외하고 이로 인한 손해를 배상할 책임이 있다(127조 1항). 이러한 허위기재에 대한 책임을 과실책임으로 보는 견해도 있으나[1] 무과실책임으로 보아야 할 것이다(다수설).[2]

다. 운임 및 비용청구권

운임은 통상 운송계약에서 정해질 것이나 그렇지 않은 경우에도 운송인은 상인으로서 당연히 상당한 보수(운임)를 청구할 수 있다(61조). 운임은 그 성질상 착급이 원칙이다(대판 1993.3.12. 92다32906). 상법은 **운송물이 멸실된 경우의 운임**에 관하여 다음과 같은 특칙을 두고 있다. 즉, (i) 운송물의 전부 또는 일부가 송하인의 책임없는 사유로 인하여 멸실한 때에는 운송인은 그 운임을 청구하지 못한다. 운송인이 이미 그 운임의 전부 또는 일부를 받은 때에는 이를 반환하여야 한다(134조 1항). 그러나 이는 임의규정이므로 불가항력으로 인한 운송물 멸실의 경우에도 운임을 지급한다는 특약은 유효하다(대판 1972.2.22. 71다2500). (ii) 운송물의 전부 또는 일부가 그 성질이나 하자 또는 송하인의 과실로 멸실한 때에는 운송인은 운임의 전액을 청구할 수 있다(2항).

운송인이 운임에 포함되지 않은 비용(예: 통관비용 · 창고보관료)을 지출한 때에는 그 상환을 청구할 수 있다.

라. 유치권 · 공탁권 · 경매권

운송인에게는 **운송주선인과 동일한 유치권**이 인정된다. 즉, 운송인은 운임 및 송하인을 위한 체당금이나 선대금(先貸金)에 관하여서만 그 운송물을 유치할 수 있다(147조, 120조).

또한 운송인에게는 **상사매매에서의 매도인에게 인정된 바와 유사한 공탁 · 경매권**이 인정

---

1) 정희철(상) 237면; 강위두 · 임재호(상) 292면.
2) 손주찬(상) 348면; 최기원 · 김동민(상) 363면; 이기수 · 최병규(총) 462면; 정동윤(상) 261면; 이철송(총) 521면; 정찬형(상) 362면.

된다.

첫째, 운송인이 수하인을 알 수 없는 경우 운송인은 운송물을 공탁할 수 있다(142조 1항). 여기서 '수하인'이란 널리 운송물을 수령할 권한이 있는 자를 말하며 화물상환증이 발행된 경우 그 소지인을 포함한다.[1] 이 경우 운송인은 송하인에 대하여 상당한 기간을 정하여 운송물의 처분에 대한 지시를 최고하여도 그 기간 내에 지시를 하지 아니한 때에는 운송물을 경매할 수 있다(2항). 다만 운송물이 멸실 또는 훼손될 염려가 있는 때에는 최고 없이 경매할 수 있다(145조, 67조 2항). 운송인이 이와 같이 운송물을 공탁·경매한 때에는 지체없이 송하인에게 그 통지를 발송하여야 한다(142조 3항). 운송인이 운송물을 경매한 때에는 그 대금에서 경매비용을 공제한 잔액을 공탁하여야 하나, 그 전부 또는 일부를 운임 기타 비용에 충당할 수 있다(145조, 67조 3항).

둘째, 수하인이 운송물의 수령을 거부하거나 수령할 수 없는 경우에도 동일한 공탁·경매권이 인정된다(143조 1항). 여기서 '수하인'의 의미도 위 첫째의 경우와 같다. 다만 이 경우 운송인이 경매를 함에는 송하인에 대한 최고를 하기 전에 수하인에 대하여 상당한 기간을 정하여 운송물의 수령을 최고하여야 한다(2항). 한편 운송인이 송하인, 화물상환증소지인과 수하인을 모두 알 수 없는 때에는 공시최고를 거쳐야 운송물을 경매할 수 있다(144조).

마. 운송인의 채권의 소멸시효

운송인의 송하인 또는 수하인에 대한 채권은 1년간 행사하지 않으면 소멸시효가 완성된다(147조, 122조).

5. 화물상환증

가. 의 의

화물상환증이란 운송인이 운송물을 수령하였음을 증명하고 그 소지인의 **운송물 인도청구권을 표창하는 유가증권**이다. 화물상환증은 송하인의 청구에 의하여 운송인이 발행하며, 이에는 (i) 운송물의 종류, 중량 또는 용적, 포장의 종별, 개수와 기호, (ii) 도착지, (iii) 수하인과 운송인의 성명 또는 상호, 영업소 또는 주소, (iv) 송하인의 성명 또는 상호, 영업소 또는 주소, (v) 운임 기타 운송물에 관한 비용과

---

1) 손주찬(상) 349면; 이철송(총) 544면; 정찬형(상) 364면.

그 선급 또는 착급의 구별, (vi) 화물상환증의 작성지와 작성연월일을 기재하고 운송인이 기명날인 또는 서명하여야 한다(128조).

화물상환증의 기재사항은 이처럼 법정되어 있으나, 그 요식성은 어음·수표와 같이 엄격한 것이 아니어서 일부 사항이 흠결되어도 운송물의 동일성이 인정되고 도착지에서의 인도의무가 확정되어 있으면 유효하다(완화된 요식증권성)(통설). 또한 화물상환증은 법률상 당연한 지시증권으로서 기명식인 경우에도 배서에 의하여 양도할 수 있다(130조). 그 밖에도 화물상환증은 요인(要因)증권성(128조 1항)·제시증권성·상환증권성(129조)·문언(文言)증권성(131조)·처분증권성(132조) 및 인도증권성(133조)을 갖는다.

화물상환증은 운송물이 도착지에 도착하기 전에도 이를 간편하게 처분(예: 전매)할 수 있게 해 주나, 운송기간이 단기간인 육상운송에서는 거의 이용할 실익이 없다.

나. 효 력

화물상환증은 운송물인도청구권을 표창하는 채권적 유가증권이지만, 일정한 경우 화물상환증을 교부하면 운송물을 인도한 것과 같은 효력이 인정된다(133조). 따라서 화물상환증의 효력은 이를 채권적 효력과 물권적 효력으로 나누어 볼 수 있다.

(1) 채권적 효력

화물상환증의 소지인은 운송인에게 운송물의 인도를 청구할 수 있으며, 그 채무불이행에 대하여는 손해배상을 청구할 수 있다. 이를 화물상환증의 채권적 효력이라 한다. 그런데 **화물상환증의 기재가 운송계약의 내용과 다른 경우**(예: 사과 100상자의 운송계약을 체결하였으나 화물상환증에는 귤 100상자로 기재된 경우) 운송인이 어떠한 책임을 지는지가 문제된다. 화물상환증에 의한 법률관계는 운송계약의 내용에 구속받는다는 점을 고려한다면 운송계약의 내용에 따른 책임을 인정하여야 할 것이다(요인증권성). 그러나 화물상환증의 문언을 신뢰한 선의의 제3자를 보호하기 위해서는 그 문언에 따른 효력을 인정하여야 할 것이다(문언증권성). 즉, 화물상환증의 요인증권성과 문언증권성이 충돌하는 것인데, 상법은 이 문제를 다음과 같이 해결하고 있다.

(i) **화물상환증을 선의로 취득한 자와의 관계**에서는 운송인은 화물상환증에 적힌 대로 운송물을 수령한 것으로 보고 화물상환증에 적힌 바에 따라 운송인으로서 책임

을 진다(131조 2항). 즉, 화물상환증의 기재를 신뢰한 선의의 화물상환증소지인을 보호하기 위해 운송인이 그 기재대로 운송물을 수령한 것으로 간주하는 것이다. 따라서 이 경우 운송인의 반증은 허용되지 않으며, 화물상환증에 기재된 물건(위의 예에서 귤 100상자)을 인도하지 못하는 경우 채무불이행책임을 진다.

(ii) (i) 이외의 자, 즉 **송하인 및 화물상환증을 악의로 취득한 자와의 관계**에서는 운송인과 송하인 사이에 화물상환증에 적힌 대로 운송계약이 체결되고 운송물을 수령한 것으로 '추정'한다(동조 1항). 따라서 화물상환증에 기재된 물건을 인도하지 못하는 경우에도 운송인은 반증을 통해 이 추정을 전복시킴으로써 채무불이행책임을 면할 수 있다.

(2) 물권적 효력

화물상환증에 의하여 운송물을 받을 수 있는 자에게 화물상환증을 교부한 때에는 운송물 위에 행사하는 권리의 취득에 관하여 운송물을 인도한 것과 동일한 효력이 있다(133조). 이를 화물상환증의 물권적 효력이라 하며, 그 이론구성에 관하여 다음과 같이 설이 갈린다.

첫째, 화물상환증을 인도하면 운송물의 점유 자체가 이전된다고 보는 견해가 있다(절대설).[1] 이 입장에서는 운송인이 운송물을 점유하고 있는지 여부를 불문하나, 운송물이 멸실되거나 제3자가 이를 선의취득한 경우에는 물권적 효력이 인정되지 않는다.

둘째, 화물상환증을 인도하면 운송물의 간접점유가 이전된다는 견해가 있다(상대설). 이는 다시 둘로 나뉜다. (i) 운송물에 대한 간접점유를 이전하기 위해 상법 제133조에 의한 화물상환증의 교부 외에 운송인이 운송물을 직접점유하고 있어야 하고(민 190조) 지명채권양도의 대항요건(민 450조)을 갖추어야 한다는 견해가 있다(엄정상대설).[2] (ii) 화물상환증은 운송물을 대표하므로 민법상 목적물반환청구권 양도의 대항요건(민 450조)을 갖추지 않더라도 증권의 인도만으로 운송물의 간접점유가 이전된다고 보는 견해가 있다(대표설)(다수설).[3] 이 입장에서는 운송인이 운송물을 직접점유할 것을 요구하지만, 운송인이 일시 운송물을 분실한 경

1) 박원선(상) 193면.
2) 우리나라에서 이 견해를 취하는 분은 없다.
3) 손주찬(상) 367면; 최기원 · 김동민(상) 381면; 임홍근(총) 467면; 정찬형(상) 376면; 최준선(총) 404면; 김병연 외(총) 312면.

우에도 넓은 의미에서 운송물을 점유하는 동안(예: 민법 제204조에 의한 점유회수가 가능한 동안)은 물권적 효력이 인정된다고 본다. 운송물이 멸실되거나 제3자가 이를 선의취득한 경우에 물권적 효력이 인정되지 않음은 절대설과 같다.

셋째, 상법 제133조는 화물상환증에 체화한 운송물인도청구권을 유가증권법과 물권법의 원리에 따라 증권의 교부만으로 양도하는 특별한 방식을 규정한 것이라는 견해가 있다(유가증권적 효력설 · 절충설).[1] 이 입장에서는 민법상 목적물반환청구권 양도의 대항요건을 갖출 필요가 없다고 보는 점은 대표설과 같으나, 운송인이 운송물을 자주점유하는 경우(예: 운송인이 운송물을 횡령한 경우)에도 물권적 효력을 인정하는 점에서 차이가 있다고 한다.

넷째, 화물상환증의 물권적 효력은 그 채권적 효력의 반사적 효과에 지나지 않는다는 견해가 있다(부정설).[2] 생각건대, 엄정상대설은 증권의 교부만으로 물권적 효력을 인정하려는 상법 제133조를 무의미하게 만드는 문제점이 있다. 여타의 학설들은 결과 면에서 큰 차이가 없으나, 대표설이 이론적으로 가장 무난하다고 여겨진다.

6. 순차운송

가. 의 의

운송수단이 발달하고 거래지역이 확대되어 감에 따라 수인의 운송인이 동일한 운송물을 순차로 운송할 때가 있다. 이를 **광의의 순차운송**이라 하며, 다음과 같은 네 가지 유형이 있다. (i) 수인의 운송인이 각각 독립하여 구간별로 운송을 인수하는 경우가 있다(부분운송). 이 경우 각 구간마다 별개의 운송계약이 성립하고 이들 상호간에는 아무런 관계가 없다. (ii) 한 운송인이 전 구간의 운송을 인수하고 그 전부 또는 일부를 다른 운송인에게 운송시키는 경우가 있다(하수운송). 이 경우 최초의 운송인만이 계약의 당사자가 되고 여타의 운송인은 그 이행보조자에 불과하다. (iii) 수인의 운송인이 공동으로 전 구간의 운송을 인수하는 경우가 있다(동일운송). 이 경우 운송인 전원이 계약의 당사자가 되어 전 구간에 대하여 연대채무를 진다. (iv) 송하인이 최초의 운송인과 전 구간에 대한 운송계약을 맺

---

1) 정동윤(상) 273면; 이기수 · 최병규(총) 498면; 임중호(총) 483면; 김정호(상) 306 · 307면.

2) 채이식(상) 331 · 332면.

음으로써 다른 운송인도 동시에 이용할 수 있는 경우가 있다(공동운송). 즉, 최초의 운송인은 자기의 운송구간 이외의 구간에 대하여 자기명의와 송하인의 계산으로써 다른 운송인과 운송계약을 체결하는 것이다. (iv)의 공동운송을 **협의의 순차운송**이라 하며, 상법은 이에 대해 다음과 같은 특칙을 두고 있다.

나. 순차운송에 관한 특칙

(1) 순차운송인의 연대책임

수인이 순차로 운송할 경우에는 각 운송인은 운송물의 멸실, 훼손 또는 연착으로 인한 손해를 연대하여 배상할 책임이 있다(138조 1항). 이는 어느 구간의 운송인의 과실로 손해가 발생했는지를 증명하기 매우 어려우므로 송하인 및 수하인의 보호를 위해 그 입증책임을 면하게 한 것이다. 순차운송인 중 1인이 손해를 배상한 때에는 그 손해의 원인이 된 행위를 한 운송인에 대하여 구상권이 있다(2항). 이 경우 그 손해의 원인이 된 행위를 한 운송인을 알 수 없는 때에는 각 운송인은 그 운임액의 비율로 손해를 부담한다. 그러나 그 손해가 자기의 운송구간 내에서 발생하지 않았음을 증명한 때에는 손해분담의 책임이 없다(3항).

(2) 순차운송인의 대위

순차운송에 대하여는 순차운송주선인의 대위에 관한 규정이 준용된다. 즉, 수인이 순차로 운송을 하는 경우에는 후자는 전자에 갈음하여 그 권리를 행사할 의무를 부담하며, 후자가 전자에 변제한 때에는 전자의 권리를 취득한다(147조, 117조).

Ⅲ. 여객운송

1. 여객운송계약

여객운송계약은 낙성·불요식의 계약이며, 승차권이 발행되는 경우도 있지만 이는 계약성립의 요건이 아니다. 여객운송계약은 유상(有償)인 것이 원칙이지만, 무상인 경우도 있다(예: 유아). 상법은 여객이 받은 손해 및 수하물에 대한 여객운송인의 책임에 관하여 규정하고 있다.

2. 여객운송인의 손해배상책임

가. 여객이 받은 손해에 대한 책임

운송인은 자기 또는 사용인이 운송에 관한 주의를 해태하지 아니하였음을 증명하지 아니하면 여객이 운송으로 인하여 받은 손해를 배상할 책임을 면하지 못한다(148조 1항). 과실책임주의를 취하되 **운송인이 그 무과실에 대한 입증책임을 부담**하도록 한 것은 전술한 물건운송인의 손해배상책임(135조)의 경우와 같다. 여기서 "여객이 운송으로 인하여 받은 손해"라 함은 여객의 생명·신체 등에 관한 손해 외에 연착으로 인한 손해도 포함한다(통설). 또한 물질적 손해 외에 정신적 손해도 포함한다(통설).

그러나 배상액의 산정에 있어서는 **정액배상주의**(137조)**가 적용되지 않는다.** 따라서 민법의 일반원칙에 의하나, 손해배상의 액을 정함에는 법원은 피해자와 그 가족의 정상을 참작하여야 한다(148조 2항). 즉, 특별손해를 당사자가 예견하지 못한 경우에도 법원이 이를 참작하여야 한다는 것이므로, 이 부분은 민법의 원칙(민 393조 2항)에 대한 예외가 된다. 여객이 받은 손해에 대한 배상청구권에 관하여는 단기소멸시효도 규정되어 있지 않으므로, 일반 상사시효가 적용되어 5년간 이를 행사하지 아니하면 소멸시효가 완성된다(64조).

나. 수하물에 대한 책임

운송인은 여객으로부터 인도를 받은 수하물(탁송수하물)에 관하여는 운임을 받지 아니한 경우에도 물건운송인과 동일한 책임이 있다(149조 1항). 따라서 무과실에 대한 운송인의 입증책임(135조) 및 정액배상주의(137조)에 관한 규정들이 적용된다. 또한 수하물이 도착한 날로부터 10일 내에 여객이 그 인도를 청구하지 아니한 때에는 상사매매에 있어서 매도인의 경우와 같은 공탁·경매권이 인정된다(149조 2항 본문, 67조). 그러나 주소 또는 거소를 알지 못하는 여객에 대하여는 최고와 통지를 요하지 아니한다(149조 2항 단서).

여객으로부터 인도를 받지 아니한 수하물(휴대수하물)의 멸실 또는 훼손에 대하여는 운송인은 자기 또는 사용인의 과실이 없으면 손해를 배상할 책임이 없다(150조). 즉, 손해를 배상받기 위해서는 여객이 운송인 측의 과실을 입증하여야 한다. 손해배상액에 관하여 명문의 규정은 없으나 정액배상주의에 관한 상법 제137조에 의한다고 본다(통설). 민법의 원칙에 따를 때에는 탁송수하물의 경우보다 운송인의 책임이 더 무거워지는 모순이 발생하기 때문이다.

제6절 공중접객업

Ⅰ. 공중접객업자의 의의

극장, 여관, 음식점 그 밖의 **공중이 이용하는 시설에 의한 거래를 영업으로 하는 자**를 공중접객업자라 한다(151조). '그 밖의 공중이 이용하는 시설'에는 목욕탕, 미용실, 당구장, 골프장, 기원 등이 포함된다. 공중접객업자는 이러한 물적 시설의 소유자가 아니라 공중접객업을 경영하는 주체를 가리키며, 당연상인이 된다(4조, 46조 9호). 상법은 고객의 임치물 및 휴대물에 대한 공중접객업자의 책임에 관하여 규정하고 있다.

Ⅱ. 공중접객업자의 책임

1. 임치물에 대한 책임

공중접객업자는 자기 또는 그 사용인이 고객으로부터 임치(任置)받은 물건(임치물)의 보관에 관하여 주의를 게을리하지 아니하였음을 증명하지 아니하면 그 물건의 멸실 또는 훼손으로 인한 손해를 배상할 책임이 있다(152조). 종래 상법은 임치물의 멸실·훼손이 불가항력으로 인한 것임을 입증하지 못하는 한 공중접객업자가 책임을 면하지 못하도록 하였으나, 2010년 개정에서 진술한 물건운송인의 경우와 같이 **과실책임주의를 취하되 무과실의 입증책임을 공중접객업자가 지도록** 하여 그 책임을 완화한 것이다.

여기서 '고객'은 공중접객업자와 시설이용계약(예: 투숙계약)을 체결한 자를 말하나, 계약을 체결하지 않았더라도 그 시설을 이용할 의사로 입장하여 사실상 고객으로서 대우를 받는 자(예: 투숙을 위해 여관에 들어왔으나 방이 없어 그냥 나온 자)를 포함한다.[1] 또한 '임치받은' 물건에 대한 책임이 발생하려면 그 **임치에 관한 명시적 또는 묵시적 합의가 있어야** 한다. 예컨대, 여관 부설주차장에 시정장치가 된 출입

1) 손주찬(상) 386면; 최기원·김동민(상) 394면; 이철송(총) 584면; 정찬형(상) 392면.

문이 설치되어 있거나 출입을 통제하는 관리인이 배치되어 있는 등 여관측에서 그 주차장에의 출입과 주차사실을 통제하거나 확인할 수 있는 조치가 되어 있다면 명시적 합의가 없더라도 여기에 투숙객이 주차한 차량에 관하여 임치의 묵시적 합의를 인정할 수 있으나, 단지 주차의 장소만을 제공하는 데에 불과하여 그 주차장 출입과 주차사실을 여관측에서 통제하거나 확인하지 않고 있는 상황이라면 투숙객이 여관측에 주차사실을 고지하거나 차량열쇠를 맡겨 차량의 보관을 위탁한 경우에만 임치의 성립을 인정할 수 있다(대판 1992.2.11., 91다21800).

2. 휴대물에 대한 책임

공중접객업자는 고객으로부터 임치받지 아니한 경우에도 그 시설 내에 휴대한 물건(휴대물)이 자기 또는 그 사용인의 과실로 인하여 멸실 또는 훼손되었을 때에는 그 손해를 배상할 책임이 있다(152조 2항). 이는 공중접객시설의 이용관계를 근거로 하여 법이 인정한 특별책임이다(통설). 이 경우 손해배상을 받으려면 **공중접객업자 측의 과실을 고객이 입증하여야** 한다.

3. 면책의 특약

전술한 공중접객업자의 책임을 감면하는 특약은 유효하나, 고객과의 합의 없이 **일방적으로 책임이 없음을 게시**(揭示) **또는 고지하는 것만으로는 면책의 효력이 없다.** 즉, 고객의 임치물 또는 휴대물에 대하여 책임이 없음을 알린 경우에도 공중접객업자는 이에 대한 책임을 면하지 못한다(152조 3항).

4. 고가물에 대한 책임

화폐, 유가증권 그 밖의 고가물에 대하여는 고객이 그 종류와 가액을 명시하여 임치하지 아니하면 공중접객업자는 그 물건의 멸실 또는 훼손으로 인한 손해를 배상할 책임이 없다(153조). 이는 물건운송인의 고가물에 대한 책임(136조)과 같은 취지이다.

5. 단기소멸시효

이상 설명한 공중접객업자의 책임은 공중접객업자가 임치물을 반환하거나 고객이 휴대물을 가져간 후 6개월이 지나면 소멸시효가 완성된다(154조 1항). 물건이 전부 멸실된 경우에는 고객이 그 시설에서 퇴거한 날부터 소멸시효기간이 기산한다(2항). 이러한 단기소멸시효는 공중접객업자나 그 사용인이 악의인 경우에는 적용하지 아니한다(3항).

제7절 창고업

Ⅰ. 창고업자의 의의

타인을 위하여 창고에 물건을 보관함을 영업으로 하는 자를 창고업자라 한다(155조). **'타인을 위하여'** 보관하여야 하므로 자기 물건을 보관하는 경우는 제외된다. 또한 수치인이 목적물의 소유권을 취득하였다가 동종·동량의 물건을 반환하는 소비임치(민 702조)의 경우도 제외된다. 그러나 수인의 임치인의 임치물(곡류 등 대체성 있는 물건)을 혼합하여 보관하는 혼장임치의 인수를 영업으로 하는 경우는 창고업자에 해당한다. **'창고'**는 물건의 보관을 위한 시설을 말하나, 반드시 지붕을 가진 건물이어야 하는 것은 아니다(예: 야적창고). 타인의 시설을 임대하여 창고업을 경영하여도 무방하다. **'물건'**은 동산에 한하나, 화폐·유가증권 등 고가물도 포함된다. **'보관'**이란 목적물이 멸실·훼손되지 않도록 보존하는 것을 말한다. 창고업자는 물건의 보관, 즉 임치의 인수를 영업으로 함으로써 당연상인이 된다(4조, 46조 14호). 따라서 창고임치계약에 대하여는 상법의 규정 외에 민법의 임치에 관한 규정(민 693조 이하)이 적용된다.

창고업자는 상업적으로 유리한 시기가 올 때까지 상인의 물건을 보다 적은 비용으로 안전하게 보관해주며, 창고증권을 발행함으로써 보관 중인 물건을 적기에 처분할 수 있게 해준다.

Ⅱ. 창고업자의 의무 · 책임

1. 임치물 보관의무

창고업자는 보관료를 받지 않는 경우에도 임치물을 선량한 관리자의 주의로써 보관하여야 한다(62조). 임치기간에 관하여는 약정이 있으면 이에 따르나, **임치기간**이 정하여지지 않은 경우 창고업자는 임치물을 받은 날로부터 최소한 6개월은 이를 보관하여야 하며, 반환하기 2주간 전에 예고하여야 한다(163조). 이는 기간의 약정 없는 임치를 각 당사가자 언제든지 해지할 수 있게 한 민법 제699조에 대한 예외이다. 다만 부득이한 사유가 있는 경우(예: 임치물의 부패로 다른 임치물에 위험이 미치는 경우) 창고업자는 언제든지 임치물을 반환할 수 있다.

2. 창고증권 교부의무

창고업자는 임치인의 청구에 의하여 창고증권을 교부하여야 한다(156조). 창고증권에 관한 상세는 후술한다.

3. 임치물의 검사 · 견품적취 · 보존처분에 응할 의무

임치인 또는 창고증권소지인은 영업시간 내에 언제든지 창고업자에 대하여 임치물의 검사 또는 견품의 적취를 요구하거나 그 보존에 필요한 처분을 할 수 있다(161조). 따라서 창고업자는 임치인 및 창고증권소지인의 이러한 행위를 허용하여야 하며, 필요한 경우 이에 협력하여야 한다.

4. 임치물의 훼손 · 하자 등의 통지 및 처분의무

창고업자가 임치물을 인도받은 후에 그 물건의 훼손 또는 하자를 발견하거나 그 물건이 부패할 염려가 있는 때에는 지체없이 임치인에게 그 통지를 발송하여야 하며, 임치인의 지시를 받을 수 없거나 그 지시가 지연되는 때에는 창고업자는 임치인의 이익을 위하여 적당한 처분을 할 수 있다(168조, 108조). 이는 위탁매매인에 관한 제108조를 준용한 것이지만, 창고업자는 물건의 보관의무를 지는데 그칠 뿐 그 처분에 관여할 의무는 없으므로 **'가격저락의 상황을 안 때'에는 이러한**

통지의무가 없다(통설).[1]

5. 임치물 반환의무

창고업자는 임치인의 청구가 있는 때에는 보관기간의 약정 유무를 불문하고 임치물을 반환하여야 한다(민 698 · 699조). 창고증권이 발행된 경우에는 그 소지인에게 대하여서만 또 그 증권과 상환하여서만 임치물을 반환할 수 있다(157조, 129조).

6. 손해배상책임

창고업자는 자기 또는 사용인이 임치물의 보관에 관하여 주의를 해태하지 아니하였음을 증명하지 아니하면 임치물의 멸실 또는 훼손에 대하여 손해를 배상할 책임을 면하지 못한다(160조). 이는 물건운송인의 경우와 같이 **과실책임주의를 취하되 무과실의 입증책임을 창고업자에게 지운 것**이다. 여기서 '멸실'은 물리적 멸실뿐만 아니라 수치인이 임치물을 권한없는 자에게 무단 출고함으로써 임치인에게 이를 반환할 수 없게 된 경우를 포함한다(대판 1980.12.22., 80다1609). 창고업자에 관하여는 고가물의 책임(136조)이나 정액배상주의(137조)에 관한 규정이 없으므로 이에 관하여는 일반원칙에 의한다(이설 있음).[2]

창고업자의 책임에 관하여는 물건운송인의 책임의 **특별소멸사유**에 관한 규정이 준용된다(168조, 146조). 또한 임치물의 멸실 또는 훼손으로 인하여 생긴 창고업자의 책임은 그 물건을 출고한 날부터 1년이 경과하면 소멸시효가 완성된다(166조 1항). 이 시효기간은 임치물이 전부 멸실한 경우에는 입치인과 알고 있는 창고증권소지인에게 그 멸실의 통지를 발송한 날로부터 기산한다(2항). 이러한 **단기소멸시효**는 창고업자 또는 그 사용인이 악의인 경우에는 적용하지 아니한다(3항).

1) 손주찬(상) 391면; 최기원 · 김동민(상) 403면; 이철송(총) 593면; 정찬형(상) 399면; 채이식(상) 342면; 송옥렬 202면.
2) 손주찬(상) 392면(137조 관련); 이철송(총) 594(136조 관련); 정찬형(상) 400면; 송옥렬 203면. 반대: 최기원 · 김동민(상) 404면(136조 및 137조를 유추적용함).

Ⅲ. 창고업자의 권리

1. 운송물 인도청구권

창고임치계약은 낙성계약이므로(통설) 운송물의 인도 없이도 계약이 성립하나, 그 계약의 효과로서 창고업자는 임치인에게 운송물의 인도를 청구할 권리를 가진다.

2. 보관료 및 비용상환청구권

창고업자는 무상임치의 특약이 없는 한 상당한 보수(보관료)를 청구할 수 있다(61조). 또한 임치물에 관하여 지출한 기타의 비용(예: 보험료) 또는 체당금이 있는 때에는 그 상환을 청구할 수 있다(162조). 창고업자는 임치물을 출고할 때가 아니면 이러한 보관료·비용 및 체당금의 지급을 청구하지 못한다. 그러나 보관기간 경과 후에는 출고 전이라도 이를 청구할 수 있다(동조 1항). 임치물의 일부출고의 경우에는 창고업자는 그 비율에 따른 보관료 기타의 비용과 체당금의 지급을 청구할 수 있다(2항).

3. 유치권 및 공탁·경매권

창고업자의 경우에는 대리상(91조) 등의 경우와 같은 특별유치권이 인정되지 않는다. 그러나 민사유치권(민 320조) 및 (임치인이 상인인 경우) 일반상사유치권(58조)을 행사할 수 있다. 또한 창고업자에 대하여는 상사매매에 있어 매도인의 공탁·경매권에 관한 규정이 준용된다(165조, 67조 1항·2항).

4. 채권의 단기소멸시효

창고업자의 임치인 또는 창고증권소지인에 대한 채권은 그 물건을 출고한 날로부터 1년간 행사하지 아니하면 소멸시효가 완성된다(167조).

Ⅳ. 창고증권

창고업자는 임치인의 청구에 의하여 창고증권을 교부하여야 한다(156조 1항). 창고증권에는 법정사항을 기재하고 창고업자가 기명날인 또는 서명하여야 한다(2항). 창고증권에 대하여는 화물상환증의 상환증권성·당연한 지시증권성 및 그 효력에 관한 규정들이 준용된다(157조, 129조 내지 133조). 따라서 이에 관하여는 앞서 화물상환증에 대하여 서술한 바에 따른다. 그 밖에 상법은 임치물의 분할 및 일부출고와 관련하여 다음과 같은 규정들을 두고 있다.

먼저 창고증권소지인은 창고업자에 대하여 그 증권을 반환하고 임치물을 분할하여 각 부분에 대한 창고증권의 교부를 청구할 수 있다(158조 1항). 이때 **임치물의 분할과 증권교부**의 비용은 증권소지인이 부담한다(2항).

또한 창고증권으로 임치물을 입질한 경우에도 질권자의 승낙이 있으면 임치인은 채권의 변제기 전이라도 **임치물의 일부반환**을 청구할 수 있다. 이 경우에는 창고업자는 반환한 임치물의 종류, 품질과 수량을 창고증권에 기재하여야 한다(159조).

제3장 새로운 업종 유형

1995년 개정상법은 기본적 상행위의 새로운 유형으로서 (i) 기계·시설 기타 재산의 물융에 관한 행위, (ii) 상호·상표 등의 사용허락에 의한 영업에 관한 행위 및 (iii) 영업상 채권의 매입·회수 등에 관한 행위를 도입하였다(46조 19호 내지 21호). 이어서 2010년 개정상법은 (i)의 '물융'이라는 용어를 '금융리스'로 바꾸면서 상행위편 제12장 내지 제14장에 이들 업종에 관한 상세한 규정을 신설하였다. 차례로 살펴본다.

Ⅰ. 금융리스업

1. 금융리스업자의 의의

금융리스이용자가 선정한 기계, 시설 그 밖의 재산(금융리스물건)을 제3자(공급자)로부터 취득하거나 대여받아 금융리스이용자에게 이용하게 하는 것을 영업으로 하는 자를 금융리스업자라 한다(168조의2). 광의의 리스(lease)에는 금융리스 외에 운용리스도 포함되나, 후자는 리스물건의 이용 자체에 목적이 있는 것으로 전통적인 임대차에 해당한다(46조 2호). 이에 비해 금융리스는 형식은 임대차이나 실질적으로는 금융거래의 기능을 수행하고 있어, 신종상행위로서의 금융리스에 관한 규정들이 상법에 도입된 것이다.

2. 금융리스업자와 금융리스이용자의 의무

금융리스업자는 금융리스이용자가 금융리스계약에서 정한 시기에 금융리스계약에 적합한 금융리스물건을 수령할 수 있도록 하여야 한다(168조의3 1항).

금융리스업자의 금융리스물건 수령 관련 의무의 내용(대판 2019. 2. 14., 2016다245418 · 2016다245425 · 2016다245432)

『금융리스계약은 금융리스업자가 금융리스이용자에게 금융리스물건을 취득 또는 대여하는 데 소요되는 자금에 관한 금융의 편의를 제공하는 것을 본질적 내용으로 한다(대법원 1996.8.23. 선고 95다51915 판결 참조). 금융리스업자는 금융리스이용자가 금융리스계약에서 정한 시기에 금융리스계약에 적합한 금융리스물건을 수령할 수 있도록 하여야 하고(상법 제168조의3 제1항), 금융리스이용자가 금융리스물건수령증을 발급한 경우에는 금융리스업자와 사이에 적합한 금융리스물건이 수령된 것으로 추정한다(상법 제168조의3 제3항).

이러한 금융리스계약의 법적 성격에 비추어 보면, 금융리스계약 당사자 사이에 금융리스업자가 직접 물건의 공급을 담보하기로 약정하는 등의 특별한 사정이 없는 한, 금융리스업자는 금융리스이용자가 공급자로부터 상법 제168조의3 제1항에 따라 적합한 금융리스물건을 수령할 수 있도록 협력할 의무를 부담할 뿐이고, 이와 별도로 독자적인 금융리스물건 인도의무 또는 검사 · 확인의무를 부담한다고 볼 수는 없다.』

금융리스이용자는 금융리스물건을 수령함과 동시에 금융리스료를 지급하여야 한다(2항). 금융리스물건수령증을 발급한 경우에는 금융리스계약 당사자 사이에 적합한 금융리스물건이 수령된 것으로 추정한다(3항). 금융리스이용자는 금융리스물건을 수령한 이후에는 선량한 관리자의 주의로 금융리스물건을 유지 및 관리하여야 한다(4항).

3. 공급자의 의무

금융리스물건의 공급자는 공급계약에서 정한 시기에 그 물건을 금융리스이용자에게 인도하여야 한다(168조의4 1항). 금융리스물건이 공급계약에서 정한 시기와 내용에 따라 공급되지 아니한 경우 금융리스이용자는 공급자에게 직접 손해배상을 청구하거나 공급계약의 내용에 적합한 금융리스물건의 인도를 청구할 수 있다(2항). 금융리스업자는 금융리스이용자가 이러한 권리를 행사하는 데 필요한 협력을 하여야 한다(3항).

4. 금융리스계약의 해지

금융리스이용자의 책임 있는 사유로 금융리스계약을 해지하는 경우에는 금융리스업자는 잔존 금융리스료 상당액의 일시 지급 또는 금융리스물건의 반환을 청구할 수 있다(168조의5 1항). 이러한 금융리스업자의 청구는 금융리스업자의 금융리스이용자에 대한 손해배상청구에 영향을 미치지 아니한다(2항). 금융리스이용자는 중대한 사정변경으로 인하여 금융리스물건을 계속 사용할 수 없는 경우에는 3개월 전에 예고하고 금융리스계약을 해지할 수 있다. 이 경우 금융리스이용자는 계약의 해지로 인하여 금융리스업자에게 발생한 손해를 배상하여야 한다(3항).

Ⅱ. 가맹업

1. 가맹업자 및 가맹상의 의의

자신의 상호·상표 등을 제공하는 것을 영업으로 하는 자(가맹업자)로부터 그의 상호 등을 사용할 것을 허락받아 가맹업자가 지정하는 품질기준이나 영업방식에 따라 영업을 하는 자를 가맹상이라 한다(168조의6). 가맹업은 프랜차이즈(franchise)를 번역한 것이며, 가맹상의 보호를 위한 특별법으로서 가맹사업거래의 공정화에 관한 법률이 제정되어 있다.

2. 가맹업자 및 가맹상의 의무

가맹업자는 가맹상의 영업을 위하여 필요한 지원을 하여야 한다(168조의7 1항). 가맹업자는 다른 약정이 없으면 가맹상의 영업지역 내에서 동일 또는 유사한 업종의 영업을 하거나, 동일 또는 유사한 업종의 가맹계약을 체결할 수 없다(2항).

가맹상은 가맹업자의 영업에 관한 권리가 침해되지 아니하도록 하여야 한다(168조의8 1항). 가맹상은 계약이 종료한 후에도 가맹계약과 관련하여 알게 된 가맹업자의 영업상의 비밀을 준수하여야 한다(2항).

3. 가맹상의 영업양도

가맹상은 가맹업자의 동의를 받아 그 영업을 양도할 수 있다(168조의9 1항). 가맹업자는 특별한 사유가 없으면 가맹상의 영업양도에 동의하여야 한다(2항).

4. 계약의 해지

가맹계약상 존속기간에 대한 약정의 유무와 관계없이 부득이한 사정이 있으면 각 당사자는 상당한 기간을 정하여 예고한 후 가맹계약을 해지할 수 있다(168조의10).

Ⅲ. 채권매입업

1. 채권매입업자의 의의

타인이 물건・유가증권의 판매, 용역의 제공 등에 의하여 취득하였거나 취득할 영업상의 채권(영업채권)을 매입하여 회수하는 것을 영업으로 하는 자를 채권매입업자라 한다(168조의11). 실무상으로는 채권매입업을 팩토링(factoring)이라 한다. 상인들은 전문적인 채권매입업자에게 채권을 양도하여 그 회수를 맡김으로써 비용을 절감하고 조기에 채권을 회수하는 효과를 거둘 수 있다.

2. 채권매입업자의 상환청구

영업채권의 채무자가 그 채무를 이행하지 아니하는 경우 채권매입업자는 채권매입계약의 채무자에게 그 영업채권액의 상환을 청구할 수 있다. 다만, 채권매입계약에서 다르게 정한 경우에는 그러하지 아니하다(168조의12).

제 3 편
회사법

제 1 장 통　칙 / 175
제 2 장 주식회사법 총설 / 189
제 3 장 주식회사의 설립 / 196
제 4 장 주식과 주주 / 219
제 5 장 주식회사의 기관 / 261
제 6 장 신주의 발행 / 341
제 7 장 정관의 변경 / 360
제 8 장 자본금의 감소 / 362
제 9 장 회사의 계산 / 367
제10장 사　채 / 379
제11장 회사의 합병 · 분할 · 조직변경 · 해산 및 청산 / 387
제12장 주식회사 이외의 회사 / 397
제13장 외국회사 / 413
제14장 벌　칙 / 415

회사법

제1장 통 칙

제1절 회사의 개념

회사는 한마디로 '영리 · 사단 · 법인'이라 정의할 수 있다. 그 개념요소를 차례로 살펴보자.

Ⅰ. 회사는 「사단(社團)」이다

개인기업은 기업자가 독자적인 경영판단을 할 수 있고, 이윤을 분배한다든가 이윤을 분배받을 사람으로부터 감시를 받는다든가 하는 불편이 없다. 그러나 사업의 규모를 키우기 위해서는 공동기업형태가 불가피하다. 개인의 자본과 노력에는 한도가 있으므로, 여러 사람의 출자를 모으고 경영면에서도 다수인의 노력을 합칠 필요가 있기 때문이다. 그런데 자본이나 노력을 보충하자면 타인에게 자금을 빌리거나 종업원을 고용하는 방법도 있는데 굳이 공동기업을 만드는 이유는 무엇인가? 그것은 채권자나 종업원은 기업위험을 분담해 주지 않기 때문이다. 즉, 공동기업은 다수인이 기업위험을 분담하는 기업형태인 것이다.

회사는 공동기업의 가장 완비된 법적 형태이다. 민법(예, 조합)이나 상법(예, 익명조합 · 선박공유)의 여타 공동기업 형태에 비해 회사는 대규모의 기업을 설립하고 운영할 수 있게 해주는 방대하고 정밀한 장치를 갖추고 있다. 회사의 이런 장점은 후술하는 법인성에도 기인하지만 종래 '사단성'이라고 불러온 속성과 깊은 관련이 있다. 과거에 상법 제169조가 회사를 사단이라고 규정했던 것은, 사단이 조합에 비해 구성원의 개성이 약하고 영향력이 적어 대규모 기업을 위한 조직형태로서

보다 적합했기 때문이다. 그런데 이와 같이 회사를 일률적으로 사단이라고 규정하기에는 회사의 종류별로 조직구조에 차이가 있다는 점이 지적되었다. 합명회사나 합자회사는 오히려 조합에 가까우며, 유한회사나 주식회사는 개별 구성원의 영향력이 적고 오히려 회사재산이 조직의 기둥 역할을 하는 면이 있다는 것이다(회사재단설의 논거). 또한 후술하는 바와 같이 1인 회사의 설립이 허용되면서, 회사를 사단이라고 규정할 수 있는지에 대한 의문이 더욱 강하게 제기되었다. 그리하여 **2011년 개정상법은 제169조에서 사단이라는 문구를 삭제하였다. 그러나** 지금도 여러 학자들이 회사의 사단성을 인정하는데,[1] 이는 1인회사가 법정책적으로 인정되더라도 회사의 본질은 여전히 사단이라고 보기 때문이다. 비록 회사가 민법상의 사단 개념에 완전히 부합하는 것은 아니지만, 민법상의 조합에 비해 상대적으로 단체성이 강한 회사조직의 특성은 여전히 인정할 수 있다. 따라서 이러한 완화된 의미에서의 **사단성은 현행법 하에서도 인정된다**고 본다.

Ⅱ. 회사는 「법인」이다

법인이란 자연인이 아님에도 법이 권리능력자로 인정하여 법인격을 부여한 존재를 말한다. 법인격을 부여받기 위해서는 법이 요구하는 자격요건을 갖추어야 하는데, 회사의 경우 특히 엄격한 요건을 갖추어야 한다(엄격준칙주의). 회사 내·외부의 다양한 이해관계자를 보호하기 위해서이다. 기업이 이러한 요건을 갖추어 회사로서 법인격을 취득하면 다음과 같은 특전을 누릴 수 있다. 첫째, 법률관계가 단순해진다. 회사 자체의 명의로 거래, 등기, 소송 등을 할 수 있게 되기 때문이다. 둘째, 기업의 영속성을 기할 수 있다. 구성원에 변동이 있더라도 회사는 권리주체로서 동일성을 유지하기 때문이다. 셋째, 회사의 종류에 따라서는 구성원에게 **유한책임의 혜택**이 부여된다. 이 세 번째 혜택에 대해서는 좀 더 설명이 필요하다.

이론적으로만 보면 구성원과 회사가 별개의 권리주체일 때 양자의 책임재산도 구분되는 것이 옳다. 즉, (i) 구성원의 채권자는 그 구성원의 재산에 대해서만 강제

---

1) 최기원·김동민(상) 434면; 정동윤(상) 337면; 이철송(회) 41면; 최준선(회) 75면; 권기범(회) 101면. 회사에 있어서 사단 개념의 유용성에 회의적인 견해로 이기수·최병규(회) 65면; 송옥렬 698면.

집행할 수 있고, (ii) 회사 채권자는 회사의 재산에 대해서만 강제집행할 수 있어야 할 것이다. 특히 (ii)가 인정될 경우 사원은 회사 채무에 대해 출자액 한도 내에서만 책임을 지고, 그 결과 유한책임의 혜택을 입게 된다. 이 혜택은 기업위험을 기업자로부터 채권자에게로 상당 부분 전가시켜 위험부담이 큰 사업을 가능케 함으로써 시장경제의 발전에 중요한 제도적 기반을 제공하였다. 반면 유한책임의 혜택을 남용하는 기업자로부터 회사채권자를 보호해야 한다는 매우 어려운 과제를 상법에 부여하기도 하였다. 이 과제의 해결은 상법 전체를 관통하는 주제이지만, 이 자리에서 볼 상법의 첫 번째 해결책은 유한책임의 혜택을 못 입는 사원을 인정하는 것이다. 즉, 상법은 합명회사와 합자회사에 반드시 무한책임사원을 두고 회사 채무에 대해 그 개인 재산으로 무한책임을 지도록 하고 있다. 그 결과 회사 채권자는 무한책임사원의 인적 신용에 주로 의존한다(인적회사). 반면 유한회사, 유한책임회사 및 주식회사는 모든 사원(내지 주주)이 유한책임의 혜택을 누리며, 그 결과 회사 채권자는 회사재산에 주로 의존한다(물적회사).

그러나 우리나라에서 회사재산이 부족하다고 느끼는 채권자를 안심시키기 위해 합명회사나 합자회사 형태를 선택하는 기업가는 소수에 불과했다. 대부분의 회사는 주식회사 형태로 설립되었으며, 채권자를 안심시키기 위해서는 대주주나 임원이 회사 채무에 대해 보증을 서거나 담보물을 제공하는 방법이 선호되었다. 이러한 왜곡된 기업행태는 주주(내지 유한책임사원)와 회사채권자의 이해조정이 만만치 않은 과제임을 보여 준다.

Ⅲ. 회사는「영리」사단법인이다

회사는 상행위 기타 영리를 목적으로 한다(169조). 그러나 단지 영리사업을 하는 것만으로는 부족하고 그 얻은 이익을 구성원(사원)에게 분배할 것을 목적으로 하여야 한다(이익분배설: 통설). 재단법인이나 공법인이 그 목적범위 내에서 수익사업을 하더라도, 이는 구성원에게 배분하기 위한 것이 아니므로, 회사라 할 수 없다. 또한 상호보험회사 · 협동조합 · 거래소 등이 구성원에게 경제적 이익을 분배하더라도, 이는 단체의 내부활동을 통해 얻은 수익이므로, 이들 역시 회사가 아니다.

제2절 회사 개념의 변용

I. 1인회사

1. 의 의

회사는 공동기업이지만 물적회사의 경우는 사원이 1인인 회사도 성립 · 존속할 수 있다. 즉, **물적회사인 주식회사 · 유한회사 및 유한책임회사**는 1인 설립이 허용되며, 주주 또는 사원이 1인으로 되어도 해산사유가 되지 않는다(517조 1호, 609조 1항 1호, 287조의38 2호). 이처럼 주주 또는 사원이 1인으로 된 물적회사를 1인회사라 한다. 물적회사는 회사재산이 신용의 주된 기반이 되므로, 회사재산의 보전과 채권자 보호를 위한 회사법적 장치가 제대로 작동할 수만 있다면, 1인회사를 인정함으로써 회사의 창업과 존속을 조장할 수 있다. 이에 비해 인적회사인 합명회사와 합자회사는 2인 이상의 사원으로 성립되며(178조, 268조) "사원이 1인으로 된 때"에는 해산사유가 된다(227조 3호, 269조).

2. 1인회사의 법률관계

가. 일반론

상법은 회사의 기관을 분화시키고, 기관 간 권한배분과 감시를 통해 출자자 상호간, 출자자와 경영진 상호간 및 출자자와 채권자 상호간의 이해관계를 조정하고 있다. 그러나 1인회사의 경우는 주주(내지 사원)가 1인뿐이어서 (채권자의 이익을 해하지 않는 경우) 출자자 상호간의 이해 조정을 위한 규정들이 적용되지 않을 수 있다. 반면 1인 주주가 이사를 겸하거나 1인회사에 이사회가 없는 경우 주주의 전횡을 방지하기 위한 장치들이 제대로 작동하지 못해 채권자를 해할 수 있다. 이러한 문제들에 대하여는 후술하는 회사의 기관 부분에서 상세히 알아보기로 하자. 이 자리에서는 1인회사의 법률관계에 관한 다음 두 문제에 대해서만 살펴본다.

나. 업무상 횡령 · 배임

회사의 재산을 곧 1인 주주의 재산으로 본다면 1인 주주인 대표이사가 회사

재산을 횡령하거나 임무에 위배하여 회사에 손해를 끼쳐도 업무상 횡령·배임죄가 성립하지 않을 것이다. 실제로 과거의 판례는 1인 주주의 업무상 배임죄를 부정하였으나(대판 1974.4.23., 73도2611), 이후 횡령죄(대판 1989.5.23., 89도570)와 배임죄(대판 1983.12.13., 83도2330)의 성립을 모두 긍정하고 있다. 1인 주주와 회사는 별개의 권리주체이며, 회사재산이 감소할 경우 1인 주주 자신뿐 아니라 회사 채권자도 손해를 입기 때문에 횡령·배임이 성립할 수 있다 하겠다.

다. 법인격부인

1인회사라 하더라도 회사재산을 보전하고 회사 채권자를 보호하기 위한 장치들이 작동하고 있는 경우에는 회사와 1인 주주는 별개의 권리주체로서 주주는 회사채무에 대하여 책임을 지지 않는다. 그러나 1인회사는 다른 주주나 기관이 1인 주주를 견제하지 못해 사실상 1인 주주로부터의 독립성을 상실하고 개인기업처럼 운영될 우려가 크다. 이 경우 아래에서 살펴보는 법인격부인론이 적용될 수 있다.

Ⅱ. 법인격부인론

1. 의의 및 근거

회사의 법인격은 다른 권리주체의 채무에 대해 회사가 책임지지 않도록 하는 한편, 다른 권리주체가 회사의 채무에 대해 책임질 필요도 없게 해 준다. 전술한 유한책임사원의 책임제한도 이러한 **법인격의 책임차단기능**에서 비롯된 것이다. 그러나 회사와 다른 권리주체 사이의 독립성이 상실되어, 법인격이 유한책임의 특전을 누리거나 채무를 면탈하기 위한 허울 또는 위장에 불과하다고 인정되는 경우에는, 이들로부터 법인격이 제공하는 책임차단의 혜택을 박탈하여 채권자를 보호할 필요가 있다. 이를 법인격부인이라 하며, 상법에 명문은 없지만 학설과 판례에 의해 인정되고 있다.

법인격부인을 인정하는 법리(법인격부인론)의 근거에 대하여는, (i) 이를 신의성실의 원칙 내지 권리남용금지의 원칙(민법 2조)에서 찾는 견해(대판 1988.11.22., 87다카1671 등)[1]와 (ii) 신의성실·권리남용금지의 원칙과 함께 상법 제169조에서

1) 강위두·임재호(상) 395면; 정동윤(상) 345면; 권기범(회) 93면.

회사에 법인격을 부여한 입법취지에서 찾는 견해[1]가 있다. 생각건대 법인격부인론은 법인격의 내재적 한계를 반영한 것이며, 그 실정법상의 근거로는 민법 제2조와 상법 제169조를 함께 원용할 수 있을 것이다. 우리나라의 법인격부인론과 유사한 법리는 미국(disregard of corporate entity), 독일(Durchgriffslehre), 일본(形骸論) 등에서도 인정되고 있다.[2]

2. 법인격부인론의 적용범위

가. 불법행위에의 적용

법인격부인론은 거래상 채무에 대한 책임뿐 아니라 불법행위책임에도 적용된다(통설). 법인격부인론은 거래행위에서 상대방의 선의만을 보호하는 것이 아니라 법인격이 남용된 경우에 형평의 관념에서 구체적으로 타당한 결론을 얻고자 하는 것이며, 위험도가 높은 사업을 소자본의 회사로 수행하는 경우 일반대중의 신뢰를 보호할 필요가 있기 때문이다.

나. 법인격부인론의 보충적 적용

성문법국가인 우리나라에서 법인격부인론은 전통적인 사법 법리에 의하여 적절히 해결될 수 없는 경우에 한하여 보충적으로 적용되는 것이 예측가능성의 면에서 바람직하다고 본다.[3] 다만 이에 대하여는 다른 사법이론과 명백히 상충되지 않는 한 법인격부인론이 적용될 수 있다는 반론이 있다.[4]

다. 법인격부인론의 확장 적용

종래 법인격부인론이 회사의 채무에 대해 주주가 책임을 지는 것에 초점을 맞추었기 때문에, 역으로 주주의 채무에 대해 회사가 책임을 지도록 법인격부인론을 적용하는 것(소위 '법인격부인론의 역적용')이 가능한지에 관하여 찬[5] · 반[6]

---

1) 손주찬(상) 436면; 최기원 · 김동민(상) 443면; 최준선(회) 65면; 김정호(상) 416면.
2) 중국 회사법은 이를 명문으로 규정하고 있다고 한다(동법 20조). 정찬형(상) 462면 주 3.
3) 강위두 · 임재호(상) 401면; 최기원 · 김동민(상) 444면; 정동윤(상) 343면; 이기수 · 최병규(회) 73면; 이철송(회) 53면; 최준선(회) 72 · 73면; 송옥렬 694면.
4) 정찬형(상) 465면.
5) 최기원 · 김동민(상) 445면; 최준선(회) 73 · 74면.
6) 이철송(회) 58 · 59면.

양론이 갈린다. 예컨대, 채무자가 강제집행을 면탈하기 위하여 회사를 설립하고 출자한 경우 채권자가 회사의 재산을 강제집행 할 수 있는지가 문제 된다. 생각건대 회사와 주주 사이의 독립성이 상실되어 법인격이 제공하는 책임차단 효과를 배제할 필요가 있고, 다른 사법 법리에 의해 이를 해결할 수 없는 경우라면 주주의 채무에 대해 회사가 책임을 지도록 하는 것도 가능하다고 본다.

그러나 이를 법인격부인론의 '역적용'이라고 부르기보다는, 이러한 경우까지 포섭할 수 있도록 법인격부인론의 외연 자체를 확장하는 것이 바람직하지 않을까 한다. 즉, 법인격부인론은 **회사와 다른 권리주체 사이의 독립성이 상실되어 법인격의 책임차단효과를 배제할 필요가 있는 경우**에, 회사의 채무에 대해 다른 권리주체(주주 및 다른 회사 포함)에게 책임을 물을 수 있을 뿐 아니라, 다른 권리주체의 채무에 대해 회사의 책임을 물을 수도 있게 해 준다는 것이다. 판례(대판 2004.11.12., 2002다66892)도 후술하는 바와 같이 법인격부인을 통해 회사의 채무에 대해 다른 회사가 직접 책임을 지도록 하고 있어 법인격부인론을 확장 적용하고 있다.

3. 법인격부인의 요건

가. 회사의 법인격이 허울 내지 형해(形骸)에 불과한 경우

법인격은 허울에 불과하여 회사가 실질적으로 출자자의 개인기업에 지나지 않는 경우 법인격이 부인될 수 있다. 즉, (i) 주주가 사실상 단독으로 회사를 지배하고, (ii) 주주 개인과 회사의 재산 또는 업무가 혼동되고, (iii) 주주총회 · 이사회를 열지 않는 등 회사 운영에 대한 법적 절차가 준수되지 않는 경우이다.

지배주주가 모회사인 경우 모회사가 자회사를 지배하는 것은 당연한 것이므로, 법인격부인을 위해서는 좀 더 엄격한 요건이 필요하다. 즉, "자회사가 그 자체의 독자적인 존재 또는 의사를 상실하고 모회사가 자신의 사업의 일부로서 자회사를 운영한다고 할 수 있을 정도로 완전한 지배력을 행사하고 있을 것이 요구되며, 구체적으로는 모회사와 자회사 간의 재산과 업무 및 대외적인 기업거래활동 등이 명확히 구분되어 있지 않고 양자가 서로 혼용되어 있다는 등의 객관적 징표가 있어야 할 것이며, 무엇보다 여기에 더하여 자회사의 법인격이 모회사에 대한 법률 적용을 회피하기 위한 수단으로 함부로 사용되거나 채무면탈이라는 위법한 목적 달성을 위하여 회사제도를 남용하는 등의 주관적 의도 또는 목적이 인정되어야 할 것이다."(대판 2006.8.25., 2004다26119)

나. 채무면탈을 위하여 신설회사 또는 기존회사를 이용하는 경우

기존회사가 채무를 면탈할 목적으로 기업의 형태·내용이 실질적으로 동일한 신설회사를 설립한 경우 법인격이 부인될 수 있다(대판 2004.11.12., 2002다66892). 이때 기존회사의 채무를 면탈할 의도로 신설회사를 설립한 것인지 여부는 기존회사의 폐업 당시 경영상태나 자산상황, 신설회사의 설립시점, 기존회사에서 신설회사로 유용된 자산의 유무와 그 정도, 기존회사에서 신설회사로 이전된 자산이 있는 경우 그 정당한 대가가 지급되었는지 여부 등 제반 사정을 종합적으로 고려하여 판단한다(대판 2008.8.21., 2006다24438). 이러한 법리는 채무면탈 목적으로 회사재산을 기존 회사에 양도하는 경우에도 적용될 수 있다(대판 2011.5.13., 2010다94472).

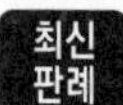

기존회사가 채무면탈이라는 위법한 목적달성을 위해 회사제도를 남용하는 경우의 법리의 확장(대판 2019. 12. 13, 2017다271643)

「기존회사의 자산이 기업의 형태·내용이 실질적으로 동일한 다른 회사로 바로 이전되지 않고, 기존회사에 정당한 대가를 지급한 제3자에게 이전되었다가 다시 다른 회사로 이전되었다고 하더라도, 다른 회사가 제3자로부터 자산을 이전받는 대가로 기존회사의 다른 자산을 이용하고도 기존회사에 정당한 대가를 지급하지 않았다면, 이는 기존회사에서 다른 회사로 직접 자산이 유용되거나 정당한 대가 없이 자산이 이전된 경우와 다르지 않다. 이러한 경우에도 기존회사의 채무를 면탈할 의도나 목적, 기존회사의 경영상태, 자산상황 등 여러 사정을 종합적으로 고려하여 회사제도를 남용한 것으로 판단된다면, 기존회사의 채권자는 다른 회사에 채무이행을 청구할 수 있다.」

4. 법인격부인의 효과

위와 같은 요건이 충족되어 회사의 법인격이 부인되는 경우에도 법인격 자체가 박탈되는 것은 아니고, 문제된 법률관계에 관하여 **법인격이 제공하는 책임차단 효과가 배제될 뿐**이다. 그 결과 회사의 채무에 대해 배후에 있는 지배적인 출자자(모회사 포함)가 책임을 질 수도 있고, 실질적으로 동일성이 인정되는 다른 회사가 책임을 질 수도 있다.

제3절 회사의 종류

Ⅰ. 상법전상의 분류

상법은 합명회사·합자회사·유한책임회사·주식회사 및 유한회사 등 다섯 가지 종류의 회사만을 규정하고 있다. 이는 주로 사원의 책임에 따른 분류이며, 그 책임 여하에 따라 사원의 권한과 지분양도의 요건 등이 달라진다.

합명회사는 2인 이상의 무한책임사원으로만 구성되는 회사이다. 합명회사의 사원은 회사채권자에 대하여 직접 연대하여 무한책임을 지며(212조), 원칙적으로 회사의 업무집행권과 대표권을 갖는다(200조·207조). 또한 사원의 지분을 양도하기 위하여는 총사원의 동의가 필요하다(197조).

합자회사는 무한책임사원과 유한책임사원으로 조직된 회사이다(268조). 무한책임사원의 책임은 합명회사의 경우와 같다(269조, 212조). 무한책임사원은 원칙적으로 회사의 업무집행권과 대표권을 가진다(273조·278조). 유한책임사원은 그 출자가액에서 이미 이행한 부분을 공제한 가액을 한도로 하여 회사채무를 변제할 책임이 있다(279조 1항). 즉, 출자를 미이행한 부분에 대하여는 회사채권자에게 직접 변제할 책임이 있는 것이다(직접유한책임). 유한책임사원은 업무집행에 대한 감시권만을 갖는다(277조). 무한책임사원의 지분양도에는 총사원의 동의가 필요하나(269조, 197조), 유한책임사원의 지분양도에는 무한책임사원 전원의 동의만 있으면 족하다(276조).

유한책임회사는 유한책임사원만으로 구성된다. 그런데 유한책임회사의 사원은 출자금을 한도로 회사에 대하여서만 책임을 지며, 회사 성립 전에 출자를 모두 이행하여야 하기 때문에 회사채권자에 대하여 직접 책임을 지지 않는다(간접유한책임)(287조의4 2항, 287조의7). 이처럼 유한책임회사의 사원은 유한책임을 지는 데 불과하지만 합자회사의 유한책임사원의 경우와 달리 정관에서 업무집행자로 정하여진 경우에는 업무집행권 및 대표권을 가질 수 있다(287조의12 1항, 287조의19 1항). 즉, 합자회사의 경우보다 넓게 사적자치가 인정되는 것이다. 또한 유한책임사원임에도 그 지분양도에 총사원의 동의가 필요한 것도 합자회사의 경우와 다르다(287조의8 1항).

주식회사 역시 유한책임사원(주주)만으로 구성되는 회사이다. 주주는 출자액을 한도로 회사에 대하여 책임을 부담할 뿐 직접 회사채권자에 대하여 책임을 지지 않는다(331조). 주주는 회사 성립 전에 출자를 모두 이행하여야 하기 때문에 성립 후에는 회사채권자에 대하여 직접 책임을 지지 않는다(간접유한책임). 주식회사에서는 소유와 경영이 분리되어 회사의 업무집행권 및 대표권은 이사·이사회 및 대표이사에 있다. 주주의 지분(주식)의 양도는 원칙적으로 자유이다(335조 1항).

유한회사도 유한책임사원만으로 구성된다. 유한회사의 사원은 원칙적으로 회사에 대하여서만 출자가액을 한도로 책임을 지지만(553조), 일정한 경우 자본금에 대한 전보책임을 진다는 점에서 주식회사의 경우와 다르다(완화된 간접유한책임)(550조·551조 등). 유한회사의 경우에도 소유와 경영이 분리되어 회사의 업무집행권과 대표권은 이사에게 속한다(562조·564조). 다만 유한회사의 기관구조는 주식회사의 경우보다 단순하다. 유한회사 사원의 지분양도는 원칙적으로 자유이다(556조).

Ⅱ. 인적회사와 물적회사

인적회사란 사원이 개성이 뚜렷하고 사원간의 인적 신뢰관계를 기초로 결합한 회사를 말한다. 사원이 무한책임을 지므로 회사채권자가 사원에 대한 인적 신뢰에 주로 의존한다. 무한책임을 지는 사원은 회사의 업무집행권과 대표권을 갖는다. 합명회사가 그 대표적인 유형이며, 합자회사도 자본적 요소가 가미되어 있기는 하지만 인적회사로 분류된다.

물적회사란 사원이 개성이 희미하고 자본적 결합에 중점이 두어지는 회사이다. 사원이 유한책임을 지므로 회사채권자가 주로 회사재산에 의존한다. 또한 유한책임을 지는 사원이 직접 회사경영에 참여할 동기가 약하여 소유와 경영이 분리된다. 주식회사와 유한회사가 전형적인 물적회사이며, 유한책임회사의 경우 인적 회사의 요소가 가미되어 있기는 하지만 물적회사로 분류할 수 있다.

Ⅲ. 기타의 분류

상행위를 목적으로 하는 회사를 **상사회사**라 하며, 상행위 이외의 영리를 목적으로 하는 회사를 **민사회사**라 한다. 전자는 당연상인(4조, 46조)이고 후자는 의제상인(5조 2항)이라는 점 외에 양자는 상법의 적용에 있어 전혀 차이가 없다(169조, 민 39조).

증권시장(자 8조의2 4항 1호)에 상장된 주권을 발행한 주식회사를 **상장회사**라 하며(542조의2 1항, 영 29조), 그 이외의 회사를 **비상장회사**라 한다.[1] 상법은 상장회사에 대한 특례를 규정하고 있다(542조의2 이하).

상법은 외국회사에 대한 특칙을 규정하고 있다(614조 이하). 내국회사와 외국회사의 구별에 관한 통설인 준거법설에 의하면 **내국회사**는 국내법에 준거하여 설립된 회사이고, **외국회사**는 외국법에 준거하여 설립된 회사이다.

제4절 회사의 능력

Ⅰ. 권리능력

회사는 법인으로서 일반적 권리능력을 가지나, 이를 전제로 현실에 부담하는 개개의 권리능력에 관하여 자연인과 달리 다음과 같은 제한을 받는다.

1. 성질상의 제한

회사는 생명·신체에 관한 권리나 친족법상의 권리는 갖지 못하며, 육체적 노무를 전제로 하는 상업사용인도 되지 못한다. 그러나 유증은 받을 수 있고, 주주·유한책임사원이 될 수 있으며, 상호권·명예권과 같은 인격권도 인정된다고 본다.

2. 법령상의 제한

상법 제173조는, "회사는 다른 회사의 무한책임사원이 되지 못한다."고 규정한다. 다른 회사의 채무에 대해 무한책임을 질 경우 회사존립의 기초가 위태로워질

1) 자본시장법은 상장법인·비상장법인이라는 용어를 사용하고 있으며(자 9조 15항 1호·2호), 상법상의 상장회사는 자본시장법상 주권상장법인에 해당한다(동항 3호 나목).

수 있기 때문이다. 또한 각종 특별법에 회사의 일정한 행위를 금지하는 규정들이 있는데, 이러한 규정이 효력규정으로서 이에 위반한 행위가 무효가 되는 경우 법령에 의한 권리능력의 제한에 해당한다. 예컨대, 하급심 판결 중에 자산유동화에 관한 법률 제22조는 회사의 권리능력을 제한하는 강행규정으로서 이에 위반한 거래는 무효라고 판시한 것이 있다(서울중앙지판 2008.9.9. 2008가합3898).

3. 목적상의 제한

민법 제34조는 "법인은 법률의 규정에 좇아 정관으로 정한 목적의 범위 내에서 권리와 의무의 주체가 된다"고 규정하고 있으나, 상법에는 이와 같은 규정이 없고 동조를 준용하는 조문도 없다. 그리하여 회사가 정관에 기재된 목적 이외의 사항에 관하여 권리능력이 있는지에 대하여 학설 · 판례가 대립하고 있다.

가. 학설 · 판례

(1) 제한설

회사에 대한 민법 제34조의 유추적용을 긍정하는 견해이다(소수설).[1] 그러나 실제로는 목적범위를 넓게 해석하는 것을 원칙으로 하되 (예컨대 이사의 정관위반 행위에 대한 유지청구권을 규정하는 상법 제402조와 같이) 거래안전보다 사원보호에 치중하는 규정에 관하여는 이를 넓게 해석할 필요가 없다고 하는 등 민법 제34조를 크게 완화하여 해석한다.

(2) 무제한설

목적에 의한 제한을 부정하는 견해이다(통설).[2] 민법 제34조를 준용하는 명문 규정이 없는데도 불구하고 사회적 활동범위가 넓은 영리법인인 회사에 이를 유추적용함은 적절치 않으며, 비교법적으로도 목적에 대한 제한을 철폐하는 경향이고, 무엇보다도 거래안전에 반한다는 것이 그 논거이다. 설사 설립목적이 정관 · 등기에 공시되어 있다 하더라도 이를 확인하는 것은 번거롭고, 확인한다 해

---

1) 정희철(상) 293면; 최준선(회) 100면.
2) 손주찬(상) 448 · 449면; 강위두 · 임재호(상) 414면; 최기원 · 김동민(상) 462면; 정동윤(상) 357면; 이기수 · 최병규(회) 101면; 이철송(회) 79 · 80면; 정찬형(상) 483면; 권기범(회) 123면.

도 정관상의 목적은 범위가 매우 애매하여 분쟁의 소지가 크다는 것이다. 또한 사원의 이익보다는 거래상대방인 제3자의 이익을 보다 중시하는 것이 상법의 근본이념에 합치한다고 한다. 이 견해가 타당하다.

(3) 판 례

판례는 과거부터 제한설의 입장을 취하고 있으나, 목적범위를 넓게 해석하여 목적수행에 직·간접으로 필요한 행위를 모두 포함하며 목적수행에 필요한지 여부도 행위의 객관적 성질에 따라 추상적으로 판단한다고 하여, 사실상 무제한설의 입장에 접근하고 있다(대판 1987.9.8., 86다카1349 등).

나. 정관상 목적의 기능

무제한설을 취한다고 하여 정관상의 목적의 기재가 무의미해지는 것은 아니며, 정관상의 목적에 위배된 행위를 한 이사 등 기관의 내부적 책임추궁의 근거가 될 수 있다. 즉, 주식회사의 이사에 대한 손해배상청구(399조)·유지청구(402조)·소수주주에 의한 대표소송(404조)·해임청구(385조 2항) 등의 근거가 될 수 있다.

다. 기부행위

영업상의 거래행위는 아니지만 각종 기부행위도 회사의 목적 수행에 필요한 행위로서 합리적인 규모의 범위 내에서 허용된다.[1)] 그러나 회사를 포함한 법인·단체의 정치자금 기부는 법으로 금지되고 있다(정치자금법 31조).

Ⅱ. 의사능력·행위능력

법인의제설에 의하면 법인 자체의 의사능력이나 행위능력을 부정하게 될 것이며 그 기관은 회사조직 외의 대리인이 될 것이다. 그러나 법인실재설에 의하면 법인은 그 조직의 일부인 기관을 통해 의사능력과 행위능력을 갖게 된다. 즉, 기관에 의하여 정하여지고 표시된 의사가 곧 법인의 의사로 인정되고 그 행위가 법인 자체의 행위로 인정되는 것이다. 이러한 법인과 기관 간의 관계를 대리와 구별하여 대표관계라 하나, 이에 대하여는 대리에 관한 규정이 준용된다(민법 59조 2항).

1) 손주찬(상) 450면; 정동윤(상) 358면; 이기수·최병규(회) 102면; 권기범(회) 125면.

Ⅲ. 불법행위능력

상법 제210조는 "**회사를 대표하는 사원**이 그 업무집행으로 인하여 타인에게 손해를 가한 때에는 회사는 그 사원과 연대하여 배상할 책임이 있다."고 규정한다. 이는 합명회사의 대표사원의 직무상의 불법행위에 대하여 회사의 책임을 인정한 규정으로 다른 회사에도 준용되고 있다(269조, 287조의20, 389조 3항, 567조). 법인의 불법행위능력을 부정하는 법인의제설에 의하면 이는 법인의 불법행위책임을 인정한 특별규정이 될 것이나, 법인실재설에 의하면 주의적 규정에 불과하다. 한편 기관이 아닌 **단순한 사용인**(피용자)의 직무상 불법행위에 대하여도 회사에게 민법상의 사용자책임이 인정될 수 있다(민법 756조).

회사법

제2장 주식회사법 총설

제1절 주식회사의 개념

주식회사라 함은 사원인 주주의 출자로서 구성되는 자본금을 가지고 자본금은 주식으로 균일하게 분할되며 주주는 그가 인수한 주식의 인수가액을 한도로 출자의무를 부담할 뿐 회사 채무에 대해 직접 책임을 지지 않는 회사를 말한다. 즉, 주식회사의 개념은 **자본금 · 주식 및 주주의 유한책임**이라는 세 가지 요소로 구성된다. 차례로 살펴보자.

Ⅰ. 자본금

1. 의의 · 기능

주식회사의 채권자는 회사재산으로부터만 그 채권의 변제를 받을 수 있다. 사원인 주주가 유한책임을 지기 때문이다. 그런데 회사의 재산은 수시로 증감하기 때문에 변제기에 충분한 재산이 남아있으리라는 보장이 없다. 이러한 불확실성에 대처하기 위해 채권자들은 담보를 요구하기도 하고, 회사의 사업전망이나 신용도를 조사하기도 한다. 그런데 상법은 회사 채권자들을 위한 한 가지 보장책을 더 제공하고 있다. 즉, 회사에 '자본금'이라는 이름의 가상의 금고를 마련하고 그 금고가 실제 재산으로 가득 차 있도록 보장하는 법적 장치를 마련한 것이다. 물론 여기서 '금고를 채운다'는 것은 비유적 표현이고, 실제로는 주주의 출자금을 자본금이라는 항목으로 회계장부에 계상하고 최소한 그와 동등한 가액의 회사

재산을 보유하도록 강제한다는 의미이다. 즉, 자본금은 **주식회사가 보유하도록 법이 요구하는 회사 재산의 최저수준**으로서, 회사채권자들을 위한 신용의 기초가 된다.

2. 자본금의 결정 방법: 액면주식과 무액면주식

자본금 금고의 크기를 정하는 데에는 두 가지 방법이 있다.

첫째, 자본금을 균일하게 분할한 금액으로 액면가를 정하고 이를 주권에 기재한 주식(액면주식)을 발행하고, 그 발행된 주식의 액면가를 합한 금액을 자본금으로 보는 방법이 있다(이 방법이 원칙이다. 451조 1항). 예컨대, 1만원짜리 주식 1만주를 발행하면 자본금은 1억원이 되는 것이나. 그런데 액면가 1만원의 주식이라도 회사가 전망이 좋으면 발행가액이 10만원으로 정해질 수도 있다. 이 경우 회사에 출자금 10억원이 들어오는데, 이 중 자본금 금고를 채우고 남는 9억원은 자본준비금이라는 보조 금고에 보관하게 된다(이 자본준비금은 자본금과 달리 등기로 공시되지는 않지만, 역시 그 사용에 엄격한 제한이 있다). 반대로 회사가 전망이 안 좋아 9천원에 주식이 발행될 경우(할인발행) 자본금 금고를 다 채우지 못하게 된다. 이러한 할인발행은 회사를 처음 설립할 때는 일체 허용되지 않으며, 설립 후 신주를 발행할 때에도 매우 엄격한 요건 하에서만 허용된다.

둘째, 액면가를 정하지 않고 주권에 주식수 또는 자본금에 대한 비율을 기재한 주식(무액면주식)을 발행하고 주주의 출자액 중 얼마를 자본금 금고에 넣고 얼마를 자본준비금 금고에 보관할지를 이사회(416조 단서의 경우는 주주총회)가 정하는 방법이 있다. 이 방법은 첫 번째 방법보다 훨씬 유연하게 시장의 상황에 대처할 수 있는 장점이 있다. 다만 이사회의 재량이 무제한인 것은 아니고 주식 발행가액의 2분의 1 이상을 자본금으로 계상하여야 한다(451조 2항).

이 두 방법 중 어떤 방법으로 자본금이 정해지든 회사는 그 재산을 자본금 이상의 수준으로 보유하여야 한다. 또한 이렇게 정해진 자본금은 액면주식을 무액면주식으로 전환하는 경우나 또는 그 반대의 경우에도 동일하게 유지하여야 한다(동조 3항).

3. 최저자본제의 폐지

주식회사의 자본금은 회사 채권자를 위한 최소한의 담보 역할을 하기 때문에 과거 상법은 주식회사의 최저자본액을 5천만원 이상으로 제한하고 있었다. 그러나 이렇게 낮은 액수로는 회사 채권자에 대한 의미 있는 담보를 제공하기 어렵다고 보고, 그보다는 회사 설립의 촉진이 더욱 중요하다고 보아 2009년 개정상법에서는 이 제도를 폐지하였다. 이로써 자본금의 규모에 의지하지 않고도 채권자를 안심시킬 수 있다고 믿는 기업가들이 매우 적은 액수의 자본금으로 주식회사를 창립할 수 있는 길이 열렸다. 즉, 이론적으로만 본다면, 액면주식을 발행하는 회사의 경우 법정 최소액면가인 100원(329조 3항)짜리 주식 1주를 발행하여 자본금 100원의 주식회사를 설립하는 것이 가능하며, 무액면주식을 발행하는 회사의 경우는 이사회가 그 이하의 액수로 자본금을 결정하여 회사를 설립할 수도 있게 된 것이다.

4. 수권자본제

가. 자본금에 관한 입법례

(1) 확정자본제도

대륙법계에서는 회사 설립 시에 자본금의 액이 정관으로 확정될 것과 그 총액이 인수될 것을 요구하고 있다(총액인수주의). 이는 회사 설립 시 그 재산적 기초를 튼튼히 함으로써 회사채권자보호를 기하기 위한 것이다.

(2) 수권자본제도

영미법계에서는 회사설립시 정관에는 발행예정주식총수(수권주식수)만을 기재하게 하고, 회사설립시에는 그 중 일부만 인수되어도 회사의 성립을 인정하고, 나머지 미발행주식은 추후 이사회의 결의만으로 발행할 수 있게 하고 있다. 이는 자본금 조달의 기동성과 탄력성을 기하기 위한 것이다.

(3) 우리 상법

현행상법은 주식회사의 정관에는 발행예정주식총수만을 기재하도록 하고 설립시에는 그 중 일부만 발행해도 족하며(289조 1항 3호), 나머지는 회사성립후 이사회의 결정으로 발행할 수 있도록 하고 있다(416조). 또한 설립후 정관변경을 통해 발행예정주식총수를 얼마든지 증가시킬 수 있다. 과거 상법은 회사설립시의 발행주식수가 발행예정주식총수의 4분의 1 이상일 것을 요구하였으며, 정관변경으로 발행예정주식총수를 증가시킬 때에도 이미 발행한 주식총수의 4배를 초과할 수 없도록 하고 있었으나, 이러한 제한들은 모두 폐지되었다(1995년 및 2011년 개정). 이처럼 **수권자본제도의 요소들이 대폭 도입**되면서 우리 상법이 본래의 수권자본제도로 전환되었다고 보는 견해도 있으나,[1] 상법은 설립시 발행주식총수를 정관에 기재하여 그 총수를 인수하도록 하는 등(295조, 305조) 아직도 **확정자본제도의 요소를 일부 유지**하고 있다.[2]

5. 자본금에 관한 원칙

전형적인 확정자본제도하에서는 회사재산을 유일한 담보로 삼는 회사채권자 보호를 위해 소위 '자본금의 3원칙'이 인정된다. 그러나 수권자본제가 가미된 현행상법의 경우 이와 같은 자본금에 관한 원칙들이 어느 정도로 유지 또는 변형되고 있는가에 관하여 설이 나뉜다. 차례로 살펴본다.

가. 자본금확정의 원칙

본래 이 원칙은 정관으로 자본금의 액을 확정하고 그 총액에 관한 주식의 인수가 확정되어야 함을 의미했다. 그러나 현행법상은 **회사설립시에만 이 원칙이 유지**되는 것으로 본다(다수설)(이설 있음).[3] 즉, 회사설립시에는 설립시 발행주식총수가 정관에 기재되어야 하고, 또 이 주식은 전부 인수되어야 하므로, 이 한도 내에서 자본확정의 원칙이 유지되고 있다. 그러나 신주발행시에는 발행주식수를 정관에 정할 필요가 없고, 인수·납입된 부분에 대해서만 신주발행의 효력이 생기므로 이 원칙은 유지되지 않고 있는 것이다.

나. 자본금충실(유지·구속)의 원칙

자본금에 해당하는 재산이 현실적으로 회사에 출자되어 계속 유지되어야 한다는 원칙이다. 이는 물론 회사채권자의 보호를 위한 것이며, 현행상법상으로도 인정

---

1) 권기범(회) 374면; 송옥렬 724면.
2) 정찬형(상) 645면; 최준선(회) 137면.
3) 이철송(회) 217면; 정찬형(상) 647면; 최준선(회) 139면; 권기범(회) 375면; 송옥렬 724·725면. 반대: 최기원·김동민(상) 479·480면(자본금확정의 원칙은 신주발행시에도 적용된다 함); 정동윤(상) 371(자본금확정의 원칙은 '일반원칙'으로서의 의미를 잃었다고 함).

되고 있다는 데 이설이 없다. 이 원칙이 반영된 규정들은 크게 두 가지로 나눌 수 있다. 첫째는, 주주의 출자로 자본금 금고를 채울 때 부실한 출자 등으로 금고를 다 채우지 못하는 것을 막기 위한 규정들이다. 즉, 전액납입제도(295·303·421·425조), 변태설립사항의 규제(299·310·313·314·422조), 발기인·이사의 자본충실책임(321·428조), 주식의 할인발행의 제한(330·417조)에 관한 규정 등이 그것이다, 둘째는, 자본금 금고에서 재산이 빠져나가 금고가 비는 것을 막기 위한 규정들이다. 즉, 자기주식취득의 제한(341조), 자회사에 의한 모회사주식취득의 금지(342조의 2), 법정준비금(458·459조), 이익배당의 제한(462조)에 관한 규정 등이 그 예이다.

다. 자본금불변의 원칙(자본금감소제한의 원칙)

이 원칙은 본래는 자본금을 이사회의 임의로 변경시킬 수 없고, 변경을 위해서는 엄격한 절차를 밟아야 한다는 것이었으나, 우리 상법이 수권자본제도의 요소를 상당부분 도입하고 있으므로, 이러한 본래 의미의 자본금불변원칙이 인정될 수 없음은 물론이다. 그러나 현행법상으로도 자본금 감소시에는 주주총회의 특별결의·채권자보호절차 등 엄격한 절차가 요구되고 있으므로(438조·439조) 이 원칙은 **'자본금감소제한의 원칙'으로 변형되어 유지**되고 있다(통설).

Ⅱ. 주 식

상법상 주식은 두 가지 의미를 갖는다. 첫째, 주식은 **자본금의 구성단위**이다. 액면주식의 경우는 1주의 금액이 정관 및 주권에 기재되고(289조 1항 4호, 356조 4호), 무액면주식의 경우는 1주의 금액이 정해져 있지 않아 주권에 주식 수만이 표시되지만, 자본금의 구성단위가 된다는 점에서는 차이가 없다. 이와 같이 상법이 자본금을 주식으로 세분한 것은 널리 대중으로부터 자금을 모을 수 있게 하고, 주식 양도를 쉽게 하여 출자회수를 용이하게 하기 위한 것이다 둘째, 주식은 주주가 회사에 대하여 가지는 권리·의무, 즉 **주주권**을 의미하기도 한다.

Ⅲ. 주주의 유한책임

1. 주주유한책임의 원칙

주주는 회사채권자에 대하여 그가 인수한 주식의 인수가액을 한도로 책임을 진다(331조)는 원칙을 주주유한책임의 원칙이라 한다. 주의할 것은, 주주는 회사채권자에 대하여 직접 책임을 지지 않으며, 다만 주식인수인으로서 회사에 대하여 인수가액의 납입의무를 이행함으로써 그 책임을 다한다는 점이다(엄격한 간접유한책임). 이와 달리 합자회사의 유한책임사원은 회사채권자에게 직접 변제의무를 지고(279조)(직접유한책임), 유한회사의 사원은 현물출자 등에 관하여 예외적인 전보책임을 질 수 있다(550 · 593조)(완화된 간접유한책임). 이러한 주주유한책임의 원칙은 주식회사의 본질적 특색이므로 정관이나 주주총회의 결의로도 주주의 책임을 가중하지 못한다.

2. 예 외

주주유한책임의 원칙에 대하여는 다음과 같은 예외들이 인정된다. 첫째, 이사와 통모하여 현저하게 불공정한 가액으로 주식을 인수한 자는 회사에 대하여 공정한 발행가액과의 차액에 상당한 금액을 지급할 의무가 있다(424조의2). 이에 관하여는 후술한다. 둘째, 국세기본법상 과점주주의 제2차 납세의무가 인정된다(39조). 셋째, 주주의 개별적인 동의가 있는 경우 주주가 회사 채무를 직접 부담할 수 있다(대판 1983.12.13. 82도735). 넷째, 회사의 법인격부인으로 주주가 무한책임을 질 수 있다.

제2절 주식회사법의 특색

주식회사는 가장 투자욕을 불러일으키는 기업형태로 알려져 있다. 자본금을 주식으로 세분하여 널리 영세 자본을 대규모로 흡수할 수 있고, 주주가 유한책임만을 부담하기 때문에 소유와 경영이 분리되어 전문적인 경영이 가능하며, 주식양도를 자유롭게 하여 투하자본의 회수가 용이한 점 등 많은 장점을 갖기 때문이다. 반면 주주 · 기관 · 채권자 등의 이해관계가 다기하게 대립하며, 부실회사의 설립이나 투기 조장 등으로 인한 부작용도 크다.

그리하여 주식회사법은 이러한 장점을 살리고 그 폐단을 막기 위해 다음과 같은 특색을 갖게 되었다. 첫째, 주식회사법은 주로 강행법규로 이루어져 있다. 둘째, 다수의 광범위한 이해관계자를 보호하기 위해 회사의 현황에 대하여 다양한 방법으로 공시를 의무화하고 있다. 셋째, 일단 성립한 법률관계는 가능한 한 지속하게 하여 법률관계의 확실성을 기하거나 집단적 법률관계를 획일적으로 처리하기 위한 규정들을 두고 있다. 넷째, 주식회사의 법률관계에 법원이 관여하는 사항들이 규정되고 있다. 다섯째, 다른 회사에 비하여 많은 벌칙규정을 두고, 특히 폐단이 큰 행위들에 대하여는 형사제재까지 인정한다.

회사법

제3장 주식회사의 설립

제1절 설립절차

Ⅰ. 총 설

주식회사의 설립과정은 크게 **실체형성절차**와 법인격취득을 위한 **등기절차**의 두 가지로 나눌 수 있다. 주식회사의 실체라 함은 사단의 근본규칙으로서의 '정관', 사단의 구성원이자 출자자인 '주주', 주주들의 출자로 이루어지는 '회사재산', 회사의 활동을 담당할 '기관' 등을 말한다. 그리고 이러한 실체를 형성하는 절차와 등기절차 사이에는 실체형성이 제대로 이루어졌는지를 검사하는 **설립경과의 조사절차**가 개재되나, 이러한 조사절차는 통상 실체형성절차의 일부로서 다루어진다.

1. 설립과정에서 활동하는 행위주체들

가. 발기인

발기인이라 함은 실질적으로는 회사설립사무를 실제로 담당하는 자를 가리킨다. 그러나 법적으로 발기인이라 함은 **"정관에 발기인으로서 기명날인 또는 서명한 자"**를 말한다(289조 1항). 정관에 발기인으로서 기명날인(서명)한 이상 실제로는 설립기획에 참여하지 않아도 발기인으로서 책임을 지고, 정관에 기명날인하지 않은 이상 실제로 설립기획에 참여하였더라도 법률상의 발기인은 아니며, 다만 유사발기인으로서 책임을 지는 경우가 있을 뿐이다(327조). 발기인의 자격에는 제한이 없으며, 회사 기타 법인도 발기인이 될 수 있다. 또한 발기인의 수에도 제한이 없어 1인회사의 설립이 가능하다(288조).

나. 발기인조합

발기인들은 회사설립을 목적으로 하는 계약을 체결하고 이 계약의 이행으로서 설립절차를 집행하는 것이 보통이다(예외 : 가족설립 등). 이 계약이 발기인조합계약이며, 이로 인해 형성되는 인적 결합이 발기인조합이다. 발기인조합의 법적 성질은 민법상의 조합으로 이해되며, 따라서 민법의 조합에 관한 규정이 적용된다(통설).

다. 설립중의 회사

(1) 의 의

회사는 실체형성절차를 밟아 등기를 통해 완성된 회사로 성립한다. 이러한 성립 후의 회사가 완전한 사단법인임은 물론이다. 그러나 설립등기 전에도 일정한 실체를 갖춘 회사의 태아와도 같은 존재가 인정되는데 이를 강학상(講學上) 설립중의 회사라 부른다. 설립중의 회사를 인정하는 이유는 설립과정에서 발기인이 회사설립을 위하여 취득한 권리・의무가 별도의 승계절차 없이 성립 후의 회사에 귀속하는 관계를 설명하기 위하여서이다(대판 1970.8.31., 70다1357).

(2) 성 질

설립중의 회사는 조합이나 권리능력 없는 사단과 달리 그 자체가 종국적인 목적을 지닌 것이 아니고 회사라는 종국적인 조직형태에 이르는 도중에 있는 법형상에 지나지 않아, 상법상의 독자적인 조직형태로 보아야 한다는 견해가 있다.[1] 그러나 설립중의 회사는 **권리능력없는 사단**으로 보아야 할 것이다(통설).[2] 설립중의 회사는 정관・구성원(주식인수인)・기관(발기인) 등 사단의 실체를 갖추고 있으며, 이를 권리능력없는 사단으로 볼 때 그 소유형태(총유) 등 법률관계를 보다 잘 설명할 수 있기 때문이다.

(3) 성립시기

설립중의 회사가 성립되는 시기에 대하여 (i) 정관만 작성하여도 성립한다는

1) 정동윤(상) 410・411면; 이기수・최병규(회) 155면.
2) 손주찬(상) 550면; 강위두・임재호(상)550면; 최기원・김동민(상) 495면; 이철송(회) 228면; 정찬형(상) 658면; 최준선(회) 159・160면; 권기범(회) 413면.

설,[1] (ii) 1주 이상 주식인수가 있어야 한다는 설(대판 1985.7.23., 84누678),[2] (iii) 설립시에 발행되는 주식의 총수 또는 설립무효가 인정되지 않을 정도의 주식의 인수가 확정되어야 한다는 설[3]이 있다. 설립중의 회사를 인정하는 목적이 발기인이 회사설립을 위하여 취득한 권리·의무가 성립 후의 회사에 자동 승계되도록 하기 위한 것이라면, 주식총수의 인수를 기다리는 것은 너무 늦다. 반면 정관만 작성하여도 발기인이 누구인지는 확정되지만, 1주라도 주식이 인수되어야 비로소 설립중의 회사의 구성원(주식인수인)이 갖추어진다고 볼 때 (ii)설이 타당하다 하겠다. 설립중의 회사로서의 혜택을 누리기 위해 발기인으로 하여금 1주 이상의 주식을 신속히 인수하도록 하는 것은 실무상으로도 무리한 요구는 아닐 것이다.

(4) 설립중의 회사와 발기인조합의 관계

양자는 별도로 병존하며, 발기인대표는 일반적으로 설립중의 회사를 대표할 권한과 발기인조합을 대리할 권한을 가진다고 본다. 설립과정에서의 발기인의 행위는 (i) 설립중의 회사 명의, (ii) 발기인조합 명의, (iii) 발기인 개인 명의로 이루어질 수 있으나, (ii) 및 (iii)의 경우는 그 권리의무가 각각 발기인조합 및 발기인 개인에 귀속되어 이를 성립후의 회사에 귀속시키려면 권리의 양수, 채무의 인수 등 특별한 이전행위가 있어야 한다(대판 1990.12.26., 90누2536).

(5) 발기인의 권한

설립과정에서 발기인이 하는 여러 행위들 중 어디까지가 설립중의 회사의 기관으로서의 발기인의 권한범위 내에 속하는지에 대하여 학설이 대립한다. (i) 회사의 설립 그 자체를 직접적 목적으로 하는 행위만이 포함된다는 견해가 있다.[4] 예컨대, 정관의 작성, 주식의 인수, 주금납입에 관한 행위 등이 그것이다. (ii) 위 (i)의 행위 외에도 발기인은 회사의 설립을 위하여 법률상·경제상 필요로 하는 모든 행위를 할 수 있다는 견해가 있다.[5] 예컨대, 설립사무소의 임차, 주식모집을 위한 광고계약 등이 그 예이다. (iii) 위 (i)·(ii)의 행위는 물론 장비의 구입

---

1) 이기수·최병규(회) 154면; 이철송(회) 230면; 최준선(회) 161면; 송옥렬 756면.
2) 손주찬(상) 551면; 강위두·임재호(회) 550면; 최기원·김동민(상) 497면; 정찬형(상) 658·659면; 권기범(회) 411·412면.
3) 정동윤(상) 409·410면.
4) 최기원·김동민(회) 490면; 이철송(회) 232면.
5) 손주찬(상) 554면; 강위두·임재호(상) 556면; 이기수·최병규(회) 153면; 권기범(회) 417면.

등 개업준비행위까지도 허용된다는 견해가 있다.[1] 판례도 이러한 입장으로서, 발기인이 체결한 자동차조립계약에 대하여 성립 후의 회사의 책임을 인정하였다 (대판 1970.8.31., 70다1357).

생각건대 회사의 설립을 위해 법률상·경제상 필요한 광범위한 행위를 모두 발기인 개인이나 발기인조합 명의로 행한 후 성립 후의 회사에 그 권리의무를 이전하는 절차를 밟도록 요구하는 것은 발기인과 성립 후의 회사 모두에게 과도한 짐이 될 우려가 있다. 발기인이 지출한 설립비용은 후술하는 바와 같이 소위 변태설립사항으로서 정관에 기재되어 엄격한 심사를 통과한 것만 회사의 부담으로 되기 때문이다. 반면 개업준비행위는 설립비용의 경우와 같은 엄격한 규제가 없어 자칫 회사 성립 후의 자본금충실을 저해할 우려가 크다. 따라서 (ii)설이 타당하다. 물론 개업준비행위 중 후술하는 재산인수의 요건을 갖춘 것은 발기인의 권한범위 내로 본다. 재산인수 역시 소위 변태설립사항의 일종으로 엄격한 규제를 받고 있다.

2. 발기설립 · 모집설립

발기설립이란 발기인만이 주식인수인이 되는 설립방법을 말하며, 모집설립이란 발기인 이외의 제3자들도 주식인수인이 되어 출자를 행하는 경우를 말한다. 전자의 경우는 절차가 간단한 반면 법원의 간섭이 심하고, 후자의 경우는 일반출자자의 보호를 위해 복잡한 절차가 마련되어 있는 반면 설립경과의 조사가 상당부분 창립총회의 권한으로 되어 있다. 그리하여 전자를 단순설립(동시설립)이라 부르고, 후자를 복잡설립(점차설립)이라 부르기도 한다. 다만 1995년 개정으로 발기설립에의 법원관여가 줄고, 양자 모두 검사절차가 완화되었다.

II. 발기설립과 모집설립에 공통된 절차

1. 정관의 작성

가. 정관의 의의

정관이라 함은 실질적으로 회사의 조직과 활동에 관한 근본규칙 그 자체를 말

---

1) 정동윤(상) 413 · 414면; 정찬형(상) 655면; 최준선(회) 152면; 송옥렬 757 · 758면.

하고, 형식적으로는 그것이 기재된 서면을 말한다. 회사설립 시에 발기인이 작성하여야 하는 정관(원시정관)에는 이 양자가 모두 포함되나, 정관변경 시에는 전자의 변경만으로 그 효력이 발생한다.

나. 정관의 기재사항

(1) 절대적 기재사항

정관의 절대적 기재사항이라 함은 그것을 기재하지 않으면 정관 자체가 무효로 되는 다음의 사항들을 말한다(289조 1항).

1) 목적
2) 상호: 반드시 주식회사의 문자를 사용하여야 한다(19조).
3) 회사가 발행할 주식의 총수
4) 액면주식을 발행하는 경우 1주의 금액
5) 회사가 설립시에 발행하는 주식의 총수
6) 본점의 소재지: 최소행정구역의 기재로 족하며, 지번까지는 필요 없는 것으로 본다.
7) 회사가 공고를 하는 방법: 회사의 공고는 관보 또는 시사에 관한 사항을 게재하는 일간신문에 하여야 한다(289조 3항). 다만 회사는 정관에서 정하는 바에 따라 전자적 방법(인터넷 홈페이지에 게재하는 방법)으로 공고를 할 수도 있다(동항 단서, 영 6조 1항).
8) 발기인의 성명 · 주민등록번호 · 주소

(2) 상대적 기재사항

(가) 의의 · 종류

상대적 기재사항이라 함은 정관에 기재하지 않으면 그 사항의 효력을 인정받지 못하는 사항을 말한다. 이는 다시 일반적 상대적 기재사항으로서의 변태설립사항과 그 밖의 개별적 상대적 기재사항으로 나뉜다. 이 자리에서는 변태설립사항에 대해서만 살펴보고, 기타 개별적 상대적 기재사항은 해당되는 곳에서 설명하기로 한다.

(나) 변태설립사항(290조 2호)

회사설립 시에는 **자본금충실을 저해하는 각종의 '위험한 약속'**이 행해질 수 있다. 이러한 사항들은 (i) 반드시 정관에 기재하여(290조), (ii) 법원이 선임하는 검사인 또는 공증인이나 공인된 감정인의 조사를 받아야 하며(299·310조), (iii) 법원 또는 창립총회의 심사를 통과하여야만 그 효력을 인정받을 수 있다(300·313·314조). 이를 변태설립사항이라 한다. 다만, 현물출자(아래 (d)) 및 재산인수(아래 (e))의 재산총액이 자본금의 5분의 1 및 5천만원을 초과하지 아니하는 경우, (ii) 현물출자 및 재산인수의 대상이 되는 재산이 거래소의 시세가 있는 유가증권인 경우로서 정관에 적힌 가격이 대통령령으로 정한 방법으로 산정된 시세를 초과하지 아니하는 경우 및 (iii) 그 밖에 (i), (ii)에 준하는 경우로서 대통령령으로 정하는 경우에는 검사인 등의 조사를 요하지 않는다(299조 2항, 영 7조 1항·2항).

(a) 회사가 부담할 설립비용(290조 4호)

발기인이 설립중의 회사의 기관으로서 회사설립을 위하여 지출한 비용을 말한다. 정관작성비용·주식청약서의 인쇄비·주식모집을 위한 광고비·창립사무소의 임차비용 등이 그것이다. 이러한 설립비용은 정관에 기재되고 심사에 통과한 것만 회사가 부담하며, 그렇지 않은 것은 발기인 개인이 부담한다. 설립비용의 부당지출·낭비·과대평가를 방지하기 위함이다. 다만 설립등기의 등록세는 발기인의 재량의 여지가 없으므로 설립비용에 포함되지 않는다.

(b) 발기인이 받을 보수액(290조 4호)

발기인의 회사성립을 위해 노력한 공로에 대하여 주어지는 보수이다. 일정액의 금전이 일시에 지급됨이 보통이라는 점에서 후술하는 발기인의 특별이익과 구별된다. 역시 과다지출을 막기 위해 변태설립사항으로 되어 있다.

(c) 발기인이 받을 특별이익과 이를 받을 자의 성명(290조 1호)

회사설립을 위한 공로에 대하여 회사가 발기인에게 주는 이익이다. 신주인수에 대한 우선권·회사시설의 이용권·회사와의 계속적 거래의 약속 등이 그것이다. 이익배당에 대한 우선권도 부여할 수 있다고 본다(이설 있음).[1] 그러나 무상주의 교부와 같이 자본금충실의 원칙에 위배되는 이익은 제공할 수 없다(통설).

(d) 현물출자를 하는 자의 성명과 그 목적인 재산의 종류, 수량, 가격과 이에

1) 손주찬(상) 557면; 최기원·김동민(상) 504면; 정찬형(상) 668면; 최준선(회) 171면. 반대: 이철송(회) 240·241면; 송옥렬 738면.

대하여 부여할 주식의 종류와 수(290조 2호)

현물출자란 금전 이외의 재산의 출자를 말한다. 예컨대, 동산·부동산·유가증권·지적재산권 따위이다. 수표(자기앞수표 포함)도 현금과 동시할 수 없으므로 이에 포함된다고 본다. 이러한 현물출자가 과대평가될 경우(소위 '주식물타기') 자본금충실을 해하므로 변태설립사항으로 한 것이다. 1995년 개정으로 발기인이 아닌 자도 현물출자를 할 수 있게 되었다.

(e) 회사성립 후에 양수할 것을 약정한 재산의 종류, 수량, 가격과 그 양도인의 성명(290조 3호)

회사성립 후에 일정재산을 회사가 매수하기로 성립 전에 약정하는 것(소위 재산인수)을 말한다. 그 자체 과대평가의 위험을 안고 있을 뿐 아니라, 현물출자의 탈법행위로 쓰일 수도 있다. 다만 현물출자와 달리 재산인수의 상대방은 주주가 되지 않는다.

(3) 임의적 기재사항

임의적 기재사항이라 함은 굳이 정관에 기재하지 않아도 그 효력을 인정받을 수 있으나 그 변경을 곤란하게 하기 위해 정관에 기재하는 사항을 말한다. 예컨대, 정기총회소집의 시기, 회사의 영업연도, 이사·감사의 수 등이 그것이다. 다만 강행법규나 주식회사의 본질에 반해서는 안 된다.

(4) 정관의 인증

정관에는 발기인 전원이 기명날인 또는 서명하여(289조 1항) 공증인의 인증을 받아야 효력이 발생한다(292조 본문). 다만 자본금 10억 미만의 소규모 주식회사의 발기설립의 경우 공증인의 인증의무를 면제한다(동조 단서).

2. 사후설립

전술한 재산인수에 대한 규제는 발기인이 회사 성립 전에 과대평가된 재산을 인수함으로써 자본금충실을 저해하는 것을 막기 위한 것이나, 이러한 부실 재산의 인수 위험은 회사 성립 후에도 상존할 수 있다. 성립 후의 회사에서 발기인이 임원을 맡는 등의 방법으로 그 영향력을 계속 행사할 가능성이 있기 때문이다. 그러나 회사 성립 후의 재산인수를 무제한 규제할 수는 없기 때문에 재산의 규모 및 취득시기 등에 관하여 일정한 요건을 충족하는 재산취득(소위 사후설립)에 대해서만 특별한 규제를 가하고 있다. 즉, 주식회사가 (i) 성립 후 2년 내에 (ii) 성립 전부터 존재하는 재산으로서 영업을 위하여 계속하여 사용할 것을 (iii) 자본금의 100분의 5 이상에 해당하는 대가로 취득하는 경우에는 주주총회의 특별결의가 있어야 한다(375조).

3. 설립시의 주식발행사항의 결정

주식발행사항 중 정관기재사항을 제외한 나머지는 발기인의 과반수로써 정할 수 있다. 그러나 특히 중요한 다음 사항들은 발기인 전원의 동의를 요한다(291조). 첫째, 주식의 종류와 수이다. 주식의 종류별로 주주의 권리가 달라 이해관계가 대립할 수 있기 때문이다. 둘째, 액면주식을 발행하면서 액면 이상의 가액으로 주식을 발행하는 경우 그 수와 금액이다. 회사가 전망이 좋을 때에도 과도하게 높은 발행가액은 출자자 확보를 저해할 우려가 있고 반대로 지나치게 소극적인 발행가액은 충분한 자본준비금 적립의 기회를 잃게 할 수 있어 신중을 기하도록 하기 위한 것이다. 셋째, 무액면주식을 발행하는 경우 주식의 발행가액과 주식의 발행가액 중 자본금으로 계상하는 금액이다. 무액면주식의 경우는 액면가가 없으므로, 언제나 (i) 발행가액 및 (ii) 주주의 출자금 중 자본금과 자본준비금 사이의 배분비율을 결정하여야 하는 바 신중한 결정을 담보하기 위해서이다.

이들 사항들에 대하여 발기인의 전원 동의를 요하는 것은 실질적으로는 정관에 정하는 것과 같으나, 정관작성·인증 후의 사정에 따라 임기응변으로 정할 수 있어 편리하다.

III. 발기설립의 절차

1. 주식의 인수

발기인이 서면으로(293조) 설립시 발행하는 주식의 총수(289조 1항 5호)를 인수한다. 이 인수행위의 법적 성질에 대하여는 이를 합동행위로 보는 견해[1)]와 설립

1) 손주찬(상) 566면; 최기원·김동민(상) 514면; 이기수·최병규(회) 174면; 정찬형(상)

중의 회사에의 입사계약으로 보는 견해[1]가 있다. 설립중의 회사를 권리능력없는 사단이라 보고 그 창립시기를 발기인이 주식을 인수한 때로 본다면, 발기인의 주식 인수는 이 권리능력없는 사단을 창설하는 행위로서 합동행위에 해당된다 하겠다.

2. 출자의 이행

주식을 인수한 발기인은 지체 없이 각 주식에 대하여 그 인수가액의 전액을 납입하여야 한다(전액납입주의). 이 경우 발기인은 납입을 맡을 은행 기타 금융기관과 납입장소를 지정하여야 한다(295조 1항). 현물출자를 하는 발기인은 납입기일에 지체 없이 출자의 목적인 재산을 인도하고 등기·등록 기타 권리의 설정 또는 이전을 요할 경우에는 이에 관한 서류를 완비하여 교부하여야 한다(2항).

3. 이사·감사 또는 감사위원회위원의 선임

출자의 이행이 끝나면 창립총회는 필요 없으나 발기인은 지체 없이 의결권(1주당 1개)의 과반수로 이사와 감사를 선임하여야 한다(296조). 정관상 감사위원회를 두는 경우 이사회에서 감사위원회위원을 선임한다(415조의2 7항, 296조). 발기인은 의사록을 작성하여 의사의 경과와 그 결과를 기재하고 기명날인 또는 서명하여야 한다(297조).

4. 설립경과의 조사

이사와 감사는 취임 후 지체 없이 회사의 설립에 관한 모든 사항이 법령 또는 정관의 규정에 위반되지 아니하는지의 여부를 조사하여 발기인에게 보고하여야 한다(298조 1항). 이사와 감사 중 (i) 발기인이었던 자, (ii) 현물출자자 또는 (iii) 회사성립 후 양수할 재산의 계약당사자인 자는 위의 조사·보고에 참가하지 못한다(2항). 이사와 감사의 전원이 (i)·(ii) 또는 (iii)에 해당하는 때에는 이사는 공증인으로 하여금 위의 조사·보고를 하게 하여야 한다(3항).

정관으로 **변태설립사항**을 정한 경우 이사는 이에 관한 조사를 하게 하기 위하여

674·675면.

1) 이철송(회) 248면; 최준선(회) 182면.

검사인의 선임을 법원에 청구하여야 한다(4항 본문). 검사인은 변태설립사항과 현물출자의 이행(295조)을 조사 또는 감정하여 법원에 보고하여야 한다(299조 1항 본문). 다만 (i) 현물출자 및 재산인수의 총액이 자본금의 5분의 1 및 5천만원을 초과하지 않는 경우, (ii) 현물출자·재산인수의 대상이 거래소의 시세가 있는 유가증권으로서 정관에 적힌 가격이 대통령령으로 정한 방법으로 산정된 시세를 초과하지 않는 경우 및 (iii) (i)·(ii)에 준하는 경우로서 대통령령으로 정하는 경우는 예외이다(299조 2항, 영 7조). 검사인은 법원에 제출하는 조사보고서를 작성한 후 지체 없이 그 등본을 각 발기인에게 교부하여야 하며, 검사인의 조사보고서에 사실과 다른 사항이 있는 경우 발기인은 이에 대한 설명서를 법원에 제출할 수 있다(299조 3항·4항).

한편 변태설립사항 중 (i) 회사가 비용·이익 등을 지출·제공할 사항(설립비용, 발기인의 보수·특별이익)에 대하여는 공증인의 조사·보고로, (ii) 회사가 양수하는 재산에 관한 사항(현물출자·재산인수)에 대하여는 감정인의 감정으로 검사인의 조사를 대체할 수 있다. 이 경우 공증인 또는 감정인은 조사 또는 감정결과를 법원에 보고하여야 한다(299조 1항 단서, 299조의2).

5. 법원의 변태설립사항의 변경통고

법원의 심사 결과 변태설립사항이 부당하다고 인정한 때에는 이를 변경하여 각 발기인에게 통고할 수 있다(300조 1항). 이러한 변경에 불복하는 발기인은 그 주식의 인수를 취소할 수 있으며, 이 경우 정관을 변경하여 설립에 관한 절차를 속행할 수 있다(2항). 법원의 통고가 있은 후 2주 내에 주식의 인수를 취소한 발기인이 없는 때에는 정관은 통고에 따라서 변경된 것으로 본다(3항).

Ⅳ. 모집설립의 절차

1. 주식의 인수

가. 발기인의 주식인수

발기인이 설립시 발행주식총수(289조 1항 5호)의 일부를 서면으로(293조) 인수한다. 발기인이 인수하지 않은 나머지 주식에 대하여 주주를 모집하여야 한다.

나. 주주의 모집

(1) 주식의 청약

법정사항을 기재한 주식청약서 2통에 인수할 주식의 종류 및 수와 주소를 기재하고 기명날인 또는 서명하여야 한다(302조 1항). 청약자에게 회사조직의 대요와 청약의 조건을 알게 함으로써 이를 보호하기 위해 주식의 청약은 주식청약서에 의하도록 하고 있다(주식청약서주의). 주식청약서에 의하지 않은 청약은 무효이다(통설). 주식을 청약함에 있어 실제로는 납입금의 전부 또는 일부를 청약증거금으로 납입하는 일이 많다.

(2) 주식인수의 무효·취소의 제한

진의 아닌 의사표시에 의한 주식인수의 경우 민법 제107조 제1항 단서가 적용되지 않아 발기인이 악의이더라도 청약은 무효가 되지 않는다(302조 3항). 명문의 규정은 없으나 통정허위표시(민 108조)의 경우에도 무효가 되지 않는다(이설 있음).[1] 또한 회사성립 후에는 주식청약서의 요건흠결을 이유로 주식인수의 무효를 주장하거나 사기·강박 또는 착오를 이유로 그 인수를 취소하지 못한다(320조 1항). 창립총회에서 권리를 행사한 자는 회사성립 전에도 같다(2항). 그러나 그 밖의 경우(예: 청약자가 의사무능력이거나 제한능력자인 경우)에는 의사표시의 효력에 관한 민법의 규정들이 적용된다.

(3) 가설인·타인명의의 주식청약

주식을 인수함에 있어 자신의 명의가 아닌 가족이나 사용인, 심지어 죽은 사람이나 가설인(假設人), 즉 가공인물의 명의로 인수하는 경우가 있어, 이러한 경우에 납입의무자나 주주를 누구로 볼 것인가 하는 문세가 발생한다.

(가) 납입의무

납입의무에 관해서는 상법에 명문의 규정이 있다. 즉, 가설인의 명의로 주식을 인수하거나 타인의 승낙 없이 그 명의로 주식을 인수한 자는 주식인수인으로서의 책임이 있다(332조 1항). 또한 타인의 승낙을 얻어 그 명의로 주식을 인수한 자는 그 타인과 연대하여 납입할 책임이 있다(2항). 이와 같이 상법이 납입의무를 인정

1) 손주찬(상) 573면; 최기원·김동민(상) 521면; 권기범(회) 429면. 반대: 정찬형(상) 678면; 이철송(회) 255면; 최준선(회) 190면.

하고 있는 것은 타인명의에 의한 주식인수가 유효함을 전제로 한 것이라 볼 수 있다. 따라서 후술하는 발기인(321조 1항)과 이사(428조 1항)의 인수담보책임은 발생하지 않는다.

(나) 주주의 확정

타인명의의 주식인수에서 누가 납입의무를 질 것인가 하는 문제와는 별도로 **명의상의 주식인수인과 실제 주금을 납입한 자 중 누구를 주주로 볼 것인가**에 관하여 학설이 대립하고 있다. 다만 가설인의 명의로 주식을 인수하거나 승낙 없이 타인의 명의로 주식을 인수한 경우(332조 1항)에는 실제로 주금을 납입한 자가 주주가 되는 것이 당연하므로, 문제가 되는 것은 타인의 승낙을 받은 명의차용의 경우(2항)에 국한된다. 종래의 통설은 실제 주금을 납입한 자(명의차용자)를 주주로 보았으나(실질설),[1] 명의상의 주식인수인(명의대여자)을 주주로 보는 것이 타당하다(형식설).[2] 타인명의에 의한 주식인수는 투기 목적 등에 기회주의적으로 활용될 우려가 있으며, 명의주주에 의해 이루어진 법률관계(예: 주주총회 결의)를 후에 실질주주가 번복하도록 허용하는 것은 회사의 집단적 법률관계의 확실성을 크게 저해할 우려가 있기 때문이다. 법원은 과거 실질설을 취해왔으나(대판 1975.9.23., 74다804; 동 1977.10.11., 76다1448 등), 최근 형식설로 전환하였다(대판 2017.12.5., 2016다265351; 동 2017.3.23., 2015다248342 전원합의체).

최신 판례 **타인 명의로 주식을 인수한 경우 누가 주주인지 결정하는 기준과 방법**(대판 2017.12.5., 2016다265351)

『3. 피고의 주식을 인수한 자가 이 사건 대책협의회 회원들 전원인지 여부(상고이유 제2점)

가. 상법 제332조 제1항은 가설인(假設人)의 명의로 주식을 인수하거나 타인의 승낙 없이 그 명의로 주식을 인수한 자는 주식인수인으로서의 책임이 있다고 정하고, 제2항은 타인의 승낙을 얻어 그 명의로 주식을 인수한 자는 그 타인과 연대하여 납입할 책임이 있다고 정한다. 이처럼 상법은 가설인(이는 현실로는 존재하지 않고 외형만을 꾸며낸 사람을 가리킨다)이나 타인의 이름으로 주식을 인수할 수도 있다는 것을 전제로 그 납입책임을 부과하고 있지만, 누가 주주인지에 관해서는 규정을 두고 있지 않다.

1) 강위두・임재호(상) 534면; 최기원・김동민(상) 523・524면; 정동윤(상) 399면; 이기수・최병규(회) 182・183면; 정찬형(상) 676・677면; 최준선(회) 189면; 송옥렬 793・794면(실질설에 따라 명의차용자를 주주로 보더라도 회사에 대해서 주주권을 행사하기 위해서는 주주명부의 명의개서가 필요하므로 이를 통하여 법률관계의 안정을 도모할 수 있다 함).
2) 손주찬(상) 574면; 이철송(회) 324면.

타인의 명의로 주식을 인수한 경우에 누가 주주인지는 결국 주식인수를 한 당사자를 누구로 볼 것인지에 따라 결정하여야 한다. 발기설립의 경우에는 발기인 사이에, 자본의 증가를 위해 신주를 발행할 경우에는 주식인수의 청약자와 회사 사이에 신주를 인수하는 계약이 성립한다. 이때 누가 주식인수인이고 주주인지는 결국 신주인수계약의 당사자 확정 문제이므로, 원칙적으로 계약당사자를 확정하는 법리를 따르되, 주식인수계약의 특성을 고려하여야 한다.

발기인은 서면으로 주식을 인수하여야 한다(상법 제293조). 주식인수의 청약을 하고자 하는 자는 주식청약서 2통에 인수할 주식의 종류・수와 주소를 기재하고 기명날인하거나 서명하여야 한다(상법 제302조 제1항, 제425조). 이와 같이 상법에서 주식인수의 방식을 정하고 있는 이유는 회사가 다수의 주주와 관련된 법률관계를 형식적이고도 획일적인 기준으로 처리할 수 있도록 하여 이와 관련된 사무처리의 효율성과 법적 안정성을 도모하기 위한 것이다. 주식인수계약의 당사자를 확정할 때에도 이러한 특성을 충분히 반영하여야 한다.

타인 명의로 주식을 인수하는 경우에 주식인수계약의 당사자 확정 문제는 다음과 같이 두 경우로 나누어 살펴보아야 한다.

첫째, 가설인 명의로 또는 타인의 승낙 없이 그 명의로 주식을 인수하는 약정을 한 경우이다. 가설인은 주식인수계약의 당사자가 될 수 없다. 한편 타인의 명의로 주식을 인수하면서 그 승낙을 받지 않은 경우 명의자와 실제로 출자를 한 자(이하 '실제 출자자'라 한다) 중에서 누가 주식인수인인지 문제되는데, 명의자는 원칙적으로 주식인수계약의 당사자가 될 수 없다. 자신의 명의로 주식을 인수하는 데 승낙하지 않은 자는 주식을 인수하려는 의사도 없고 이를 표시한 사실도 없기 때문이다. 따라서 실제 출자자가 가설인 명의나 타인의 승낙 없이 그 명의로 주식을 인수하기로 하는 약정을 하고 출자를 이행하였다면, 주식인수계약의 상대방(발기설립의 경우에는 다른 발기인, 그 밖의 경우에는 회사)의 의사에 명백히 반한다는 등의 특별한 사정이 없는 한, 주주의 지위를 취득한다고 보아야 한다.

둘째, 타인의 승낙을 얻어 그 명의로 주식을 인수하기로 약정한 경우이다. 이 경우에는 계약 내용에 따라 명의자 또는 실제 출자자가 주식인수인이 될 수 있으나, 원칙적으로는 명의자를 주식인수인으로 보아야 한다. 명의자와 실제 출자자가 실제 출자자를 주식인수인으로 하기로 약정한 경우에도 실제 출자자를 주식인수인이라고 할 수는 없다. 실제 출자자를 주식인수인으로 하기로 한 사실을 주식인수계약의 상대방인 회사 등이 알고 이를 승낙하는 등 특별한 사정이 없다면, 그 상대방은 명의자를 주식인수계약의 당사자로 이해하였다고 보는 것이 합리적이기 때문이다.

나. 원심판결의 이유와 적법하게 채택된 증거에 따르면 다음과 같은 사실을 알 수 있다.

(1) 이 사건 상생협력협약의 주된 내용은 소외 2가 표면경화제 특허권을 양도하고 자본금을 출연하여 피고를 설립한 다음 그 운영이익을 이 사건 대책협의회의 회원들을 위해 사용하기로 하는 대신, 소외 1은 이 사건 대책협의회를 해산하고 집회와 시위를 중단하도록 하는 것이다.

(2) 이 사건 상생협력협약에서는 소외 5, 소외 8, 소외 9, 소외 6을 피고의 주주로 하기로 정하였으나, 실제로는 위 상생협력협약의 내용과는 달리, 소외 2와 소외 1의 합의에 따라 소외 3, 소외 4, 소외 5, 소외 6, 소외 7이 피고의 주주명부상 주주로 등재되었다. 위 상생협력협약서에서 피고의 수익 배분 방식을 상세하게 정하고 있지도 않다.

(3) 이 사건 상생협력협약 이후 이 사건 대책협의회가 해산되고 그 회원들 중 상당수가 □□□□□□회를 만들어 활동하고 있으며, 피고의 수익금이 □□□□□□회에 귀속되어 회원들에게 배분되고 있다.

(4) 원고들을 비롯한 이 사건 대책협의회나 □□□□□□회 회원들은 피고에게 직접 이익배당을 청구하거나, 피고의 주주총회에 참석하는 등 피고의 주주라면 당연히 취해야 할 행위를 한 적이 없다.

(5) 피고의 자본금 2억 5천만 원은 소외 2가 출연하였고, 원고들이 피고에게 자본금을 직접 납입한 사실이 없다.

다. 위 사실관계를 위 3. 가.에서 본 법리에 비추어 보면, 원고들이 피고의 주주명부상 주주들의 승낙을 얻어 피고의 주식을 인수하였다거나 주식인수계약의 당사자로서 그에 따른 출자를 이행한 것이 아니므로, 주주의 지위를 취득하였다고 볼 수 없다. 비록 피고의 운영수익을 원고들을 포함한 이 사건 대책협의회의 회원 전원에게 배분하고자 피고를 설립하였다고 하더라도, 이러한 사정은 원고들이 주주로서의 지위를 취득한다고 볼 만한 근거가 될 수 없다. 또한 이 사건 상생협력협약서에 피고 설립 시 주식의 청약을 한 자는 주식포기 각서를 작성하여 제출하여야 한다고 규정하고 있더라도, 위와 같은 결론에 영향을 미치지 않는다.

한편 원고들이 피고의 주주라는 지위를 취득한 것으로 보더라도 자신들의 명의로 명의개서를 마치지 않는 한 이를 부인하는 피고에 대한 관계에서는 원칙적으로 주주권을 행사할 수 없다(대법원 2017.3.23. 선고 2015다248342 전원합의체 판결 참조). 이 점에서도 원고들이 주주권에 기초하여 피고의 회계장부 등에 대한 열람·등사 등을 구하는 이 사건 청구는 받아들일 수 없다.」

(4) 주식의 배정·인수

주식청약자 중 누구에게 주식을 배정할지는 발기인이 자유로이 정할 수 있다(배정자유의 원칙). 발기인의 주식배정으로 모집주주에 의한 주식인수가 성립한다. 이 주식인수의 법적 성질은 성립 후의 회사에의 입사계약이라 보는 견해도 있으나,[1] 발기인의 주식인수에 의해 성립한 설립중의 회사에의 입사계약으로 보는 것이 타당하다(통설).

2. 출자의 이행

가. 전액납입주의·납입장소

회사설립 시에 발행하는 주식의 총수가 인수된 때에는 발기인은 지체 없이 주식인수인에 대하여 각 주식에 대한 인수가액의 전액을 납입시켜야 한다(305조 1항). 이러한 납입은 주식청약서에 기재한 납입장소에서 하여야 하며(2항), 납입금의 보관자 또는 납입장소를 변경할 때에는 법원의 허가를 얻어야 한다(306조). 현물출자를 하는 자는 납입기일에 지체 없이 출자의 목적인 재산을 인도하고 등기, 등록 기타 권리의 설정 또는 이전을 요할 경우에는 이에 관한 서류를 완비하여 교부하여야 한다(305조 3항, 295조 2항).

---

1) 정희철(상) 377·378면.

나. 납입가장

(1) 통모가장납입

발기인이 납입금보관은행으로부터 금전을 차입하여 납입금에 충당하게 하고, 설립 후에는 차입금을 변제하지 않고는 납입금을 인출하지 않는다는 약정을 하는 방법으로 이루어지는 납입가장을 통모가장납입이라 한다. 상법은 이에 대해 납입금보관자의 증명과 책임에 관한 규정을 두어 대처하고 있다. 즉, 납입금을 보관한 은행 기타 금융기관은 발기인 또는 이사의 청구를 받으면 그 보관금액에 관하여 증명서를 발급하여야 하며(318조 1항), 이와 같이 증명한 보관금액에 대하여는 납입의 부실 또는 그 금액의 반환에 제한이 있음을 이유로 회사에 대항하지 못하나(2항). 다만 자본금 총액 10억원 미만의 회사를 발기설립하는 경우에는 위의 증명서를 은행 기타 금융기관의 잔고증명서로 대체할 수 있다(3항).

(2) 일시차입금(見金)에 의한 납입(위장납입)

발기인이 타인으로부터 금전을 차입하여 납입금을 내고 설립등기를 마친 후 은행으로부터 이를 인출하여 변제하는 방법에 의한 납입가장을 위장납입이라 한다. 그 효력에 대해 학설이 나뉜다. 먼저 차입금에 의한 납입이라 하더라도 주금납입의 유효성에 영향이 없다는 견해가 있다(유효설).[1] 납입금인출 및 반환행위는 이사의 자본금충실책임, 손해배상책임, 형사책임 등으로 해결하려고 한다. 판례도 이러한 입장이다(대판 1985.1.29., 84다카1823 등). 그러나 위장납입의 경우는 실질적인 회사의 자본적 기초가 전혀 없으므로 납입의 효력이 없다고 보아야 할 것이다(무효설: 통설).[2] 비록 최저자본금제가 폐지되었지만, 발기인이 투자자와 채권자를 유인하기 위해 상당 규모의 자본금을 설정하고 위장납입을 시도할 동기는 상존하고 있음을 감안할 필요가 있다.

다. 실권절차

주식인수인이 주금을 납입하지 않을 경우 발기인은 일정한 기간을 정해서 그 기일 내에 납입하지 않으면 그 권리를 잃는다는 뜻을 기일의 2주간 전에 그 주식인수인에게 통지하여야 한다(실권예고부최고)(307조 1항). 이러한 통지를 받은 주식

1) 정찬형(상) 682면; 송옥렬 751면.
2) 손주찬(상) 577면; 최기원 · 김동민(상) 530면; 정동윤(상) 402면; 이기수 · 최병규(회) 186면; 이철송(회) 263면; 최준선(회) 194면.

인수인이 그 기일 내에 납입을 이행하지 않으면 실권한다(실권주). 이 경우 발기인은 다시 그 주식에 대한 주주를 모집할 수 있다(2항). 이러한 실권절차는 그 주식인수인에 대한 손해배상청구에 영향을 미치지 않는다(3항).

현물출자의 이행이 없는 경우에 대하여는 실권절차 규정이 없으므로, 회사 설립을 위해서는 강제집행을 하거나 정관을 변경하여 설립절차를 다시 진행하여야 한다.

3. 창립총회

가. 의의 · 절차

주금 납입과 현물출자 이행이 완료되면 발기인은 지체 없이 창립총회를 소집하여야 한다(308조 1항). 창립총회는 주식인수인으로 구성된 설립중의 회사의 의결기관으로서 성립 후의 회사의 주주총회에 해당하는 기관이다. 따라서 그 소집, 운영, 의결권, 결의의 하자, 종류주주총회 등에 대하여 주주총회에 관한 규정을 준용한다(2항). 다만 창립총회의 결의는 (주주총회 특별결의보다 강화된 요건으로) 출석한 주식인수인의 의결권의 3분의 2 이상이며 인수된 주식 총수의 과반수에 해당하는 다수로 하여야 한다(309조).

나. 권 한

창립총회는 설립에 관한 모든 사항을 결의할 수 있으나, 특히 다음의 사항들에 대해서는 명문규정이 있다. 첫째, 발기인은 회사의 창립에 관한 사항을 서면으로 창립총회에 보고하여야 한다. 이 보고서에는 특히 (i) 주식의 인수와 납입에 관한 제반사항, (ii) 변태설립사항에 관한 실태를 명확하게 기재하여야 한다(311조). 둘째, 창립총회는 이사와 감사(또는 감사위원회위원)를 선임하여야 한다(312조, 415조의2 7항). 셋째, 이사와 감사는 취임 후 지체 없이 회사의 설립에 관한 모든 사항이 법령 · 정관의 규정에 위반되는지 여부를 조사하여 창립총회에 보고하여야 한다(313조 1항). 이때 변태설립사항에 관하여는 발기설립의 경우와 동일한 방법으로 조사하여야 하며, 다만 그 결과를 (법원이 아닌) 창립총회에 보고하여야 한다(동조 2항, 298조 2항 · 3항). 넷째, 창립총회는 변태설립사항이 부당하다고 인정되는 경우 이를 변경할 수 있다(314조 1항). 이에 대해 발기인이 불복하는 경우 및 2주 내에 주식인수를 취소한 발기인이 없는 경우의 처리방법은 발기설립에서와 같다

(동조 2항, 300조 2항 · 3항). 다섯째, 창립총회에서는 정관의 변경 또는 설립의 폐지를 결의할 수 있으며, 이는 소집통지서에 그 뜻의 기재가 없는 경우에도 가능하다(316조).

V. 설립등기

1. 절 차

발기설립 · 모집설립 공히 실체형성절차가 완료되면 설립등기를 하여야 법인격을 취득한다. 설립등기는, (i) 발기설립의 경우 검사인의 조사 · 보고(299조)와 법원의 변경처분(300조)이 종료한 날부터, (ii) 모집설립의 경우 변태설립사항의 변경절차(314조)가 종료한 날부터 2주간 내에 하여야 한다(317조 1항). 설립등기사항은 법정되어 있으며, 이에는 전술한 정관의 절대적 기재사항 외에 자본금의 액 등이 포함된다(2항).

2. 효 력

설립등기를 함으로써 설립중의 회사가 회사로서 성립하여 전자의 권리의무가 후자에게로 승계되고, 주식인수인은 주주가 되며, 설립중의 회사의 이사 · 감사는 성립 후의 회사의 기관이 된다(본래적 효력). 그 밖에 설립등기 후에는 (i) 주식인수의 무효 · 취소 주장이 제한되고(320조), (ii) 권리주 양도의 제한(319조)이 해제되며, (iii) 주권발행이 허용되고(355조 1항), (iv) 설립무효의 소(328조)에 의하지 않고는 설립의 하자를 주장할 수 없으며, (v) 발기인이 자본금충실책임(321조)을 지는 등의 효과가 발생한다(부수적 효력).

제2절 설립에 관한 책임

주식회사의 설립절차는 회사의 인적 · 물적 기초를 마련하는 절차로서 매우 복잡하고 설립관여자의 부정이 행해지기 쉽다. 따라서 법은 발기인 · 이사 · 감사

기타 설립관여자들에게 엄중한 민사책임을 과하는 외에 형사제재까지 인정하고 있다. 이곳에서는 주로 발기인의 민사책임을 상세히 살펴보고 기타 설립관여자의 책임에 대해서도 언급하고자 한다.

Ⅰ. 회사 성립시의 발기인의 책임

1. 회사에 대한 책임

가. 자본금충실의 책임

(1) 책임의 내용

회사설립시에 발행한 주식으로서 회사성립후에 아직 인수되지 아니한 주식이 있거나 주식인수의 청약이 취소된 때에는 발기인이 이를 공동으로 인수한 것으로 본다(인수의제)(321조 1항). 예컨대, 유령주·사무착오로 인수되지 아니한 주식·제한능력자가 법정대리인의 동의 또는 대리를 받지 않고 청약한 주식 등이 있는 경우이다. 발기인은 이러한 주식에 대해 공동으로 주주가 되며 연대하여 주금납입의무를 진다(333조 1항). 또한 회사성립후 납입을 완료하지 아니한 주식이 있는 때에는 발기인은 연대하여 그 납입을 하여야 한다(납입담보책임)(321조 2항). 이때 발기인은 미납주주에게 구상할 수 있다.

(2) 설립무효와의 관계

발기인의 자본금충실책임으로 구제될 수 있는 것은 인수나 납입의 경미한 경우뿐임을 주의하여야 한다. 자본금의 흠결이 너무 커서 사업수행이 곤란한 정도인 경우에는 설립무효의 원인이 된다(통설).

(3) 현물출자 불이행시 납입담보책임 인정 여부

현물출자가 이행되지 않은 경우 목적재산이 대체가능한 것이면 기업유지의 관점에서 발기인의 납입담보책임을 인정할 수 있다는 견해가 있다(긍정설).[1] 그러나 현물출자는 개성적인 것으로서 타인이 대신할 수 없는 경우가 많고, 변태설립

1) 강위두·임재호(상) 560면; 정동윤(상) 425면; 이기수·최병규(회) 196면; 이철송(회) 267·268면; 최준선(회) 207면; 송옥렬 760면.

사항으로서 엄격한 심사와 공시가 요구되는 출자인데, 입법론[1]으로는 몰라도 현행법(321조 2항)의 문구를 넘어서는 유추해석을 통해 발기인의 납입담보책임을 인정하는 데에는 무리가 있다(부정설).[2]

(4) 성 질

발기인의 자본금충실책임은 무과실책임이며, 회사채권자의 이익에 관계되므로 총주주의 동의로도 면제하지 못하며 화해나 포기도 할 수 없다.

나. 손해배상책임

발기인이 회사의 설립에 관하여 그 임무를 해태한 때에는 그 발기인은 회사에 대하여 연대하여 손해를 배상할 책임이 있다(322조 1항). 임무해태의 예로는, 예금관리를 소홀히 한 경우, 설립비용을 과다 지출한 경우, 설립사무를 특정인에 위임하여 그르친 경우 등을 들 수 있다. 이 책임은 임무해태책임으로써 과실책임이므로, 과실이 인정되는 발기인만 책임을 진다. 또한 총주주의 동의로 면제할 수도 있다(324조, 400조). 그러나 창립총회가 변태설립사항을 변경하거나 발기인이 자본금충실책임을 이행한다 해서 발기인의 손해배상책임이 감면되지는 않는다(315조, 321조 3항).

다. 책임의 실현

발기인의 자본금충실책임과 회사에 대한 손해배상책임의 실현을 위해서는 소수주주의 대표소송제도가 준용된다(324조, 403조 내지 406조).

2. 제3자에 대한 손해배상책임

가. 책임의 내용

발기인이 악의 또는 중대한 과실로 인하여 그 임무를 해태한 때에는 그 발기인은 제3자에 대하여도 연대하여 손해를 배상할 책임이 있다(322조 2항). 여기서 제3자라 함은 회사 이외의 자를 말하며, 주식인수인 또는 주주를 포함한다.

나. 책임의 성질

발기인의 제3자에 대한 손해배상책임을 특수한 불법행위책임으로 보고 일반불

---

1) 최기원·김동민(상) 543면.
2) 손주찬(상) 590면; 최기원·김동민(상) 542면; 정찬형(상) 695면.

법행위책임과의 경합을 인정하지 않는 견해가 있다(불법행위책임설).[1] 그러나 이 책임은 회사설립과 관련된 제3자의 보호를 강화하기 위해 인정된 회사법상의 특수한 책임이므로, 발기인의 행위가 동시에 불법행위(민 750조)의 요건을 충족하면 청구권의 경합이 생긴다고 본다(법정책임설: 통설).[2]

Ⅱ. 회사 불성립시의 발기인의 책임

회사가 성립하지 못한 경우에는 발기인은 그 설립에 관한 행위에 대하여 연대하여 책임을 진다. 이 경우 회사의 설립에 관하여 지출한 비용은 발기인이 부담한다(326조). 이 책임은 발기인에 의한 경솔한 회사설립을 막기 위해 법이 정책적으로 인정한 무과실·연대책임이다. 이 책임의 구체적인 예로는 주식납입금·청약증거금의 반환, 설립에 필요한 거래로 인하여 발생한 채무의 이행 등을 들 수 있을 것이다. 무엇이 설립에 필요한 거래인지는 발기인의 권한범위를 어떻게 보는가에 따라 달라진다. 또한 이 책임은 '불성립'의 경우의 책임이므로 일단 회사가 성립했다가 설립무효판결이 난 경우는 제외된다. 설립무효의 경우의 발기인에 대한 문책은 상법 제322조에 의한다.

Ⅲ. 이사·감사·공증인·감정인의 책임

설립중인 회사의 이사·감사는 설립경과를 조사하여 발기인(발기설립시) 또는 창립총회(모집설립시)에 보고하여야 하는데 이 임무를 해태한 경우 회사 또는 제3자에 대하여 손해배상책임을 질 수가 있다(399조, 401조, 414조). 이때 발기인이 이사·감사와 같은 원인으로 책임을 지는 경우 이들은 연대하여 손해를 배상할 책임을 진다(323조). 한편 검사인을 대신하여 변태설립사항 등의 조사·보고를 맡은 공증인·감정인의 책임에 대하여는 상법에 규정이 없으나, 이들은 회사와 위임관계에 있으므로, 상법 제323조를 유추적용하여 이사·감사와 동일한 책임을 인정한다(통설).

1) 서정갑·이남기(회) 182·183면.
2) 손주찬(상) 591·592면; 최기원·김동민(상) 545면; 이철송(회), 269·270·790·791면; 정찬형(상) 697면; 최준선(회) 210면.

Ⅳ. 검사인의 책임

법원이 선임한 검사인은 변태설립사항 등을 조사하여 법원(발기설립시) 또는 창립총회(모집설립시)에 이를 보고하여야 하나, 이들 검사인이 악의 또는 중과실로 인하여 임무를 해태한 때에는 회사 또는 제3자에 대하여 손해배상책임이 있다(325조).

Ⅴ. 유사발기인의 책임

주식청약서 기타 주식모집에 관한 서면에 성명과 회사설립에 찬조하는 뜻을 기재할 것을 승낙한 자는 발기인과 동일한 책임이 있다(327조). 이 규정은 금반언(禁反言) 내지 외관존중의 법리에 따라 정관에 발기인으로서 기명날인하지 않은 자가 회사설립에 관하여 책임을 지는 경우를 인정한 것이다. 그러나 이러한 유사발기인은 발기인으로서의 직무권한을 부여받는 것은 아니므로, 그 책임도 임무해태를 전제로 하지 않는 무과실책임에 한정된다. 즉, 자본금충실책임과 회사불성립의 경우의 책임만이 인정되는 것이다(321조, 326조).

제3절 회사설립의 하자

Ⅰ. 설립무효

1. 서

주식회사가 설립등기를 통해 일단 성립하면 이를 중심으로 광범위한 이해관계인들이 복잡한 법률관계를 형성해 나아간다. 따라서 상법은 (i) 설립무효의 주장을 제한하고, (ii) 설립무효 여부를 획일적으로 확정하며, (iii) 설립무효의 소급효를 인정하지 않음으로써 법률관계의 안정을 기하고 있다. 또한 주식회사의 경우에는 다른 4종의 회사와 달리 사원 개개인에 부착한 사유(예: 사기 · 강박 · 착오로 인한 의사표시)로 인한 설립취소의 제도(184조 · 269조 · 287조의6 · 552조)를 인정하지 않는다. 주식회사는 (i) 사원(주주)의 개성이 박약하고, (ii) 성립 후에는 주식인수의 무효주장·취소를 제한하며(320조), (iii) 설사 개별적인 주식인수가 취소되는 경우에도 발기인에게 인수담보책임을 부담시키고 있어(321조) 설립 자체의 취소를 인정할 실익이 없기 때문이다.

2. 설립무효의 원인

상법은 이를 명문으로 규정하고 있지 않으나, 설립절차에 관한 객관적인 하자가 그 원인이 된다고 본다. 객관적인 하자라 함은 설립절차가 선량한 풍속 기타 사회질서, 강행법규 또는 주식회사의 본질에 반하는 것을 말한다. 예컨대, 정관의 부작성, 창립총회의 불소집, 검사인에 의한 조사가 없는 것, 설립등기에 무효원인이 있는 것 등이 그것이다.

3. 설립무효의 소

회사설립의 무효는 주주·이사 또는 감사에 한하여 회사성립의 날로부터 2년 내에 소(訴)만으로 이를 주장할 수 있다(328조 1항). 즉, 소 이외의 방법으로는 설립무효를 주장하지 못하며, 소를 제기하는 경우에도 제소권자와 제소기간에 제한이 있는 것이다. 설립무효의 소는 회사본점소재지의 지방법원에 제기하여야 하며, 소가 제기된 때에는 회사는 지체 없이 공고하여야 하고, 수개의 소가 제기된 때에는 획일확정을 위하여 이를 병합심리하여야 하며, 심리 중에 원인이 된 하자가 보완되고 회사의 현황과 제반사정을 참작하여 설립을 무효로 하는 것이 부적당하다고 인정한 때에는 법원은 그 청구를 기각할 수 있다(재량기각)(382조 2항, 186조 내지 189조).

4. 설립무효의 판결

가. 원고승소의 경우

원고가 승소하여 설립무효의 판결이 확정된 때에는 그 기판력은 당사자뿐 아니라 제3자에게도 미친다(대세적 효력)(328조 2항, 190조 본문). 법률관계의 획일적 확정을 위해서이다. 그러나 판결확정 전에 생긴 회사와 사원 및 제3자간의 권리·의무에는 영향을 미치지 아니한다(불소급효)(328조 2항, 190조 단서). 즉, 법적으로는 무효인 회사이지만 판결확정 전까지 외견상 존재하는 회사(사실상의 회사 de facto corporation)를 중심으로 많은 이해관계인들이 다기한 법률관계를 맺어가는 점을 중시하여, 기존상태존중주의의 관점에서 장래에 대해서만 회사의 성립을 무효로 하고 있는 것이다. 설립무효의 판결이 확정되면 해산의 경우에 준하여 청산하여야 하며(328조 2항, 193조), 회사의 본점과 지점의 소재지에서 등기하여야 한다(328조 2항, 192조).

나. 원고패소의 경우

원고패소판결의 효력에는 대세효가 없다. 따라서 제소기간 내에 다른 제소권자가 다시 소를 제기할 수 있다. 한편 패소당사자에게 악의 또는 중대한 과실이 있는 때에는 회사에 대하여 연대하여 손해배상책임을 진다(328조 2항, 191조).

Ⅱ. 회사의 불성립 · 부존재

회사의 설립절차가 그 실체형성과정에서 중단되거나, 실체형성절차는 마쳤으나 설립등기를 경료하지 못하여 중도 좌절한 경우를 회사의 불성립이라 한다. 이 경우는 회사가 법률상으로 뿐 아니라 사실상으로도 존재하지 않는 것이므로 설립무효와 구별되며, 언제라도 누구라도 또한 어떠한 방법으로든지 그 불성립을 주장할 수 있다. 이 경우 발기인이 그 뒤처리를 하게 됨은 전술한 바와 같다. 한편 설립등기는 되어 있으나, 실체형성이 전혀 없는 경우를 회사의 부존재라 하며, 이 경우도 그 주장에 제한이 없다.

회사법

제4장 주식과 주주

제1절 총 설

I. 주 식

1. 주식과 자본금의 관계: 액면주식과 무액면주식

주식은 (i) 자본금의 구성단위 및 (ii) 주주의 회사에 대한 권리 · 의무, 즉 주주권이라는 두 가지 의미를 갖는다(전술 주식회사의 개념 참조). 주주권으로서의 주식에 대하여는 뒤에 상세히 살펴보기로 하고, 이 자리에서는 자본금의 구성단위로서의 주식을 좀 더 알아본다. 주식과 자본금의 관계는 액면주식과 무액면주식의 경우에 다소 차이가 있다.

회사가 **액면주식을 발행하는 경우** 1주의 금액은 100원 이상으로 균일하여야 하며(329조 2항 · 3항), 자본금은 발행주식의 액면총액이 된다(451조 1항). 액면 이상으로 주식을 발행하는 경우에도 액면초과금은 자본금에 들어가지 않고 자본준비금으로 적립되므로(459조 1항), 역시 자본금과 발행주식의 액면총액은 일치한다. 다만 후술하는 상환주식의 상환(345조) 및 자기주식의 소각(343조 1항 단서)의 경우는 예외이다.

회사가 **무액면주식을 발행하는 경우** 주금액이 정해져 있지 않으므로 회사가 주식을 발행할 때마다 발행가액을 임의로 정하고 그 발행가액의 일부가 자본금을 구성한다. 즉, 이 경우 회사의 자본금은 주식 발행가액의 2분의 1 이상의 금액으로서 이사회(제416조 단서에서 정한 주식발행의 경우에는 주주총회)에서 자본금으로 계상하기로 한 금액의 총액으로 한다. 이때 주식의 발행가액 중 자본금으로 계상하지 않는 금액은 자본준비금으로 계상하여야 한다(451조 2항).

이와 같이 액면주식이냐 무액면주식이냐에 따라 자본금의 결정방법이 달라지므로, 회사는 액면주식과 무액면주식 중 한 가지만 택일하여 발행할 수 있으며(329조 1항), 정관에서 정하는 바에 따라 발행된 액면주식을 무액면주식으로 전환하거나 무액면주식을 액면주식으로 전환하는 경우(4항)에도 둘 중 한 종류만 유지할 수 있다. 또한 회사의 자본금은 액면주식을 무액면주식으로 전환하거나 무액면주식을 액면주식으로 전환함으로써 변경할 수 없다(451조 3항).

2. 주식불가분의 원칙

주식은 자본금의 구성단위이자 주주권의 최소단위이므로 이를 더 세분할 수 없다(주식불가분의 원칙). 따라서 2분의 1주만을 양도하거나 1주의 의결권을 반분하여 행사하는 것은 허용되지 않는다. 다만 주식병합 등의 경우 발생하는 단주(端株) 및 주식분할의 경우는 예외이다. 주식병합은 후술하는 자본금의 감소에서, 기타의 경우는 각각 해당되는 곳에서 알아보기로 하고, 이곳에서는 주식분할에 대해 살펴본다.

3. 주식의 분할

가. 의의 · 효용

주식의 분할이란 회사의 자본금과 재산의 변동 없이 발행주식을 세분하여 그 주식수를 증가시키는 것을 말한다. 예컨대, 1주를 3주로 분할하면 발행주식수는 3배로 늘어난다. 이는 주식 병합의 경우와 반대이며, 자본금이 불변하는 점에서 후술하는 준비금의 자본금전입이나 주식배당의 경우와 다르다. 주식분할은 신주발행 · 합병 준비 등에 이용되며, 너무 높은 주가를 낮추어 주식의 유통을 쉽게 하는 기능도 있다.

나. 요 건

주식분할을 위해서는 **주주총회의 특별결의**를 요한다(329조 1항, 434조). 무액면주식의 경우 이사회결의로 가능하다는 견해[1)]가 있으나, 이는 입법론[2)]으로 고려할

1) 최기원 · 김동민(상) 675면.
2) 송옥렬 792면.

수 있을 것이다. 액면주식의 경우 1주의 금액(289조 1항 4호)을 변경하여야 하므로 **정관변경** 절차를 반드시 거쳐야 한다. 이때 1주의 금액이 100원 미만으로 되어서는 안 된다(329조 3항). 한편 액면주식・무액면주식 모두 발행예정주식총수(3호)가 부족할 경우에는 정관변경이 필요하다.

다. 절 차

주식분할은 주주와 질권자의 권리 및 그 행사에 영향을 미친다. 즉, (i) 액면주식의 주주는 구주권을 제출하고 신주권을 교부받아야 하며, (ii) 주권에 주식수만이 기재된 무액면주식의 주주는 추가로 발행되는 주권을 교부받아야 하고, (iii) 질권자는 주식분할로 종전의 주주가 받을 주식이나 금전에 대하여도 종전의 주식에 대한 질권을 행사할 수 있기 때문이다(339조). 따라서 회사는 1월 이상의 기간을 정하여 주식분할의 뜻과 (액면주식의 경우) 그 기간 내에 주권을 회사에 제출할 것을 **공고**하고 주주명부에 기재된 주주와 질권자에게는 별도로 **통지**를 하여야 한다(329조의2 3항, 440조). 이 경우 구주권을 제출할 수 없는 자가 있는 때에는 3월 이상의 이의제출기간을 거쳐 **신주권을 교부**한다(329조의2 3항, 442조). 분할의 결과 1주에 미달하는 **단주**가 생길 수 있는데(예: 액면가를 1,000원에서 400원으로 인하하여 1주를 2.5주로 분할하는 경우), 이 경우 회사는 단주를 매각하여 그 대금을 단주의 주주에게 지급한다(329조의2 3항, 443조 1항).

라. 효 력

주식분할의 효력은 전술한 주식분할 공고기간이 만료한 때에 발생한다(329조의2 3항, 441조). 주식분할로 회사 재산 및 사본금의 변동 없이 발행주식총수가 증가하고 (액면주식의 경우) 주금액이 변경된다. 발행주식총수 및 주금액은 등기사항이므로 효력발생일부터 2주 내에 변경등기를 하여야 한다(317조 4항, 183조).

4. 주식의 공유

주식을 1주 미만의 단위로 소유할 수는 없으나, 공유는 가능하다. 주식을 공동상속한 경우(민 1006조) 및 수인이 공동으로 주식을 인수한 경우 등이 그 예이다. 후자의 경우 공동주식인수인은 연대하여 납입할 책임이 있다(333조 1항). 주식이 수인의 공유에 속하는 때에는 공유자는 주주의 권리를 행사할 자(대표자) 1인을 정하여야 하며, 대표자를 정하지 않았거나 기타 사유로 주주의 권리를 행사할 자가 없는 때에는 공유자에 대한 통지나 최고는 공유자 중 회사가 선택한 1인에 대하여 하면 된다(2항 · 3항).

Ⅱ. 종류주식

1. 서

종류주식이라 함은 이익의 배당, 잔여재산의 분배, 주주총회에서의 의결권의 행사, 상환 및 전환 등에 관하여 내용이 다른 종류의 주식을 말한다(344조 1항). 2011년 개정상법은 회사가 다양한 종류주식을 발행할 수 있도록 하고 있는데, 이는 (i) 기업 입장에서는 직접금융시장에서의 주식발행을 통한 자금조달을 원활하게 하고, (ii) 투자자 입장에서는 투자상품을 다양화하며, (iii) 금융회사 입장에서는 취급금융상품을 다양하게 함으로써, 자본시장 전체의 발전에 기여하기 위한 것이다.

종류주식은 후술하는 주주평등의 원칙에 대한 예외로서 다른 주주의 권리에도 영향을 미치므로, 회사가 종류주식을 발행하는 경우 **정관**에서 각 종류주식의 내용과 수를 정하여야 한다(2항). 또한 주식청약서(302조 2항 4호 · 5호) · 신주인수권증서(420조의2 2항 3호) · 주주명부(32조 1항 2호) · 주권(356조 6호) 등에 이를 기재하고, 등기로서 **공시**하여야 한다(317조 2항 3호).

한편 회사가 종류주식을 발행하는 때에는 정관에 다른 정함이 없는 경우에도 주식의 종류에 따라 신주의 인수, 주식의 병합 · 분할 · 소각 또는 회사의 합병 · 분할로 인한 주식의 배정에 관하여 특수하게 정할 수 있다(344조 3항). 이로써 어느 종류의 주주에게 손해를 미치게 될 경우 주주총회의 결의 외에 그 종류주식의 주주의 총회, 즉 **종류주주총회**의 결의가 있어야 한다(436조). 회사가 정관을 변경함으로써 어느 종류주식의 주주에게 손해를 미치게 될 때(435조 1항) 및 회사의 분할 또는 분할합병, 주식교환, 주식이전 및 회사의 합병으로 인하여 어느 종류의 주주에게 손해를 미치게 될 경우(436조)에도 같다. 종류주주총회의 결의는 출석한 주주의 의결권의 3분의 2 이상의 수와 그 종류의 발행주식총수의 3분의 1 이상의 수로써 하여야 한다(435조 2항). 그 밖에 종류주주총회에 대하여는 주주총회에 관한 규정들(의결권없는 종류의 주식에 관한 것 제외)이 준용된다(3항).

2. 이익배당 · 잔여재산분배에 관한 종류주식

가. 의의 · 발행

회사는 이익의 배당 및 잔여재산의 분배에 관하여 내용이 다른 종류주식을 발행할 수 있다(344조의2). 2011년 개정상법은 현물배당을 인정하므로(462조의4) 배당재산의 종류를 달리하는 종류주식의 발행도 가능하다. 그리하여 회사가 이익의 배당에 관하여 내용이 다른 종류주식을 발행하는 경우에는 **정관**에 그 종류주식의 주주에게 교부하는 배당재산의 종류, 배당재산의 가액의 결정방법, 이익을 배당하는 조건 등 이익배당에 관한 내용을 정하여야 한다(344조의2 1항). 또한 회사가 잔여재산의 분배에 관하여 내용이 다른 종류주식을 발행하는 경우에는 정관에 잔여재산의 종류, 잔여재산의 가액의 결정방법, 그 밖에 잔여재산분배에 관한 내용을 정하여야 한다(2항).

나. 종 류

다른 주식에 비해 이익배당 또는 잔여재산분배에 있어 유리한 조건이 인정되는 주식을 **우선주**라 하고, 다른 주식에 비해 불리한 조건이 인정되는 주식을 **후배주**라 하며, 그 표준이 되는 주식을 **보통주**라 한다. 일부 권리(예: 이익배당청구권)에 대하여는 유리하나, 다른 권리(예: 잔여재산분배청구권)에 대하여는 불리한 주식을 **혼합주**라 한다.

우선주에 유리한 조건을 부여하는 방식은 최저배당률(예: 10%)을 정하는 방법에 국한되지 않는다. 2011년 개정상법이 최저배당률 요건을 삭제했기 때문이다. 따라서 보통주보다 1%를 더 배당하는 소위 **'1%우선주'**도 가능하다.

한편 우선주에 정해진 배당률만큼 배당받고도 회사에 잔여이익이 있는 경우 추가배당을 받을 수 있는 주식을 **참가적 우선주**라 하며, 그렇지 않은 주식을 비참가적 우선주라 한다. 또한 결산기에 배당가능이익이 부족하여 우선배당률에 못 미치는 배당을 받은 경우 다음 결산기에 이를 누적하여 받을 수 있는 주식을 **누적적 우선주**라 하며, 그렇지 못한 주식을 비누적적 우선주라 한다.

3. 의결권의 배제 · 제한에 관한 종류주식

가. 의의 · 발행한도

종래 상법상 우선주에 한하여 의결권 없는 주식으로 할 수 있었으나, 2011년 개정상법은 우선주 요건을 삭제하고, 의결권이 배제되는 주식 외에 일부 사항(예: 이사 선임)에 대하여만 의결권이 제한되는 주식도 발행할 수 있도록 하였다(344조의3). 따라서 보통주에 대하여도 의결권을 배제 · 제한하는 것이 가능하다. 이와 같이 회사가 의결권이 없는 종류주식이나 의결권이 제한되는 종류주식을 발행하는 경우에는 **정관**에 의결권을 행사할 수 없는 사항과, 의결권행사 또는 부활의 조건을 정한 경우에는 그 조건 등을 정하여야 한다(344조의3 1항).

한편 의결권의 배제 · 제한에 관한 종류주식의 총수는 **발행주식총수의 4분의 1**을 초과하지 못한다(2항). 소수의 의결권 있는 주식으로 회사를 지배하는 폐단을 막기 위한 것이다. 의결권이 없거나 제한되는 종류주식이 발행주식총수의 4분의 1을 초과하여 발행된 경우에는 회사는 지체 없이 그 제한을 초과하지 아니하도록 하기 위하여 필요한 조치를 하여야 한다(3항).

나. 권리의 내용

의결권이 배제되는 주식의 경우 총회결의사항 전반에 대하여 **의결권**이 없고, 의결권이 제한되는 주식의 경우 그 제한되는 사항에 관하여 의결권이 없다. 다만 종류주주총회(435조, 436조), 창립총회(308조 2항), 주주 전원의 동의가 요구되는 경우(400조, 408조의9, 415조, 604조 1항) 및 회사분할의 경우(530조의3 3항)는 예외이다. 또한 정관에 정한 조건(344조의3 1항)에 따라 의결권이 부활한 경우에는 이를 행사할 수 있다. 종래에는 우선주인 무의결권주가 우선배당을 받지 못하는 경우만 의결권부활이 인정되었으나, 현행법상은 이에 국한되지 않는다.

의결권이 배제 · 제한되는 주식의 경우에도 **의결권 이외의 주주권**은 모두 인정되며, 주주총회에 참석하여 의견을 진술하고, 소수주주로서 총회소집을 요구하며, 총회결의의 하자에 관한 소(부당결의취소 · 변경의 소 제외)를 제기할 수 있다(이설 있음).[1] 다

1) 최기원 · 김동민(상) 565면; 최준선(회) 229면; 권기범(회) 495면; 송옥렬 779면. 반대: 손주찬(상) 624면(총회소집청구권과 결의취소의 소의 제소권을 부정함); 정동윤(상) 452면(정관에 규정이 있는 경우에 한해 총회출석 · 발언권을 인정하며, 총회소집청구권과 결의하자의 소의 제소권은 인정함); 정찬형(상) 720면(총회소집청구권은 부정하나, 총회출석 · 발언권과 결의하자의 소의 제소권을 인정함).

만 의결권 없는 주주는 원칙적으로 총회의 소집통지를 받지 못한다(363조 7항).

4. 상환주식

가. 의의 · 종류

상환주식이란 발행시부터 향후 회사의 이익으로 소각될 것이 예정되어 있는 주식을 말한다. 2011년 개정상법은 (i) 우선주 아닌 주식도 상환주식으로 발행할 수 있게 하고, (ii) 상환의 선택권을 회사뿐 아니라 주주에게도 부여할 수 있게 하였으며, (iii) 상환의 대가로 현금 외의 자산도 교부할 수 있게 하였다. 상환의 선택권이 회사에게 있는 경우 즉, 회사가 정관에서 정하는 바에 따라 회사의 이익으로써 소각할 수 있는 종류주식(345조 1항)을 **회사상환주식**이라 한다. 이에 비해 상환의 선택권이 주주에게 있는 경우 즉, 회사가 정관에서 정하는 바에 따라 주주가 회사에 대하여 상환을 청구할 수 있는 종류주식(2항)을 **주주상환주식**이라 한다.

나. 발행 및 상환절차

회사상환주식과 주주상환주식은 모두 종류주식(상환과 전환에 관한 것은 제외)에 한하여 **발행**할 수 있다(345조 5항). 회사상환주식 발행의 경우 회사는 정관에 상환가액, 상환기간, 상환의 방법과 상환할 주식의 수를 정하여야 한다(1항). 또한 회사는 상환대상인 주식의 취득일부터 2주 전에 그 사실을 그 주식의 주주 및 주주명부에 적힌 권리자에게 따로 통지하여야 한다. 다만, 통지는 공고로 갈음할 수 있다(2항). 주주상환주식 발행의 경우 회사는 정관에 주주가 회사에 대하여 상환을 청구할 수 있다는 뜻, 상환가액, 상환청구기간, 상환의 방법을 정하여야 한다(3항). **상환**은 회사의 이익(배당가능이익)으로만 할 수 있으므로, 회사는 매 결산기에 이익금 중 일부를 상환기금으로 적립하는 것이 보통이다. 회사는 주식의 취득의 대가로 현금 외에 유가증권(다른 종류주식 제외)이나 그 밖의 자산을 교부할 수 있으나(현물상환), 이 경우에도 그 자산의 장부가액이 배당가능이익(462조)을 초과해서는 안 된다(345조 4항).

다. 상환의 효과

상환주식이 상환되면 그만큼 **발행주식총수**가 감소하여 변경등기를 요한다. 그러나 자본감소절차를 거치지 않았으므로 자본금은 변동하지 않는다. 따라서 액면주식의 경우 발행주식의 액면총액과 자본금이 일치하지 않게 된다.

상환으로 감소한 발행주식수만큼 미발행주식수가 부활하여 **재발행**이 가능하다는 견해가 있다.[1] 그러나 이미 주식의 발행권한이 행사된 부분에 대해 재발행을 인정할 경우 2중의 수권을 인정하는 결과가 되고 다른 주주들의 이익배당청구권에도 영향을 미치므로 상환된 주식의 재발행은 허용되지 않는다 할 것이다(다수설).[2]

5. 전환주식

가. 의의 · 종류

전환주식이란 다른 주식으로 전환할 수 있는 권리가 회사 또는 주주에게 부여된 주식을 말한다. 종래에는 주주에게만 전환권이 인정되었으나, 2011년 개정으로 회사에게도 전환권을 부여할 수 있게 되었다. 또한 종전에는 우선주와 보통주 상호간의 전환만 인정되었으나, 2011년 개정으로 모든 종류주식 상호간의 전환이 가능하게 되었다. 주주가 인수한 주식을 다른 종류주식으로 전환할 것을 청구할 수 있는 경우를 **주주전환주식**이라 하고, 일정한 사유(전환사유)가 발생할 때 회사가 주주의 인수 주식을 다른 종류주식으로 전환할 수 있는 경우를 **회사전환주식**이라 한다.

나. 발행절차

주주전환주식을 발행할 경우 **정관**에 전환의 조건, 전환의 청구기간, 전환으로 인하여 발행할 주식의 수와 내용을 정하여야 한다(346조 1항). 회사전환주식의 경우 정관에 전환의 사유, 전환의 조건, 전환의 기간, 전환으로 인하여 발행할 주식의 수와 내용을 정하여야 한다(2항). 주주전환주식 · 회사전환주식 공히 정관으로 정한 종류주식의 수 중 새로 **발행할 주식의 수**는 전환청구기간 또는 전환의 기간 내에는 그 발행을 유보하여야 한다(4항). 또한 두 경우 모두 **주식청약서 또는 신주인수권증서**에 (i) 주식을 다른 종류의 주식으로 전환할 수 있다는 뜻, (ii) 전환의 조

1) 이철송(회) 299 · 300면; 최준선(회) 235면.

2) 손주찬(상) 626면(정관에 규정이 있으면 보통주로의 재발행은 가능하다 함); 강위두 · 임재호(상) 589면; 최기원 · 김동민(상) 566면; 정동윤(상) 456면; 정찬형(상) 725면(정관에 규정이 있으면 보통주로의 재발행은 가능하다 함); 송옥렬 784면.

건, (iii) 전환으로 인하여 발행할 주식의 내용 및 (iv) 전환청구기간 또는 전환의 기간을 적어야 한다(347조).

다. 전환절차

주주전환주식의 경우 주식의 전환을 청구하는 자는 **청구서** 2통에 주권을 첨부하여 회사에 제출하여야 하며, 이 청구서에는 전환하고자 하는 주식의 종류, 수와 청구년월일을 기재하고 기명날인 또는 서명하여야 한다(349조). 회사전환주식의 경우 주식을 전환하려면 **이사회**가 (i) 전환할 주식, (ii) 2주 이상의 일정한 기간(주권제출기간) 내에 그 주권을 회사에 제출하여야 한다는 뜻 및 (iii) 그 기간 내에 주권을 제출하지 않으면 그 주권이 무효로 된다는 뜻을 그 주식의 주주 및 주주명부에 적힌 권리자에게 따로 **통지**하여야 한다. 다만 통지는 공고로 갈음할 수 있다(346조 3항).

전환으로 인하여 신주식을 발행하는 경우에는 전환전의 주식의 발행가액을 **신주식의 발행가액**으로 한다(348조). 여기서 발행가액은 1주의 발행가액이 아닌 해당 주식의 발행가액의 총액을 말하며, 액면주식의 경우 액면미달발행의 제한(417조)과 더불어 전환비율을 제한함으로써 자본금충실을 기하고자 하는 것이다. 예컨대, 액면가 1,000원이고 발행가 1,100원인 우선주 1만주의 발행가총액은 1,100만원이다. 이를 보통주로 전환할 경우 신주식의 발행가총액도 1,100만원이어야 하는데, 1주당 발행가는 액면가인 1,000원 이상이어야 하므로, 신주식은 최대 1만 1천주까지 발행할 수 있다. 즉, 전환비율이 1:1.1 이하로 제한되는 것이다.

라. 전환의 효과

전환의 **효력발생시기**에 관해 보면, 주주전환주식의 경우 주주의 전환청구권은 형성권(形成權)으로써 청구 즉시 효력을 발생하며, 회사전환주식의 경우는 전술한 주권제출기간이 끝난 때에 효력이 발생한다(350조 1항). 다만 전환으로 발행한 신주에 대한 이익배당에 관하여는, (i) 전환의 효력이 발생한 이후의 이익만을 배당하는 소위 일할배당(日割配當)을 할 수도 있고, (ii) 정관에 규정을 두어 영업연도 전체의 이익을 배당함으로써 구주와 같은 금액을 배당하는 소위 동등배당(同等配當)을 할 수도 있다.[1] 한편 주주명부폐쇄기간(354조 1항) 중에 전환된 주식의

1) 2020년 12월 개정상법은 전환주식의 이익배당에 관한 제350조 제3항을 삭제함으로써

주주는 그 기간 중의 총회의 결의에 관하여는 의결권을 행사할 수 없다(350조 2항).

전환전의 주식수와 신주식의 수가 같으면 **자본금**의 변동이 없으나, 신주식의 수가 많으면 자본금이 증가한다. 신주식의 수가 적은 경우 자본금이 감소하나 이를 위해서는 자본금감소절차를 밟아야 한다. 전환으로 소멸한 전환전 주식의 **재발행**이 가능한지에 대하여 설이 갈리나, 상환주식 재발행의 경우와 같은 2중수권의 우려가 없어 가능하다고 본다(통설). 이때 재발행할 수 있는 주식의 종류에 관하여는 설이 갈리나, 전환권은 이미 행사하였으므로 전환권이 없는 전환 전의 종류의 주식(예: 전환권 없는 우선주)으로 재발행하여야 할 것이다(다수설)(이설 있음).[1]

주식의 전환으로 인한 **변경등기**는 전환청구일 또는 주권제출기간만료일이 속하는 달의 마지막 날부터 2주 내에 본점소재지에서 하여야 한다(351조).

제2절 주 주

I. 의 의

주주라 함은 주식회사의 구성원(사원)이자 주주권으로서의 주식의 귀속자를 말한다. 상법상 주주의 자격에는 제한이 없으며, 그 수도 1인 이상이면 된다.

II. 주주(주식)평등의 원칙

1. 의의 · 근거

주주는 주주의 자격에 바탕하는 법률관계에 있어서는 원칙적으로 그가 가진 주식의 수에 따라서 평등한 취급을 받는다는 원칙을 주주평등의 원칙이라 한다.

동등배당이 가능함을 명확히 하였다.

1) 손주찬(상) 629면; 강위두 · 임재호(상) 592 · 593면; 최기원 · 김동민(상) 568면; 정동윤(상) 459면; 이철송(회) 308면. 반대: 정찬형(상) 730면(전환주식으로 재발행하여야 한다고 함); 최준선(회) 238면(전환주식의 재발행도 가능하다 함); 송옥렬 788면(전환주식의 재발행도 가능하다 함).

주주의 완전한 동등대우가 아니라 보유주식수에 따른 차이를 인정한다는 점에서 오히려 '주식'평등의 원칙이라는 용어가 더 적절한 면이 있다. 주주평등의 원칙은 형평의 이념을 근거로 하고 있으며, 실정법상 이를 일반적으로 표명한 규정은 없으나, 의결권(369조), 이익배당의 기준(464조), 잔여재산의 분배(538조) 등에 관한 규정들이 모두 이 원칙을 전제로 한 것으로 볼 수 있다.

2. 내 용

주주평등의 원칙은 주주의 자격에 따른 법률관계에서 주주를 그 보유주식수에 비례하여 평등하게 대우할 것을 요구한다. 회사로서는 주주에게 권리행사의 기회를 균등하게 주면 족하며, 종류주식이 발행되었을 경우에는 주식의 종류별로 평등대우를 하면 족하다. 반면 객관적으로 주주평등에 어긋난 이상 회사 측의 선의·악의는 불문한다.

3. 위반의 효과 및 예외

주주평등의 원칙은 강행법적 기본원칙이므로 이에 위반되는 정관규정, 주주총회나 이사회 결의, 업무집행행위 등은 모두 무효이다. 예컨대, 직원들을 유상증자에 참여시키면서 퇴직 시 출자손실금을 전액 보전해 주기로 약정한 것은 다른 주주들과 달리 투하자본의 절대적 회수를 보장하는 것으로 주주평등의 원칙에 위반되어 무효이다(대판 2007.6.28., 2006다38161·38178). 한편 상법은 종류주식(344조 1항·3항), 소수주주권(363조의2 1항 등), 감사 선임(409조 2항) 및 단주 처리(443조) 등과 관련하여 이 원칙의 예외를 인정하고 있다.

Ⅲ. 주주의 권리

1. 자익권·공익권

자익권은 주주 개인이 회사로부터 경제적 이익을 받기 위한 권리이며, 이익배당청구권(462조)·신주인수권(418조)·잔여재산분배청구권(538조) 등이 그 예이다. 이에 비해 공익권은 경영참여 또는 감시를 통해 회사 운영에 직접적으로 영향을 미치기 위한 권리이며, 의결권(369조 1항)·주주총회 소집청구권(366조)·대표소송 제기권(324조) 등이 그 예이다. 공익권은 간접적으로는 주주 개인의 이익을 지키기 위한 권리이기도 하다.

2. 단독주주권·소수주주권

단독주주권은 단 1주를 보유한 주주에게도 인정되는 권리로서, 자익권의 전부와 공익권 중 의결권 및 설립무효의 소(328조) 등 각종 소 제기권 등이 이에 속한다. 이에 비해 소수주주권은 일정 비율 이상의 주식을 보유한 주주에게만 인정되는 권리로서, 그 지주비율은 여러 명의 주주의 보유주식수를 합산하여 충족하여도 무방하나. 가장 엄격한 지주비율을 요구하는 소수주주권은 해산판결청구권(520조 1항)으로서 10% 이상이 필요하며, 이사위법행위 유지청구권(402조)·대표소송 제기권 등은 1% 이상이 요구되고, 주주총회 소집청구권·주주제안권(363조의2)·집중투표요구권(382조의2) 등 대다수의 소수주주권은 3% 이상이 필요하다. 다만 상장회사의 경우에는 소수주주의 지주비율 요건을 대폭 완화하되(예: 대표소송의 경우 0.01%) 해당 주식을 6개월 전부터 계속해서 소유한 주주에게만 권리행사를 인정하고 있음을 주의하여야 한다(542조의6)(또한 집중투표청구권에 관한 542조의7 2항 참조).[1)]

Ⅳ. 주주의 의무

주주는 그가 가진 주식의 인수가액을 한도로 책임을 지며(331조) 이에 상응하는 출자의무가 있다. 다만 출자의무는 회사성립 전 또는 신주발행의 효력발생 전에 모두 이행되어야 하므로(295조, 305조, 421조, 423조) 엄밀히 말하면 이는 주식인수인의 의무이나, 통상 주주의 의무로 분류한다. 상법상 주주의 의무는 주식인수인의 지위까지 포함해서 출자의무가 전부이며 다른 의무는 없다. 현행법에 명문 규정은 없지만 지배주주의 회사 및 다른 주주에 대한 충실의무를 인정하자는 견해가 있으나, 이는 입법론으로서 고려할 수 있을 것이다.

---

1) 2020년 12월 개정상법은 상장회사 주주가 특례규정에 따른 소수주주권 행사요건과 일반규정에 따른 그것을 선택적으로 주장할 수 있게 하고 있다(542조의6 10항).

제3절 주권과 주주명부

Ⅰ. 주 권

1. 의의 · 성질 및 종류

주권은 주식, 즉 주주권을 표창하는 유가증권이다. 그러나 주권은 어음 · 수표와 달리 불완전유가증권이며, 다음과 같은 성질을 갖는다. (i) 주권은 회사의 성립 또는 신주발행으로 이미 발생한 주주권을 표창한다(비설권증권). (ii) 주주권이 실재로 존재하지 않으면 주권도 무효가 된다(요인증권). (iii) 회사는 주권에 기재되지 않은 사항으로 주주에 대항할 수 있다(비문언증권). (iv) 주권의 기재사항은 법정되어 있으나(356조) 이 중 본질적이 아닌 사항은 누락되어도 주권이 무효로 되지 않는다(완화된 요식증권). (v) 주주권의 행사는 1회성이 아니라 계속적이기 때문에 권리행사 시에도 주권을 상환하지 않는다(비상환증권).

한편 주권에는 1주만을 표창하는 단일주권과 복수의 주식을 표창하는 병합주권(예: 100주권)이 있다. 주권에 주주의 성명을 기재하지 않는 무기명주권은 2014년 개정으로 폐지되어 현행법상은 기명주권만 인정된다.

2. 발 행

회사 성립 후 또는 신주의 납입기일 후 회사는 지체없이 주권을 발행하여야 한다(355조 1항). 주식양도의 자유를 보장하기 위함이다. 회사성립 · 신주납입기일 후에는 주주에게 주권발행 · 교부청구권이 인정되며, 이는 주주의 채권자가 대위행사할 수도 있다(대판 1982.9.28., 82다카21). 회사의 주권 불발행에 대하여는 이사의 손해배상책임 추궁이 가능하며, 과태료의 제재가 있다(635조 1항 19호). 반면 회사는 회사성립 · 신주납입기일 후가 아니면 주권을 발행하지 못하고(2항), 발행하여도 그 주권은 무효가 되며, 이 무효와 별개로 발행한 자에 대한 손해배상청구가 가능하다(3항). 이는 후술하는 권리주 양도제한(319조)과 더불어 투기를 방지하기 위함이다.

3. 주권의 효력발생시기

주권이 효력을 발생하여야 그 유통 및 선의취득이 가능하고, 주주의 채권자가 그 주권에 대한 권리를 행사할 수 있게 된다. 주권이 언제 효력을 발생하느냐에 관하여는 견해가 갈린다. 즉, (i) 회사가 주권을 작성하면 바로 주권으로서의 효력이 발생한다는 견해(작성시설),[1] (ii) 회사가 주권을 작성하여 주주에게 교부한다는 의사로 누군가에게 교부한 때에 효력이 발생한다는 견해(발행시설)(대판 1965.8.24., 65다968) 및 (iii) 회사가 작성한 주권을 주주에게 교부하여야 효력이 발생한다는 견해(교부시설: 통설)(대판 1977.4.12., 76다2766 등)[2]가 대립한다. 주권의 경우 어음·수표와 달리 유통보호보다는 신정한 권리관계의 보호에 중점을 두어야 할 것이므로 (iii)설이 타당하다.

4. 주권불소지제도

가. 의 의

주주가 주식에 대하여 주권의 소지를 하지 않겠다는 뜻을 회사에 신고한 경우에 회사가 주권을 발행하지 아니하는 제도이다(358조의2). 주권을 장기간 보유하는 주주는 주권의 분실·도난 등 점유상실과 그로 인한 제3자의 선의취득 등의 위험이 커지게 되므로 주주의 희망에 따라 주권을 소지하지 않을 수 있도록 한 것이다.

나. 주권불소지의 신고

주권의 불소지신고는 정관에 이를 금하는 규정이 없어야 한다(1항). 신고의 주체는 주주명부상의 주주이나, 주식인수인도 가능하다. 신고의 상대방은 회사이나, 후술하는 명의개서대리인에 대하여도 할 수 있다. 신고 시기는 주권발행 전후를 불문하나, 주권발행 후 신고할 경우는 회사에 주권을 제출하여야 한다. 주주명부폐쇄기간이라도 신고가 가능하다. 소유주식의 일부에 대하여만 불고지신고를 할 수도 있다.

---

1) 임홍근(회) 220면.
2) 손주찬(상) 633·634면; 강위두·임재호(상) 600면; 정동윤(상) 466·467면; 이기수·최병규(회) 248면; 이철송(회) 329면; 정찬형(회) 742·743면(다만 회사가 주주 아닌 자에게 주권을 교부하였으나 제3자가 이 자를 주주로 믿고 주권을 취득한 경우에는 예외적으로 주권의 효력을 인정함); 최준선(회) 259면.

다. 주주명부에의 기재 및 그 효과

불소지신고가 있으면 회사는 지체없이 주권을 발행하지 않는다는 뜻을 주주명부와 그 복본에 기재하고, 그 사실을 주주에게 통보해야 한다(2항). 회사가 주주명부에 불소지기재를 한 때에는 그 주권의 발행을 할 수 없고, 회사에 제출된 주권은 무효화거나 명의개서대리인에 임치한다(3항). 불소지기재에도 불구하고 회사가 주권을 발행했거나 주주가 제출한 주권이 유통되더라도 그 주권은 무효이므로 선의취득이 인정되지 않는다.

라. 주권의 발행 또는 반환

주주는 불소지신고를 하였더라도 언제든지 회사에 대하여 주권의 발행(무효화시킨 경우) 또는 반환(명의개서대리인에 임치한 경우)을 청구할 수 있다(4항).

5. 주권의 상실

분실·멸실 등으로 주권을 상실한 최종소지인은 민사소송법상의 공시최고절차(민소 475조 이하)를 거쳐 제권판결을 얻음으로써 상실된 주권을 무효화하고(360조 1항, 민소 496조), 주권에 대한 권리를 행사할 수 있다(민소 497조). 또한 주권을 상실한 자는 제권판결을 얻어야만 회사에 대하여 주권의 재발행을 청구할 수 있다(360조 2항).

6. 주식·사채의 전자등록제

주권과 채권의 실물을 발행하는 대신 전자등록기관에 등록함으로써 실물증권의 발행비용과 보관·유통비용을 절감하게 하여주는 제도를 주식·사채의 전자등록제라 한다. 이는 기업경영이 IT화되고, 증권회사·기관투자자 등의 예탁자가 한국예탁결제원에 계좌를 개설하여 증권을 예탁함으로써 실물증권의 인도 없이 계좌대체의 방법으로 증권상의 권리를 이전하는 소위 '유가증권 예탁결제제도'의 활성화로 실물 증권의 수요가 미미함을 반영하여 2011년 개정시에 도입된 제도이다. 이에 따르면 회사는 주권을 발행하는 대신 정관에서 정하는 바에 따라 전자등록기관(유가증권 등의 전자등록 업무를 취급하는 기관)의 전자등록부에 주식을 등록할 수 있다(356조의2 1항). 전자등록부에 등록된 주식의 양도나 입질(入質)

은 전자등록부에 등록하여야 효력이 발생한다(2항). 또한 전자등록부에 주식을 등록한 자는 그 등록된 주식에 대한 권리를 적법하게 보유한 것으로 추정하며, 이러한 전자등록부를 선의로, 그리고 중대한 과실 없이 신뢰하고 제2항의 등록에 따라 권리를 취득한 자는 그 권리를 적법하게 취득한다(3항). 전자등록의 절차·방법 및 효과, 전자등록기관에 대한 감독, 그 밖에 주식의 전자등록 등에 필요한 사항은 따로 법률로 정한다(4항).[1]

Ⅱ. 주주명부

1. 의 의

주주명부란 주주와 주권에 관한 주요 사항을 명확히 하기 위해 상법의 규정에 따라서 작성되는 장부를 말한다. 주주명부에는 (i) 주주의 성명과 주소, (ii) 각 주주가 가진 주식의 종류와 수, (iii) 주권의 번호(주권을 발행한 경우) 및 (iv) 각 주식의 취득연월일을 기재하여야 하며, 전환주식을 발행한 때에는 소정사항(347조)을 기재하여야 한다(352조). 그 밖에도 상법에는 주주명부의 기재사항에 관한 규정들이 산재한다(예: 전술한 주권불소지신고의 경우의 주권불발행의 기재에 관한 358조의2 2항).

2. 효 력

주식을 취득한 자라도 그 성명과 주소를 주주명부에 기재(명의개서)하지 않으면 회사에 대항하지 못한다(337조 1항)(대항력). 따라서 주식을 양수하였어도 주주명부에 기재를 마치지 않으면 그 주식의 양수를 회사에 대항할 수 없다(대판 1991.5.28., 90다6774).

또한 주주명부에 주주로 등재되어 있는 자는 일응 주주로 추정되며 이를 부인하려면 그 주주권을 부인하는 측에 입증책임이 있다(추정력·자격수여적 효력)(대판 1985.3.26., 84다카2082). 따라서 특별한 사정이 없는 한 주주명부상의 주주는 회사에 대한 관계에서 그 의결권을 적법하게 행사할 수 있다(대판 2010.3.11., 2007다51505).

---

1) 이에 따라 제정된 「주식·사채 등의 전자등록에 관한 법률」(약칭: 전자증권법)은 2019.9.16. 시행되었다.

한편 회사가 주주명부에 주주로 등재된 자를 주주로 취급하였다면 그 자가 진정한 주주가 아닌 경우에도 회사는 면책된다(면책력). 종래 판례는 주주명부상의 주주가 형식주주에 불과하다는 것을 회사가 알았거나 중대한 과실로 알지 못하였고 또한 이를 용이하게 증명할 수 있었음에도 의결권을 행사하게 한 경우 그 의결권 행사는 위법하다고 보았다(대판 1998.9.8., 96다45818). 그러나 최근 법원은 이 입장을 변경하여, 회사가 형식주주 외에 실제 주식을 인수 또는 양수하고자 하였던 자가 따로 있음을 알았든 몰랐든 간에 주주명부에 기재된 자의 주주권 행사를 부인할 수 없다고 판시하였다(대판 2017.3.23., 2015다248342 전원합의체).

그 밖에 주주 또는 질권자에 대한 회사의 통지 또는 최고는 주주명부에 기재한 주소 또는 그 자로부터 회사에 통지한 주소로 하면 된다(353조 1항).

3. 비치 · 열람 · 복본

이사는 주주명부를 작성하여 회사의 본점에 비치하여야 하며, 주주와 회사채권자는 영업시간 내에는 언제든지 그 열람 또는 등사를 청구할 수 있다(396조). 회사가 정관이 정하는 바에 의하여 명의개서대리인을 둔 때에는 그 영업소에 주주명부나 그 복본을 비치할 수 있다(1항 후단). 주주명부와 그 복본은 정부(正副)의 차이가 없어, 주식을 양수한 자가 이 복본에 그 성명과 주소를 기재한 때에는 주주명부에 명의개서한 것과 동일한 효력이 생긴다(337조 2항).

4. 전자주주명부

전자주주명부란 전자문서로 작성된 주주명부를 말하며, 회사는 정관이 정하는 바에 따라 전자주주명부를 작성할 수 있다(352조의2 1항). 여기서 전자문서란 정보처리시스템에 의하여 전자적 형태로 작성, 송신 · 수신 또는 저장된 정보(전자문서 및 전자거래기본법 2조 1호)를 말한다.[1] 전자주주명부에는 주주명부의 기재사항(352조 1항) 외에 전자우편주소를 적어야 한다(352조의2 1항). 회사가 전자주주명부를 작성하는 경우 회사의 본점 또는 명의개서대리인의 영업소에서 전자주주명부의 내용을 서면으로 인쇄할 수 있으면 주주명부를 비치(396조 1항)한 것으로 본다(영 11조 1항). 또한 주주와 회사채권자는 영업시간 내에 언제든지 서면 또는 파일의

1) 이철송(회) 348면.

형태로 전자주주명부에 기록된 사항의 열람 또는 복사를 청구할 수 있으며, 이 경우 회사는 다른 주주의 전자우편주소를 열람 또는 복사의 대상에서 제외하는 조치를 취하여야 한다(2항). 회사가 정관으로 전술한 주식의 전자등록제와 함께 전자주주명부를 채택하고 양자를 연동시키는 경우 명의주주와 실질주주가 항상 일치하게 할 수 있을 것이다.[1]

5. 주주명부의 폐쇄와 기준일

가. 의 의

주주명부의 폐쇄라 함은 주주 또는 질권자로서 권리를 행사할 자를 정하기 위하여 일정기간 주주명부의 기재의 변경을 정지하는 제도이다. 명의개서의 정지라고도 한다. 이에 비해 **기준일**이라 함은 일정한 날에 주주명부에 기재된 주주 또는 질권자로서 기재된 자를 그 권리를 행사할 주주 또는 질권자로 보는 제도이다. 등록일이라고도 한다. 신주배정일도 기준일의 일종이다. 이들은 예컨대, 결산기·정기총회·이익배당 지급에 이르는 기간 동안 주주가 계속 변동함으로써 오는 불편을 해소하기 위한 제도이다. 기준일이 지정되어도 명의개서 자체는 인정하는 데 반해, 주주명부가 폐쇄될 경우 명의개서가 허용되지 않는다는 차이가 있다. 양자는 **병용**할 수도 있다. 예컨대, 정기총회에 참석할 주주와 이익배당을 받을 주주를 일치시키기 위해 결산일을 이익배당의 기준일로 하면서 결산일의 익일부터 정기총회의 종결시까지 주주명부를 폐쇄할 수 있다.

나. 폐쇄기간·기준일의 제한 및 공고

주주명부의 폐쇄나 기준일의 지정 여부는 회사의 자유이나, 이를 실시하는 경우 상법의 규정에 따라야 한다. 폐쇄기간은 3월을 초과하지 못하며, 기준일은 주주 또는 질권자로서 권리를 행사할 날에 앞선 3월 내의 날로 정하여야 한다(354조 1항 내지 3항). 폐쇄기간 중 3월을 초과하는 부분은 무효가 되며, 기간의 시기(始期)가 분명하지 않은 때에는 전체가 무효가 된다.[2] 또한 기준일과 권리행사일 사이의 기간이 3월 이상인 경우 기준일의 지정은 효력이 없다.[3]

---

1) 정찬형(상) 746·747면; 송옥렬 819면.
2) 손주찬(상) 645면; 강위두·임재호(상) 612면; 최기원·김동민(상) 603면; 정동윤(상) 476면; 이기수·최병규(회) 259면; 이철송(회) 347면.
3) 손주찬(상) 645면; 최기원·김동민(상) 604면; 정동윤(상)476면.

폐쇄기간 또는 기준일은 이사회가 결정하며(이설 있음),[1] 그 2주간 전에 공고하여야 한다(4항 본문). 다만 정관으로 정하는 경우 공고가 필요 없다(동항 단서). 공고를 하지 않았거나 공고 일수가 부족한 경우 주주명부의 폐쇄 또는 기준일의 설정은 효력이 없다(이설 있음).[2] 다만 공고사항에 경미한 위반이 있는 때에는 그 효력에 영향이 없다.[3]

다. 효 과

폐쇄기간 중에는 회사는 명의개서의 의무도 권한도 없다. 회사가 임의로 명의개서를 받아 준 경우 명의개서가 무효가 되는 것은 아니나, 그 효력은 폐쇄기간 경과 후에 발생한다(이설 있음).[4] 주주명부폐쇄기간 중에도 전환주식의 전환은 가능하다. 다만 이 기간 중에 전환된 주식의 주주는 그 기간 중의 총회의 결의에 관하여 의결권을 행사하지 못한다(350조 2항). 이는 전환사채의 전환(516조 2항) 및 신주인수권부사채의 신주인수권 행사(516조의10)의 경우도 같다.

제4절 주식의 양도

I. 주식양도의 자유와 그 제한

주식의 양도라 함은 법률행위에 의한 주주의 지위의 이전을 말한다. 제정상법은 주주의 투자회수를 보장하기 위해 정관으로도 제한할 수 없는 주식양도의 절대적 자유를 인정하고 있었다. 그러나 외부자본의 유입으로 인한 경영권의 동요를 막을 수 있도록 하기 위해 1995년 개정상법은 정관에 의한 주식양도의 제한

1) 손주찬(상) 644면; 이기수・최병규(회) 260면; 이철송(회) 346면. 반대(대표이사가 정할 수 있다 함): 최기원・김동민(상) 603면; 정동윤(상) 474면; 최준선(회) 274면.
2) 손주찬(상) 646면; 최기원・김동민(상) 603면; 정동윤(상) 476면. 반대: 이철송(회) 347면(폐쇄기간이나 공고기간의 경미한 위반은 효력에 영향이 없다 함); 송옥렬 818면(공고기간의 위반정도가 경미한 경우 주주명부 폐쇄의 효력에 영향이 없다 함).
3) 정동윤(상) 476면; 이철송(회) 347면.
4) 이기수・최병규(회) 261면; 정찬형(상) 756면; 이철송(회) 345면; 최준선(회) 275・276면. 반대(폐쇄기간 중의 명의개서는 무효라 함): 손주찬(상) 646면; 정동윤(상) 475면.

을 인정하였다(335조). 그 밖에도 상법에는 주식양도의 자유를 제한하는 여러 규정들이 있어 차례로 살펴본다.

1. 정관에 의한 주식양도의 제한

가. 입법취지

주주 구성을 폐쇄적으로 유지하고자 하는 회사를 위해 상법은 정관에 의한 주식양도의 제한을 인정하고 있다. 즉, 회사는 **정관**으로 정하는 바에 따라 그 주식의 양도에 관하여 이사회의 승인을 받도록 할 수 있다(335조 1항). 이에 위반하여 이사회의 승인을 얻지 않은 주식양도는 회사에 대하여 효력이 없다(2항).[1] 이러한 주식양도의 제한은 등기(317조 2항 3호의2)로 공시하고 주식청약서(302조 2항 5호의2) 및 주권(356조 6호의2) 등에 기재하여야 한다. 한편 상법은 이사회가 주식양도의 승인을 거부하는 경우 주주의 투자회수를 보장하기 위해 회사에 대한 상대방 지정청구권 및 주식매수청구권(335조의2 4항)을 인정하고, 공정한 매도가액의 결정을 보장하기 위한 절차를 마련하고 있다(335조의5).

나. 양도의 절차

위의 정관 규정에 따라 이사회의 승인을 얻고자 하는 주식의 양도인 또는 양수인은 서면으로 회사에 대하여 그 승인을 청구할 수 있다(335조의2 1항, 335조의7). 이때 이사회는 1월 이내에 승인 여부를 서면으로 통지하여야 하며, 이 기간 내에 거부의 통지를 하지 않으면 주식양도를 승인한 것으로 본다(335조의2 2항 · 3항). 양도승인거부의 통지를 받은 주주는 통지를 받은 날부터 20일 내에 회사에 대하여 (i) 양도상대방의 지정 또는 (ii) 그 주식의 매수를 청구할 수 있다(4항). (i)의 청구를 받은 후 2주간 내에 이사회가 양도상대방을 지정하여 이를 주주 및 상대

1) 현행법상 회사 차원에서 주식양도를 제한할 수 있는 것은 상법 제335조에 따른 정관에 의한 제한뿐이다. 그 이외의 방법으로 **주식양도를 제한하는 회사와 주주 사이 또는 주주 사이의 약정**의 효력에 대해 법원은 소극적인 입장을 견지하고 있다. 예컨대, 합작회사의 설립 후 5년간 일체 주식의 양도를 금지한 약정을 일부 주주가 어기고 명의개서를 청구한 사안에서, 이러한 약정은 상법 제335조 제1항에 위반하여 무효이므로 회사 측은 명의개서를 거부할 수 없다고 판시한 사례가 있다(대판 2000.9.26., 99다48429). 다만 주주들 사이에서 주식의 양도를 일부 제한하는 약정이 문제된 사안에서, 이러한 약정이 주주의 투하자본회수의 가능성을 전면적으로 부인하지 않고 공서양속에 반하지 않는다면 당사자 사이에서는 원칙적으로 유효하다고 판시한 바 있다(대판 2008.7.10., 2007다14193).

방에게 통지하지 않으면 주식양도에 대한 이사회의 승인이 있는 것으로 본다(335조의3). 또한 이사회에 의해 양도상대방으로 지정된 자가 그 통지를 받은 날부터 10일 내에 주주에 대하여 서면으로 자기에게 주식을 양도할 것을 청구하지 않는 때에도 주식양도에 대한 이사회의 승인이 있는 것으로 본다(335조의4).

다. 매도가액의 결정

위 (i)의 청구에 따라 회사에 의해 지정된 상대방이 주식을 매수하거나 (ii)의 청구에 따라 회사가 주식을 매수할 경우 그 주식의 매도가액은 당사자 간의 협의로 결정하나, 30일 내에 협의가 이루어지지 않을 경우 당사자는 법원에 대하여 매도가액의 결정을 청구할 수 있다(335조의5, 374조의2 4항).

2. 권리주 양도의 제한

회사설립 및 신주발행시의 주식의 인수로 인한 권리(권리주)의 양도는 회사에 대하여 효력이 없다(319조, 425조). 이는 투기적 행위 억제, 회사설립과 신주발행 절차의 혼잡 방지, 회사설립 시에 회사불성립으로 인한 위험으로부터 양수인 보호 등을 위한 것이다.

권리주의 양도는 당사자 간에는 채권적 효력이 인정된다. 그러나 권리주의 양도는 "회사에 대하여 효력이 없다"고 규정되어 있어(319조) 양도당사자가 회사에 대하여 양도의 효력을 주장할 수 없을 뿐 아니라, 회사가 임의로 그 효력을 인정하는 것도 허용되지 않는다(통설)(대판 1965.12.7., 65다2069)(이설 있음).[1)]

3. 주권발행 전의 주식양도의 제한

가. 입법취지

상법상 주식의 양도에는 주권의 교부가 필요한데, 주권발행 전에는 법정된 양도방법이 없고 공시방법도 없어 주식거래의 안전을 기할 수 없다. 그리하여 제정 상법은 주권발행 전 주식양도를 제한하면서 예외규정을 두지 않았다. 그러나 상당수의 회사가 성립 후 수년이 지나도록 주권을 발행하지 않은 채 양도증서에

1) 손주찬(상) 656면; 최기원·김동민(상) 609면; 정동윤(상) 488면; 이기수·최병규(회) 280면; 정찬형(상) 761면; 최준선(회) 293면; 송옥렬 830면. 반대: 강위두·임재호(상) 617면; 권기범(회) 570면.

의해 주식을 양도하는 것이 관행화되었음에도 그 양도의 효력을 인정받지 못하는 문제점이 발생하였다. 1984년 개정상법은 이러한 문제점을 해결하고 주주의 투자회수를 보장하기 위해 회사성립 후 또는 신주의 납입기일 후 6월이 경과한 경우 양도제한의 예외를 인정하고 있다.

나. 6월 경과 전의 양도

회사성립 또는 신주의 납입기일 후 6월이 경과하기 전에 주권발행 없이 이루어진 주식의 양도는 회사에 대하여 효력이 없다(335조 2항 본문).[1] 준비금의 자본금전입, 주식병합(대판 2012.2.9., 2011다62076 · 62083) 등 특수한 신주발행의 효력이 발생한 후 6월이 경과하기 전에 주권발행 없이 이루어진 주식양도도 마찬가지이다. 이러한 주식양도는 회사가 양도를 승인하고 명의개서까지 하더라도 무효이며(대판 1965.4.6., 64다205), 양수인에게 발행한 주권도 무효이다(대판 1987.5.26., 86다카982 · 983). 또한 양수인이 주주총회 결의에 참여한 경우 결의취소 또는 부존재의 원인이 된다.[2] 다만 이러한 주식양도도 당사자 간에는 채권적 효력이 있다(대판 2012.2.9., 2011다62076 · 62083).

다. 6월 경과 후의 양도

(1) 효 력

회사성립 또는 신주의 납입기일(신주발행의 효력발생) 후 6월이 경과한 후에는 주권발행 없이도 주식을 양도할 수 있다(335조 2항 단서). 이러한 주식양도는 당사자간은 물론 회사에 대해서도 유효이다. 따라서 양수인은 명의개서(대판 1992.10.27., 92다16386)와 주권발행 및 교부를 청구할 수 있다. 한편 주식의 양도는 6월 경과 전에 이루어졌으나 6월 경과 후까지 주권발행이 안 된 경우 무효는 치유된다고 본다(통설)(대판 2002.3.15., 2000두1850)(이설 있음).[3] 이를 무효로 보더라도 양도인이 재차 양도절차를 밟으면 어차피 유효로 될 것이므로 절차만 번거롭게 할

---

1) 이에 대하여는 **자본시장법**에 중요한 예외가 규정되어 있다. 즉, 상장주식을 예탁결제원의 계좌간 대체결제의 방법으로 양도하는 경우에는 주권발행 전이라도 회사에 대하여 그 효력이 있다(자 311조 4항).

2) 이철송(회) 382면; 정찬형(상) 763면; 최준선(회) 294면.

3) 손주찬(상) 658 · 659면; 정동윤(상) 489면; 이철송(회) 382면; 정찬형(상) 763 · 764면; 최준선(회) 294 · 295면; 권기범(회) 572면. 반대: 최기원 · 김동민(상) 611면.

뿐이기 때문이다.

(2) 양도방법 · 대항요건

주권발행 전에는 법정된 방식이 없으므로 **지명채권양도방식**에 따라 당사자의 의사표시만으로 양도가 성립한다(통설)(대판 1988.10.11., 87누481). 따라서 양도시기가 불분명하고, 2중양도가 가능한 문제점이 있다.

양수인이 **회사와의 관계**에서 주주권을 행사하기 위한 대항요건으로는 명의개서를 갖추어야 하는데(337조 1항), 주권발행 전 주식양수인은 특별한 사정이 없는 한 양도인의 협력을 받을 필요 없이 단독으로 자신이 주식을 양수한 사실을 증명함으로써 회사에 대하여 그 명의개서를 청구할 수 있다(대판 1995.5.23., 94다36421). 그러나 양수인이 **제3자에 대한 관계**에서 2중양도의 경우 우열을 가리는 등 대항력을 갖추기 위해서는 확정일자 있는 증서에 의한 양도통지 또는 회사의 승낙이 있어야 한다(민 450조 2항).

4. 자기주식의 취득제한

가. 입법취지

종래 상법은 회사가 이미 발행되어 있는 자기회사의 주식을 자기의 계산으로 취득하는 것을 엄격하게 금지하고 있었다. 그 이유는 (i) 이러한 자기주식 취득은 실질적으로 출자를 반환한 것과 같은 결과를 가져와 회사의 재산적 기초를 위태롭게 하고, (ii) 대표이사에 의한 출자 없는 회사지배가 가능해지며, (iii) 자기주식에 의한 내부자의 투기거래(자본시장법 172조 · 174조)로 일반투자자를 해할 우려가 있기 때문이다. 그러나 자기주식취득은 회사의 주가관리 · 자금운용 · 적대적 M&A 방어 등에 유용하며, 그 폐단은 취득의 재원을 배당가능이익 범위 내로 제한하는 등의 방법으로 해결 가능하다. 실제로 자본시장법은 이미 일정 요건하에 자기주식취득을 원칙적으로 허용하고, 그 폐해를 재원규제나 사전 · 사후공시를 통해 해결해 왔다. 그리하여 **2011 개정상법은 자기주식취득의 금지원칙을 유지하면서도 이에 대한 제한을 완화**하여, (i) 배당가능이익 한도 내에서 자기주식취득을 원칙적으로 허용하고, (ii) 자기주식의 자유로운 처분을 인정하며, (iii) 그 소각 시에 자본금감소 규정을 적용하지 않도록 하였다.

나. 배당가능이익에 의한 자기주식취득

(1) 재 원

회사는 배당가능이익(462조 1항)의 범위 내에서 자기의 명의와 계산으로 자기주식을 취득할 수 있다(341조 1항). 해당 영업연도의 결산기에 배당가능이익이 없어질 우려가 있는 경우에는 자기주식을 취득해서는 안 된다(3항). 만약 결산기에 대차대조표의 순자산액이 이익배당 공제항목(462조 1항 각호)의 합계액에 미치지 못함에도 불구하고 자기주식을 취득한 경우 이사는 회사에 대하여 그 결손금액을 배상하여야 한다. 다만 이사가 결손이 발생할 우려가 없다고 판단하는 때에 주의를 게을리하지 않았음을 증명한 경우는 예외이다(341조 4항).

(2) 절차 · 방법

배당가능이익으로 자기주식을 취득하려는 회사는 미리 주주총회의 결의로 (i) 취득할 수 있는 주식의 종류 및 수, (ii) 취득가액의 총액의 한도, (iii) 1년을 초과하지 않는 범위에서 자기주식을 취득할 수 있는 기간을 결정하여야 한다. 다만 이사회의 결의로 이익배당을 할 수 있다고 정관으로 정하고 있는 경우는 이사회의 결의로 주주총회의 결의를 갈음할 수 있다(2항).

상법은 배당가능이익에 의한 자기주식취득이 주주평등의 원칙에 맞게 이루어질 수 있도록 그 방법을 제한하고 있다. 즉, (i) 거래소에서 시세가 있는 주식의 경우에는 거래소에서 취득하는 방법 또는 (ii) 상환주식(345조 1항)의 경우 외에 각 주주가 가진 주식수에 따라 균등한 조건으로 취득하는 것으로서 대통령령으로 정하는 방법[1]에 따라 취득하여야 한다(341조 1항).

다. 재원 규제 없는 자기주식취득

(1) 특정목적에 의한 자기주식취득

2011년 개정상법은 일정한 경우 배당가능이익이 없어도 자기주식취득을 허용하고 있다. 즉, (i) 회사의 합병 또는 다른 회사의 영업전부의 양수로 인한 경우, (ii) 회사의 권리를 실행함에 있어 그 목적을 달성하기 위하여 필요한 경우, (iii)

---

1) 이에는 (i) 회사가 모든 주주에게 자지주식 취득의 통지 또는 공고를 하여 주식을 취득하는 방법 및 (ii) 자본시장법에 따른 공개매수(동법 133조 내지 146조)의 방법이 있다(영 9조 1항).

단주(端株)의 처리를 위하여 필요한 경우 및 (iv) 주주가 주식매수청구권을 행사한 경우가 그것이다(341조의2). 이는 기존의 자기주식취득금지의 예외 중 주식의 소각과 주식매수선택권의 부여를 위한 예외가 삭제된 것이다. 전자는 이익소각제도의 폐지로 인한 것이고, 후자는 배당가능이익에 의한 자기주식취득이 허용되기 때문에 존치할 실익이 없어진 것이다.

(2) 해석상 인정되는 자기주식취득

2011년 개정 전의 엄격한 자기주식취득금지 하에서도 (i) 무상취득 및 타인 계산에 의한 취득의 경우, (ii) 위탁매매인의 주선행위에 의한 취득의 경우 및 (iii) 신탁적 취득의 경우는 허용되는 것으로 해석되었다. 이들은 현행법 하에서도 배당가능이익 없이 자기주식취득이 가능한 예외로 해석된다.

라. 위법한 자기주식취득의 효과

(1) 사법상의 효력

회사가 상법 제341조 또는 제341조의2에 위반하여 자기주식을 취득한 경우 그 취득행위의 사법상 효력에 관하여 학설이 갈린다. 먼저 **무효설**은 이들 조항을 강행규정으로 보아 자기주식취득은 상대방의 선의 · 악의를 불문하고 무효라고 한다(다수설)(대판 2003.5.16., 2001다44109).[1] 반면 **유효설**은 무효설이 거래안전을 저해한다고 비판하면서, 자기주식의 취득행위 자체는 유효이고, 이사 등의 책임을 추궁하게 되는 데 그친다고 한다.[2] 한편 **절충설**로서, (i) 자기주식 취득행위는 원칙적으로 무효이나, 타인의 명의에서 회사의 계산으로 취득하는 경우 양도인에게 악의가 없는 한 유효라는 견해[3], (ii) 위 조항들에 의하여 보호를 받아야 할 사는 회사 · 회사채권자 · 주주이므로 양도인은 선의 · 악의를 불문하고 무효를 주장하지 못하고, 거래안전을 고려하여 회사 · 회사채권자 · 주주도 양도인에게 악의가 없는 한 무효를 주장하지 못한다고 하는 견해[4] 및 (iii) 자기주식취득은 상대방의 선의 · 악의를 묻지 않고 무효이나, 선의의 제3자(전득자 · 압류채권자 등)에게

---

1) 최기원 · 김동민(상) 621면; 정동윤(상) 496면; 정찬형(상) 774면; 최준선(회) 309면; 송옥렬 846면.
2) 채이식(상) 639면.
3) 손주찬(상) 659면; 강위두 · 임재호(상) 626면.
4) 정희철(상) 426면; 권기범(회) 581면.

대항하지 못한다는 견해[1] 등이 주장된다. 생각건대, 위 조항들에 위반한 자기주식취득은 자본금충실을 저해하는 등 폐해를 가져올 우려가 크므로 이를 무효로 보는 것이 타당할 것이다.

주권이 발행되지 않은 주식에 관하여 체결된 매매계약이 구 상법 제341조에서 금지한 자기주식의 취득에 해당하여 무효인 경우, 매수인의 매도인에 대한 부당이득반환의무가 존재하는지 여부(원칙적 소극) 및 이때 무효인 매매계약에 따라 매수인에게 상법 제337조 제1항에 규정된 명의개서절차가 이행된 경우, 매도인이 단독으로 매매계약이 무효임을 증명함으로써 회사에 명의개서를 청구할 수 있는지 여부(적극)(대판 2018.10.25., 2016다42800, 42817, 42824, 42831)

『···주권이 발행되지 않은 주식의 매매계약이 무효라면 그 계약은 처음부터 당연히 효력을 가지지 아니하므로, 원칙적으로 계약에 따라 매도의 대상이 되었던 주식의 이전은 일어나지 않고, 매도인은 매매계약 이후에도 주주의 지위를 상실하지 않는다.

따라서 주권이 발행되지 않은 주식에 관하여 체결된 매매계약이 구 상법 제341조에서 금지한 자기주식의 취득에 해당하여 무효인 경우, 매도인은 지급받은 주식매매대금을 매수인에게 반환할 의무를 부담하는 반면 매수인은 매매계약 체결 당시 이행받은 급부가 없으므로 특별한 사정이 없는 한 반환할 부당이득이 존재하지 않는다. 다만 무효인 매매계약을 근거로 매수인이 마치 주주인 것처럼 취급되고 이러한 외관상 주주의 지위에서 매도인의 권리를 침해하여 매수인이 이익을 얻었다면 매수인은 그 이익을 반환할 의무가 있다. 그러나 매수인이 이러한 외관상 주주의 지위에 기하여 이익을 얻은 바도 없다면, 역시 매수인의 매도인에 대한 부당이득반환의무는 존재하지 않는다.

한편 만약 무효인 매매계약에 따라 매수인에게 상법 제337조 제1항에 규정된 명의개서절차가 이행되었더라도, 매도인은 특별한 사정이 없는 한 매수인의 협력을 받을 필요 없이 단독으로 매매계약이 무효임을 증명함으로써 회사에 대해 그 명의개서를 청구할 수 있다(대법원 1995.3.24. 선고 94다47728 판결 참조). 주권이 발행되지 않은 주식에 관하여 체결된 매매계약이 구 상법 제341조에서 금지한 자기주식의 취득에 해당하여 무효인 경우에도 마찬가지이다.

···원심은 그 판시와 같은 사정을 종합하여 다음과 같이 판단하였다.

아남인스트루먼트와 피고들 사이의 이 사건 주식매매계약이 구 상법 제341조에서 금지한 자기주식의 취득에 해당하여 무효인 이상, 주권이 발행되지 않은 이 사건 주식이 피고들로부터 아남인스트루먼트에게 이전되었다고 볼 수 없고, 피고들이 여전히 이 사건 주식을 보유한다고 할 것이므로, 아남인스트루먼트가 피고들에 대하여 주식반환의 원상회복의무 또는 이러한 의무이행이 불가능함을 이유로 한 주식매매대금 상당의 가액반환의무를 부담한다고 볼 수 없다. 또한 아남인스트루먼트가 원상회복의무로서 명의개서와 관련한 협조의무를 부담한다거나 그러한 협조의무의 이행이 불가능하게 되었다고 보기도 어렵다. 따라서 아남인스트루먼트가 피고들에 대하여 부당이득반환의무를 부담함을 전제로 한 피고들의 상계항변은 이유 없다.』[2]

---

1) 이철송(회) 401·402면.

2) 아남인스트루먼트가 이 사건 자기주식 취득 후 인적분할 등 구조조정을 단행함으로써 피고들의 원상회복이 어려워진 문제점에 관하여, 박세화, "2018년 회사법 관련 대법원 판례의 동향 및 적용 법리에 관한 고찰,"「상사판례연구」제32집 제1권 (2019), 107·108면.

(2) 이사의 책임 · 임원에 대한 형사제재

이사가 상법 제341조 또는 제341조의2에 위반하여 자기주식취득행위를 한 때에는 회사에 대하여 연대하여 손해를 배상할 책임이 있으며(399조), 악의 또는 중과실이 있는 때에는 제3자에 대하여도 연대하여 손해를 배상할 책임을 진다(401조). 또한 이사 등의 임원이 누구의 명의로 하거나를 불문하고 회사의 계산으로 부정하게 그 주식을 취득하거나 질권의 목적으로 받은 때에는 형벌의 제재를 받는다(625조 2호).

마. 자기주식의 지위

회사가 적법하게 자기주식을 취득한 경우 그 주주권의 인정범위가 문제된다. 상법은 회사가 가진 자기주식은 의결권이 없다고 규정하고 있을 뿐이나(369조 2항), 의결권 이외의 공익권도 모두 휴지한다는 데 이설이 없다. 그러나 자익권의 경우 논란이 있으며, 이익배당청구권 · 잔여재산분배청구권 · 신주인수권 등의 권리 중 일부가 인정될 수 있다는 학설들이 있다(부분적 휴지설).[1] 그러나 자기주식에 대한 이익배당이나 잔여재산분배는 무의미하며, 자기주식의 취득을 원칙적으로 금지하는 상법의 입장을 고려할 때 신주인수권 등 다른 자익권들도 일체 인정하지 않는 것이 타당하다(전면적 휴지설)(통설).[2]

바. 자기주식의 처분 · 소각

종래 상법은 회사가 예외적으로 취득한 자기주식을 즉시 실효시키거나(소각의 경우) 상당한 시기에 처분하도록(여타 예외의 경우) 하고 있었다. 그러나 2011년 개정상법은 이러한 규정을 삭제하여 회사가 자기주식을 보유하고 있다가(소위 '금고주') 자금운용 또는 적대적 M&A에 대한 방어 등을 위해 이사회의 재량으로 처분할 수 있도록 하였다. 회사가 보유하는 자기주식을 처분하는 경우에 (i) 처분할 주식의 종류와 수, (ii) 처분할 주식의 처분가액과 납입기일 및 (iii) 주식을

1) 배철세 · 강위두(회) 294면(이익배당청구권과 잔여재산분배청구권을 인정함): 서정갑 · 이남기(회) 266면(주식배당 및 준비금의 자본금전입으로 인한 주식의 무상교부를 받을 수 있고, 신주인수권을 갖는다 함); 최기원 · 김동민(상) 619면(준비금의 자본금전입에 의한 무상주의 교부를 받을 수 있다 함); 최준선(회) 313(준비금의 자본전입 시 신주인수권은 인정된다 함).

2) 손주찬(상) 663면; 강위두 · 임재호(상) 627면; 정동윤(상) 494 · 495면; 이기수 · 최병규(회) 290 · 291면; 이철송(회) 406 · 407면; 정찬형(상) 775면; 김정호(상) 555면; 송옥렬 843 · 844면.

처분할 상대방 및 처분방법에 관하여 정관에 규정이 없는 것은 이사회가 결정한다(342조).

2011년 개정상법은 이익소각 규정(342조의2)을 삭제하는 대신 회사가 **이사회 결의에 의하여 자기주식을 소각**할 수 있게 하면서, 이 경우 자본금 감소 규정에 따를 필요가 없도록 하였다(343조 1항). 이에 따라 회사는 주식의 소각이 필요할 경우 배당가능이익 범위 내에서 이사회 결의로 자기주식을 취득(341조)하여 소각할 수 있게 되었다. 그러나 특정목적에 의해 취득한 자기주식(341조의2)을 소각하는 경우에는 배당가능이익을 재원으로 한 것이 아니므로 자본금 감소 규정에 따라야 할 것이다.[1)]

5. 자회사에 의한 모회사주식취득의 제한

가. 입법취지

1984년 개정상법은 자회사에 의한 모회사주식취득을 제한하는 제342조의2를 신설하였다. 이는 의결권정지에 관한 제369조 제3항과 함께 주식상호보유(상호주)의 폐단을 막기 위한 것이다. 주식상호보유에는 (i) A회사와 B회사가 서로 상대방의 주식을 보유하는 단순상호보유, (ii) A회사는 B회사 주식을, B회사는 C회사 주식을, C회사는 A회사 주식을 보유하는 고리형 상호보유 및 (iii) A회사는 B회사·C회사 주식을, B회사는 A회사·C회사 주식을, C회사는 A회사·B회사 주식을 보유하는 행렬식 상호보유 등의 유형이 있다. 상법이 금지하는 자회사에 의한 모회사주식취득은 (i)에 해당한다. 이러한 주식상호보유는, (i) 실질상 출자의 반환이 되어 자본금의 공동화(空洞化)를 가져오고, (ii) 이사에 의한 주주총회 운영 왜곡과 회사지배권의 부당한 유지수단으로 악용될 수 있으며, (iii) 자기주식취득의 탈법행위가 될 수 있다.

나. 모회사주식취득의 금지와 예외

다른 회사의 발행주식 총수의 100분의 50을 초과하는 주식을 보유하고 있는 회사를 모회사라 하고, 그 다른 회사를 자회사라 한다(342조의2 1항). 다른 회사의 발행주식의 총수의 100분의 50을 초과하는 주식을 모회사 및 자회사 또는 자회

1) 정찬형(상) 779면.

사가 가지고 있는 경우 그 다른 회사는 이 법의 적용에 있어 그 모회사의 자회사로 본다(3항).

자회사는 모회사의 주식을 1주도 취득하여서는 안 된다(1항 본문). 모회사의 무의결권주를 취득하는 것도 금지된다. 이 경우도 자본공동화의 폐해가 나타나기 때문이다. 다만 (i) 주식의 포괄적 교환, 주식의 포괄적 이전,[1] 회사의 합병 또는 다른 회사의 영업전부의 양수로 인한 때 및 (ii) 회사의 권리를 실행함에 있어 그 목적을 달성하기 위하여 필요한 때는 예외이다(동항 단서). 그러나 이 경우도 6월 이내에 취득한 주식을 처분하여야 한다(동조 2항).

다. 모회사주식의 지위 · 위법취득의 효과 등

모회사주식취득이 예외적으로 허용되는 경우 상법 제369조 제3항에 따라 그 의결권이 부정됨은 물론이며, 여타의 공익권과 자익권도 모두 휴지된다고 보아야 할 것이다(통설). 또한 상법 제342조의2에 위반한 모회사주식 취득행위의 사법상 효력에 대하여도 자기주식취득의 경우와 마찬가지로 유효설 · 무효설 · 절충설이 대립하며, 이 경우도 역시 무효로 보는 것이 타당하다. 동조에 위반하여 모회사주식을 취득한 이사는 회사(399조) 또는 제3자(401조)에 대하여 손해배상책임을 지며, 모회사주식취득금지나 처분의무를 위반한 자에게는 벌금형의 제재가 인정된다(652조의2 1호).

---

1) 1999년 독점규제 및 공정거래에 관한 법률 개정으로 지주회사가 허용됨에 따라, 완전지주회사의 설립을 용이하게 하고자 2001년 개정상법에 주식의 포괄적 교환과 포괄적 이전 제도가 신설되었다.
첫째, '**주식의 포괄적 교환**'은 기존 주식회사가 기존 다른 주식회사의 완전모회사가 되기 위한 제도이며, 기존 주식회사(갑)가 다른 주식회사(을)의 주주로부터 그 회사(을)의 주식의 전부를 포괄적으로 취득하여 완전모회사가 되고 그 대가로서 자사(갑)의 주식을 교부하는 것을 말한다(360조의2 1항).
둘째, '**주식의 포괄적 이전**'은 기존 주식회사가 그 자체는 자회사가 되고 완전모회사를 설립하는 제도이다. 즉, 기존 주식회사(을)의 주식의 전부를 신설하는 회사(갑)에 포괄적으로 이전하고 신설회사(갑)의 설립시에 발행하는 주식을 기존회사(을)의 주주에게 교부함으로써 성립하는 완전모회사의 창설행위를 말한다(360조의15).
이와 같은 주식의 포괄적 교환 · 포괄적 이전을 통해 완전지주회사를 설립할 때 **상호주취득**이 발생할 수 있다. 예컨대, 을회사가 자기주식을 가진 상태에서 갑회사를 완전모회사로 만드는 주식교환이 이루어질 경우 을회사는 자기주식을 갑회사에 이전하는 대가로 갑회사의 주식을 교부받게 된다. 그리하여 자회사인 을회사가 모회사인 갑회사의 주식을 취득하게 되는 것이다.

Ⅱ. 주식양도의 방법과 대항요건

1. 주권의 교부

제정상법상 기명주식의 양도에는 주권의 배서·교부 또는 주권과 양도증서의 교부가 필요하였다. 그러나 1984년 개정상법은 주권의 교부만으로 기명주식을 양도할 수 있게 하였다. 물론 당사자 간의 양도합의는 있어야 한다. 그리하여 현행법상 주식의 양도는 당사자 간의 합의와 주권의 교부로써 성립하고 그 효력이 발생한다(336조 1항). 다만 법률행위에 의한 양도가 아닌 상속·합병과 같은 포괄승계의 경우는 주권의 교부를 요하지 않는다. 이와 같이 주식의 양도가 주권의 교부만으로 효력이 발생하므로, 주권의 점유자는 적법한 소지인으로 추정된다(2항).

2. 명의개서

가. 의의·절차

주식의 양도를 회사에 대항하기 위하여는 취득자의 성명과 주소를 주주명부에 기재해야 한다(337조 1항). 이를 명의개서라 한다. 주식의 양수인은 회사에 대하여 단독으로 명의개서를 청구할 수 있으며, 양도인의 협력을 요하지 않는다.[1] 명의개서를 청구하기 위하여는 주권의 제시가 있어야 하나 상속·합병 등 포괄승계의 경우, 주권을 상실한 경우 및 주권발행전 주식양도의 경우는 예외이다. 주권의 점유자는 적법한 소지인으로 추정되므로(336조 2항), 회사는 이러한 소지인이 명의개서를 청구할 경우 그가 무권리자임을 입증하지 못하는 한 명의개서를 하여야 한다.

원래 회사 주주로 기재되어 있던 자가 제3자의 주식매매계약서 등 위조에 의해 타인에게 명의개서가 마쳐졌다는 이유로 회사를 상대로 명의개서절차이행을 구하지 않고 주주권 확인을 구할 경우, 확인의 이익이 있는지 여부(소극)(대판 2019.5.16., 2016다240338)

『가. 확인의 소는 법적 지위의 불안·위험을 제거하기 위하여 확인판결을 받는 것이 가장 유효·적절한 수단인 경우에 인정되고, 이행을 청구하는 소를 제기할 수 있는데도 불구하고 확인의 소를 제기하는 것은 분쟁의 종국적인 해결 방법이 아니어서 확인의 이익이 없다(대법원 2006.3.9. 선고 2005다60239 판결, 대법원 2017.1.12. 선고 2016다241249 판결 등 참조). 또한 확인의

1) 정동윤(상) 509면; 이철송(회) 357면; 정찬형(상) 797면; 최준선(회) 279면; 송옥렬 811면.

소에 확인의 이익이 있는지 여부는 직권조사사항이므로 당사자의 주장 여부에 관계없이 법원이 직권으로 판단하여야 한다(대법원 1991.7.12. 선고 91다12905 판결 참조).

한편, 주식을 취득한 자는 특별한 사정이 없는 한 점유하고 있는 주권의 제시 등의 방법으로 자신이 주식을 취득한 사실을 증명함으로써 회사에 대하여 단독으로 그 명의 개서를 청구할 수 있다(대법원 1995.3.24. 선고 94다47728 판결, 대법원 2018.10.21. 선고 2016다42800, 42817, 42824, 42831 판결 등 참조).

나. 기록에 의하면, 원고는 원래 피고의 주주명부상 이 사건 주식의 소유자로 기재되어 있었는데 소외인이 위조한 주식매매계약서로 인해 타인 앞으로 명의개서가 되었으므로 여전히 원고가 피고의 주주라고 주장하면서, 이 사건 소를 통해 피고를 상대로 주주권 확인을 구하고 있음을 알 수 있다.

다. 이러한 사정을 앞서 본 법리에 비추어 보면, 원고는 이 사건 주식의 발행인인 피고를 상대로 직접 자신이 주주임을 증명하여 명의개서절차의 이행을 구할 수 있다. 따라서 원고가 피고를 상대로 주주권 확인을 구하는 것은 원고의 권리 또는 법률상의 지위에 현존하는 불안・위험을 제거하는 유효・적절한 수단이 아니거나, 분쟁의 종국적 해결방법이 아니어서 확인의 이익이 없다.

그럼에도 원심은 피고를 상대로 주주권 확인을 구하는 원고의 이 사건 소에 확인의 이익이 있음을 전제로, 원고가 이 사건 주식의 소유자임을 인정하기 어렵다고 하여 원고의 청구를 기각한 제1심판결에 대한 원고의 항소를 기각함으로써 본안에 관하여 나아가 판단하고 있다. 이러한 원심판단에는 회사에 대한 주주권 확인의 소의 이익에 관한 법리를 오해하여 판결 결과에 영향을 미친 잘못이 있다.』

반면 회사는 주권소지인의 형식적 자격(주권의 진정 여부)을 심사하면 족하고, 설사 그가 무권리자인 경우에도 이에 관한 악의・중과실이 없는 한 면책된다.

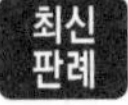

제3자가 회사에 대해 제3자와 주주 사이에 체결되었던 주식 명의신탁약정이 해지되었다고 주장하면서 명의개서절차 이행을 청구하였는데, 원래의 주주가 주권을 소지하고 있음을 잘 알면서도 회사가 제3자에 대하여 명의개서를 마쳐 준 경우, 회사가 형식적 심사의무를 다한 것인지 여부(소극) 및 여전히 주권을 소지하는 주주가 권리자로 인정되는지 여부(적극)
(대판 2019.8.14., 2017다231980)

『・・・피고 캐슬파인은 원고가 이 사건 주식에 관한 구주권을 소지하고 있음을 잘 알고 있으면서도, 주권을 점유하지 않은 제3자인 피고 코엠개발의 명의개서절차 이행청구에 따라 이 사건 주식에 관한 명의개서를 마쳐주었다. 당시 피고 코엠개발이 원고와 이 사건 주식의 명의신탁약정을 체결하였다는 처분문서조차 제시하지 못한 점 등에 비추어 보면, 피고 캐슬파인은 명의신탁 해지를 주주권 취득원인으로 주장한 피고 코엠개발의 명의개서절차 이행청구에 대하여, 형식적 심사의무를 다하였다고 볼 수도 없다.

원심의 이유 설시에 다소 부적절한 점이 있으나, 현재 이 사건 주식의 주권을 점유하고 있는 원고가 이 사건 주식의 권리자라고 추정되고, 따라서 피고들이 제출한 증거들만으로는 위 추정을 뒤집고 원고가 피고 코엠개발에 이 사건 주식의 소유를 위한 명의만을 대여해 준 것에 불과하다는 점이 증명되었다고 보기에는 부족하다고 하여 원고의 청구를 인용한 원심의 결론은 정당하다.』

나. 효 력

앞서 주주명부의 효력에서 살펴본 바와 같이 주주명부에 명의개서를 한 후에는 회사에 대하여 주주임을 대항할 수 있고(337조 1항)(대항력), 회사도 주주명부상의 명의주주를 주주로 취급하면 그 자가 주주가 아닌 경우에도 면책되며(353조 1항)(면책력), 주주명부상의 명의주주는 적법한 주주로 추정된다(추정력). 다만 명의개서는 추정력 내지 자격수여적 효력을 가질 뿐 창설적 효력을 인정받는 것은 아니다. 또한 상법은 주주명부의 기재를 회사에 대한 대항요건으로 정하고 있을 뿐 주식 이전의 효력발생요건으로 정하고 있지 않으므로 명의개서가 이루어졌다고 하여 무권리자가 주주가 되는 것은 아니고, 명의개서가 이루어지지 않았다고 해서 주주가 그 권리를 상실하는 것도 아니다(대판 12018.10.12., 2017다221501).

다. 명의개서 전 주식취득자의 지위

(1) 명의개서가 부당하게 거절된 경우

주식 양수인이 주권을 제시하여 적법하게 명의개서를 청구하였음에도 회사가 정당한 이유 없이 명의개서를 거절하거나 지체한 경우 주식양수인은 회사에 대하여 명의개서청구의 소를 제기할 수 있고, 손해배상을 청구할 수도 있다. 명의개서를 부당하게 거부한 이사 등은 과태료의 재제를 받는다(635조 1항 7호). 명의개서청구에 대한 회사측(대표이사)의 부당거절이 있은 경우 명의개서가 없음을 이유로 주식양도의 효력과 주식양수인의 주주로서의 지위를 부인하지 못한다(대판 1993.7.13., 92다40952).

(2) 회사 측의 권리인정

회사 측에서 명의개서를 마치지 아니한 주식취득자를 주주로 인정하여 권리행사를 인정할 수 있을 것인가에 관하여 학설이 대립한다.

첫째, 명의개서전의 취득자가 회사에 대하여 자신이 주주임을 주장하지 못할 뿐 회사 스스로 주주임을 인정하는 것은 아무 상관이 없다고 하는 견해가 있다(편면적 구속설)(다수설).[1] 그 논거는 다음과 같다. (i) 상법 제337조 제1항은 명의개서를 하지 아니하면 "회사에 대항하지 못한다"고 하고 있으므로 명의개서는

---

1) 손주찬(상) 673면; 정동윤(상) 512면; 이기수・최병규(회) 318면; 정찬형(상) 800면; 최준선(회) 285면; 권기범(회) 555・556면.

단순한 대항요건에 불과하다. (ii) 주주명부의 기재로부터 생기는 주주의 자격은 주권의 점유자가 갖는 권리추정력의 반영에 지나지 않으므로 주주명부에 기재된 주주와 다른 주권의 점유자가 나타나면 주주명부의 효력은 부정되는 것이 타당하다. (iii) 상법 제337조 1항의 입법취지가 회사의 사단법적 사무처리의 편의를 위하고자 하는 것이니 회사가 스스로 이 편익을 포기하고 자기의 위험부담하에 주권의 점유자를 주주로 인정하는 것을 막을 이유는 없다.

둘째, 주식취득자가 스스로 주주임을 주장할 수 없을 뿐 아니라 회사도 이를 인정할 수 없다는 설이 있다(양면적 구속설)(소수설).[1] 그 논거는 다음과 같다. (i) 편면적 구속설에 의하면 회사가 주주명부상의 주주와 실질적인 주주중에 누구에게 권리행사를 인정할 것인가에 대하여 선택의 자유를 갖게 되며 주식의 양도인과 양수인의 권리행사를 모두 거절할 수도 있어 부당하다. (ii) 명의개서를 하지 않으면 회사에 대항하지 못하게 한 것은 주식사무의 편익보다는 오히려 다수인의 이해관계가 교차하는 회사법률관계의 획일적 처리를 위한 것인데, 회사가 주주인정에 선택권을 갖는다는 것은 단체법상의 법률관계의 획일성을 저해하고 불안정을 초래한다. 예컨대, 주주명부상의 주주의 채권자가 주주명부를 신뢰하고 주주가 받을 배당금을 압류하려 하던 중 회사가 실질주주에게 배당한다면 채권자의 이익을 해하게 된다.

판례는 종래 편면적 구속설을 취하였으나(대판 1989.10.24., 89다카14714 등) 최근 양면적 구속설로 돌아섰다(대판 2017.3.23., 2015다248342 전원합의체).

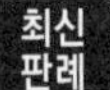

타인의 명의를 빌려 회사의 주식을 인수하거나 양수하고 타인의 명의로 주주명부 기재를 마친 경우, 주주명부상 주주만이 의결권 등 주주권을 행사할 수 있는지 여부(원칙적 적극) 및 이 경우 회사가 주주명부상 주주의 주주권 행사를 부인하거나 주주명부에 기재를 마치지 아니한 자의 주주권 행사를 인정할 수 있는지 여부(원칙적 소극)(대판 2017.3.23., 2015다248342 전원합의체)

「(2) 상법이 주주명부제도를 둔 이유는, 주식의 발행 및 양도에 따라 주주의 구성이 계속 변화하는 단체법적 법률관계의 특성상 회사가 다수의 주주와 관련된 법률관계를 외부적으로 용이하게 식별할 수 있는 형식적이고도 획일적인 기준에 의하여 처리할 수 있도록 하여 이와 관련된 사무처리의 효율성과 법적 안정성을 도모하기 위함이다. 이는 회사가 주주에 대한 실질적인 권리관계를 따로 조사하지 않고 주주명부의 기재에 따라 주주권을 행사할 수 있는 자를 획일적으로 확정하려는 것으로서, 주주권의 행사가 회사와 주주를 둘러싼 다수의 이해관계인 사이의 법률관계에 중대한 영향을 줄 수 있음을 고려한 것이며, 단지 해당 주주의 회사에 대한 권리행사 사무의 처리에 관한 회

1) 강위두 · 임재호(상) 646면; 최기원 · 김동민(상) 652면; 이철송(회) 359 · 360면.

사의 편의만을 위한 것이라고 볼 수 없다.

상법은 주권이 발행된 주식의 양도는 주권의 교부에 의하여야 하고, 주권의 점유자는 이를 적법한 소지인으로 추정하며(제336조), 주권에 관하여 수표법상의 선의취득 규정을 준용하고 있다(제359조). 그럼에도 불구하고 앞서 본 바와 같이 주주명부에 명의개서를 한 경우에 회사와의 관계에서 대항력을 인정하고, 주주명부상 주주의 주소로 통지를 허용하며, 회사가 정한 일정한 날에 주주명부에 기재된 주주에게 신주인수권 등의 권리를 귀속시킬 수 있도록 하고 있다. 이는 주식의 소유권 귀속에 관한 회사 이외의 주체들 사이의 권리관계와 주주의 회사에 대한 주주권 행사국면을 구분하여, 후자에 대하여는 주주명부상 기재 또는 명의개서에 특별한 효력을 인정하는 태도라고 할 것이다.

상장주식 등의 경우 그 주식은 대량적 · 반복적 거래를 통해 지속적으로 양도되는 특성이 있으므로, 「자본시장과 금융투자업에 관한 법률」(이하 '자본시장법'이라고 한다)이 실질주주명부를 두어 이를 주주명부로 보고 그에 기재된 자로 하여금 주주권을 행사하도록 한 것도 같은 취지이다.

(3) 회사에 대하여 주주권을 행사할 자가 주주명부의 기재에 의하여 확정되어야 한다는 법리는 주식양도의 경우뿐만 아니라 주식발행의 경우에도 마찬가지로 적용된다.

주식양도의 경우와 달리 주식발행의 경우에는 주식발행 회사가 관여하게 되므로 주주명부에의 기재를 주주권 행사의 대항요건으로 규정하고 있지는 않으나, 그럼에도 상법은 주식을 발행한 때에는 주주명부에 주주의 성명과 주소 등을 기재하여 본점에 비치하도록 하고(제352조 제1항, 제396조 제1항), 주주에 대한 회사의 통지 또는 최고는 주주명부에 기재한 주소 또는 그 자로부터 회사에 통지한 주소로 하면 되도록(제353조 제1항) 규정하고 있다. 이와 같은 상법 규정의 취지는, 주식을 발행하는 단계에서나 주식이 양도되는 단계에서나 회사에 대한 관계에서 주주권을 행사할 자를 주주명부의 기재에 따라 획일적으로 확정하기 위한 것이라고 보아야 한다. 다수의 주주와 관련된 단체법적 법률관계를 형식적이고도 획일적인 기준에 의하여 처리해야 할 필요는 주식을 발행하는 경우라고 하여 다르지 않고, 주주명부상의 기재를 주식의 발행 단계에서 이루어진 것인지 아니면 주식의 양도 단계에서 이루어진 것인지를 구별하여 그에 따라 달리 취급하는 것은 다수의 주주와 관련된 단체법적 법률관계를 혼란에 빠뜨릴 우려가 있다. 회사가 주주명부상 주주를 주식인수인과 주식양수인으로 구별하여, 주식인수인의 경우에는 그 배후의 실질적인 권리관계를 조사하여 실제 주식의 소유자를 주주권의 행사자로 인정하는 것이 가능하고, 주식양수인의 경우에는 그렇지 않다고 하면, 회사와 주주 간의 관계뿐만 아니라 이를 둘러싼 법률관계 전체가 매우 불안정해지기 때문이다. 상법은 회사에 대한 관계에서 주주권을 행사할 자를 일률적으로 정하기 위해 주주명부를 폐쇄하는 경우나 기준일을 설정하는 경우, 회사가 정한 일정한 날에 주주명부에 기재된 주주에게 신주인수권, 무상신주, 중간배당 등의 권리를 일률적으로 귀속시키는 경우에도, 주주명부상의 기재가 주식의 발행단계에서 이루어진 것인지 주식의 양도단계에서 이루어진 것인지를 전혀 구별하지 않고 있다(제354조 제1항, 제418조 제3항, 제461조 제3항, 제462조의3 제1항).

결국, 주식발행의 경우에도 주주명부에 주주로 기재가 마쳐진 이상 회사에 대한 관계에서는 주주명부상 주주만이 주주권을 행사할 수 있다고 보아야 한다.

(4) 주식을 양수하였으나 아직 주주명부에 명의개서를 하지 아니하여 주주명부에는 양도인이 주주로 기재되어 있는 경우뿐만 아니라, 주식을 인수하거나 양수하려는 자가 타인의 명의를 빌려 회사의 주식을 인수하거나 양수하고 그 타인의 명의로 주주명부에의 기재까지 마치는 경우에도, 회사에 대한 관계에서는 주주명부상 주주만이 주주로서 의결권 등 주주권을 적법하게 행사할 수 있다.

이는 주주명부에 주주로 기재되어 있는 자는 특별한 사정이 없는 한 회사에 대한 관계에서 그 주식에 관한 의결권 등 주주권을 적법하게 행사할 수 있고(대법원 1985.3.26. 선고 84다카2082 판결, 대법원 2010.3.11. 선고 2007다51505 판결 참조), 회사의 주식을 양수하였더라도 주주명부에 기재를 마치지 아니하면 그 주식의 양수를 회사에 대항할 수 없다(대법원 1991.5.28. 선고 90다6774 판결 참조)는 법리에 비추어 볼 때 자연스러운 결과이다.

또한 언제든 주주명부에 주주로 기재해 줄 것을 청구하여 주주권을 행사할 수 있는 자가 자기의 명의가 아닌 타인의 명의로 주주명부에 기재를 마치는 것은 적어도 주주명부상 주주가 회사에 대한 관계에서 주주권을 행사하더라도 이를 허용하거나 받아들이려는 의사였다고 봄이 합리적이다.

그렇기 때문에 주주명부상 주주가 그 주식을 인수하거나 양수한 사람의 의사에 반하여 주주권을 행사한다 하더라도, 이는 주주명부상 주주에게 주주권을 행사하는 것을 허용함에 따른 결과이므로 그 주주권의 행사가 신의칙에 반한다고 볼 수 없다.

(5) 주주명부상의 주주만이 회사에 대한 관계에서 주주권을 행사할 수 있다는 법리는 주주에 대하여만 아니라 회사에 대하여도 마찬가지로 적용되므로, 회사는 특별한 사정이 없는 한 주주명부에 기재된 자의 주주권 행사를 부인하거나 주주명부에 기재되지 아니한 자의 주주권 행사를 인정할 수 없다.

상법은 주식발행의 경우 주식인수인이 성명과 주소를 기재하고 기명날인 또는 서명한 서면에 의하여 주식을 인수한 후 그 인수가액을 납입하도록 하면서, 회사로 하여금 주주명부에 주주의 성명과 주소, 각 주주가 가진 주식의 수와 종류 등을 기재하고 이를 회사의 본점에 비치하여 주주와 회사채권자가 열람할 수 있도록 하고 있다(제352조 제1항, 제396조). 이는 회사가 발행한 주식에 관하여 주주권을 행사할 자를 확정하여 주주명부에 주주로 기재하여 비치·열람하도록 함으로써 해당 주주는 물론이고 회사 스스로도 이에 구속을 받도록 하기 위한 것이다. 회사가 상법의 규정에 따라 스스로 작성하여 비치한 주주명부의 기재에 구속됨은 당연한 논리적 귀결이며, 주주명부에 기재되지 않은 타인의 주주권 행사를 인정하는 것이야말로 회사 스스로의 행위를 부정하는 모순을 초래하게 되어 부당하다. 주식양도의 경우에는 주식발행의 경우와는 달리 회사 스스로가 아니라 취득자의 청구에 따라 주주명부의 기재를 변경하는 것이기는 하나, 회사가 주식발행시 작성하여 비치한 주주명부에의 기재가 회사에 대한 구속력이 있음을 전제로 하여 주주명부에의 명의개서에 대항력을 인정함으로써 주식양도에 있어서도 일관되게 회사에 대한 구속력을 인정하려는 것이므로, 상법 제337조 제1항에서 말하는 대항력은 그 문언에 불구하고 회사도 주주명부에의 기재에 구속되어, 주주명부에 기재된 자의 주주권 행사를 부인하거나 주주명부에 기재되지 아니한 자의 주주권 행사를 인정할 수 없다는 의미를 포함하는 것으로 해석함이 타당하다.

주주권에 터 잡아 회사에 대하여 의결권 등의 권리를 행사하는 것은 단체법적 규율에 따른 것이므로, 동일한 주식에 기초하여 경합하는 주체들 중 누군가가 권리를 행사하면 다른 사람은 권리를 행사할 수 없는 관계에 있다. 그럼에도 만일 회사가 이러한 속성이 있는 주주권을 행사할 주체를 정함에 있어 주식의 소유권 귀속에 관한 법률관계를 내세워 임의로 선택할 수 있다고 한다면, 주주권을 행사할 자를 획일적으로 확정하고자 하는 상법상 주주명부제도의 존재이유 자체를 부정하는 것이고, 주주 사이에 주주권의 행사요건을 달리 해석함으로써 주주평등의 원칙에도 어긋난다. 또 회사가 주주명부상 주주와 주주명부에 기재를 마치지 아니한 주식인수인이나 양수인 중 누구에게 권리행사를 인정할 것인가에 대하여 선택권을 가지게 되는 불합리한 점이 있을 뿐만 아니라, 주주명부상 주주에게는 실질적인 권리가 없다는 이유로, 주주명부에 기재를 마치지 아니한 주식인수인이나 양수인에게는 주주명부에 기재를 마치지 않았다는 이유로, 양자의 권리행사를 모두 거절할 수도 있게 되어 권리행사의 공백이 생길 수 있다. 그리고 회사의 잘못된 판단으로 정당한 권리자가 아닌 자에게 권리행사를 인정하면 주주총회결의 취소사유가 발생하는 등 다수의 주주와 회사를 둘러싼 법률관계 전체를 불안정하게 하여, 여러 이해관계인 및 그 주주총회결의에 의하여 거래를 한 상대방에게 예측하지 못한 불이익을 발생시킬 위험이 있다. 무엇보다 다수의 주주를 상대로 사무를 처리하여야 하는 회사가 일일이 주주명부상 주주의 배후에서 주식을 인수하거나 양수하고자 하였던 자를 조사하여 주주명부상 주주의 주주권 행사를 배제하고 주식인수인 또는 양수인의 주주권 행사를 인정하는 것은 사실상 불가능하고 바람직하지도 않다.

(6) 따라서 특별한 사정이 없는 한, 주주명부에 적법하게 주주로 기재되어 있는 자는 회사에 대한 관계에서 그 주식에 관한 의결권 등 주주권을 행사할 수 있고, 회사 역시 주주명부상 주주 외에 실제 주식을 인수하거나 양수하고자 하였던 자가 따로 존재한다는 사실을 알았든 몰랐든 간에 주주명부상 주주의 주주권 행사를 부인할 수 없으며, 주주명부에 기재를 마치지 아니한 자의 주주권 행사를 인정할 수도 없다.

주주명부에 기재를 마치지 않고도 회사에 대한 관계에서 주주권을 행사할 수 있는 경우는 주주명부에의 기재 또는 명의개서청구가 부당하게 지연되거나 거절되었다는 등의 극히 예외적인 사정이 인정되는 경우에 한한다.

자본시장법에 따라 예탁결제원에 예탁된 상장주식 등에 관하여 작성된 실질주주명부에의 기재는 주주명부에의 기재와 같은 효력을 가지므로(자본시장법 제316조 제2항), 이 경우 실질주주명부상 주주는 주주명부상 주주와 동일하게 주주권을 행사할 수 있다.

(7) 이와 달리 ① 타인의 명의를 빌려 회사의 주식을 인수하고 그 대금을 납입한 경우에 그 타인의 명의로 주주명부에 기재까지 마쳐도 실질상의 주주인 명의차용인만이 회사에 대한 관계에서 주주권을 행사할 수 있는 주주에 해당한다는 취지로 본 대법원 1975.9.23. 선고 74다804 판결, 대법원 1977.10.11. 선고 76다1448 판결, 대법원 1980.9.19.자 80마396 결정, 대법원 1980.12.9. 선고 79다1989 판결, 대법원 1985.12.10. 선고 84다카319 판결, 대법원 1998.4.10. 선고 97다50619 판결, 대법원 2011.5.26. 선고 2010다22552 판결, 대법원 2011.5.26. 선고 2010다27519 판결 등, ② 회사는 주식인수 및 양수계약에 따라 주식의 인수대금 또는 양수대금을 모두 납입하였으나 주식의 인수 및 양수에 관하여 상법상의 형식적 절차를 이행하지 아니한 자의 주주로서의 지위를 부인할 수 없다고 한 대법원 1980.4.22. 선고 79다2087 판결 등, ③ 회사가 명의개서를 하지 아니한 실질상의 주주를 주주로 인정하는 것은 무방하다고 한 대법원 1989.10.24. 선고 89다카14714 판결, 대법원 2001.5.15. 선고 2001다12973 판결, 대법원 2005.2.17. 선고 2004다61198 판결, 대법원 2006.7.13. 선고 2004다70307 판결 등, ④ 회사가 주주명부상 주주가 형식주주에 불과하다는 것을 알았거나 중대한 과실로 알지 못하였고 또한 이를 용이하게 증명하여 의결권 행사를 거절할 수 있었음에도 의결권 행사를 용인하거나 의결권을 행사하게 한 경우에 그 의결권 행사가 위법하게 된다는 취지로 판시한 대법원 1998.9.8. 선고 96다45818 판결, 대법원 1998.9.8. 선고 96다48671 판결 등을 비롯하여 이와 같은 취지의 판결들은 이 판결의 견해에 배치되는 범위 내에서 모두 변경하기로 한다.』

생각건대, 타인명의 주식인수의 경우와 명의개서 미필주주의 경우는 구별할 필요가 있지 않을까 한다. 전자의 경우는 투기 또는 각종 탈법 목적으로 이용될 우려가 클 뿐 아니라 회사가 설립 또는 신주발행을 위한 절차를 밟으면서 실질주주 여부를 일일이 조사하기 어려우므로 명의주주의 주주권 행사만을 허용하는 획일적 해결책이 바람직할 수 있다. 그러나 후자의 경우 각종 탈법 목적으로 활용될 우려가 적으며, 현실적으로 주식양수도 거래서 신속·정확하게 명의개서가 이루어지고 그 기록이 위·변조 등의 우려 없이 관리될 수 있도록 뒷받침하는 물적 기반이 매우 허술하다.[1] 따라서 명의개서의 쌍면적 구속력을 현행법의 해석을 통해 급박하게 인정하려 하기 보다는 입법적 조치를 통해 거래계가 이에 적응할 시간을 주고 명의개서의 신뢰성을 담보할 수 있는 물적 기반을 구축하도록 하는 방안이 바람직하지 않을까 한다. 즉, 현행법의 해석상 편면적 구속설이 타당하며, 회사가 실질주주의 존재를 안 이상 주주명부 기재의 추정력을 부정하고 실질주주의 권리행사를 인정할 수 있도록 하여야 할 것이다.

최근 대법원은 위의 전원합의체 판결이 회사에 대한 주주권 행사국면에만 적용되는 것이며, 회사와 명의주주 사이에 주주권의 귀속이 다투어진 경우에는 적용되지 않음을 명확히 하였다(대판 2020.6.11., 2017다278385·278392).

(3) 실기주

실기주(실념주)라 함은 광의로는 소정의 기일까지 명의개서를 하지 않고 기일을 넘겨서 권리행사를 할 수 없게 된 주식을 말한다. 그러므로 여기에는 이익배당금·합병교부금 등에 관한 소정의 기일까지 명의개서를 하지 않은 경우도 포함된다. 협의로는 신주발행의 경우에 구주의 양수인이 배정일까지 명의개서를 하지 않고 기일을 넘긴 결과로 주주명부상의 주주인 구주의 양도인에게 배정된 신주를 말한다.

이와 같은 실기주가 발생한 경우 회사로서는 주주명부상의 명의주주인 양도인의 권리행사를 인정하면 면책이 될 수 있는데, 이와 같이 양도인이 이익배당금이나 신주를 수령하였더라도 그에 대한 실질적인 권리는 양수인에게 귀속한다고 보아야 할 것이다(이설 없음). 따라서 양도인이 취득한 배당금이나 신주를 양수인이 반환청구할 수 있어야 하는데, 그 법적 근거에 관하여 학설이 대립한다.

첫째, 부당이득의 법리에 따라 반환을 청구할 수 있다는 견해가 있다(부당이득설).[2] 이 견해에 의하면 협의의 실기주의 경우 양수인은 신주 그 자체의 반환청

---

1) 천경훈, "박수영 교수님 발표에 대한 토론문,"「경제법학의 분과별 현안과 법적 쟁점」 한국경제법학회 하계학술대회 발표자료, 2017.6.9.

2) 임홍근(회) 301·302면.

구는 할 수 없고 양도인에 대하여 신주의 인수에 의하여 받은 이익을 부당이득으로서 반환청구할 수 있는 데 불과하여 종래의 양도인이 갖고 있던 회사에 대한 지위의 유지가 불가능하게 되는 문제점이 있다.

둘째, 주식양수인은 사무관리의 법리에 따라 양도인이 인수한 신주의 반환을 청구할 수 있다는 견해가 있다(사무관리설).[1] 이 견해는 양도인에게 관리의사가 없을 경우 사무관리의 요건을 구비하지 못한다는 문제점이 있다.

셋째, 사무관리의 법리를 적용하는 경우와 처리방법은 같으나 관리의사를 요건으로 하지 않는 준사무관리의 법리를 적용하여야 한다는 견해가 있다(준사무관리설).[2]

생각건대, 준사무관리의 법리를 적용하는 것이 요건 면에서도 무리가 없고, 효과 면에서도 양도인이 주주권행사로 인한 모든 이익을 반환하고 주주권행사에 소요된 모든 비용은 유익비로서 청구할 수 있어 형평에 맞다 할 것이다.

라. 명의개서대리인

명의개서대리인은 회사를 위해 명의개서업무를 대행하는 자이다. 원래 명의개서는 주주명부가 비치된 회사의 본점(396조 1항 전단)에서 하여야 하나, 명의개서대리인을 두면 그 영업소에서 명의개서가 가능해지므로, 주식의 빈번한 거래로 인한 회사의 업무 부담을 완화하는 동시에 주식 취득자의 편의를 도모할 수 있다.

회사가 명의개서대리인을 두려면 정관에 규정이 있어야 하고(337조 2항 전단), 명의개서대리인을 둔 경우 그 성명 등을 등기하고(317조 2항 11호) 주식청약서에도 기재하여야 한다(302조 2항 10호). 명의개서대리인의 영업소에는 주주명부 또는 그 복본을 비치할 수 있으며(396조 1항 후단), 명의개서대리인이 주식 취득자의 성명과 주소를 주주명부의 복본에 기재한 때에는 주주명부에 명의개서가 있는 것으로 본다(337조 2항 후단).

명의개서대리인제도는 기명사채의 이전의 경우에도 인정된다(396조 1항, 474조 2항 15호, 479조 2항).

---

1) 손주찬(상) 675면; 정찬형(상) 801면.
2) 최기원・김동민(상) 653면; 정동윤(상) 694・695면; 최준선(회) 631면; 송옥렬 815면.

Ⅲ. 주권의 선의취득

1. 의 의

주주가 주식의 양도를 통해 투하자본을 회수하기 쉽게 하려면 주권의 유통이 원활해야 한다. 이를 위해 상법은 수표법 제21조를 준용하여 주권의 선의취득을 인정하고 있다(359조). 즉, 어떤 사유로든 주권의 점유를 잃은 자가 있는 경우에 그 주권의 소지인이 악의 또는 중과실로 그 주권을 취득한 경우가 아닌 한 이를 반환할 의무가 없다. 주의할 것은 상법상 주식의 양도는 주권의 교부에 의하고 (336조 1항) 주권의 점유자는 적법한 소지인으로 추정되기 때문에(2항) 수표의 경우와 달리 소지인이 선의취득을 주장하기 위해 배서의 연속에 의하여 그 권리를 증명할 필요가 없다는 점이다.

2. 요 건

주권의 선의취득을 위하여는 첫째, **유효한 주권이 존재**하여야 한다. 따라서 위조·실효·주권불소지 등으로 주권 자체가 무효인 경우는 선의취득이 불가능하다. 또한 (앞서 주권의 효력발생시기와 관련하여 살펴본 바와 같이) 주권이 작성되었으나 아직 주주에게 교부되기 전에 분실된 경우 주권으로서의 효력이 발생하지 않았으므로(교부시설) 선의취득이 불가능하다.

둘째, **양도인이 무권리자**라야 한다. 무권리자로부터 양수한 이상 동산의 경우와 달리 도품·유실물(민법 250조·251조)의 특칙이 적용되지 않아 거래안전이 더욱 강하게 보호된다. 양도인이 무권리자인 경우에만 선의취득을 인정하는 견해도 있으나,[1] 주권의 유통보호를 위해서는 그 외에 양도인의 제한능력·의사표시의 하자·무권대리(대판 1997.12.12., 95다49646) 등으로 인해 주식양도가 무효·취소된 경우에도 선의취득을 인정할 필요가 있다 하겠다.[2]

셋째, 선의취득은 주권의 유통에 있어 거래의 안전을 보호하기 위한 제도이므로, **주식의 양도를 통한 취득**의 경우에만 인정된다. 그러므로 상속·합병 등 포괄승계의 경우에는 선의취득이 불가능하다.

---

1) 손주찬(상) 677면; 이철송(회) 365면.
2) 최기원·김동민(상) 646면; 정동윤(상) 515면; 최준선(회) 265면; 송옥렬 822면.

넷째, **양수인은 선의이며 중대한 과실이 없어야** 한다. 동산의 경우(민 249조)와 달리 양수인이 경과실이 있는 경우에도 선의취득이 가능하다. 주권의 점유자는 적법한 소지인으로 추정되므로 양수인의 악의·중과실은 선의취득을 부정하는 자가 입증해야 한다.

3. 효 과

위의 요건이 갖추어진 경우 주권의 소지인은 이를 반환할 필요가 없다(359조, 수 21조 본문). 그 결과 주권의 점유를 잃은 자는 그 권리를 잃게 되고, 선의취득자는 주권과 함께 이에 표창된 주식 자체를 원시취득한다.

Ⅳ. 주식의 담보

1. 주식의 입질

가. 자기주식 질취의 제한

주식은 재산적 가치를 지니므로 질권을 설정하여 담보로 제공할 수 있다. 그러나 회사가 자기주식을 질권의 목적으로 받는 것은 발행주식 총수의 20분의 1까지만 허용된다(341조의3 본문). 자기주식취득제한의 탈법행위로 악용될 우려가 있기 때문이다. 다만 (i) 회사의 합병 또는 다른 회사의 영업 전부의 양수로 인한 경우 및 (ii) 회사의 권리를 실행함에 있어 그 목적을 달성하기 위하여 필요한 경우는 위의 한도를 초과하여 질권의 목적으로 할 수 있다(동조 본문).

나. 입질방법·대항요건

주식의 입질에는 두 가지 방법이 있다. 첫째, **약식질**은 질권을 설정하고자 하는 당사자 간의 합의와 주권의 교부만으로 성립한다(338조 1항). 이는 단기 또는 비밀을 요하는 금융에 유용하다. 둘째, **등록질**은 당사자의 합의와 주권의 교부 외에 (i) 회사가 질권설정자의 청구에 따라 그 성명과 주소를 주주명부에 덧붙여 쓰고 (ii) 그 성명을 주권에 적음으로써 성립한다(340조 1항). 다만 (ii)가 결여되어도 등록질의 성립에는 지장이 없다고 본다(통설). 등록질은 질권자의 지위가 안정적이며 장기 금융에 적합하다.

질권자는 계속하여 주권을 점유하지 아니하면 그 질권으로써 제3자에게 대항하지 못한다(338조 2항).

다. 질권의 효력

주식에 설정된 질권에 대하여는 민법에 따라 우선변제권·물상대위 등 권리질권의 효력이 인정되나, 상법은 **물상대위**의 범위를 확장하는 특별규정들을 두고 있다. 즉, 제339조는 "주식의 소각, 병합, 분할 또는 전환이 있는 때에는 이로 인하여 종전의 주주가 받을 금전이나 주식에 대하여도 종전의 주식을 목적으로 한 질권을 행사할 수 있다"고 규정하며, 이 조항은 주식의 포괄적 교환(360조의14 4항), 주식의 포괄적 이전(360조의23 4항), 신주발행의 무효(432조 3항), 준비금의 자본전입(461조 7항), 합병(530조 4항) 등의 경우에 준용되고 있다.

이에 더하여 **등록질**의 질권자는 회사로부터 이익배당, 잔여재산의 분배 또는 제339조에 따른 금전의 지급을 받아 다른 채권자에 우선하여 자기채권의 변제에 충당할 수 있으며, 동조의 주식에 대한 주권의 교부를 청구할 수 있다(340조 1항·3항). 주식배당의 경우도 같다(462조의2 6항). 따라서 등록질권자는 이러한 금전 또는 주권의 지급·교부가 있기 전에 미리 압류를 할 필요가 없다.

이에 비해 이익배당청구권에 대하여 명문의 규정이 없는 **약식질**의 질권자는 그 주식에 관하여 회사에 이익·이자의 청구는 할 수 없다고 본다(이설 있음).[1] 또한 약식질의 설정은 회사와 무관하게 이루어지므로 질권자가 물상대위권을 행사하기 위하여는 그 목적물의 지급 또는 인도 전에 압류하여야 한다(민 342조)(이설 있음).[2]

한편 주식의 입질은 그 재산적 가치를 대상으로 하므로, 질권자가 아닌 질권설정자가 여전히 주주로서의 지위를 유지하며 의결권 등의 공익권을 행사한다.

2. 주식의 양도담보

채무의 담보로 채무자가 주식을 양도한 후 채무를 변제하면 채권자가 주식을 반환하고, 채무를 변제하지 않을 경우에는 채권자가 확정적으로 주주권을 취득

1) 손주찬(상) 686면; 이철송(회)428면; 정찬형(상)817면. 반대: 최기원·김동민(상) 664면; 정동윤(상) 521면; 최준선(회) 329면.

2) 손주찬(상) 685면; 최기원·김동민(상) 663면; 정찬형(상) 817면; 최준선(회) 329면. 반대(물상대위의 목적물이 주권과 교환하여 지급·교부되는 경우 압류가 필요 없다 함); 정동윤(상) 520면; 이철송(회) 430면; 송옥렬 865면.

하기로 하는 것을 주식의 양도담보라 한다. 이에 대해서는 상법에 규정이 없으나 담보권자에게 유리하여 많이 이용된다.

주식의 양도담보에는 당사자 간의 합의와 주권의 교부만으로 성립하는 약식양도담보와 이에 더해 주주명부에 (소유권 이전의) 명의개서를 함으로써 성립하는 등록양도담보가 있다. 어느 경우이든 제3자에 대한 대항요건은 담보권자에 의한 주권의 계속 점유이다. 주식의 약식질과 약식양도담보는 외형상 구별이 어려우나, 당사자의 의사가 분명치 않은 경우 담보권자에게 유리하게 양도담보로 보아야 할 것이다(다수설)(이설 있음).[1)]

1) 최기원・김동민(상) 661면; 정동윤(상) 519면; 정찬형(상) 820면; 최준선(상) 334면. 반대: 이철송(회) 431면.

회사법

제5장 주식회사의 기관

출자자가 직접 회사의 경영을 맡으면 그 의견이 바로 반영될 수 있고 이를 감시할 필요도 적으나, 주식회사의 경우 주주 아닌 자가 경영을 맡을 수 있도록 하는 이른바 '소유와 경영의 분리'가 인정되고 있다 그 이유는, (i) 주주의 수가 많아지는 경우 직접 경영이 기술적으로 불가능할 수 있고, (ii) 유한책임의 결과 주주가 직접 경영을 맡을 필요도 적으며, (iii) 회사채권자 보호를 위해서도 주주들의 이기적 행동경향에 무관한 객관적 경영이 필요하기 때문이다.

물론 소유와 경영이 분리되더라도 주주들이 직접 결정해야 할 중요한 사항들이 있고, 이들은 주주들의 모임인 주주총회에서 결정된다. 그러나 나머지 사항들에 대한 의사결정은 모두 경영진에 맡겨지는데, 경영진은 다시 이사들로 구성된 이사회와 대표이사 · 집행임원 등의 기관으로 분화되어 있다. 그리하여 이사회가 경영상의 중요한 의사결정과 대표이사 · 집행임원에 대한 감독을 맡고, 대표이사 및 집행임원이 주주총회 · 이사회 결정의 집행과 일상적인 경영상의 의사결정 및 집행을 맡는다.

그런데 이러한 경영진(이사 · 집행임원)들은 회사경영에 관한 광범한 권한을 바탕으로 주주나 채권자를 해하여서 자신들의 독자적 이익을 추구할 위험이 있다. 따라서 경영진의 책임 및 이들에 대한 감시제도가 주식회사에 있어서 극히 중요한 의미를 갖게 되며, 상시적 경영진 감시기관으로서의 감사(監事) 내지 감사위원회가 주식회사 감사(監査) 제도의 중추를 구성한다. 그 밖에도 전술한 이사회를 비롯하여 소수주주 · 검사인 등이 경영진을 감시 · 감독하는 기능을 부여받고 있다.[1]

1) 한편 자본시장법 제정으로 폐지 예정이던 증권거래법상의 **상장회사 지배구조에 관한 특례 규정들**이 2009년 개정을 통해 상법에 흡수되었다(542조의2 내지 542조의12). 이는 법 적용의 계속성을 유지하고 회사법제의 완결성을 추구하기 위한 것이다. 또한 2011년 개정에서는 준법지원인제도가 신설되어 이 특례에 추가되었다(542조의13).

제1절 주주총회

Ⅰ. 의 의

주주총회는 주주 전원으로 구성되는 주식회사 내부의 최고의사결정기관이다. 의결권 없는 주주의 경우에도 (i) (전술한 바와 같이) 주주총회에 참석하여 의견을 진술할 수 있는 등 의결권 이외의 주주권이 모두 인정되며, (ii) 특수결의의 경우 의결권 없는 주주의 동의도 필요하다는 점에서 주주총회의 구성원이다(이설 있음).[1] 비록 이사회의 권한이 강화되는 경향에 따라(이사회 중심주의) 주주총회의 권한사항이 축소되기는 하였으나, (i) 이사·감사를 선임·해임하고(382조 1항, 385조 1항, 409조 1항, 415조) 정관을 변경할 수 있으며(433조 1항), (ii) 주주총회의 결의는 다른 기관을 구속한다는 점에서 최고기관성이 인정된다(이설 있음).[2] 또한 정관으로도 이를 폐지할 수 없는 필요적 기관이며, 주주총회가 개최되지 않는 동안에도 기관으로서의 존재가 인정되는 상설기관이다(이설 있음).[3]

Ⅱ. 권 한

주주총회는 상법 또는 정관으로 정하는 사항에 한하여 의결할 수 있다(361조). 이 중 상법이 주주총회의 권한으로 정하는 사항들은 주주의 이익에 크게 관계되는 사항이므로 주주총회의 결의나 정관에 의해서도 다른 기관(예: 이사회)의 권한사항으로 하지 못한다. 또한 자본금 총액 10억원 미만인 소규모회사가 1인 또는 2인의 이사를 둔 경우 이사회 권한의 상당부분이 주주총회로 이전된다(383조 4항).

한편 원칙적으로 이사회의 권한사항이지만 정관을 통해 주주총회의 권한사항으로 할 수 있다고 상법에 규정되어 있는 사항들이 있다. 대표이사의 선임, 신주

---

1) 최기원·김동민(상) 679면; 이철송(회) 485면, 최준선(회) 354면. 반대: 정동윤(상) 535·536면; 정찬형(상) 865·866면.

2) 손주찬(상) 698면; 정동윤(상) 536면; 이철송(상) 486면; 정찬형(상) 866면; 최준선(상) 534·355면; 송옥렬 884면. 반대: 최기원·김동민(상) 679·680면.

3) 정동윤(상) 536면; 이철송(회) 486면; 정찬형(상) 866면; 최준선(회) 355면. 반대(비상설기관설): 손주찬(상) 698면; 최기원·김동민(상) 679면.

발행사항의 결정 등이 그것이며, 이를 규정한 조문들(389조 1항 단서, 416조 단서 등)을 **'유보조항'**이라 한다. 그런데 이러한 유보조항이 없는 경우에도 상법상 주주총회 이외의 기관(예: 이사회)의 권한으로 되어 있는 것을 정관에 의하여 주주총회의 권한사항으로 할 수 있을지가 문제된다. 이에 대하여 부정적인 입장에서는, (i) 기관의 권한에 관한 상법의 규정은 강행규정이고, (ii) 이를 긍정할 경우 소유와 경영의 분리를 기대하는 상법의 이념에 역행하며, (iii) 전술한 유보조항들이 무의미해진다고 한다. 그러나 주주총회의 최고기관성 및 권한 분배의 자율성을 고려할 때, 주식회사의 본질이나 강행법규에 반하지 않는 한, 이는 허용된다고 본다. 다만 주주총회의 소집은 그 성질상 주주총회의 권한사항으로 할 수 없다(통설).

주주총회의 권한사항은 그 의결정족수에 따라 보통결의사항 · 특별결의사항 및 특수결의사항으로 나뉜다(후술).

Ⅲ. 소 집

1. 소집권자

가. 이사회

주주총회는 원칙적으로 이사회가 소집을 결정하며(362조), 그 결정에 따른 구체적인 소집절차는 대표이사가 밟는다. 이사회의 소집결의 및 소집절차를 거치지 않았거나 이에 하자가 있는 경우에도 주주 전원이 총회 개최에 동의하여 출석한 경우에는 유효한 주주총회로 인정된다(전원출석총회)(통설)(대판 1993.2.26., 78다1794). 이는 1인회사의 경우에도 마찬가지이다(대판 1976.4.13., 74나1755). 또한 자본금 총액 10억원 미만인 소규모회사의 경우 주주 전원의 동의가 있으면 소집절차 없이 주주총회를 개최할 수 있다(363조 4항).

나. 소수주주 · 감사 및 감사위원회

이사회 외에도 발행주식총수의 100분의 3 이상을 가진 소수주주, 감사 및 감사위원회에게 예외적인 주주총회 소집권한이 인정되는데, 이들은 다음과 같이 공통된 절차를 거쳐 주주총회를 소집할 수 있다(366조, 412조의3, 415조의2 7항). 즉, 이들은 먼저 회의의 목적사항(의제)과 소집의 이유를 적은 서면 또는 전자문서를 이사회에 제출하여 임시총회의 소집을 청구하여야 한다. 그리고 이러한 청구가 있음에도 지체없이 총회소집의 절차를 밟지 않을 때 비로소 법원의 허가를 받아 총회를 소집할 수 있다. 이 경우 주주총회의 의장은 법원이 이해관계인의 청구나 직권으로 선임할 수 있다. 또한 위와 같이 이사회 또는 소수주주 등에 의하여 소집된 총회는 회사의 업무와 재산상태를 조사하게 하기 위해 검사인을 선임할 수 있다.

다. 법 원

법원도 주주총회를 소집할 수 있는 경우가 있는데, 이를 위해서는 먼저 소수주주의 검사인 선임청구가 있어야 한다. 즉, 회사의 업무에 관하여 부정행위 또는 법령·정관에 위반한 중대한 사실이 있음을 의심할 사유가 있는 때에는 발행주식총수의 100분의 3 이상을 가진 주주가 회사의 업무와 재산상태를 조사하기 위하여 법원에 검사인의 선임을 청구할 수 있다(467조 1항). 이때 검사인은 그 조사 결과를 법원에 보고하여야 하는데, 법원이 이 보고에 의해 필요하다고 인정한 때에는 대표이사에게 주주총회의 소집을 명할 수 있다(2항·3항). 이 경우 대표이사는 이사회의 결의를 거치지 않고 바로 소집절차를 밟는다.

2. 소집시기 및 소집지

주주총회는 그 소집시기에 따라 정기총회와 임시총회로 나뉜다. 정기총회는 매년 1회 이상 일정한 시기(결산기)에 소집하며(365조 1항·2항) 결산총회라고도 불린다. 임시총회는 필요한 경우에 수시로 소집하나(2항), 전술한 법원에 의한 소집명령의 경우와 같이 그 소집이 강제되는 경우도 있다. 정기총회와 임시총회는 소집시기가 다를 뿐 그 권한이나 소집절차에는 차이가 없다.

총회는 원칙적으로 본점소재지 또는 이에 인접한 지에 소집하여야 하나, 정관으로 달리 정할 수도 있다(364조).

3. 소집절차

가. 소집통지

총회를 소집하려면 주주총회일의 2주 전에 회의의 목적사항을 담은 서면으로 각 주주에게 통지를 발송하여야 하며, 각 주주가 동의한 경우에는 전자문서로도 통지가 가능하다(363조 1항 본문, 2항). 자본금 총액 10억원 미만의 소규모회사는 주주총회일의 10일 전에 통지하면 된다(3항). 그러나 의결권 없는 주주에게는 소집통지를 하지 않아도 된다(7항). 여기서 의결권 없는 주주라 함은 무의결권주 외에 자기주식 및 (후술하는) 상호보유주식의 주주를 포함한다. 또한 소집통지가 주주명부상 주주의 주소에 3년간 계속 도달하지 않은 경우 회사는 해당 주주에게 소집통지를 하지 않을 수 있다(1항 단서).

나. 주주제안권

상법은 일정한 요건을 갖춘 소수주주로 하여금 주주총회에서 다룰 안건을 제안할 수 있게 하고 있다(363조의2). 즉, 의결권없는 주식을 제외한 발행주식총수의 100분의 3 이상을 가진 주주는 이사에게 주주총회일의 6주 전에 서면 또는 전자문서로 일정한 사항(예: 이사선임의 건)을 주주총회의 목적사항으로 할 것을 제안할 수 있다. 이를 '주주제안'이라 한다. 그런데 주주총회일을 이사회가 정해서 통지하기 전에 주주가 미리 알 수 없으므로, 주주의 제안을 향후 6주 이후에 열리는 총회에서 다루어 달라는 의미를 갖는다.[1] 다만 정기주주총회의 경우에는 직전 연도의 정기주주총회일에 해당하는 그 해의 해당일 6주 전에 제안하면 된다(1항). 또한 주주제안을 하는 자는 총회일 6주 전에 서면 또는 전자문서로 위의 목적사항에 추가하여 자신이 제출하는 의안의 요령(예: A를 이사 후보로 함)을 소집통지에 기재할 것을 청구할 수 있다(2항).

이사는 주주제안이 있는 경우 이를 이사회에 보고하여야 하며, 이사회는 주주제안의 내용이 법령·정관을 위반하는 경우 기타 대통령령으로 정하는 경우를 제외하고 이를 주주총회의 목적사항으로 하여야 한다(3항 1문, 영 12조). 또한 주주제안을 한 자의 청구가 있으면 주주총회에서 그 의안을 설명할 기회를 주어야 한다(363조의2 3항 2문).

다. 연기 및 속행

주주총회를 연기 또는 속행하는 경우 소집절차를 요하지 않는다(372조). 주주총회의 연기란 총회가 성립했으나 의사에 들어가지 못하고 후일을 회일로 다시 정

1) 이철송(회) 209면.

하는 것을 말하고, 속행이란 의사에 들어갔으나 이를 종결짓지 못하여 다시 회일을 정하여 의사를 계속하는 것을 말한다.

Ⅳ. 의결권

1. 의의 및 성질

의결권이란 주주가 주주총회에서 결의에 참가할 권리를 말한다. 이는 주주의 고유권이므로 법률에 다른 규정이 없는 한 정관으로도 박탈하거나 제한할 수 없다. 또한 의결권은 당사자 사이의 특약이나 주주권 포기의 의사표시로도 상실되지 않는다(대판 2002.12.24., 2002다54691).

2. 의결권의 수

가. 1주 1의결권의 원칙과 그 예외

의결권은 1주마다 1개씩 주어진다(369조 1항). 이를 1주 1의결권의 원칙이라 하며, 이 원칙을 정한 조항은 강행규정으로서 법률에 다른 규정이 없는 한 정관이나 주주 간의 합의(대판 2009.11.26., 2000다51820)로도 이와 달리 정할 수 없다. 따라서 1주당 1개 이상의 복수의결권을 부여하는 것은 금지된다. 다만 상법상 의결권이 없거나 제한되는 몇 가지 예외들이 있다. 이 중 무의결권주(344조의3)·자기주식(369조 2항) 및 주주명부폐쇄기간 중에 전환된 주식(350조 2항)에 대하여는 각각 해당되는 곳에서 살펴보았으므로, 이 자리에서는 상호보유주식·특별이해관계인 및 감사선임과 관련한 의결권 제한에 대하여 알아본다.

나. 상호보유주식의 의결권 제한

상호보유주식(상호주)이 주주총회의 운영을 왜곡하고 회사지배의 부당한 유지를 초래할 수 있음은 앞에서 살펴본 바와 같다. 상법은 이러한 폐단을 막기 위해 모자관계가 없는 회사 사이에도 일정 비율 이상의 주식상호보유가 발생한 경우 다음과 같이 의결권을 제한하고 있다(369조 3항). 첫째, A회사가 B회사 발행주식 총수의 10분의 1을 초과하는 주식을 보유하는 경우 B회사가 가진 A회사 주식은 의결권이 없다. 둘째, A회사와 그 자회사인 C가 합하여 B회사 발행주식총수의

10분의 1을 초과하는 주식을 보유하는 경우 B회사가 가진 A회사 주식은 의결권이 없다. 셋째, A회사의 자회사인 C가 B회사 발행주식총수의 10분의 1을 초과하는 주식을 보유하는 경우 B회사가 가진 A회사 주식은 의결권이 없다.

또한 주식상호보유로 인해 의결권이 제한되는 회사가 그 사실을 알 수 있도록 상대방 회사에게 통지의무를 부여하고 있다. 즉, 한 회사가 다른 회사의 발행주식총수의 10분의 1을 초과하여 취득한 때에는 그 다른 회사에 대하여 지체없이 이를 통지하여야 한다(342조의3).

다. 특별이해관계인의 의결권 제한

(1) 취 지

총회의 결의에 관하여 특별한 이해관계가 있는 주주는 의결권을 행사하지 못한다(368조 3항). 이는 주주의 개인적 이익을 위한 의결권 남용으로부터 회사·여타 주주 및 회사채권자의 이익을 보호하고, 결의의 공정을 기하기 위한 것이다.

(2) 특별이해관계

'특별한 이해관계'의 의미에 관하여는, 이를 총회결의에 의한 권리의무의 득실과 같은 법률상 이해관계로 보는 견해가 있으나(법률상이해관계설)[1], 특정 주주가 주주의 지위와 관계없이 개인적으로 갖는 회사와의 이해관계로 보는 것이 타당하다(개인법설)(통설).[2]

이에 따라 특별이해관계가 인정되는 예로는 임원의 보수를 정할 때의 임원인 주주(388조·415조) 및 발기인·이사·감사의 책임을 면제하는 결의를 할 때의 발기인·이사·감사인 주주(400조, 324조·415조) 등을 들 수 있다. 그러나 이사·감사의 선임 또는 해임결의에서 당사자인 주주는 특별이해관계인이 아니다(통설)(이설 있음).[3] 이는 주주의 지위에서 회사지배와 관련한 이해관계를 갖는 경우이기 때문이다.

한편 의결권을 대리인이 행사하는 경우, 주주나 대리인 중 어느 한 쪽에만 특별이해관계가 있어도 의결권을 행사할 수 없다고 보아야 할 것이다.

---

1) 이병태(상) 437면.
2) 박원선·이정한(회) 243면; 손주찬(상) 713면; 최기원·김동민(상) 718면; 정동윤(상) 552면; 이철송(회) 521면; 정찬형(상) 885면; 최준선(회) 385면.
3) 최기원·김동민(상) 718면; 정동윤(상) 552면; 이철송(상) 521면; 정찬형(상) 885면; 최준선(회) 386면. 반대: 손주찬(상) 713·714면.

(3) 특별이해관계 존재의 효과

특별이해관계가 있는 주주는 의결권을 행사하지 못하며, 그 의결권의 수는 정족수에는 산입되나 출석한 주주의 의결권에는 산입되지 않는다(371조 2항). 특별이해관계인이 의결권을 행사한 경우 주주총회결의 취소사유가 되며(376조 1항), 특별이해관계인이 의결권을 행사하지 못함으로써 현저하게 부당한 결의가 이루어진 경우에는 부당결의취소·변경의 소를 제기할 수 있다(381조 1항).

라. 감사선임에서의 의결권 제한

감사를 선임하는 결의에서 의결권 없는 주식을 제외한 발행주식총수의 100분의 3 이상에 해당하는 주식을 가진 주주는 그 초과하는 주식에 대하여 의결권이 없다(409조 2항). 이는 감사 선임시 대주주의 영향력을 제한함으로써 중립적인 인선을 통해 감사의 견제기능을 확보하기 위한 것이다.

3. 의결권의 행사방법

가. 의결권의 불통일행사

(1) 취 지

상법은 주주가 2 이상의 의결권을 가진 경우 이를 통일하지 않고 행사할 수 있음을 규정하고 있다(368조의2). 주식의 신탁이나 위탁거래 등으로 명의주주와 실질주주가 다를 때 실질주주의 의사를 반영할 실제적 필요가 있어 1984년 개정시 도입된 규정이다.

(2) 불통일행사의 절차

의결권의 불통일행사를 위해서는 주주총회일의 3일전에 회사에 대하여 서면 또는 전자문서로 그 뜻과 이유를 통지하여야 한다(368조의2 1항). 이러한 통지는 회일 3일전에 회사에 도달하여야 하나, 그렇지 않은 경우에도 회사는 불통일행사를 허용할 수 있다(대판 2009.4.23., 2005다22701·22718). 주주는 매 총회마다 불통일행사의 통지를 하여야 하는 것은 아니고 포괄적 통지가 가능하다(다수설)(이설 있음).[1)]

---

1) 손주찬(상) 717면; 최기원·김동민(상) 716면; 정동윤(상) 558면; 정찬형(상) 892면;

(3) 불통일행사의 거부

주주가 주식의 신탁을 인수하였거나 기타 타인을 위하여 주식을 가지고 있는 경우 외에는 회사는 의결권의 불통일행사를 거부할 수 있다(368조 3항). 명의주주와 실질주주가 다른 경우가 아니라면 불통일행사가 주주총회의 원활한 운영을 저해할 수 있으므로 회사 측에 재량권을 인정한 것이다.

(4) 불통일행사의 효과

적법한 절차를 거친 의결권의 불통일행사는 유효하며, 찬성과 반대로 나누어 행사한 의결권 수는 각각 찬반의 수에 산입한다. 주주가 불통일행사의 통지를 하였더라도 의결권을 통일적으로 행사하는 것은 무방하며, 의안별로 통일 · 불통일을 선별할 수도 있다.

나. 의결권의 대리행사

(1) 의 의

주주는 대리인으로 하여금 그 의결권을 행사하게 할 수 있다(368조 1항 전단). 이는 주주가 직접 총회에 출석할 수 없을 경우도 있으므로 의결권의 대리행사를 허용함으로써 그 권리행사를 쉽게 하고, 특히 주식이 널리 분산된 회사에서 정족수 확보를 용이하게 하기 위한 것이다.

(2) 대리인의 자격

정관에 의하여 대리인의 자격을 주주로 한정할 수 있는지가 문제된다. 즉, 회사가 이러한 정관규정을 둔 경우, (i) 주주 이외의 자에 의한 총회의 교란을 방지하기 위한 것이므로 유효라는 견해(유효설)[1]와 (ii) 주주가 대리인선임에 있어 심한 애로를 겪게 되어, 오히려 주주보호의 측면에 문제가 있으므로 획일적으로 무효라는 견해(무효설)[2]가 대립한다. 생각건대, 이러한 정관규정은 일반적으로 유효하나, 이러한 규정에도 불구하고 주주인 공공단체나 법인이 직원을 대리인으로 선임하거나 개인주주가 질병 · 노령 등으로 가족을 대리인으로 선임하는 것은 허용

최준선(회) 378면. 반대: 이철송(회) 525면.

1) 손주찬(상) 721면; 정찬형(상) 889면.

2) 이철송(회) 528면.

된다고 본다(제한적 유효설)(대판 2009.4.23., 2005다22701 · 22718)[1].

(3) 대리권행사의 방법

대리인은 대리권행사를 증명하는 서면(위임장)을 회사에 제출하여야 한다(368조 3항 후).[2] 위임장 제출은 총회마다 하여야 한다는 견해도 있으나,[3] 1회의 대리권 수여로 수회의 총회에 관하여 포괄적인 대리권수여가 가능하다고 본다(다수설).[4] 주주가 장기간 해외에 체류하거나, 회사가 은행 · 신탁회사 등의 관리하에 있는 경우 필요하기 때문이다.

다. 서면투표

(1) 취 지

주주는 정관이 정한 바에 따라 총회에 출석하지 않고 서면에 의하여 의결권을 행사할 수 있다(368조의3 1항). 이와 같은 서면투표가 인정되고 있는 것은 소수주주의 경영참여를 유도하고, 총회의 원활한 진행을 촉진하며, 외국인주주의 편의를 도모하기 위한 것이다.

(2) 요 건

서면투표를 위해서는 정관의 규정이 필요하다. 또한 회사는 소집통지서에 서면투표에 필요한 서면과 자료를 첨부하여야 한다(368조의2 2항). 서면투표의 성질상 그 의안의 내용은 찬성과 반대만을 묻는 정도의 단순한 것이어야 한다.

(3) 효 과

주주의 서면투표가 있은 경우 직접 총회에 출석하여 의결권을 행사한 것과 같은 효과가 있다. 그리하여 그 의결권 수는 출석 및 의결정족수의 계산에 모두 산입된다(371조).

---

1) 최준선(회) 374 · 375면; 송옥렬 907 · 908면(합리적인 이유가 있고 침해되는 주주의 이익과 비교하여 상당한 경우만 유효라 함).

2) 자본시장법은 상장회사가 주주들의 위임장을 확보하기 위해 의결권의 대리행사를 권유하는 경우 주주 보호를 위해 법정된 방식의 위임장 용지 및 참고서류를 교부하도록 하고 있다(자 152조).

3) 이철송(회) 532면.

4) 손주찬(상) 722면; 정찬형(상) 890면; 최준선(회) 376면; 송옥렬 908면.

라. 전자투표

(1) 의 의

회사는 이사회 결의로 주주가 주주총회에 출석하지 아니하고 전자적 방법으로 의결권을 행사할 수 있음을 정할 수 있다(368조의4 1항). 이러한 전자투표 역시 전술한 서면투표와 함께 주주들의 총회 참여를 활성화시키기 위해 도입된 제도이다.

(2) 요건 및 방법

전자투표의 경우 정관의 규정은 필요 없으며 이사회 결의로 시행할 수 있다(368조의4 1항). 찬반을 묻는 단순한 의안에 대하여만 시행할 수 있음은 서면투표와 같다. 전자투표를 시행하는 회사는 소집통지를 할 때 전자투표로 의결권을 행사할 수 있다는 내용을 통지하여야 하며, 의결권행사에 필요한 양식과 참고자료를 주주에게 전자적 방법으로 제공하여야 한다(2항, 3항 후). 이때 주주는 공인전자서명(전자서명법 2조 3호)을 통하여 주주 확인 및 전자투표를 하여야 한다(368조의4 3항 전, 영 13조 1항). 회사가 전자투표와 서면투표를 함께 실시하는 경우 동일한 주식에 관하여는 양자 중 하나만 선택하여 의결권을 행사해야 한다(4항).

마. 소규모회사의 서면결의

상법은 소규모회사가 주주총회 운용비용을 절감할 수 있도록 서면결의를 인정하고 있다. 즉, 자본금 총액 10억원 미만인 회사에서 주주 전원의 동의가 있을 때에는 서면에 의한 결의로써 주주총회의 결의를 갈음할 수 있다(363조 4항 1문). 또한 결의의 목적사항에 대하여 주주 전원이 서면으로 동의한 때에는 서면에 의한 결의가 있는 것으로 본다(동항 2문). 이러한 서면결의는 주주총회의 결의와 같은 효력이 있으며, 이에 대해 주주총회에 관한 규정이 준용된다(5항 · 6항).

4. 의결권행사와 관련한 이익공여금지 등

회사는 누구에게든지 주주의 권리행사와 관련하여 재산상의 이익을 공여할 수 없으며, 이에 위반하여 이익을 공여받은 자는 이를 회사에 반환하여야 한다(467조의2 1항, 3항 전). 여기서 '주주의 권리행사'란 의결권 외의 공익권 행사도 포함되나, 이 규정은 주로 총회꾼이 주주총회 운영에 부당한 영향을 미치는 것을 막기 위한 것이다. 또한 (i) 주주총회에서의 발언 또는 의결권 행사에 관하여 부정한 청탁을 받고 재산상의 이익을 수수·요구 또는 약속한 자 및 (ii) 주주의 권리행사와 관련하여 회사의 계산으로 재산상의 이익을 공여한 주식회사의 임원·사용인과 이를 수수한 자 등에 대하여는 형사제재가 인정된다(631조 1호, 634조의2).

V. 의사와 결의

1. 의 사

상법은 주주총회의 의사와 관련하여 의장 및 의사록에 관한 규정을 두고 있다. 먼저 총회의 **의장**은 정관에서 정하지 않은 경우 총회에서 선임한다(366조의2 1항). 의장은 총회의 질서를 유지하고 의사를 정리하며, 고의로 의사진행을 방해하기 위한 발언·행동을 하는 등 현저히 질서를 문란하게 하는 자에 대하여 그 발언의 정지 또는 퇴장을 명할 수 있다(2항·3항).

다음 총회의 의사에는 **의사록**을 작성하여야 하며, 의사록에는 의사의 경과요령과 그 결과를 기재하고 의장과 출석한 이사가 기명날인 또는 서명하여야 한다(373조).

그 밖에 총회의 의사진행에 관하여는 일반 관행에 따르되, 정관 또는 주주총회 결의로 정할 수 있다.

2. 결 의

가. 보통결의

(1) 요 건

총회의 결의는 상법 또는 정관에 다른 정함이 없으면 출석한 주주의 의결권의 과반수와 발행주식총수의 4분의 1 이상의 수로써 하여야 한다(368조 1항). 이를 보통결의라 한다. 1995년 상법개정으로 결의요건이 완화된 것은 의결권의 과반수 출석을 확보하는 것이 현실적으로 어려운 점 등을 반영한 것이다. 정관으로 결의요건을 이보다 가중하는 것은 허용되나, 감경할 수는 없다(이설 있음).[1] 가부동수인 경우 부결로 보며, 의장에게 결정권을 주는 정관의 규정은 무효이다(통설).

---

1) 정찬형(상) 903면; 이철송(회) 551·552면. 반대(완화도 가능하다 함): 최준선(회) 395면; 송옥렬 918면.

(2) 보통결의사항

상법상 보통결의사항으로는 이사·감사의 선임(382조 1항, 409조 1항), 이사·감사·청산인의 보수결정(388조, 415조, 542조 2항), 이사·감사·청산인의 책임해제의 유보(450조, 542조 2항), 검사인의 선임(366조 3항, 367조), 주식배당의 결정(462조의2), 청산인의 선·해임(531조 1항, 539조 1항), 청산의 승인(540조 1항) 등이 있다. 그런데 재무제표의 승인, 이익배당 및 배당금지급시기의 결정은 원칙적으로 주주총회의 권한사항이나 일정요건 하에 정관에서 이사회의 권한사항으로 정할 수 있다(449조 1항, 449조의2 1항, 462조 2항, 464조의2 1항). 반면 대표이사의 선임(389조 1항), 신주발행(416조), 준비금의 자본금전입(461조 1항), 전환사채의 발행(513조 2항) 및 신주인수권부사채의 발행(516조의2 2항) 등은 원칙적으로 이사회의 권한사항이나 정관으로 주주총회의 권한으로 할 수 있다(유보조항).

나. 특별결의

(1) 요 건

상법상 특별결의는 출석한 주주의 의결권의 3분의 2 이상의 수와 발행주식총수의 3분의 1 이상의 수로써 한다(434조). 이 역시 1995년 개정으로 결의요건이 완화된 것이다. 정관으로 이보다 결의요건을 완화할 수는 없으나, 가중하는 것은 가능하다고 본다(통설).[1)]

(2) 특별결의사항

상법상 특별결의사항으로는 사후설립(375조), 이사·감사의 해임(385조 1항, 415조), 주주 이외의 자에 대한 전환사채·신주인수권부사채의 발행(513조 3항, 516조의2 4항), 정관변경(434조), 자본금감소(438조), 회사의 해산·계속·합병·분할합병(518조, 519조, 522조, 530조의2 2항), 영업의 전부 또는 중요한 일부의 양도(374조 1항 1호),[2)] 영업전부의 임대·경영위임·이익공통계약 기타 이에 준하는 계약의

---

1) 손주찬(상) 730면; 이철송(회) 553면(다만 1995년 개정 전의 결의요건인 과반수 출석에 3분의 2 이상 찬성보다 더 가중할 수는 없다 함); 정찬형(상) 904면; 최준선(회) 396면; 송옥렬 918면.

2) 상법 제374조 제1항 제1호는 '영업용재산'의 양도에 대해서는 언급이 없으나, 판례는 일찍부터 주식회사 존속의 기초인 중요한 영업재산의 양도는 영업의 폐지 또는 중단을 초래할 행위로서 영업의 전부 또는 중요한 일부의 양도와 다를 것이 없다는 이유로 중요영업재산의 양도에 동조를 유추적용하는 소위 '실질설'의 입장을 취해왔다(대

체결 · 변경 또는 해약(2호), 회사의 영업에 중대한 영향을 미치는 다른 회사의 영업전부 또는 일부의 양수(3호) 등이 있다.

(3) 특별결의 반대주주의 주식매수청구권

(가) 의 의

상법은 주주의 이해관계에 중대한 영향을 미치는 일정한 사항이 주주총회에서 결의되었을 경우 이 결의에 반대하였던 주주가 회사에 대하여 주식의 매수를 청구할 수 있는 권리를 인정하고 있다. 이는 다수결원칙으로 인해 소수파주주의 이익을 침해하는 의사결정을 회사내부에서 저지할 수 없을 때 소수파주주로 하여금 출자금을 회수하고 회사를 떠날 수 있는 권리를 인정한 것이다. 이러한 주식매수청구권은 특별결의사항 중에서도 회사의 합병(522조의3) · 분할합병(530조의11 2항), 영업양도 · 양수 · 임대 등(374조의2 1항) 및 주식의 포괄적 교환(360조의5) · 포괄적 이전(360조의22)과 관련하여서만 인정되고 있다.

(나) 성 질

특별결의 반대주주의 주식매수청구권은 형성권이다(통설). 이때 주주의 매수청구는 회사로 하여금 매수가액을 협의할 의무를 발생시킬 뿐이라는 견해[1]가 있으나, 주주의 매수청구만으로 주식매매가 성립하고 회사는 소정 기간 내에 대금을 지급할 의무가 발생한다고 본다(대판 2011.4.28., 2009다72667).[2]

(다) 청구권자 및 매수청구절차

주식매수청구권자는 법정된 특별결의사항에 반대하는 주주이며, 의결권이 없거나 제한되는 주주를 포함한다(374조의2 1항). 매수청구를 위해서는 주주가 총회 전에 회사에 대하여 서면으로 그 결의에 반대하는 의사를 통지하여야 한다(동항). 이를 위해 회사는 주주총회의 소집통지에 주식매수청구권의 내용 및 행사방법을 명시하여야 한다(374조 2항). 미리 반대의사를 통지한 주주는 그 총회의 결의일부터 20일 이내(매수청구기간)에 주식의 종류와 수를 기재한 서면으로 회사에 대하여 자기가 소유하고 있는 주식의 매수를 청구할 수 있다(374조의2 1항).

판 1957.12.15, 4290 민상 136 등).

1) 정찬형(상) 911면.

2) 손주찬(상) 731면; 이철송(회) 587면; 송옥렬 924면.

(라) 매수청구의 효과

주식매수청구를 받은 회사는 위의 매수청구기간이 종료하는 날부터 2개월 이내에 그 주식을 매수하여야 한다(374조의2 2항). 그 매수가액은 주주와 회사간의 협의에 의하여 결정하나, 매수청구기간이 종료하는 날부터 30일 내에 협의가 이루어지지 않은 경우 회사 또는 주식의 매수를 청구하는 주주는 법원에 대하여 매수가액의 결정을 청구할 수 있다(3항 · 4항). 이때 법원은 매수가액을 결정함에 있어 회사의 재산상태 그 밖의 사정을 참작하여 공정한 가액으로 이를 산정하여야 한다(5항).

(4) 지배주주에 의한 소수주식의 전부취득

특정주주가 주식의 대부분을 보유하는 경우 다수결의 원칙 때문에 소수주주가 주주총회를 통해 그 의사를 반영하기가 사실상 불가능해진다. 그리하여 상법은 이러한 경우, 지배주주 또는 소수주주의 청구에 따라 지배주주가 소수주주의 주식을 공정한 가액으로 전부 취득할 수 있게 함으로써, 회사의 관리비용을 절감하고 소수주주의 출자회수를 보장하는 길을 열어주고 있다.

(가) 지배주주의 매도청구권

회사의 발행주식총수의 100분의 95 이상을 자기의 계산으로 보유하는 주주(지배주주)는 회사의 경영상 목적을 달성하기 위하여 필요한 경우에는 회사의 다른 주주(소수주주)에게 그 보유하는 주식의 매도를 청구할 수 있다(360조의24 1항). 이를 위해서는 미리 주주총회의 승인이 필요한데, 그 소집통지에 (i) 지배주주의 회사 주식의 보유 현황, (ii) 매도청구의 목적, (iii) 매매가액의 산정근거와 적정성에 관한 공인된 감정인의 평가 및 (iv) 매매가액의 지급보증을 기재하고, 매도를 청구하는 지배주주가 총회에서 그 내용을 설명하여야 한다(2항 내지 4항).

또한 지배주주는 (i) 소수주주가 매매가액의 수령과 동시에 주권을 지배주주에게 교부하여야 하며, (ii) 교부하지 않을 경우 매매가액을 수령하거나 지배주주가 매매가액을 공탁한 날에 주권이 무효가 된다는 뜻을 매도청구의 날 1개월 전까지 공고하고, 주주명부에 적힌 주주와 질권자에게는 따로 통지하여야 한다(5항).

이러한 절차를 거쳐 매도청구를 받은 소수주주는 그 청구를 받은 날부터 2개월 내에 지배주주에게 그 주식을 매도하여야 한다(6항). 이때 매매가액은 위의 소수주주와 지배주주 간의 협의로 정하나(7항), 매도청구를 받은 날부터 30일 내에 협의가 이루어지지 않은 경우 소수주주 또는 지배주주는 법원에 매매가액의 결정을 청구할 수 있다(8항). 이때 법원은 회사의 재산상태와 그 밖의 사정을 고려하여 공정한 가액으로 매매가액을 산정하여야 한다(9항). 그리하여 주식을 취득하는 지배주주가 매매가액을 소수주주에게 지급한 때에 주식이 이전된 것으로 보며(360조의26 1항). 매매가액을 지급할 소수주주를 알 수 없거나 소수주주가 수령을 거부할 경우 지배주주는 그 가액을 공탁할 수 있는데, 이때 주식은 공탁한 날에 지배주주에게 이전된 것으로 본다(2항).

(나) 소수주주의 매수청구권

지배주주가 있는 회사의 소수주주는 언제든지 지배주주에게 그 보유주식의 매수를 청구할 수 있다(360조의25 1항). 이러한 매수청구를 받은 지배주주는 매수청구를 받은 날을 기준으로 2개월 내에 그 주식을 매수하여야 한다(2항). 이 경우 매매가액은 매수를 청구한 주주와 청구를 받은 지배주주 간의 협의로 정하나(3항), 매수청구를 받은 날부터 30일 내에 협의가 이루어지지 않은 경우 위의 소수주주 또는 지배주주는 법원에 매매가액의 결정을 청구할 수 있다(4항). 매매가액을 산정함에 있어 법원은 회사의 재산상태와 그 밖의 사정을 고려하여 공정한 가액으로 하여야 한다(5항). 주식의 이전 시기는 전술한 지배주주의 매도청구권의 경우와 같다(360조의26).

다. 특수결의

상법은 주주의 이해관계에 중대한 영향을 미치는 사항들에 대하여는 주주 전원의 동의를 요하고 있다. 발기인·이사·집행임원·감사·청산인의 회사에 대한 손해배상책임의 면제(324조, 400조, 408조의9, 415조, 542조 2항), 주식회사의 유한회사에의 조직변경(604조 1항) 및 주식회사의 유한책임회사에의 조직변경(287조의43 1항)이 그것이다. 이러한 사항들에 대하여는 의결권이 없거나 제한되는 주식의 주주를 포함하여 모든 주주의 동의가 필요하다.[1)]

---

1) 이철송(회) 553면; 정찬형(상) 909면. 한편 주주총회는 아니나 모집설립·신설합병·분할 및 분할합병의 경우 개최되는 창립총회의 결의에 있어서도 (총주주의 동의를 요하지는 않지만) 특별결의보다 더욱 가중된 결의요건이 규정되어 있다. 즉, 이들 창립총회의 결의는 출석한 주식인수인의 의결권의 3분의 2 이상이며 인수된 주식의 총수의 과반수에 해당하는 다수로 하여야 한다(309조, 527조 3항, 530조의11 1항).

VI. 종류주주총회

1. 의의 및 효력

회사가 종류주식을 발행한 경우 정관변경 등과 관련하여 어느 종류의 주주에게 손해를 미치게 될 때 주주총회 또는 이사회 결의 외에 그 종류의 주주의 총회(종류주주총회)의 결의가 있어야 한다. 이는 지배적인 종류의 주식의 주주들에 의해 수적으로 열세에 있는 특정 종류주식의 주주들의 이익이 침해되는 것을 막기 위한 것이다. 종류주주총회는 독자적인 주주총회나 기관이 아니며, 그 결의는 정관변경 등이 효력을 발생하기 위해 주주총회 내지 이사회 결의에 덧붙여 요구되는 추가적인 요건에 불과하다.

2. 종류주주총회의 결의가 필요한 경우

회사가 종류주식을 발행한 경우에, (i) 정관을 변경하거나(435조 1항), (ii) 상법 제344조 제3항에 따라 정관에 다른 정함이 없이 주식의 종류에 따라 신주의 인수, 주식의 병합·분할·소각 또는 회사의 합병·분할로 인한 주식의 배정에 관하여 특수하게 정하거나, (iii) 회사의 분할 또는 분할합병, 주식교환, 주식이전 및 회사의 합병을 함으로써, 어느 종류의 주주에게 손해를 미치게 될 때(436조)에는 종류주주총회의 결의가 있어야 한다.

3. 결의요건 및 주주총회 규정의 준용

종류주주총회의 결의는 출석한 주주의 의결권의 3분의 2 이상의 수와 그 종류의 발행주식총수의 3분의 1 이상의 수로써 하여야 한다(435조 2항). 이 결의요건은 가중 또는 감경하지 못한다(통설). 주주총회에 관한 규정은 종류주주총회에 준용하나, 의결권없는 주식도 종류주주총회에서는 의결권이 인정된다(3항).

4. 종류주주총회결의 흠결의 효과

주주총회결의 외에 종류주주총회의 결의가 필요한 사항에 관하여 종류주주총회의 결의가 없거나 무효·취소된 경우의 효과에 관하여 설이 갈린다. 첫째, 일반

주주총회의 결의의 효력은 부동적인 상태에 있다가 종류주주총회의 결의를 얻으면 확정적으로 유효가 되고, 이를 얻지 못하면 확정적으로 무효가 된다는 견해가 있다(불발효설 · 부동적무효설)[1]. 둘째, 종류주주총회결의의 흠결은 주주총회결의의 취소사유라는 견해가 있다(취소사유설)[2]. 셋째, 종류주주총회를 결한 경우에도 주주총회결의 자체의 효력에는 하자가 없고, 문제된 사항(예: 정관변경)의 효력이 발생하지 않은 데에 그치며, 그 효력을 다투기 위해서는 문제된 사항 자체의 무효확인을 구하면 족하다는 견해가 있다(특별효력설)(대판 2006.1.27, 2004다44575 · 44582).[3] 이 중 불발효설에 대하여는 상법이 인정하지 않는 불발효라는 특수한 개념에 의존한다는 비판이 있다. 또한 취소사유설에 따를 경우 원고가 주주총회결의취소의 소에 부과되는 여러 제약 속에 소송을 수행하여야 하나, 이는 종류주주총회결의를 통해 다수파 주주에 의한 이익침해를 저지할 수 있도록 강력한 효과를 부여한 법의 취지에 미흡한 면이 있다. 셋째 견해가 타당하다(특별효력설).

Ⅶ. 결의의 하자

주주총회의 결의는 다수의 이해관계자에게 광범위한 영향을 미치는 중요한 사항에 관하여 행해지므로 이에 하자가 있다 하더라도 이를 무제한으로 주장할 수 있게 하면 회사의 법률관계에 커다란 혼란을 초래할 수 있다. 그리하여 상법은 하자의 유형별로 소(訴)의 종류를 법정하고 원칙적으로 소로서만 그 하자를 주장할 수 있게 함으로써, 단체적 법률관계의 획일적 처리와 법적 안정성을 도모하고 있다. 상법상 주주총회결의의 하자를 다투는 소는 (i) 결의취소의 소, (ii) 결의무효확인의 소, (iii) 결의부존재확인의 소 및 (iv) 부당결의취소 · 변경의 소의 4가지이다. 이 중 결의취소의 소는 상대적으로 가벼운 절차상 및 내용상의 하자를 원인으로 하고, 결의무효확인의 소는 중대한 내용상의 하자를 원인으로 하며, 결의부존재확인의 소는 중대한 절차상의 하자를 원인으로 한다. 부당결의취소 · 변경의 소는 전술한 바와 같이 특별이해관계인이 결의에 참여하지 않은 결과 현저하게 부당한 결의가 이루어진 경우에 인정된다. 차례로 살펴보자.

---

1) 정동윤(상) 576면; 이기수 · 최병규(회) 527면; 정찬형(상) 919면.
2) 이철송(회) 637면.
3) 최준선(회) 404면; 송옥렬 950 · 951면.

1. 결의취소의 소

가. 소의 원인

결의취소의 소는 (i) 총회의 소집절차 또는 결의방법이 법령에 위반하거나 현저하게 불공정한 것인 때 또는 (ii) 그 결의의 내용이 정관에 위반한 때에 제기할 수 있다(상 376조 1항). 이러한 취소사유는 다시 다음과 같이 나누어 볼 수 있다. 첫째, **소집절차가 위법**한 경우로서, 이사회의 소집결의는 있으나 소집권한 없는 자에 의해 소집된 경우(대판 1962.1.11., 4294민상490), 이사회결의는 없으나 외관상 이사회결의에 의한 소집형식을 갖추어 소집권한 있는 자가 소집한 경우(대판 1980.10.27., 79다1264), 일부 주주에게 소집통지를 하지 않았거나 법정기간을 준수한 서면통지를 하지 않은 경우(대판 1981.7.28., 80다2745 · 2746), 소집통지에 기재하지 않은 사항을 결의한 경우(대판 1979.3.27., 79다19) 등이 이에 속한다. 둘째, **결의방법이 위법**한 경우로서, 주주 아닌 자가 결의에 참가한 경우(대판 1983.8.23., 83도748), 의결권 없는 자가 의결권을 행사한 경우(대판 1983.8.23., 83도748), 의결정족수에 미달하였는데도 가결시킨 경우(대판 1996.12.23., 96다32768 · 32775 · 32782) 등이 그 예이다. 셋째, **소집절차 · 결의방법이** 위법하지는 않으나 **현저하게 불공정**한 경우로서, 사실상 주주 2인으로 구성된 회사의 일방 주주측이 다른 주주의 회의장 입장을 부당하게 방해하였고 그 의사진행방식 및 결의방식이 신의칙에 반한 경우(대판 1996.12.20., 96다39998)가 이에 해당한다. 넷째, **결의내용이 정관에 위반**한 경우로서, 종전에는 주주총회결의 무효사유였지만, 1995년 개정에서 결의취소사유로 되었다. 그 예로는 정관소정의 정원을 초과하여 이사를 선임하는 경우, 정관 소정의 자격을 갖추지 못한 자를 이사로 선임하는 경우 등을 들 수 있다.

나. 소의 성질

결의취소의 소는 형성의 소라는 데 이설이 없다. 따라서 취소할 수 있는 결의라도 법정기간 내에 제기된 소에 의하여 취소되지 않는 한 유효하다(대판 1987.4.28., 86다카553). 또한 취소의 소를 제기하지 않고 다른 소송에서 공격 · 방어방법으로 취소사유를 주장할 수 없다.

다. 당사자

결의취소의 소의 **제소권자**는 주주 · 이사 및 감사이다(376조 1항). 첫째, 주주는 단독주주라도 무방하며, 결의 당시의 주주가 아니라도 제소에 당시 주주이면 족하다. 또한 의결권없는 주주도 제소할 수 있다(이설 있음).[1] 타인명의로 주식을 인수 또는 양수하고 주주명부에 그 타인명의로 기재까지 마친 경우, 실제 주식을 인수·양수하고자 하였던 자가 따로 있음이 증명되었더라도, 회사에 대한 관계에서는 주주명부상 주주만이 주주권을 행사할 수 있으므로, 그 명의주주가 주주총회결의취소의 소와 무효확인 및 부존재확인의 소를 제기할 수 있다(대판 2017.3.23., 2015다248342 전원합의체). 둘째, 이사·감사 역시 제소 당시에 이사·감사임을 요하나, 하자 있는 결의에 의해 해임당한 이사·감사는 제소권이 인정된다(통설). 결의취소의 소의 **피고**는 회사이다(통설)(대판 1982.9.14., 80다2425).

라. 소의 절차

결의취소의 소는 결의의 날로부터 2월 내에 회사 본점소재지의 지방법원에 제기하여야 한다(376조, 186조). 수개의 소가 제기된 때에는 법원은 이를 병합하여 심리하여야 하며, 소가 제기되면 회사는 지체없이 이를 공고하여야 한다(376조 2항, 187조·188조). 취소판결에 대세적 효력이 있으므로 획일확정이 필요하기 때문이다. 주주가 제소한 경우 회사는 주주의 악의를 소명하여 담보제공을 청구할 수 있으나, 주주가 이사·감사인 경우는 담보제공 의무가 없다(377조, 176조 4항). 취소의 소를 포함하여 주주총회결의의 하자를 다투는 소의 당사자는 청구의 인낙이나 화해·조정이 허용되지 않는다(대판 2004.9.24., 2004다28047).

마. 판결의 효력

결의취소의 소가 제기된 경우에 결의의 내용, 회사의 현황과 제반사정을 참작하여 그 취소가 부적당하다고 인정한 때에는 법원은 그 청구를 기각할 수 있다(재량기각)(379조).

원고가 승소할 경우의 **결의취소판결**의 효력은 제소자와 회사뿐 아니라 모든 제3자에게도 미친다(대세효)(376조 2항, 190조). 주주총회 결의는 단체법적 성질을 가지므로 모든 사람에게 획일적으로 확정될 필요가 있기 때문이다. 한편 1995년 개정에서 판결의 불소급효에 관한 제190조 단서를 준용규정에서 삭제하였기 때

1) 이철송(회) 601·602면; 정찬형(상) 924면; 최준선(회) 421면, 송옥렬 942면. 반대: 손주찬(상) 742면.

문에, 취소판결에는 소급효가 인정된다. 예컨대, 총회결의로 선임된 이사들로 구성된 이사회에서 선임된 대표이사는 그 총회결의가 취소된 경우 소급하여 그 자격을 상실한다. 이로 인한 선의의 제3자의 피해는 표현대표이사(395조) 및 부실등기의 효력에 관한 규정(39조)(대판 2004.2.27., 2002다19797) 등으로 구제할 수밖에 없다.[1] 결의사항이 등기된 경우 결의취소판결이 확정되면 본점과 지점 소재지에서 이를 등기하여야 한다(378조).

반면 **원고패소판결**에는 대세적 효력이 없다. 패소한 원고가 악의 또는 중과실이 있으면 회사에 대해 연대하여 손해배상책임을 진다(376조 2항, 191조).

2. 결의무효확인의 소

가. 소의 원인

결의의 내용이 법령에 위반한 때에는 결의무효확인의 소를 제기할 수 있다(380조). 예컨대, 주주평등의 원칙, 주주유한책임의 원칙, 강행법규 또는 선량한 풍속 기타 사회질서에 반하는 결의 및 주주총회의 권한에 속하지 않는 사항의 결의 등이 그것이다.

나. 소의 성질 및 무효의 주장방법

결의무효확인의 소의 성질에 대하여 그 명칭에도 불구하고 형성소송으로 보고 단체법률관계의 획일적 처리를 도모하기 위해 반드시 소로서만 무효를 주장할 수 있도록 하여야 한다는 견해가 있다(형성소송설).[2] 그러나 이에 대하여는 결의무효확인의 소는 확인소송으로서 누구라도 언제든지 어떤 방법으로든 결의무효를 주장할 수 있어야 한다는 반론이 있다(확인소송설 : 다수설)(대판 1963.5.17., 4294민상1114).[3] 그 논거는 형성소송설에 의할 경우 (i) 강행법규나 주식회사의 본질에 반하는 내용의 결의도 무효판결 전까지는 유효한 것이 되어 부당하며, (ii) 결의무효를 이유로 하는 청구(위법배당금 반환청구 등)의 경우 2중의 절차를 강요하는 결과가 된다는 것이다. 생각건대 결의의 내용상 중대한 하자인 법령 위반이 무효사유임을 고려할 때, 그 무효의 주장방법을 제한하지 않는 확인소송설이 타

1) 이철송(회) 623면; 송옥렬 946면.
2) 이철송(회) 608-610면.
3) 손주찬(상) 748 · 749면; 정찬형(상) 932면; 최준선(회) 430면; 송옥렬 941 · 942면.

당하다 하겠다.[1)]

다. 당사자

상법은 무효확인의 소의 제소권자를 제한하고 있지 않으므로, 소의 이익이 있는 자는 누구나 무효의 소를 제기할 수 있다. 따라서 주주·이사·감사 외에 회사채권자도 소의 이익이 있으면 제소할 수 있다(대판 1980.12.27., 79다2267). 피고는 회사이다(통설)(대판 1982.9.14., 80다2425).

라. 소의 절차 및 판결의 효력

상법은 무효확인의 소의 제소기간을 제한하지 않고 있어, 소의 이익이 있는 자는 언제라도 제소할 수 있다. 또한 무효확인의 소는 결의의 내용상 중대한 하자를 원인으로 하기 때문에 재량기각이 인정되지 않는다. 그 외의 무효확인의 소의 절차 및 판결의 효력은 전술한 결의취소의 소의 그것과 같다(380조).

3. 결의부존재확인의 소

총회의 소집절차 또는 결의방법에 총회결의가 존재한다고 볼 수 없는 정도의 중대한 하자가 있을 때에는 결의부존재확인의 소를 제기할 수 있다(380조). 결의부존재원인과 취소원인의 차이는 절차상 하자의 정도 차이라 하겠다. 부존재원인의 예로는, 이사회결의 없이 소집권한 없는 자에 의하여 총회가 소집된 경우(대판 2010.6.24., 2010다13541), 대부분의 주주에게 소집통지를 하지 않은 경우(대판 1978.11.14., 78다1269), 주주총회를 개최한 사실 없이 허위로 의사록을 작성한 경우(대판 1969.9.2., 67다1705·1706) 등을 들 수 있다.

결의부존재확인의 소의 성질, 당사자, 절차 및 그 판결의 효력은 위에서 살펴본 결의무효확인의 소의 그것과 같다.

---

1) 결의무효확인의 소에 대하여 종래 상법 제380조가 대세적 효력과 소급효 제한을 인정하면서(형성소송적 요소) 제소권자와 제소기간 등에 관해 규정하지 않아(확인소송적 요소), 양설이 첨예하게 대립하였다. 1995년 개정에서 준용규정 중 소급효제한 부분이 삭제되면서 소급효 문제는 입법적으로 해결되었으나, 무효의 주장방법을 놓고 여전히 설이 갈리고 있다.

4. 부당결의취소·변경의 소

주주가 결의에 관하여 특별한 이해관계가 있어 의결권을 행사하지 못한 경우 그 결의가 현저하게 부당하고 그 주주가 의결권을 행사하였더라면 이를 저지할 수 있었을 때에는 그 주주는 결의의 날로부터 2월내에 결의의 취소 또는 변경의 소를 제기할 수 있다(381조 1항). 이는 특별이해관계인의 의결권행사를 제한한 결과 오히려 다른 주주의 횡포로 불공정한 결의가 행해졌을 경우의 구제방법으로 마련된 것이다. 결의의 취소만으로는 같은 결의가 재차 행해질 것을 막을 수 없어 결의의 취소 외에 변경을 청구할 수 있게 한 것이다.

부당결의취소·변경의 소는 형성의 소이며, 피고는 회사이다. 그 제소기간, 절차 및 판결의 효력은 전술한 결의취소의 소의 그것과 같다(2항).

제2절 이사·이사회·대표이사 및 집행임원

I. 개 관

주식회사의 업무집행기관은 2중 구조를 가지고 있다. 이사로 구성되며 업무집행에 관한 의사결정을 하는 회의체로서의 이사회와 이를 대내적으로 실행함과 아울러 대외적으로는 회사를 대표하는 대표기관으로서의 대표이사가 그것이다. 이사회는 또한 이사의 직무집행을 감독하는 권한을 갖는다.

그러나 이사회에 업무집행과 감독에 관한 권한이 동시에 집중되는 이러한 구조 하에서는 이사회의 감독권이 실효성 있게 행사되지 못할 우려가 있다. 그리하여 2011년 개정상법은 집행임원제도를 도입하여, 이를 채택하는 회사의 경우 업무집행에 관한 의사결정의 상당부분을 집행임원에 위임하고, 대표집행임원이 회사를 대표하도록 하였다.

한편 상법은 이사·집행임원 등 경영진과 주주 및 회사 사이의 이익충돌을 방지하고, 경영진을 견제하며, 효과적으로 그 책임을 추궁하기 위한 여러 규정을 두고 있다.

II. 이 사

1. 의의 및 지위

이사는 회사의 업무집행의 의사결정에 참여하고 이사 및 집행임원의 직무집행을 감독하는 이사회의 구성원을 말한다. 또한 이사는 주주총회에 출석하고(373조 2항), 각종의 소를 제기할 수 있다(328조 1항, 376조, 380조, 429조, 529조 등). 다만 상법이 이사의 직무권한으로 규정하는 것들 중 집행적인 성질의 것은 모두 대표이사의 그것에 속한다. 예컨대, 주식청약서의 작성(420조), 정관 등의 비치·공시(396조 1항) 등이 그것이다.

이사의 단독적인 권한들을 근거로 이사가 주식회사의 필요적 상설기관이라고 보는 견해도 있다.[1] 그러나 이사는 독자적인 기관은 아니며 위의 권한들은 이사회의 구성원으로서의 지위에서 인정되는 것이라고 본다(다수설).[2] 다만 어느 설을 취하든 실제적인 차이는 없다.

이사와 회사와의 관계는 위임관계이며, 민법의 위임에 관한 규정을 준용한다(382조 2항).

2. 종 류

상법상 이사는 (i) 사내이사, (ii) 사외이사 및 (iii) 그 밖에 상무에 종사하지 않는 이사의 세 가지로 나뉜다(317조 2항 8호). (i)은 회사의 상무(일상업무)를 담당하나, (ii)와 (iii)은 그렇지 않다. (iii)은 비상근이사라고도 한다. 사외이사에 대하여는 그 독립성을 보장하기 위해 일정한 결격사유가 규정되어 있다. 즉, **사외이사**란 회사의 상무에 종사하지 않는 이사로서 다음 중 어느 하나에 해당하지 않는 자를 말하며, 사외이사가 이 중 하나에 해당하는 경우 그 직을 상실한다(382조 3항).[3]

---

1) 이철송(회) 640면.
2) 손주찬(상) 756면; 정찬형(상) 941면; 최준선(회) 452면; 송옥렬 951·952면.
3) **상장회사**의 사외이사에 대하여는 **추가적인 결격사유**가 인정된다. 즉, 상장회사의 사외이사는 상법 제382조 제3항 각 호뿐만 아니라 다음 중 어느 하나에도 해당되지 아니하여야 하며, 이에 해당하게 된 경우에는 그 직을 상실한다(542조의8 2항).
   1. 미성년자, 피성년후견인 또는 피한정후견인
   2. 파산선고를 받고 복권되지 아니한 자
   3. 금고 이상의 형을 선고받고 그 집행이 끝나거나 집행이 면제된 후 2년이 지나지 아

- 회사의 상무에 종사하는 이사 · 집행임원 및 피용자 또는 최근 2년 이내에 회사의 상무에 종사한 이사 · 감사 · 집행임원 및 피용자
- 최대주주가 자연인인 경우 본인과 그 배우자 및 직계 존속 · 비속
- 최대주주가 법인인 경우 그 법인의 이사 · 감사 · 집행임원 및 피용자
- 이사 · 감사 · 집행임원의 배우자 및 직계 존속 · 비속
- 회사의 모회사 또는 자회사의 이사 · 감사 · 집행임원 및 피용자
- 회사와 거래관계 등 중요한 이해관계에 있는 법인의 이사 · 감사 · 집행임원 및 피용자
- 회사의 이사 · 집행임원 및 피용자가 이사 · 집행임원으로 있는 다른 회사의 이사 · 감사 · 집행임원 및 피용자

3. 선 임

가. 자격 · 수 및 임기

이사의 자격에는 제한이 없다. 다만 사외이사의 결격사유에 대해서는 이미 보았다. 또한 정관에 이사의 자격을 주주로 제한하는 소위 자격주 규정을 두는 것은 무방하며, 이 경우 이사는 주식을 감사 또는 감사위원회에 공탁하여야 한다(387조, 415조의2 7항). 이사는 감사를 겸할 수 없으나(411조), 지배인 등 사용인은 겸직 가능하다.

이사의 수는 3인 이상이어야 한다.[1] 다만 자본금 총액이 10억원 미만인 회사는

니한 자
4. 대통령령으로 별도로 정하는 법률을 위반하여 해임되거나 면직된 후 2년이 지나지 아니한 자
5. 상장회사의 주주로서 의결권 없는 주식을 제외한 발행주식총수를 기준으로 본인 및 그와 대통령령으로 정하는 특수한 관계에 있는 자(특수관계인)가 소유하는 주식의 수가 가장 많은 경우 그 본인(최대주주) 및 그의 특수관계인
6. 누구의 명의로 하든지 자기의 계산으로 의결권 없는 주식을 제외한 발행주식총수의 100분의 10 이상의 주식을 소유하거나 이사 · 집행임원 · 감사의 선임과 해임 등 상장회사의 주요 경영사항에 대하여 사실상의 영향력을 행사하는 주주(주요주주) 및 그의 배우자와 직계 존속 · 비속
7. 그 밖에 사외이사로서의 직무를 충실하게 수행하기 곤란하거나 상장회사의 경영에 영향을 미칠 수 있는 자로서 대통령령으로 정하는 자

1) **상장회사**는 일정 수 이상의 **사외이사 선임의무**가 있다. 즉, 상장회사는 자산 규모 등을 고려하여 대통령령으로 정하는 경우를 제외하고는 이사 총수의 4분의 1 이상을 사외이사로 하여야 한다. 다만, 자산총액 2조원 이상의 대규모 상장회사의 사외이사는 3명 이상으로 하되, 이사 총수의 과반수가 되도록 하여야 한다(542조의8 1항). 또한 상장회사는 사외이사의 사임 · 사망 등의 사유로 인하여 사외이사의 수가 제1항의 이사회

1명 또는 2명으로 할 수 있다(383조 1항).

이사의 임기는 3년을 초과할 수 없다(2항). 그러나 이는 정관으로 그 임기 중의 최종의 결산기에 관한 정기주주총회의 종결에 이르기까지 연장할 수 있다(3항).

나. 선임기관 및 선임방법

이사는 주주총회의 보통결의로 선임한다(382조 1항).[1] 이사선임권한은 정관으로도 다른 기관에 위임할 수 없다. 다만 발기설립시에는 발기인이 호선하고, 모집설립시에는 창립총회에서 선임한다(296조 1항, 312조).

이사의 지위를 취득하기 위해 선임결의와 선임된 사람의 동의 외에 대표이사와의 임용계약이 필요한지에 관하여 설이 갈린다. 다수설은 회사대표자의 청약과 피선자의 승낙에 의한 임용계약이 필요하다고 한다(필요설).[2] 그러나 주주총회의 선임결의가 있었음에도 대표이사가 이를 거부함으로써 이사 취임이 불가능해져서는 안 될 것이므로 선임결의와 피선자의 동의만으로 이사 지위를 취득한다고 보아야 할 것이다(불요설).[3] 판례는 종래 필요설을 취하였으나(대판 1995.2.28., 94다31440) 최근 불요설로 돌아섰다(대판 2017.3.23., 2016다251215 전원합의체).

이사의 성명과 주민등록번호는 등기사항이다(317조 2항 8호).

의 구성요건에 미달하게 되면 그 사유가 발생한 후 처음으로 소집되는 주주총회에서 제1항의 요건에 합치되도록 사외이사를 선임하여야 한다(3항).

1) **상장회사**의 이사선임절차에 대하여는 특칙이 있다.
첫째, 상장회사가 이사·감사의 선임에 관한 사항을 목적으로 하는 주주총회를 **소집통지** 또는 **공고**하는 경우에는 이사·감사 후보자의 성명, 약력, 추천인, 그 밖에 대통령령으로 정하는 후보자에 관한 사항을 통지하거나 공고하여야 하며(542조의4 2항), 상장회사가 주주총회에서 이사 또는 감사를 선임하려는 경우에는 이와 같이 통지하거나 공고한 후보자 중에서 선임하여야 한다(542조의5).
둘째, 자산총액 2조원 이상의 대규모 상장회사는 **사외이사 후보의 추천**을 위하여 이사회 내에 사외이사 후보추천위원회를 설치하여야 하며, 이 경우 사외이사 후보추천위원회는 사외이사가 총위원의 과반수가 되도록 구성하여야 한다(542조의8 4항). 또한 이러한 회사가 주주총회에서 사외이사를 선임하려는 때에는 사외이사 후보추천위원회의 추천을 받은 자 중에서 선임하여야 한다. 이 경우 사외이사 후보추천위원회가 사외이사 후보를 추천할 때에는 주주제안권의 행사요건을 갖춘 주주가 주주총회일(정기주주총회의 경우 직전연도의 정기주주총회일에 해당하는 해당 연도의 해당일)의 6주 전에 추천한 사외이사 후보를 포함시켜야 한다(542조의8 5항).

2) 손주찬(상) 761면; 강위두·임재호(상) 784면; 정동윤(상) 595면; 이기수·최병규(회) 343면; 정찬형(상) 942면; 채이식(상) 548면; 최준선(회) 456면; 김정호(상) 675면.

3) 이철송(회) 646면; 권기범(회) 771면; 송옥렬 957면.

다. 집중투표제도

(1) 의 의

집중투표제도란 동일한 주주총회에서 2인 이상의 이사를 선임할 경우 1주마다 선임할 이사의 수와 같은 의결권을 부여하고, 이 의결권을 1인 또는 수인의 후보에게 집중하여 투표할 수 있도록 하는 것을 말한다. 예컨대, 발행주식총수가 100만주인 회사에서 갑이 70만주, 을이 30만주를 보유하고 있을 경우, 총회에서 3인의 이사를 선임한다면 의결권수는 갑이 210만표, 을이 90만표, 총 300만표가 되는 것이다. 통상의 경우 선입할 이사 1인당 1개씩의 보통결의를 하기 때문에 갑이 지지하는 후보를 모두 당선시킬 수 있으나, 집중투표를 할 경우는 을이 90만표를 한 후보에게 몰아줌으로써 3명 중 적어도 한 명은 을이 지지하는 후보가 당선될 수 있는 것이다.

이러한 집중투표는 소수파 주주의 영향력을 증대시켜 다수파 이사를 감시할 수 있게 하나, 이사회 내에 파벌이 발생하여 운영 효율이 감소하고, 투표 관리의 부담이 증대할 우려도 있다. 그리하여 상법은 1998년 개정으로 집중투표제를 도입하면서, 이를 정관으로 배제할 수 있게 하였다. 그 결과 많은 회사가 정관변경을 통해 집중투표제도를 배제하는 현상이 벌어졌다.

집중투표는 의결권 행사방법의 문제일 뿐이므로 1주 1의결권의 원칙에 위배되지 않으며, 선임과 반대가 아닌 선임을 위한 투표이므로 의결권의 불통일행사도 아니다.[1)]

(2) 요건 및 절차

2인 이상의 이사의 선임을 목적으로 하는 총회의 소집이 있는 때에는 의결권 없는 주식을 제외한 발행주식총수의 100분의 3 이상[2)]에 해당하는 주식을 가진 소수주주는 회사에 대하여 집중투표의 방법으로 이사를 선임할 것을 청구할 수 있다(382조의2 1항). 다만 이는 정관으로 달리 정할 수 있어(동항), 정관규정을 통해 집중투표제를 배제할 수도 있다.[3)]

---

1) 손주찬(상) 762면; 정찬형(상) 943면.

2) 자산총액 2조원 이상의 **대규모 상장회사**의 경우 발행주식총수의 100분의 1로 족하다(542조의7 2항, 영 33조).

3) **상장회사**의 집중투표 배제를 위한 정관변경안은 다른 정관변경안과 분리하여 표결하여야 하며(542조의 7 4항), 의결권 있는 발행주식총수의 100분의 3을 초과하는 주식을

집중투표의 청구는 주주총회일의 7일전까지[1] 서면 또는 전자문서로 하여야 하며(2항), 이 서면은 총회가 종결될 때까지 본점에 비치하고 주주로 하여금 영업 시간내에 열람할 수 있게 하여야 한다(6항). 또한 집중투표의 청구가 있는 경우 의장은 결의에 앞서 그러한 청구가 있다는 취지를 알려야 한다(5항). 이러한 비치·공지의무에 위반할 경우 결의취소사유가 된다.[2]

집중투표를 실시할 경우 각 주주는 이사선임결의에서 1주마다 선임할 이사의 수와 동일한 수의 의결권을 가지며, 그 의결권은 이사 후보자 1인 또는 수인에게 집중하여 투표하는 방법으로 행사할 수 있다(3항). 이 경우 투표의 최다수를 얻은 자부터 순차적으로 이사에 선임되는 것으로 한다(4항). 정관에 이사선임결의의 의사정족수가 보통결의보다 강화되어 규정된 경우 이사의 선임을 집중투표의 방법으로 하는 때에도 정관에 규정된 의사정족수는 충족되어야 한다(대판 2017.1.12., 2016다217741).

라. 이사의 보수

이사의 보수는 정관으로 그 액수를 정하지 않은 때에는 주주총회의 결의로 정한다(388조). 여기서 '이사의 보수'에는 월급, 상여금 등 명칭을 불문하고 이사의 직무수행에 대한 보상으로 지급되는 대가가 모두 포함된다(대판 2018.5.30., 2015다51968). 주주총회에서는 총액만 정하고 이사회가 이를 배분하는 것도 가능하다. 회사가 1인회사가 아닌 경우, 그 회사의 대주주(대판 2020.4.9., 2018다290436) 또는 대주주인 다른 회사의 대표이사 또는 실질적 지배자(대판 2020.6.4., 2015나2040638·2040645)가 이사의 보수를 승인하였다는 사정만으로는 이사의 보수에 관한 주주총회의 결의가 있었던 것과 같다고 볼 수 없다.

최신 판례 **임원이 퇴직금 중간정산금을 지급받기 위하여는 정관 또는 주주총회 결의에 의하여야 하는지 여부(적극)**(대판 2019.7.4., 2017다17436)

『이사의 퇴직금은 상법 제388조에 규정된 보수에 포함되고, 퇴직금을 미리 정산하여 지급받는 형식을 취하는 퇴직금 중간정산금도 퇴직금과 성격이 동일하다. 다만 이사에 대한 퇴직금은 성격상 퇴직한 이사에 대해 재직 중 직무집행의 대가로 지급되는 보수의 일종이므로, 이사가 재직하는 한

소유한 주주의 의결권은 100분의 3까지로 제한된다(3항).

1) **상장회사**의 경우 주주총회일(정기주주총회의 경우 직전연도의 정기주주총회일에 해당하는 해당 연도의 해당일)의 6주전까지 청구하여야 한다(542조의7 1항).

2) 손주찬(상) 763면; 정찬형(상) 945면; 최준선(회) 458면; 송옥렬 957면.

이사에 대한 퇴직금 지급의무가 발생할 여지가 없고 이사가 퇴직하는 때에 비로소 지급의무가 생긴다. 그런데 퇴직금 중간정산금은 지급시기가 일반적으로 정해져 있는 정기적 보수 또는 퇴직금과 달리 권리자인 이사의 신청을 전제로 이사의 퇴직 전에 지급의무가 발생하게 되므로, 이사가 중간정산의 형태로 퇴직금을 지급받을 수 있는지 여부는 퇴직금의 지급시기와 지급방법에 관한 매우 중요한 요소이다.

따라서 정관 등에서 이사의 퇴직금에 관하여 주주총회의 결의로 정한다고 규정하면서 퇴직금의 액수에 관하여만 정하고 있다면, 퇴직금 중간정산에 관한 주주총회의 결의가 있었음을 인정할 증거가 없는 한 이사는 퇴직금 중간정산금 청구권을 행사할 수 없다.』

마. 주식매수선택권

(1) 의 의

주식매수선택권이란 회사의 이사 등 임원 또는 피용자가 미리 정한 가액(주식매수선택권 행사가액)으로 회사의 주식을 매수할 있는 권리를 말한다(340조의2 1항 본문). 회사의 임직원에 대한 인센티브의 일환으로 부여되며, 일반적으로 스톡 옵션(stock option)이라 부른다.

주식매수선택권을 부여하는 방법에는, (i) 회사의 신주를 발행하여 교부하는 방식, (ii) 회사가 보유하고 있는 자기주식을 교부하는 방식 및 (iii) 주식매수선택권의 행사가액이 주식의 실질가액보다 낮은 경우에 회사가 그 차액을 금전으로 지급하거나 그 차액에 상당하는 자기주식을 양도하는 방식이 있다. (iii)의 경우 주식의 실질가액은 주식매수선택권의 행사일을 기준으로 한다(동항 단서).

(2) 부여의 요건

주식매수선택권을 부여할 수 있는 **대상자**는 회사의 설립·경영 및 기술혁신 등에 기여하거나 기여할 수 있는 회사의 이사, 집행임원, 감사 또는 피용자이다(340조의2 1항 본문).[1] 다만 (i) 의결권 없는 주식을 제외한 발행주식총수의 100분의 10 이상을 가진 주주, (ii) 이사·집행임원·감사의 선임과 해임 등 회사의 주요 경영사항에 대하여 사실상 영향력을 행사하는 자 및 (iii) (i)·(ii)의 배우자와 직계존비속은 제외된다(2항).[2]

1) **상장회사**의 경우 대통령령으로 정하는 관계 회사의 이사, 집행임원, 감사 또는 피용자에게도 주식매수선택권을 부여할 수 있다(542조의3 1항 본문, 영 30조 1항).
2) **상장회사**의 경우 최대주주(542조의8 2항 5호) 등 대통령령으로 정하는 자에게는 주식매수선택권을 부여할 수 없다(542조의3 1항 단서, 영 30조 2항).

주식매수선택권 부여로 발행할 신주 또는 양도할 자기주식은 **발행주식총수의 100분의 10**을 초과할 수 없으며(3항),[1] 주식매수선택권의 **행사가액**은 다음의 각 금액 이상이어야 한다(4항).

- 신주를 발행하는 경우 주식매수선택권 부여일을 기준으로 한 주식의 실질가액과 주식의 권면액 중 높은 금액. 다만 무액면주식을 발행한 경우에는 자본금으로 계상되는 금액 중 1주에 해당하는 금액을 권면액으로 본다.
- 자기주식을 양도하는 경우 주식매수선택권 부여일을 기준으로 한 주식의 실질가액

(3) 부여 절차

주식매수선택권을 부여하기 위하여는 **정관**의 규정과 주주총회의 **특별결의**[2]가 필요하다(340조의2 1항 본문). 이를 위해 정관에 기재할 사항과 주주총회의 결의로 정할 사항은 법정되어 있다(340조의3 1항 · 2항).

회사는 주주총회 결의로 주식매수선택권을 부여받은 자와 계약을 체결하고 상당한 기간내에 그에 관한 **계약서**를 작성하여야 하며(3항), 이 계약서를 주식매수선택권의 행사기간이 종료할 때까지 본점에 비치하고 주주로 하여금 영업시간내에 열람할 수 있도록 하여야 한다(4항). 또한 회사가 주식매수선택권을 부여할 것을 정한 때에는 이에 관한 사항을 **등기**하여야 한다(317조 2항 3의3호, 4항).

(4) 행 사

주식매수선택권은 그 부여를 결정한 주주총회 결의일부터 2년 이상 재임 또는 재직하여야 이를 행사할 수 있다(340조의4 1항).[3] 판례에 의하면, 회사가 주식매수선택권을 부여받은 자의 권리를 부당하게 제한하지 않고 정관의 기본 취지나 핵심 내용을 해치지 않는 범위에서 주주총회 결의와 개별 계약을 통해 주식매수선택권을 부여받은 자가 언제까지 선택권을 행사할 수 있는지를 자유롭게 정할 수 있으며, 주주총회 결의가 있은 후 회사가 주식매수선택권 부여에 관한 계약을 체결하면서 주식매수선택권의 행사기간 등을 일부 변경하거나 조정한 것도 원칙적

---

1) **상장회사**의 경우 발행주식총수의 100분의 20 범위내에서 대통령령으로 정하는 한도까지 주식매수선택권을 부여할 수 있다(340조의2 2항, 영 30조 3항).

2) **상장회사**의 경우 대통령령으로 정하는 한도까지 이사회가 주식매수선택권의 부여를 결정하고 주주총회의 사후 승인을 받는 절차가 마련되어 있다(542조의3 3항, 영 30조 4항).

3) **상장회사**의 경우 주식매수선택권자가 사망하거나 그 밖에 본인의 책임이 아닌 사유로 퇴임하거나 퇴직한 경우 2년 이상 재임 또는 재직하지 않아도 주식매수선택권을 행사할 수 있다(542조의3 4항, 영 30조 5항).

으로 유효하다고 한다(대판 2018.7.26., 2016다237714).

최신 판례 **주식매수선택권 행사기간을 회사가 결정·변경·조정할 수 있는 범위**(대판 2018.7.26., 2016다237714)

『상법은 주식매수선택권을 부여하기로 한 주주총회 결의일(상장회사에서 이사회결의로 부여하는 경우에는 이사회 결의일)부터 2년 이상 재임 또는 재직하여야 주식매수선택권을 행사할 수 있다고 정하고 있다(상법 제340조의4 제1항, 제542조의3 제4항, 상법 시행령 제30조 제5항). 이와 같이 상법은 주식매수선택권을 행사할 수 있는 시기(始期)만을 제한하고 있을 뿐 언제까지 행사할 수 있는지에 관해서는 정하지 않고 회사의 자율적인 결정에 맡기고 있다. 따라서 회사는 주식매수선택권을 부여받은 자의 권리를 부당하게 제한하지 않고 정관의 기본 취지나 핵심 내용을 해치지 않는 범위에서 주주총회 결의와 개별 계약을 통해서 주식매수선택권을 부여받은 자가 언제까지 선택권을 행사할 수 있는지를 자유롭게 정할 수 있다고 보아야 한다.

나아가 주식매수선택권을 부여하는 주주총회 결의에서 주식매수선택권의 부여 대상과 부여방법, 행사가액, 행사기간, 주식매수선택권의 행사로 발행하거나 양도할 주식의 종류와 수 등을 정하도록 한 것은 이해관계를 가지는 기존 주주들로 하여금 회사의 의사결정 단계에서 중요 내용을 정하도록 함으로써 주식매수선택권의 행사에 관한 예측가능성을 도모하기 위한 것이다. 그러나 주주총회 결의 시 해당 사항의 세부적인 내용을 빠짐없이 정하도록 예정한 것으로 보기는 어렵다. 이후 회사가 주식매수선택권 부여에 관한 계약을 체결할 때 주식매수선택권의 행사기간 등을 일부 변경하거나 조정한 경우 그것이 주식매수선택권을 부여받은 자, 기존 주주 등 이해관계인들 사이의 균형을 해치지 않고 주주총회 결의에서 정한 본질적인 내용을 훼손하는 것이 아니라면 유효하다고 보아야 한다.』

주식매수청구권의 양도는 금지되나, 이를 행사할 자가 사망한 경우 그 상속인이 이를 행사할 수 있다(2항).

주식매수선택권의 행사로 신주를 발행하는 경우 주식매수선택권자는 청구서 2통을 회사에 제출하고 신주의 발행가액 전액을 은행 기타 금융기관의 납입장소에 납입하여야 한다(340조의5, 516조의9 1항·3항). 또한 주식매수선택권 행사일이 속하는 달의 말일부터 2주 내에 신주발행으로 인한 변경등기를 하여야 한다(340조의5, 351조).

4. 직무집행정지 및 직무대행자선임 가처분

가. 의의 및 절차

특정한 이사의 지위를 다투는 소송이 제기되었을 때 제소당한 이사가 계속 직무를 집행하게 한다면 회사에 회복할 수 없는 피해가 발생할 수도 있다. 그리하여 상법은 이사선임결의의 무효·취소의 소가 제기되거나 이사해임의 소가 제기된 경우 당사자의 신청에 의하여 법원이 가처분으로써 그 이사의 직무집행을 정지하고 또는 직무대행자를 선임할 수 있도록 하고 있다(407조 1항 1문). 조문에는 없지만 이사선임결의 부존재확인의 소가 제기된 경우에도 가처분이 가능하다(대판 1989.5.23., 88다카9883). 이러한 가처분은 쟁의있는 권리관계에 대하여 임시의 지위를 정하기 위한 가처분에 해당하며(대판 1972.1.31., 71다2351), 계속하는 권리관계에 끼칠 현저한 손해를 피하거나 급박한 위험을 막기 위하여 또는 그 밖의 필요한 이유가 있을 경우에 하여야 한다(민사집행법 300조 2항).

가처분의 신청은 본안소송 제기 후에 하여야 하나, 급박한 사정이 있는 경우에는 그 전에도 할 수 있다(407조 1항 2문). 법원은 당사자의 신청에 의하여 가처분을 취소할 수 있다(2항). 이러한 가처분 또는 그 변경·취소가 있는 때에는 본점과 지점의 소재지에서 그 등기를 하여야 한다(3항).

나. 효 력

직무집행정지 가처분은 당사자뿐 아니라 제3자에게도 효력이 있으며, 이에 위반하여 체결한 계약은 절대적으로 무효이고 그 후 가처분이 취소되어도 유효로 되지 않는다(대판 2008.5.29., 2008다4537). 직무대행자는 그 필요가 있는 경우에만 선임하며, 직무집행정지 없이 직무대행자만 선임할 수는 없다. 직무대행자는 (i) 가처분명령에 다른 정함이 있거나, (ii) 법원의 허가를 얻은 경우가 아니면, 회사의 상무(常務)에 속하는 행위만 할 수 있다(408조 1항). 여기서 '상무'란 일반적으로 회사의 영업을 계속함에 있어 통상업무범위 내의 사무, 즉 회사의 경영에 중요한 영향을 미치지 않는 보통의 업무를 말한다(대판 1991.12.24., 91다4355). 따라서 신주나 사채의 발행, 영업양도 등은 허용되지 않는다. 이에 위반한 행위가 있은 경우 회사는 선의의 제3자에 대하여 책임을 진다(2항).

5. 종 임

가. 종임사유

이사는 임기가 만료하거나, 정관 소정의 자격을 상실하거나, 사외이사의 경우 그 결격사유에 해당함으로써 종임한다. 회사의 해산도 종임사유이다. 또한 회사와 이사는 위임관계이므로 이사는 언제든 사임할 수 있고(민 689조 1항), 일반적인 위임종료사유(민 690조)가 발생하여도 종임한다.

한편 이사는 주주총회의 특별결의로 언제든지 해임될 수 있다. 그러나 이사의 임기를 정한 경우에 정당한 이유없이 그 임기만료전에 이를 해임한 때에는 그 이사는 회사에 대하여 해임으로 인한 손해의 배상을 청구할 수 있다(385조 1항).

여기서 '이사'에는 임기만료 후 이사로서의 권리의무를 행사하고 있는 퇴임이사(386조 1항. 후술)는 포함되지 않는다(대판 2021.8.19., 2020다285406).

그런데 이사가 그 직무에 관하여 부정행위 또는 법령·정관에 위반한 중대한 사실이 있음에도 불구하고 주주총회에서 그 해임을 부결한 때에는 발행주식총수의 100분의 3 이상을 가진 주주는 총회의 결의가 있은 날부터 1월내에 본점 소재지 지방법원에 그 이사의 해임을 청구할 수 있다(2항).

이사의 종임도 등기사항이다.

나. 결원에 대한 조치

이사 일부의 종임으로 법률 또는 정관에 정한 이사의 원수를 결한 경우 두 가지 조치가 가능하다. 첫째, 임기만료 또는 사임으로 인하여 퇴임한 이사는 새로 선임된 이사가 취임할 때까지 이사의 권리의무가 있다(386조 1항). 둘째, 필요한 경우 법원은 이사·감사 기타의 이해관계인의 청구에 의하여 일시 이사의 직무를 행할 자(가이사)를 선임할 수 있다(2항 전단). 가이사의 권한은 본래의 이사와 같으며, 이를 선임한 경우 본점 소재지에서 등기하여야 한다(동항 후단).

III. 이사회

1. 의 의

이사회는 이사 전원으로 구성되고, 회사의 업무집행에 관한 의사결정과 이사의 직무집행의 감독을 그 권한으로 하는 주식회사의 필요적 기관이자 상설기관이다(이설 있음).[1] 1984년, 1995년 및 2001년의 상법개정을 통해 이사회의 권한은 지속적으로 확대·강화되어 왔다.

한편 자본금 총액이 10억원 미만인 소규모회사는 1명 또는 2명의 이사를 둘

1) 이철송(회) 674면; 정찬형(상) 964면; 송옥렬 970면. 비상설기관설: 손주찬(상) 770면.

수 있는데 이 경우 3명 이상의 이사를 전제로 하는 이사회에 관한 규정들이 적용될 수 없다. 그리하여 이사회권한 중 일부는 단독 이사에게 부여되나(예: 주주총회 소집), 단독 이사에 맡기기 어려운 사항들은 주주총회의 권한으로 하고(예: 자기거래의 승인), 이사회에 관한 규정들 중 일부(예: 합병 후 보고총회 또는 창립총회를 이사회 공고로 대체하는 526조 3항)는 아예 적용을 배제하고 있다(383조 1항 단서, 4항 내지 6항). 또한 집행임원을 둔 회사의 이사회의 권한 등에 관하여는 특칙이 있다(후술).

2. 권 한

가. 업무집행에 관한 의사결정권

이사회는 업무집행에 관한 의사결정권한이 있다(393조 1항). 따라서 (i) 법률 또는 정관 등의 규정에 의하여 주주총회 또는 이사회의 결의를 필요로 하는 것으로 되어 있지 아니한 업무 중, (ii) 이사회가 일반적·구체적으로 대표이사에게 위임하지 않은 업무로서, (iii) 일상 업무에 속하지 아니한 중요한 업무에 대하여는 이사회에게 그 의사결정권한이 있다(대판 1997.6.13., 96다48282).

상법은 특히 중요한 업무집행사항들을 이사회의 권한으로 규정하고 있으며, 이 사항들은 (후술하는 이사회내 위원회에 위임하는 경우를 제외하고) 대표이사 등 하부기관에 위임할 수 없다(통설). 이러한 법정권한사항으로는, 중요한 자산의 처분·양도, 대규모 재산의 차입, 지배인의 선임 또는 해임, 지점의 설치·이전·폐지(393조 1항), 주주총회의 소집(362조), 대표이사의 선임(389조), 이사의 경업·겸직·사업기회이용의 승인(397조, 397조의2), 이사 등의 자기거래의 승인(398조), 신주발행(416조), 사채발행(469조), 준비금의 자본금전입(461조), 주주에 대한 전환사채·신주인수권부사채의 발행(513조, 516조의2), 재무제표의 승인(447조), 중간배당(462조의3) 등이 있다. 이 중 대표이사의 선임, 신주·전환사채·신주인수권부사채의 발행 및 준비금의 자본금전입은 정관으로 주주총회의 권한으로 할 수 있음은 전술한 바와 같다(유보조항).

나. 감독권한

이사회는 이사의 직무의 집행을 감독한다(393조 2항). 이사회의 감독권은 이사의 직무집행의 적법성뿐 아니라 타당성의 감사에도 미친다는 점에서 감사 또는 감사위원회의 그것과 구별된다(통설). 이사회의 실효성 있는 업무감사를 위해 (i)

이사는 대표이사로 하여금 다른 이사 또는 피용자의 업무에 관하여 이사회에 보고할 것을 요구할 수 있고(3항), (ii) 이사는 3월에 1회 이상 업무의 집행상황을 이사회에 보고하여야 한다(4항).

3. 소 집

이사회는 각 이사가 소집할 수 있으나, 이사회의 결의로 소집할 이사를 특정할 수도 있다(390조 1항). 이때 소집권자로 지정되지 않은 이사는 소집권자인 이사에게 이사회 소집을 요구할 수 있으며, 소집권자가 정당한 이유없이 이사회 소집을 거절하는 경우에는 스스로 이사회를 소집할 수 있다(2항). 한편 집행임원 및 감사도 이사에게 이사회소집을 청구할 수 있다(후술).

이사회를 소집함에는 회일을 정하고 그 1주간 전에 각 이사 및 감사에 대하여 통지를 발송하여야 한다. 그러나 이 기간은 정관으로 단축할 수 있다(3항). 이러한 소집절차는 이사 및 감사 전원의 동의가 있는 때에는 생략할 수 있다(4항). 또한 회의의 연기·속행의 경우에는 소집절차가 필요 없다.

4. 결 의

가. 요건 및 방법

이사회의 결의는 이사과반수의 출석과 출석이사의 과반수로 하여야 한다(391조 1항 본문). 정관으로 이 결의요건을 가중할 수는 있으나(동항 단서), 감경할 수는 없다. 따라서 가부동수인 경우 의장에게 결정권을 부여하는 정관규정도 무효이다(이설 있음).[1] 한편 상법은 이사 3분의 2 이상의 수로 결의하여야 하는 사항들을 규정하고 있다. 사업기회이용 및 자기거래의 승인, 감사위원의 해임이 그것이다(397조의2 1항, 398조, 415조의2 3항).

이사회는 화상회의 또는 전화회의(conference call)의 형태로도 개최할 수 있다. 즉, 정관에서 달리 정하는 경우를 제외하고 이사회는 이사의 전부 또는 일부가 직접 회의에 출석하지 아니하고 모든 이사가 음성을 동시에 송수신하는 원격통신수단에 의하여 결의에 참가하는 것을 허용할 수 있다. 이 경우 당해 이사는

---

1) 손주찬(상) 776면; 최기원·김동민(상) 786면; 이기수·최병규(회) 379면; 이철송(회) 683·684면; 정찬형(상) 973면; 송옥렬 974면. 반대: 정동윤(상) 607면.

이사회에 직접 출석한 것으로 본다(2항). 그러나 서면결의는 인정되지 않으며 의결권의 대리행사(대판 1982.7.13., 80다2441)도 허용되지 않는다(통설).

이사회결의에 특별한 이해관계가 있는 이사는 의결권을 행사할 수 없다(391조 3항, 368조 3항). 예컨대, 자기거래승인결의에서 당사자인 이사가 이에 해당한다. 이러한 이사의 의결권은 의결정족수에 산입되지 않는다(391조 3항, 371조 2항).

나. 결의의 하자

주주총회와 달리 이사회결의의 하자를 주장하는 방법에 대하여는 상법에 규정이 없으므로 이사회결의에 내용상 · 절차상 하자가 있는 경우 민법의 일반원치에 따라 무효가 되며, 이해관계인은 언제든지 어떤 방법으로든 이를 주장할 수 있다(통설)(대판 1982.7.13., 80다2441). 물론 소를 제기하는 것도 가능하며, 이 경우 제소권자, 제소기간, 절차 및 효력 등은 모두 일반원칙에 의한다(통설). 따라서 이사회결의 무효판결에는 대세적 효력이 없다(대판 1988.4.25., 87누399).

이사회결의를 거치지 않았거나 하자 있는 이사회결의에 따른 이사의 행위는 그것이 내부적인 사항인 경우 무효가 된다(통설). 예컨대, 대표이사를 선임한 이사회결의가 무효인 경우 그 대표이사는 소급하여 자격을 상실하고 그 대표행위도 무효로 된다(대판 2004.2.27., 선고 2002다19797). 이때 거래상대방의 보호는 부실등기(39조) 또는 표현대표이사(395조)에 관한 규정에 따른다. 반면 대외적인 사항(예: 제3자와의 계약)인 경우 상대방이 선의 · 무과실인 때에는 유효로 본다(대판 1995.4.11., 94다33903; 同 1978.6.27., 78다389)(상세는 후술하는 대표이사의 전단적 대표행위의 효력 참조).

다. 의사록

이사회의 의사에 관하여는 의사록을 작성하여야 한다(391조의3 1항). 의사록에는 의사의 안건, 경과요령, 그 결과, 반대하는 자와 그 반대이유를 기재하고 출석한 이사 및 감사가 기명날인 또는 서명하여야 한다(2항). 주주는 영업시간내에 이사회의사록의 열람 또는 등사를 청구할 수 있다(3항). 정보유출 우려 때문에 회사채권자는 제외하고 주주만이 청구할 수 있도록 한 것이다. 회사는 이러한 청구에 대하여 이유를 붙여 거절할 수 있으며, 이 경우 주주는 법원의 허가를 얻어 이사회의사록을 열람 또는 등사할 수 있다(4항).

5. 이사회내 위원회

회사는 정관이 정한 바에 따라 이사회 내에 위원회를 설치할 수 있다(393조의2 1항). 이는 대규모회사의 이사회 소집 부담을 감소시키고, 이사회 운영의 효율성 · 전문성 및 공정성을 제고시키기 위해 도입된 제도이다. 회사는 정관에 따라 자율적으로[1] 업무집행위원회 · 이사추천위원회 · 보수위원회 · 감사위원회 등을 두고, 이사회의 권한을 일부 위임할 수 있다. 다만 (i) 주주총회의 승인을 요하는 사항의 제안, (ii) 대표이사의 선임 및 해임, (iii) 위원회의 설치와 그 위원의 선임 및 해임, (iii) 기타 정관 소정사항은 위임할 수 없다(2항).

위원회는 2인 이상의 이사로 구성한다(3항), 그 결원의 경우의 조치, 소집, 결의방법, 연기 및 속행에 관하여는 이사회에 관한 규정(386조 1항, 390조, 391조, 391조의3, 392조)을 준용한다(393조의2 5항). 감사위원회의 구성 및 운영 등에 대하여는 특칙이 있다(후술).

위원회는 결의된 사항을 각 이사에게 통지하여야 한다. 이 경우 이를 통지받은 각 이사는 이사회의 소집을 요구할 수 있으며, 이사회는 위원회가 결의한 사항에 대하여 다시 결의할 수 있다(4항).

Ⅳ. 대표이사

1. 서 설

가. 의 의

대표이사는 대외적으로 회사를 대표하고 대내적으로 업무집행을 담당하는 이사를 말하며, 주식회사의 필요적 상설기관이다. 대표이사는 이사회의 결정사항을 실행하며, 그 지시 · 감독을 받는 하부기관이다.

나. 선 임

대표이사는 이사회 결의로 선임한다. 다만 정관으로 주주총회에서 선정하도록 정할 수 있다(유보조항)(389조 1항). 대표이사는 이사 중에서 선임하며, 그 자격 및

---

1) 자산총액 2조원 이상의 **대규모 상장회사**는 사외이사 후보추천위원회 및 감사위원회를 **의무적으로** 설치하여야 하며, 그 구성에 대하여는 특칙이 있다(542조의8 4항, 542조의11 1항).

인원수에는 제한이 없다. 자본금 총액 10억원 미만인 회사가 이사를 1명 또는 2명 둔 경우에는 각 이사가 회사를 대표하나, 정관에 따라 대표이사를 정할 수도 있다(383조 1항 단서, 6항). 대표이사의 성명, 주민등록번호 및 주소는 등기하여야 한다(317조 2항 9호).

다. 종 임

대표이사는 이사여야 하므로 이사의 지위에서 떠나면 대표이사의 지위도 상실한다. 대표이사는 언제든지 사임할 수 있으며, 회사도 언제든지 대표이사를 해임할 수 있다(382조 2항, 민 689조). 그 해임은 이사회결의로 하나, 정관에 따라 대표이사를 주주총회에서 선임하는 경우에는 주주총회의 보통결의로 한다.

대표이사의 종임으로 법률 또는 정관에 정한 대표이사의 원수를 결한 경우 임기만료 또는 사임으로 퇴임한 이사는 새로운 대표이사가 취임할 때까지 대표이사의 권리의무가 있으며, 필요한 경우 법원은 이사·감사 기타 이해관계자의 청구에 따라 일시 대표이사의 직무를 행할 자(가대표이사)를 선임할 수 있다(389조 2항, 386조).

2. 직무권한

가. 대표권

(1) 대표권의 범위

대표이사는 대외적으로 회사를 대표한다(389조 1항). 이러한 대표권은 회사의 영업에 관하여 재판상 또는 재판 외의 모든 행위에 미치며(포괄성), 회사 내부적으로 이 권한을 제한하여도 선의의 제3자에게 대항하지 못한다(획일성)(389조 3항, 209조). 다만 회사와 이사 간의 소송에 있어서는 대표이사가 회사를 대표하지 못한다(394조).

(2) 전단적 대표행위의 효력

법률 또는 정관 등 회사내부규정에 의해 주주총회 또는 이사회의 결의가 필요함에도 이를 거치지 않은 대표행위[전단적(專斷的) 대표행위]의 효력이 문제된다. 이는 하자 있는 주주총회 또는 이사회결의에 의한 대표행위의 경우에도 같다. 이 문제는 회사의 이익과 거래안전 내지 제3자의 이익을 교량하여 판단하여야 하는데, **법률상 주주총회의 결의가 요구되는 경우**는 그 사안의 중대성과 상대방의 예측가능성에 비추어 회사의 이익보호가 우선함에 반하여, **여타의 경우**는 거래안전 내지 제3자의 보호가 우선되어야 할 것이다.

각 경우를 나누어 살펴보면 다음과 같다. 첫째, 법률상 주주총회의 결의가 요구됨에도 이를 결한 경우 그 대표행위는 무효이다(통설). 둘째, 정관상 주주총회 결의가 필요함에도 이를 결한 대표행위는 상대방이 선의·무과실이면 유효라고 본다(이설 있음).[1] 셋째, 법률 또는 정관 등 회사내부규정(대판 1995.4.11., 94다33903; 대판 1978.6.27., 78다389)에 의하여 이사회결의가 요구됨에도 이를 결한 대표행위 역시 상대방이 선의·무과실이면 유효라고 본다(이설 있음).[2] 이때 상대방의 악의 또는 과실은 회사 측이 입증해야 한다(대판 1978.6.27., 78다389). 다만 신주발행(대판 2007.2.22., 2005다77060·77077)·사채발행과 같이 유가증권이 발행되어 그 유통을 보호할 필요가 있는 집단적 행위의 경우는 이사회결의가 없거나 하자 있는 이사회결의에 의한 때에도 상대방의 선의·악의를 불문하고 유효로 보아야 할 것이다(이설 있음).[3]

(3) 대표권의 남용

대표이사가 회사 이외의 자기 또는 제3자의 이익을 위해 대표권를 행사하는 경우를 대표권의 남용이라 한다. 예컨대, 개인 채무를 변제하기 위해 회사 명의로 어음을 발행하는 경우가 그것이다. 이러한 행위도 대표권의 범위 내라면 일응 유효이나, 상대방이 악의인 경우에는 이를 보호할 필요가 없다 할 것이다. 이때 선의인 상대방을 보호하기 위한 법리구성과 관련하여 다음과 같이 설이 갈린다.[4] 첫째, 대표권 남용행위 자체는 유효이나 상대방이 남용사실을 알았거나 중과실로 모른 경우 회사에 대하여 권리를 주장하는 것은 신의칙 위반 내지 권리

1) 정찬형(상) 992·993면; 최준선(회) 499면. 반대: 최기원·김동민(상) 805면(거래상대방 보호를 위해 유효라 함); 송옥렬 985·986면(대표권의 내부적 제한에 해당되어 상대방이 악의·중과실이 없으면 보호된다고 함).

2) 정찬형(상) 992·993면; 최준선(회) 499면. 반대: 이철송(회) 702·703면(정관 등에 의해 내부적으로 이사회결의가 요구되는 경우는 대표권의 내부적 제한에 해당되어 상대방이 과실 있는 선의자인 경우도 보호된다고 함); 송옥렬 986면(정관·이사회규정 등으로 이사회결의가 요구되는 경우는 대표권의 내부적 제한에 해당되어 상대방이 악의·중과실이 없으면 보호되며, 상법에 의해 이사회결의가 요구되는 경우는 각 사항별로 이익교량을 하여 판단한다고 함).

3) 정찬형(상) 993면; 최준선(회) 499면; 송옥렬 987면. 반대(이사회결의를 흠결한 신주발행은 상대방의 선의·악의를 불문하고 무효라 함): 최기원·김동민(상) 806면; 이철송(회) 912면.

4) 지배인의 지배권 남용행위에 관하여도 유사한 학설대립이 있다(전술).

남용(민 2조)에 해당하여 허용되지 않는다는 견해가 있다(권리남용설)(대판 1987.10.13., 86다카1522).[1] 둘째, 회사 아닌 자의 이익을 위해 대표권을 행사하는 것은 민법 제107조의 진의 아닌 의사표시에 해당하며, 상대방이 대표권 남용사실을 알았거나 알 수 있었을 경우 대표권 남용행위는 무효가 된다는 견해가 있다(비진의표시설)(대판 1988.8.9., 86다카1858).[2] 최근의 판례들은 모두 비진의표시설을 취하고 있다. 그러나 (i) 대표권이 남용된 경우라도 대표이사에게 그 법률행위를 할 진의가 없었다고 보는 데에는 무리가 있으며, (ii) 경과실인 상대방도 보호할 필요가 있어, 권리남용설이 타당하다고 본다.

나. 업무집행권

대표이사는 이사회가 결정한 사항을 집행한다. 또한 (i) 이사회가 대표이사에게 일반적 · 구체적으로 위임한 업무 및 (ii) 일상적인 업무에 관하여는 독자적인 의사결정을 하고 이를 집행할 권한이 있다(대판 1997.6.13., 96다48282).

3. 공동대표이사

가. 의 의

공동대표이사란 다른 대표이사와 공동으로써만 회사를 대표할 수 있는 대표이사를 말한다(389조 2항). 단지 수인의 대표이사를 둔 데 불과한 경우 각자가 대표권을 가지므로(통설) 독단적인 대표권행사의 폐단이 있을 수 있다. 반면 수인의 대표이사를 공동대표이사로 선임하는 경우에는, 공동대표이사 중 1인의 단독대표행위는 무효가 되기 때문에, 대표이사들 간의 신중한 의사결정을 도모하고 개별 대표이사의 전횡을 방지할 수 있다. 공동대표이사는 거래안전에 큰 영향을 미치므로 등기사항으로 되어 있다(317조 2항 10호).

나. 공동대표 규정의 적용범위

회사가 제3자에 대하여 하는 의사표시는 대표이사들이 공동으로 하여야만 효력이 있다(**능동대표**)(389조 2항). 공동대표이사 중 1인의 단독대표행위는 무효이지만 이에 비해 제3자가 회사에 대하여 하는 의시표시는 공동대표 중 1인에게 하

1) 손주찬(상) 786면; 이철송(회) 707면; 정찬형(상) 995면; 최준선(회) 503면.
2) 최기원 · 김동민(상) 808 · 809면.

여도 효력이 있다(수동대표)(389조 3항, 208조 2항). 후자의 경우는 권한남용의 우려가 없기 때문이다.

공동대표규정은 **거래행위**에만 적용된다. **불법행위**의 경우 공동대표이사 중 1인이 단독으로 이를 행한 때에도 회사는 연대하여 책임을 진다(389조 3항, 210조).

다. 공동대표권의 위임

공동대표이사 중 일부가 다른 공동대표이사들에게 대표권의 행사를 일반적·**포괄적으로 위임**하는 것은 허용되지 않는다(통설)(대판 1989.5.23., 89다카3677). 이는 실질적으로 단독대표를 허용하는 것과 같기 때문이다.

개별적 위임, 즉 특정 사안에 대한 대표권의 위임이 가능한지에 대하여 긍·부 양설이 갈린다. 먼저 소송행위·어음행위 등과 같은 엄격한 요식행위의 경우 다른 공동대표이사에게 위임할 수 없고 반드시 모든 공동대표이사가 공동으로 대표행위를 하여야 한다는 견해가 있다(소극설).[1] 반면 긍정적인 입장에서는 공동대표이사 전원의 합의가 있다면 내용의 결정과 의사표시를 모두 위임할 수 있다고 하거나(백지위임설),[2] 의사표시의 합치는 필요하지만 대외적인 의사표시는 위임할 수 있다고 한다(적극설)(다수설).[3] 생각건대, 장기 출장 등 공동대표이사 전원에 의한 의시표시가 사실상 불가능한 상황이 빈번하게 발생하는 기업의 현실을 고려할 때 특정 사안에 대한 의사표시의 위임은 필요하다고 본다. 적극설이 타당하다.

라. 단독대표행위의 효력

특정 사안에 대하여 대표권이 위임된 경우를 제외하고, 공동대표이사 중 1인에 의한 대표행위는 무효이다. 다만 회시는 이를 추인할 수 있다. 추인의 의사표시는 단독으로 행위한 공동대표이사 또는 거래상대방에 대하여 할 수 있다(대판 1992.10.27., 92다19033).

위법한 단독대표행위의 무효로 인해 피해를 입은 상대방은, 경우에 따라 표현대표 규정(395조) 또는 이사의 제3자에 대한 책임규정(401조) 등을 원용하여 회사 및 단독으로 행위한 공동대표이사의 책임을 추궁할 수 있다.

---

1) 채이식(상) 536면.
2) 손주찬(상) 788면; 최기원·김동민(상) 812면.
3) 이철송(회) 713면(개별위임은 가능하되 그 위임관계를 행위 시에 표시해야 한다고 함); 정찬형(상) 988면; 최준선(회) 505·506면; 송옥렬 991면.

4. 표현대표이사

가. 의 의

상법 제395조는 "사장, 부사장, 전무, 상무 기타 회사를 대표할 권한이 있는 것으로 인정될 만한 명칭을 사용한 이사의 행위에 대하여는 그 이사가 회사를 대표할 권한이 없는 경우에도 회사는 선의의 제3자에 대하여 그 책임을 진다."고 규정한다. 대표이사는 등기사항이나, 대표이사 아닌 자가 회사의 승인 하에 대표이사로 오인할 만한 명칭을 사용하여 거래한 경우 선의의 상대방에 대해서까지 등기부를 조회하지 않은 책임을 물어 거래의 효력을 부인함은 상거래의 신속과 거래의 안전에 반하기 때문이다. 이 제도는 영미법상의 표시에 의한 금반언(禁反言)의 법리(estoppel by representation) 또는 독일법상의 외관이론(Rechtsscheintheorie)에 기초한 것이다(대판 1998.3.27., 97다34709).[1]

한편 상업등기의 효력에 관한 상법 제37조에 의하면 대표이사로 등기되어 있지 않은 자의 거래상대방은 선의·악의를 불문하고 그 거래의 유효를 주장할 수 없으나, 표현대표이사에 관한 제395조의 요건이 갖추어지면 회사의 책임을 추궁할 수 있어, 두 조문의 관계가 문제된다. 상법 제395조는 제37조의 예외규정이라는 견해가 있으나(원칙·예외설),[2] 두 제도는 서로 법익을 달리하는 다른 차원의 제도라고 본다(이차원설)(대판 1979.2.13., 77다2436).[3] 따라서 상업등기 여부와 무관하게 표현대표이사 규정이 적용될 수 있다

나. 요 건

(1) 외관의 존재

표현대표이사 규정이 적용되려면 회사의 대표권이 있는 것으로 인정되는 명칭 즉, **표현적 명칭**을 사용하였어야 한다. 상법 제395조가 열거하는 명칭 외에도 거래통념상 대표권이 있는 것으로 인정될 만한 명칭은 모두 이러한 표현적 명칭에 해당하며, 회장·이사장·은행장 등이 이에 속한다. 그러나 '경리담당상무'는 이에 해당하지 않는다(대판 2003.2.11., 2002다62029).

상법 제395조는 표현대표이사가 이사임을 전제로 하는 듯한 표현을 쓰고 있으

1) 이철송(회) 700면; 정찬형(상) 996면; 송옥렬 993면.
2) 손주찬(상) 790면; 정찬형(상) 999면; 최준선(회) 520면.
3) 이철송(회) 715면; 송옥렬 994면.

나, 이사 자격이 없더라도 제3자가 대표권이 있는 것으로 오인할 우려가 있기 때문에, **이사자격이 없는 자의 행위**에 대하여도 표현대표이사 규정을 유추적용할 수 있다고 본다(통설)(대판 1985.6.11., 84다카963).

또한 표현대표이사의 행위는 대표이사 **권한 범위 내의 행위**라야 한다. 따라서 (i) 법률상 주주총회결의가 필요한데 이를 흠결한 경우 및 (ii) 이사회결의가 필요한데 이를 흠결하였고 이를 상대방이 알았거나 알 수 있었을 경우(1998.3.27., 97다34709) 등에는 표현대표이사 규정이 적용되지 않는다.

(2) 회사의 귀책사유

표현대표이사 규정이 적용되려면 회사가 표현적 **명칭의 사용을 허락**하였어야 한다. 이에는 발령 등 명시적 허용 외에 묵시적 허용도 포함된다. 예컨대, 표현적 명칭을 사용하는 것을 회사가 알고도 그대로 두거나 아무런 조치 없이 방치한 경우 묵시적 허용에 해당한다(대판 1985.6.11., 84다카963). 또한 회사의 허락이 있다고 인정되려면, 대표이사 또는 이사회 의결정족수에 해당하는 이사(정관 규정 없을 경우 이사 과반수)에 의한 명시적·묵시적 허용이 있어야 한다(대판 1992.9.22., 91다5365).

이러한 회사의 명시적·묵시적 승인 없이 행위자가 임의로 명칭을 사용한 경우에는 비록 그 명칭 사용을 알지 못하고 제지하지 못한 점에 대해 회사의 과실이 있더라도 회사의 책임이 부정된다(대판 1975.5.27., 74다1366).

(3) 제3자의 선의

상법 제395조가 적용되려면 제3자는 표현대표이사에게 대표권이 없음을 알지 못하였어야 한다. 여기서 제3자는 직접의 상대방에 국한되지 않으며, 표현대표이사의 배서를 믿고 어음을 취득한 제3취득자도 이에 포함된다(대판 1998.10.25., 86다카1228). 제3자의 무과실은 요구되지 않으나(대판 1973.2.28., 72다1907) **중과실이 없어야** 한다(대판 1999.11.22., 99다19797)(통설). 제3자의 악의는 회사가 입증하여야 한다(통설)(대법원 1971.6.29., 71다946).

다. 적용범위

(1) 공동대표이사의 행위

공동대표이사 중 1인이 단독대표권이 있는 듯한 명칭(예: 사장)을 회사의 허용하에 사용한 경우에도 표현대표이사 규정이 유추적용된다(통설). 그러나 '공동' 대표이사임을 명시하지 않고 **단순히 '대표이사'의 명칭을 사용한 경우**에도 유추적용을 인정할 것인가에 관하여는 설이 갈린다. 거래안전의 부분적 희생을 감수하고 대표이사의 권한남용으로 인한 위험을 예방한다는 공동대표제도의 취지를 근거로 이를 부정하는 견해(제한설)[1)]가 있으나, 대표이사라는 명칭은 가장 뚜렷한 대표권의 외관이므로 표현대표이사 규정이 당연히 적용되어야 한다고 본다(확장설)(대판 1992.10.27., 92다19033).[2)]

(2) 선임이 무효로 된 대표이사의 행위

이사회의 대표이사 선임결의가 무효로 판결이 날 경우 대표이사 선임은 소급하여 무효가 된다. 또한 주주총회의 이사선임결의가 무효・취소 또는 부존재로 판결이 날 경우, 하자 있는 결의로 선임된 이사들로 구성된 이사회에서의 대표이사 선임결의도 소급하여 무효로 된다. 이 경우 대표이사 선임이 무효로 되기까지 이루어진 거래의 상대방 보호를 위해 표현대표이사 규정이 유추적용된다(통설). 예컨대, 실제 회의를 소집・개최하지 않고 의사록만 작성한 주주총회에서 이사로 선임된 자가 역시 의사록만 작성된 이사회에서 대표이사로 선임되어, 이들 주주총회 및 이사회결의가 각각 부존재 및 무효로 인정되는 경우에도, 선임이 무효로 되기 전에 이루어진 대표행위에 대해 회사는 표현대표이사로 인한 책임을 질 수 있다(대판 1992.9.22., 91다5365).

(3) 진정한 대표이사의 명의로 한 행위

표현적 명칭을 사용한 자가 자기 명의로 거래를 하지 않고 진정한 대표이사의 명의로 행위한 경우에도 표현대표이사 규정을 적용할 것인지에 대하여 설이 갈린다. 이 경우 상대방은 대표(대리)권이 아닌 대행권한이 있는 듯한 외관을 신뢰한 것이므로 표현대표이사 규정을 적용할 수 없고 표현대리 등의 법리로 구제하여야 한다는 견해(부정설)(대판 1968.7.30., 68다127)[3)]가 있으나, 외관을 신뢰한 선의의 제3자를 보호한다는 관점에서 대표(대리)와 대행을 엄격히 구별할 필요가 없기 때문에, 표현대표이사 규정을 적용할 수 있다고 보는 견해(긍정설)(대판 1979.2.13.,

---

1) 이철송(회) 721면.
2) 손주찬(상) 792면; 정찬형(상) 963면; 최준선(회) 517면; 송옥렬 1002・1003면.
3) 정찬형(상) 1004면; 이철송(회) 722면.

77다2436 등 다수 판례)[1]가 타당하다.

(4) 기 타

표현대표이사 규정은 거래의 안전을 보호하기 위한 것이므로 불법행위에는 적용되지 않는다(통설). 또한 재판상 행위에 대하여 표현지배인을 인정하지 않는 상법 제14조 제1항에 비추어 표현대표이사 규정 또한 소송행위에 적용되지 않는다고 본다(통설)(반대: 대판 1970.6.30., 70후7).

라. 효 과

표현대표이사의 행위에 대하여는 마치 진정한 대표이사의 행위인 경우와 같이 회사에 대하여 효력이 발생하여, 회사는 제3자에 대하여 권리를 가지고 의무를 부담한다. 이때 민법의 무권대리에 관한 규정은 적용되지 않으나, 어음·수표행위에 대하여는 어음법 및 수표법의 특칙(어 8조, 수 11조)이 적용되어 표현대표이사도 그 어음(수표)에 의하여 의무를 부담한다.

V. 집행임원

1. 의 의

집행임원이란 회사의 자율로 대표이사에 갈음하여 설치되어 이사회의 감독 하에 회사의 업무집행을 전담하는 상법상 기관을 말한다. 종래 대표이사에 의해 선임되고 등기를 하지 않은 집행임원을 두는 회사가 많이 있었으나 법률에 근거 규정이 없어 문제가 되었다. 그리하여 2011개정상법은 미국의 제도를 본받아 집행임원제도를 신설하고 그 법적 지위와 책임을 명백히 하였다. 이로써 종래 이사회의 업무집행기능과 감독기능을 분리하여 업무집행기능은 집행임원에게 맡기고 이사회는 감독기능에 집중할 수 있도록 한 것이다.

2. 집행임원의 설치

상법은 집행임원의 설치를 회사의 자율에 맡기고(408조의2 1항 1문) 그 구체적인 절

1) 최준선(회) 516면; 송옥렬 1001면(395조가 유추적용된다고 함).

차를 규정하고 있지 않아 이사회 결의로 가능하다고 볼 수도 있다. 그러나 집행임원의 설치는 회사의 지배구조에 변경을 초래하므로 정관의 규정이 필요하다고 본다.[1]

3. 집행임원 설치회사의 이사회

집행임원 설치회사는 이사회의 업무집행기능을 집행임원에게 위임하므로 이사회가 다음과 같은 권한을 갖는다(동조 3항). 주로 집행임원진을 구성하고 감독하는 권한들이다.

- 집행임원과 대표집행임원의 선임・해임
- 집행임원의 업무집행 감독
- 집행임원과 집행임원 설치회사의 소송에서 집행임원 설치회사를 대표할 자의 선임
- 집행임원에게 업무집행에 관한 의사결정의 위임(상법에서 이사회의 권한사항으로 정한 경우는 제외)
- 집행임원이 여러 명인 경우 집행임원의 직무 분담 및 지휘・명령관계, 그 밖에 집행임원의 상호관계에 관한 사항의 결정
- 정관에 규정이 없거나 주주총회의 승인이 없는 경우 집행임원의 보수 결정

집행임원 설치회사의 이사회는 이사회의 회의를 주관하기 위하여 이사회 의장을 두어야 한다. 이 경우 이사회 의장은 정관의 규정이 없으면 이사회 결의로 선임한다(동조 4항).

4. 집행임원의 선임과 해임

집행임원은 선임과 해임은 이사회가 한다(408조의2 3항 1호). 집행임원의 자격에는 제한이 없으므로 이사가 집행임원을 겸직할 수도 있다. 그러나 감사의 집행임원 겸직은 금지된다고 해석해야 할 것이다.[2] 집행임원의 임기는 2년을 초과하지 못한다. 다만 정관으로 그 임기 중의 최종 결산기에 관한 정기주주총회가 종결한 후 가장 먼저 소집하는 이사회의 종결시까지로 정할 수 있다(408조의3 1항, 2항). 집행임원의 보수에 관하여 정관의 규정이나 주주총회의 승인이 없는 경우 이사

1) 이철송(회) 829면; 최준선(회) 587면; 송옥렬 1073면.
2) 정찬형(상) 1013면; 최준선, 「2011 개정상법 회사편 해설」 한국상장회사협의회, 2011, 150면; 송옥렬 1074면.

회가 결정한다(408조의2 3항 6호). 이사의 직무집행정지 · 직무대행자의 선임 및 그 권한 등에 관한 규정이 집행임원에게 준용된다(408조의9). 집행임원의 성명 · 주민등록번호는 등기사항이다(317조 2항 8호).

5. 대표집행임원

집행임원 설치회사는 대표이사를 두지 못하므로(408조의2 1항 후단), 이에 갈음하여 대표집행임원을 선임한다. 2명 이상의 집행임원이 선임된 경우 이사회 결의로 집행임원 설치회사를 대표할 대표집행임원을 선임하여야 한다. 다만 집행임원이 1명인 경우 그 집행임원이 대표집행임원이 된다(408조의5 1항). 대표집행임원에 관하여 상법에 다른 규정이 없으면 대표이사에 관한 규정을 준용하며, 표현대표이사 규정도 준용된다(동조 2항, 3항).

6. 집행임원의 권한

집행임원은 (i) 집행임원 설치회사의 업무집행 및 (ii) 정관이나 이사회의 결의에 의하여 위임받은 업무집행에 관한 의사결정의 권한을 갖는다(408조의4).

또한 집행임원은 필요하면 회의의 목적사항과 소집이유를 적은 서면을 이사(소집권자가 있는 경우에는 소집권자를 말함)에게 제출하여 이사회 소집을 청구할 수 있다. 이러한 청구를 한 후 이사가 지체 없이 이사회 소집의 절차를 밟지 아니하면 소집을 청구한 집행임원은 법원의 허가를 받아 이사회를 소집할 수 있다. 이 경우 이사회 의장은 법원이 이해관계자의 청구에 의하여 또는 직권으로 선임할 수 있다(408조의7).

7. 집행임원의 의무와 책임

가. 집행임원의 의무

집행임원 설치회사와 집행임원의 관계는 민법 중 위임에 관한 규정을 준용한다(408조의2 2항). 따라서 집행임원은 회사에 대하여 선량한 관리자로서의 주의의무를 진다(민 681조).

또한 집행임원은 3개월에 1회 이상 업무의 집행상황을 이사회에 보고하여야 하며, 이사회의 요구가 있으면 언제든지 이사회에 출석하여 요구한 사항을 보고하여야 한다(408조의6 1항, 2항). 한편 이사는 대표집행임원으로 하여금 다른 집행임원 또는 피용자의 업무에 관하여 이사회에 보고할 것을 요구할 수 있다(동조 3항).

그 밖에도 집행임원에 대하여는 이사의 충실의무, 비밀유지의무, 정관 등의 비치·공시의무, 경업금지의무, 회사의 사업기회 및 자산의 유용금지의무, 자기거래 등 금지의무, 감사의 보고요구·조사에 응할 의무 및 감사에 대한 보고의무에 관한 규정이 준용된다(408조의9).

나. 집행임원의 책임

집행임원이 고의 또는 과실로 법령이나 정관을 위반한 행위를 하거나 그 임무를 게을리 한 경우에는 그 집행임원은 집행임원 설치회사에 손해를 배상할 책임이 있다(408조의8 1항). 집행임원이 고의 또는 중대한 과실로 그 임무를 게을리 한 경우에는 그 집행임원은 제3자에게 손해를 배상할 책임이 있다(2항). 집행임원이 집행임원 설치회사 또는 제3자에게 손해를 배상할 책임이 있는 경우에 다른 집행임원·이사 또는 감사도 그 책임이 있으면 다른 집행임원·이사 또는 감사와 연대하여 배상할 책임이 있다(3항).

한편 집행임원에 대하여는 이사의 회사에 대한 책임의 면제, 업무집행지시자 등의 책임, 그 책임추궁을 위한 유지청구·대표소송에 관한 규정 등이 준용된다(408조의9).

Ⅵ. 이사의 의무

1. 선관의무

이사와 회사의 관계는 민법의 위임에 관한 규정이 준용되므로(382조 2항) 이사는 회사에 대하여 선량한 관리자의 주의의무, 즉 선관의무를 진다(민 681). 그러나 이사의 경영상 판단으로 인해 회사에 손해가 발생했을 때 사후적으로 선관의무 위반 여부를 판단하기 어려울 뿐 아니라, 위험과 불확실성이 상존하는 경영환경 속에 최선을 다해 경영판단을 내린 이사가 사후적 책임추궁에 시달려야 한다면 이사의 경영활동이 위축되고 유능한 이사를 선임하기 어려워질 수 있다. 이러한 문제를 해결하기 위해 미국에서 발달한 법리가 **경영판단의 원칙**(business judgement rule)이다. 이 원칙은 이사의 행위에 대한 사법심사의 기준을 제시한다. 즉, 이사의 책임을 추궁하는 소송이 제기된 경우, 사심 없고 독립적인 이사들이 충분한 정보를 토대로 회사의 최선의 이익에 기여한다고 믿으면서 경영판단을 했던 것으로 추정하고, 이러한 추정이 반대증거에 의해 전복되지 않는 한 문제된 경영판단의 타당성에 대한 심사를 진행해서는 안 된다고 한다.[1] 상법은 이 원칙을 명시적으로 도입하고 있지 않으나, 판례는 이사의 임무해태로 인한 손해배상책임(399조 1항)을 판정함에 있어 이 원칙을 원용하여, 문제된 행위가 허용되는 경영판단의 재량범위 내에 있는 경우 손해배상책임이 부정된다고 판시하고 있다(대판 2007.10.11., 2006다33333)(후술).

최신 판례

주식회사 이사들이 이사회에서 회사의 주주 중 1인에 대한 기부행위를 결의하는 경우, 이사들이 결의에 찬성한 행위가 선량한 관리자로서의 주의의무에 위배되는 행위에 해당하는지 판단하는 기준(대판 2019.5.26., 선고 2016다260455)

『2. 피고 1, 피고 2를 제외한 나머지 피고들(이하 '피고 3 등'이라고 한다)이 선량한 관리자로서의 주의의무를 위반한 것이 아니라는 취지의 상고이유에 대하여

가. 주식회사 이사들이 이사회에서 그 회사의 주주 중 1인에 대한 기부행위를 결의 하면서 기부금의 성격, 기부행위가 그 회사의 설립목적과 공익에 미치는 영향, 그 회사 재정상황에 비추어 본 기부금 액수의 상당성, 그 회사와 기부상대방의 관계 등에 관해 합리적인 정보를 바탕으로 충분한 검토를 거치지 않았다면, 이사들이 그 결의에 찬성한 행위는 이사의 선량한 관리자로서의 주의의무에 위배되는 행위에 해당한다.

나. 원심은 그 판시와 같은 사정을 종합하여 다음과 같이 판단하였다.

1) 이 사건 결의는 폐광지역의 경제 진흥을 통한 지역간 균형발전 및 주민의 생활향상이라는 공익에 기여하기 위한 목적으로 이루어졌고 그에 따른 기부의 액수가 원고 재무상태에 비추어 과다하다고 보기 어렵다.

2) 그러나 이 사건 결의에 따른 기부행위가 폐광지역 전체의 공익 증진에 기여하는 정도와 원고에 주는 이익이 그다지 크지 않고, 기부의 대상 및 사용처에 비추어 공익 달성에 상당한 방법으로 이루어졌다고 보기 어려울 뿐만 아니라 피고 3 등이 원고 이 사회에서 이 사건 결의를 할 당시 위와 같은 점들에 대해 충분히 검토하였다고 보기도 어렵다.

3) 따라서 피고 3 등이 이 사건 결의에 찬성한 것은 이사의 선량한 관리자로서의 주의의무에 위배되는 행위에 해당한다.

다. 앞에서 본 법리와 기록에 비추어 살펴보면 원심의 판단에 상고이유 주장과 같은 이사의 선량한 관리자로서의 주의의무 및 경영판단의 원칙에 관한 법리오해, 채증법칙 위반 등의 위법이 없다.』

---

1) Dennis J. Block, Nancy E. Barton & Stephen A. Radin, 1 *The Business Judgment Rule: Fiduciary Duties of Corporate Directors* 4-5 (Fifth ed. 1998).

2. 충실의무

이사는 법령과 정관의 규정에 따라 회사를 위하여 그 직무를 충실하게 수행하여야 한다(382조의3). 이를 이사의 충실의무라 한다. 이러한 충실의무가 선관의무를 확장한 것이라는 견해가 있다(이질설).[1] 즉, (i) 이사회권한의 강화와 기업의 거대화·국제화·공개화에 따라 이사의 의무도 확대될 필요가 있어 선관의무보다 고도의 주의의무를 명정한 충실의무 규정을 도입한 것이며, (ii) 그 내용에는 회사의 이익을 희생시키고 자기 또는 제3자의 이익을 꾀하여서는 안 될 의무를 포함한다고 한다. 그러나 충실의무는 선관의무를 주의적·구체적으로 규정한 데 불과하여 양자를 구별할 실익이 없다고 본다(동질설)(다수설)(대판 2002.6.14., 2001나52407).[2] 선관의무의 내용은 고정적인 것이 아니어서 이사회의 권한강화 및 기업의 거대화 등에 상응하여 강화되며, 이에는 회사의 이익을 도모할 의무도 포함되기 때문이다.

3. 비밀유지의무

이사는 재임 중 뿐만 아니라 퇴임 후에도 직무상 알게 된 회사의 영업상 비밀을 누설하여서는 안 된다(382조의4). 이사의 정보접근권이 강화되고 사외이사가 증가하면서 비밀유지의 중요성이 커짐에 따라 2001년 개정상법에서 도입되었다.[3] 이사 재임 중의 비밀유지의무는 선관의무 내지 충실의무의 일환으로 당연히 요구되나, 퇴임 후에도 비밀유지의무가 있음을 명확히 하기 위한 특별규정이다. 대리상계약 종료 후의 비밀유지의무(92조의3)와 같은 맥락이다.

4. 감시의무

가. 의 의

이사는 상호간에 직무집행을 감시할 권한과 의무가 있다. 이는 이사의 선관의무를 구체화한 것으로, 상법에 명문규정은 없으나 학설과 판례에 의해 인정되고 있다. 이사의 감시권은 대등한 이사 상호간에 행사되며, 직접 다른 이사에 제재

1) 정동윤(상) 628면.
2) 손주찬(상) 795면; 이철송(회) 736면; 정찬형(상) 1018·1019면; 최준선(회) 525면; 송옥렬 1004면.
3) 손주찬(상) 795면; 최준선(회) 526면.

를 가하는 것이 아니고 이사회 등의 감독·감사기관에 시정을 호소하는 수단이라는 점에서 이사회의 감독권과 구별된다.[1]

나. 내 용

대표이사는 이사회의 구성원으로서 다른 대표이사를 비롯한 업무담당이사의 전반적인 업무집행을 감시할 권한과 책임이 있으며, 대규모회사에서 공동대표이사 및 업무담당이사들이 내부적으로 사무를 분장하였더라도 그러한 사정만으로 다른 이사들의 업무집행에 대한 감시의무를 면할 수 없다(대판 2008.9.11., 2006다68636).

예컨대, 회사가 담합행위로 인해 공정거래위원회로부터 320억여 원의 과징금을 부과받은 경우, 대표이사가 "이와 관련된 내부통제시스템을 구축하고 그것이 제대로 작동되도록 하기 위한 노력을 전혀 하지 않거나 위와 같은 시스템을 통한 감시·감독의무의 이행을 의도적으로 외면한 결과 다른 이사 등의 위법한 업무집행을 방지하지 못하였다면" 이는 감시의무 위반에 해당된다(대판 2011.11.11., 2017다222368).

또한 이사는 업무담당이사이건 비상근이사이건 불문하고 다른 업무담당이사의 업무집행을 전반적으로 감시할 의무가 있다(대판 2008.12.11., 2005다51471). 업무집행을 담당하지 않는 평이사라 해서 이사회에 부의된 사항에 대한 감시의무(소극적 감시의무)만 인정되는 것이 아니라(393조 2항), 회사업무 전반에 대한 일반적인 감시의무(적극적 감시의무)를 진다(통설). 따라서 대표이사를 비롯한 업무담당이사의 업무집행이 위법하다고 의심할 만한 사유가 있음에도 불구하고 평이사가 감시의무를 위반하여 이를 방치한 때에는 이로 말미암아 회사가 입은 손해에 대하여 배상책임을 면할 수 없다(대판 1985.6.25., 84다카1954).

다. 위반의 효과

이사가 감시의무에 위반한 경우 선관주의 위반으로 회사에 대하여 손해배상책임을 진다(399조). 악의 또는 중과실이 인정되는 경우 제3자에 대하여도 손해배상책임이 있다(401조).

---

1) 이철송(회) 727면; 송옥렬 1014면.

주식회사의 이사와 감사로 근무한 피고들에 대하여, 과거 회사의 실제 경영자와 대표이사가 저지른 회사 유상증자대금 횡령 등 범죄행위를 감시하지 못한 임무의 해태가 인정되는 경우(대판 2019.11.28., 2017다244115)

『가) 승계참가인은 상장회사였고, 피고 1 등은 수년간 승계참가인의 이사 및 감사로 서 재직하였는데, 피고 1 등이 재직하는 기간 동안 한 번도 승계참가인의 이사회를 위한 소집통지가 이루어지지 않았고, 실제로도 이사회가 개최된 적이 없다.

나) 그런데도 승계참가인은 상장회사로서 이사회를 통해 주주총회 소집, 재무제표 승인을 비롯하여 소외 1 등이 횡령한 유상증자대금과 관련된 유상증자 안건까지 결의한 것으로 이사회 회의록을 작성하고, 그와 같은 내용을 계속하여 공시하였다. 이는 명백한 허위 기재로서 누구보다도 이사회에 참석한 바 없는 피고 1 등 스스로가 그 내용이 허위임을 알았거나 알 수 있었다. 그런데 수년간 이러한 허위 사실이 공시되어 왔음에도 피고 1 등은 한 번도 그 점에 대해 의문을 제기하지 않았다.

다) 특히 위 유상증자대금 약 231억 원은 승계참가인의 자산과 매출액 등에 비추어 볼 때 그 규모가 매우 크다. 그럼에도 불구하고 피고 1 등은 위와 같은 대규모의 유상증자가 어떻게 결의되었는지, 결의 이후 그 대금이 어떻게 사용되었는지 등에 관하여 전혀 관심을 기울이지 않았고, 유상증자대금 중 상당액이 애초 신고된 사용목적과 달리 사용되었다는 공시가 이루어졌음에도 아무런 의문을 제기하지 않았다.

라) 또한 감사업무와 관련하여 회계감사에 관한 상법상의 감사와 「주식회사의 외부감사에 관한 법률」상의 감사인에 의한 감사는 일부 중복되는 면이 있기는 하나 상호 독립적인 것이므로 외부감사인에 의한 감사가 있다고 해서 상법상 감사의 감사의무가 면제되거나 경감되지 않는다.

마) 따라서 피고 1 등은 승계참가인의 이사 및 감사로서 이사회에 출석하고 상법의 규정에 따른 감사활동을 하는 등 기본적인 직무조차 이행하지 않았고, 소외 1 등의 전횡과 위법한 직무수행에 관한 감시·감독의무를 지속적으로 소홀히 하였다. 이러한 피고 1 등의 임무 해태와 소외 1 등이 유상증자대금을 횡령함으로써 승계참가인이 입은 손해 사이의 상당인과관계도 충분히 인정된다.』

5. 경업금지의무

가. 의 의

이사는 이사회의 승인이 없으면 자기 또는 제3자의 계산으로 회사의 영업부류에 속한 거래를 하거나 동종영업을 목적으로 하는 다른 회사의 무한책임사원이나 이사가 되지 못한다(397조 1항). 이를 이사의 경업금지의무라 하며, 이사가 그 지위를 이용하여 자신의 개인적 이익을 추구함으로써 회사의 이익을 침해할 우려가 큰 경업을 금지하여 이사로 하여금 선량한 관리자의 주의로써 회사를 유효적절하게 운영하여 그 직무를 충실하게 수행하여야 할 의무를 다하도록 하려는 데 그 취지가 있다(대판 1993.4.9., 92다53583).

나. 내 용

(1) 경업거래의 금지

이사가 자기 또는 제3자의 계산으로 회사의 영업부류에 속한 거래(경업거래)를 하는 것은 원칙적으로 금지된다. '자기 또는 제3자의 계산으로'라 함은 거래의 경제적 효과가 이사 또는 제3자에게 귀속됨을 의미하므로, 그 거래의 명의는 불문한다. '회사의 영업부류에 속하는 거래'라 함은 회사의 영업과 시장에서 경쟁관계가 성립하는 부류의 거래를 말한다. 따라서 업종과 지역이 회사의 영업과 겹쳐야 하는데, 반드시 동일 업종이라야 하는 것은 아니고 대체관계에 있는 업종도 포함된다. 동종 내지 유사업종인지 여부는 정관상의 목적과 무관하게 회사가 실제 수행중인 영업을 기준으로 판단하며, 착수 전이나 폐지 후의 영업은 제외된다. 다만 동종영업이라도 문제되는 회사가 이사 소속회사의 지점 내지 영업부문으로 운영되고 공동의 이익을 추구하는 관계에 있다면 경업거래금지의 대상이 되지 않을 수 있다(대판 2013.9.12., 2011다57869).

(2) 겸직의 금지

이사가 동종영업을 목적으로 하는 다른 회사의 무한책임사원이나 이사가 되는 것 역시 원칙적으로 금지된다. 동종영업을 준비 중인 회사에의 겸직도 금지되며 그 영업개시 전에 사임한 경우에도 경업금지의무 위반이 된다(대판 1990.11.2., 90마745). 이사가 경업대상 회사의 이사·대표이사가 되는 경우뿐만 아니라 그 회사의 지배주주가 되어 그 회사의 의사결정과 업무집행에 관여할 수 있게 되는 경우에도 자신이 속한 회사 이사회의 승인을 얻어야 한다(대판 2013.9.12., 2011다57869). 이종영업을 목적으로 하는 회사에의 겸직은 허용된다는 점에서 상업사용인의 경업금지의무(17조 1항)와 다르다. 한편 상업사용인의 경업금지의무의 경우와 같이 명문으로 인정된 것은 아니지만, 이사가 다른 회사의 상업사용인을 겸직하는 것도 금지대상이라고 본다.[1] 회사와 이사 간의 이익상충이 발생하기 때문이다.

다. 이사회의 승인

이사회의 승인이 있는 경우에는 예외적으로 경업거래와 겸직이 허용된다. 종래 주주총회의 승인을 받도록 되어 있던 것을 1995년 개정에서 이사회 승인사항

1) 정찬형(상) 1022면; 최준선(회) 529면.

으로 하였다. 자본금총액 10억원 미만의 회사가 1명 또는 2명의 이사를 둔 경우에는 주주총회가 승인기관이 된다(383조 4항). 계속적 거래의 경우 포괄적 승인도 가능하다. 이사회의 승인은 사전에 이루어져야 한다(이설 있음).[1] 상업사용인의 경우에는 사후추인이 가능하지만, 이사의 경우 사후추인은 일종의 책임면제로서 총주주의 동의를 요하기 때문이다(400조). 경업거래 또는 겸직을 원하는 이사는 이사회에 그 거래 또는 겸직대상 회사에 관한 중요한 사항을 밝혀야 하며(대판 2007.5.10., 2005다4284), 경업승인을 위한 결의에서는 특별이해관계인으로서 의결권을 행사하지 못한다(391조 3항, 368조 3항).

라. 위반의 효과

(1) 손해배상과 해임

경업금지의무에 위반한 거래 자체는 사법상 유효하다. 그러나 이사는 선관의무 위반으로서 회사에 대하여 손해배상책임을 진다(399조). 또한 경업금지의무 위반은 이사의 해임사유인 '법령에 위반한 중대한 사실'(385조 2항)에 해당한다(대판 1990.11.2., 90마745).

(2) 개입권

(가) 의의 및 성질

이사가 경업거래를 한 경우에 회사는 이사회의 결의로 그 이사의 거래가 자기의 계산으로 한 것인 때에는 이를 회사의 계산으로 한 것으로 볼 수 있고 제3자의 계산으로 한 것인 때에는 그 이사에 대하여 이로 인한 이득의 양도를 청구할 수 있다(397조 2항). 이를 개입권 또는 탈취권이라 한다. 이는 거래처를 유지한 채로 경업거래로 인해 이사가 취득한 경제적 이익만을 탈취할 수 있는 구제방법으로서, 손해의 입증이 어려운 경우 손해배상으로는 충분한 구제가 되지 않음을 고려한 제도이다. 그러나 개입권을 행사하는 경우에도 손해를 입증할 수 있는 때에는 동시에 손해배상청구도 가능하다.[2]

개입권은 형성권으로서 회사의 일방적 의사표시에 의해 효력이 발생한다.

---

1) 정동윤(상) 630면; 이철송(회) 741면; 최준선(회) 529면; 송옥렬 1019 · 1020면. 반대: 최기원 · 김동민(상) 831면.
2) 이철송(회) 746면; 최준선(회) 530면.

(나) 행사방법 및 효과

개입권의 행사 여부는 이사회가 결정한다(397조 2항). 자본금총액 10억원 미만인 회사가 1명 또는 2명의 이사를 둔 경우에는 주주총회가 결정한다(383조 4항). 개입권은 거래일로부터 1년 이내에 행사하여야 한다. 이 기간은 제척기간이다.

회사가 개입권을 행사하면 이사는 경업거래로 인한 경제적 효과를 회사에 귀속시킬 의무를 부담할 뿐, 회사가 직접 거래당사자가 되는 것은 아니다.

6. 회사기회 유용금지의무

가. 의 의

이사는 이사회의 승인 없이 현재 또는 장래에 회사의 이익이 될 수 있는 사업기회로서, (i) 직무를 수행하는 과정에서 알게 되거나 회사의 정보를 이용한 사업기회 및 (ii) 회사가 수행하고 있거나 수행할 사업과 밀접한 관계가 있는 사업기회를 자기 또는 제3자의 이익을 위하여 이용하여서는 안 된다(397조의2). 이는 2011년 상법개정으로 도입된 제도로서 미국법상의 회사기회 유용금지 법리(usurpation of corporate opportunity doctrine)에 따른 것이나, 현실적으로는 일감 몰아주기 등 대규모기업집단 내 지배주주의 사익추구 문제가 직접적 원인이 되었다.

나. 내 용

(1) 주 체

사업기회유용이 금지되는 주체는 이사이며(397조의2) 자기거래의 경우와 달리 주요주주 등은 포함되지 않는다. 집행임원에 대하여 사업기회 유용금지 규정이 준용될 뿐이다(408조의9, 397조의2). 퇴임 후의 이사가 제외된 것은 중요한 법의 흠결이라는 지적이 있다.[1]

(2) 사업기회의 유형

유용금지의 대상이 되는 사업기회는 다음 두 가지이다(397조의2 1항). 첫째, 직무를 수행하는 과정에서 알게 되었거나 회사의 정보를 이용하여 알게 된 사업기

1) 최준선(회) 532면.

회이다(동항 1호). 이는 **회사의 비용으로 얻은 사업기회**를 말하며, 예컨대 이사가 회사를 위해 부동산을 담보로 잡았는데 그 소유자가 이를 저렴한 가격으로 매각할 의사가 있음을 알게 되어 이사가 이를 취득한 경우가 이에 해당한다.[1] 실제로 이사가 직무수행 과정에서 정보를 입수한 것인지 개인적으로 알게 된 것인지를 구분하기는 어려우므로, 특히 사내이사의 직무와 관련된 사업기회의 경우 직무수행과정에서 알게 된 것으로 추정될 수 있을 것이다.[2] 둘째, 회사가 수행하고 있거나 수행할 사업과 밀접한 관계가 있는 사업기회이다(동항 2호). 이는 **회사의 현재 또는 장래의 사업의 연장선상에 있는 사업기회를** 말하며, (i) 당해 사업기회를 회사가 이용할 필요성이 있는지 여부, (ii) 회사가 이전에 당해 사업 또는 유사한 사업기회에 관심을 표했는지 여부, (iii) 회사가 그 사업기회를 이용할 수 있는 법적·재정적 능력 및 사업의 실현가능성이 있는지 여부 등이 그 판단기준이 될 것이다.[3]

(3) 회사의 이익가능성

사업기회는 현재 또는 장래에 회사의 이익이 될 수 있는 것이어야 한다. 여기서 이익이 된다 함은 회계적 수익 또는 사업성이 있는 경우만을 뜻하는 것이 아니며, 회사의 영리추구의 대상으로 삼을 수 있다는 의미이다.[4]

(4) 사업기회의 이용방법

금지되는 행위는 회사의 사업기회를 자기 또는 제3자의 이익을 위하여 이용하는 것이다. 이는 영업적 행위에 국한되지 않으며, 1회성의 비영업적 거래도 금지대상이 될 수 있다.[5]

다. 이사회의 승인

회사기회의 이용은 이사 3분의 2 이상의 수에 의한 이사회의 승인이 있어야 허용된다(397조의2 1항). 통상의 이사회결의(과반수 출석, 과반수 찬성)보다 가중된 요건이다. 자본금총액 10억원 미만인 회사가 1명 또는 2명의 이사를 둔 경우 주주총회가 승인기관이 된다(383조 4항, 397조의2 1항). 승인은 사전승인이라야 한다

---

1) 이철송(회) 749면; 송옥렬 1035면.
2) 송옥렬 1035면.
3) 최준선(회) 532·533면.
4) 이철송(회) 750면; 송옥렬 1036면.
5) 이철송(회) 751면; 송옥렬 1036면.

(이설 있음).[1] 이사는 승인을 받기에 앞서 당해 사업기회의 주요내용 및 이해관계를 밝혀야 한다.[2] 판례는 이사회가 충분한 정보를 수집・분석하고 정당한 절차를 거쳐 이사의 사업기회 이용을 승인한 경우 그러한 이사들의 경영판단은 원칙적으로 존중되어야 할 것이므로 그 이사나 승인 결의에 참여한 이사들의 선관의무 또는 충실의무 위반이 되지 않는다고 한다(대판 2013.9.12., 2011다57869).

라. 위반의 효과

이사회의 승인 없는 회사기회 유용행위도 그 사법상의 효력에는 영향이 없다. 그러나 회사기회 유용으로 회사에 손해를 발생시킨 이사 및 승인한 이사는 연대하여 손해를 배상할 책임이 있으며 이로 인하여 이사 또는 제3자가 얻은 이익은 손해로 추정한다(397조의2 2항). 이러한 추정규정은 회사기회 유용으로 인한 손해액 입증의 어려움을 덜게 하려는 취지이다. 경업금지위반의 경우와 같은 개입권은 인정되지 않고 있다.

최신 판례 **사업기회 유용으로 인한 손해의 인정 사례**(대판 2018.10.25., 2016다16191)

『소외 1은 삼협교역의 이사로서 삼협교역에 대하여 선량한 관리자의 주의의무를 부담함에도 불구하고, 삼협교역으로 하여금 그 주된 사업이었던 일본 던롭과의 독점판매계약을 갱신하여 체결할 기회를 포기하게 하고, 삼화기연으로 하여금 2006년경 동일한 내용의 독점판매계약을 체결하게 함으로써 삼협교역의 사업기회를 유용하였다. 소외 1은 삼화기연으로 하여금 위와 같이 유용한 삼협교역의 사업기회를 이용하여 그 사업을 영위하도록 하다가 2011. 2.경에는 제3자인 스릭슨스포츠코리아에 이를 양도하도록 하였다. 반면 삼협교역은 위와 같이 사업기회를 상실한 이후 그 사업을 전혀 영위하지 못하였다.

소외 1이 삼협교역의 사업기회를 유용하여 삼화기연으로 하여금 그 사업을 영위하게 한 것은 선량한 관리자의 주의의무 내지 충실의무를 부담하는 회사 이사로서 하여서는 아니 되는 회사의 사업기회 유용행위에 해당한다. 삼화기연은 소외 1이 유용한 삼협교역의 사업기회를 이용하여 직접 사업을 영위하면서 이익을 얻고 있다가 그 사업을 제3자에게 양도하면서 영업권 상당의 이익을 얻었다. 이러한 삼화기연의 영업권 속에는 삼화기연이 직접 사업을 영위하여 형성한 가치 외에 소외 1의 사업기회 유용행위로 삼협교역이 상실한 일본 던롭과의 독점판매계약권의 가치도 포함되어 있다고 보아야 한다. 삼화기연이 골프용품 사업부문을 양도한 이후 수개월이 지나고 나서 삼협교역이 해산하였다고 하여, 해산 이전에 삼협교역이 입은 손해 사이의 상당인과관계가 단절되지도 않는다. 다만 이 사건과 같이 삼화기연이 삼협교역의 사업기회를 이용하여 상당기간 직접 사업을 영위하다가 사업을 양도한 경우 그 양도대금에는 애초 삼협교역이 빼앗긴 사업기회 자체의 가치 외에도 그 동안 삼화기연 고유의 노력을 통해 스스로 창출한 유형, 무형의 가치가 포함되어 있을 것이므로, 삼

---

1) 이철송(회) 749면; 정찬형(상) 1026면. 반대: 송옥렬 1037면.
2) 정찬형(상) 1026면; 송옥렬 1037면.

> 협교역의 손해를 산정함에 있어서는 이러한 사정 및 삼화기연이 골프용품 사업부문을 양도할 당시 그중 일본 던롭 제품이 차지하였던 비중, 일본 던롭과의 독점판매권 잔존기한 등 모든 사정을 고려해야 할 것이다.
> 그렇다면 원심으로서는 삼화기연이 골프용품 사업부문을 제3자에게 양도하고 받은 양도대금 중 삼화기연이 삼협교역의 사업기회를 이용하여 수년간 직접 사업을 영위하면서 스스로 창출한 가치에 해당하는 부분을 제외하고 삼협교역이 빼앗긴 사업기회의 가치 상당액을 산정하는 등의 방법을 통해 이를 삼협교역의 손해로 인정하였어야 한다.』[1)]

7. 자기거래 금지의무

가. 의 의

자기거래란 이사 등이 회사를 상대방으로 하여 자기 또는 제3자의 계산으로 하는 거래를 말한다. 이는 이사 등이 그 지위를 이용하여 회사 및 주주의 이익을 희생시키고 자기 또는 제3자의 이익을 도모하는 수단이 될 우려가 있다. 따라서 이러한 자기거래는 원칙적으로 금지되며, 다만 (i) 미리 이사회에서 해당 거래에 관한 중요사항을 밝히고, (ii) 이사 3분의 2 이상의 수로써 이사회의 승인을 받으며, (iii) 그 거래의 내용과 절차가 공정한 경우에는 허용된다(398조).

나. 금지의 요건

(1) 거래의 주체

종래 상법은 이사만을 금지되는 자기거래의 주체로 규정하였으나 2011년 개정으로 주요주주를 포함시키는 한편, 이사 및 주요주주의 가족과 관련회사에까지 이를 확대하였다. 지배주주가 그 가족이나 계열사와의 거래를 통해 사익을 추구하는 행위에 제동을 걸기 위함이다. 제398조가 열거하는 자기거래의 주체는 다음과 같다.

(가) 이사 및 주요주주

이사는 거래당시의 이사를 말하며, 이에 준하는 자(이사직무대행자, 청산인 등)를 포함하나, 거래당시 이사의 직위를 떠난 사람은 여기에 포함되지 않는다(대판

1) 이 판결의 사안은 2011년 상법 개정 이전 것으로 회사기회 유용으로 인한 손해의 추정조항(397조의2 2항)이 적용되지 않았음을 유의하라. 상세는 노혁준, "2018년 회사법 중요판례평석," 「인권과 정의」 Vol. 480 (2019년 3월), 165 · 166면.

1989.9.13., 88다카9098).

주요주주란 누구의 명의로 하든지 자기의 계산으로 의결권 없는 주식을 제외한 발행주식총수의 100분의 10 이상의 주식을 소유하거나 이사・집행임원・감사의 선임과 해임 등 회사의 주요 경영사항에 대하여 사실상의 영향력을 행사하는 주주를 말한다(398조 1호, 542조의8 2항 6호). 여기서 주요주주에는 상장회사뿐 아니라 비상장회사의 주요주주도 포함된다(이설 있음).[1)]

(나) 이사・주요주주의 가족 및 관련회사

이사 및 주요주주와 밀접한 관련이 있는 자들도 금지되는 자기거래의 주체가 된다. 먼저 가족 중에서는 (i) 이사・주요주주의 배우자・직계존비속 및 (ii) 이사・주요주주의 배우자의 직계존비속이 이에 해당한다(398조 2호・3호). 또한 관련회사로는 (i) 이사・주요주주 및 전술한 그 가족들이 단독 또는 공동으로 의결권 있는 발행주식 총수의 100분의 50 이상을 가진 회사와 그 자회사(편의상 '1차 관련회사'라 하자) 및 (ii) 이사・주요주주 및 전술한 그 가족들이 1차 관련회사와 합하여 의결권 있는 발행주식 총수의 100분의 50 이상을 가진 회사('2차 관련회사')가 이에 해당한다.

(2) 거래의 유형

이사 등이 '자기 또는 제3자의 계산으로' 하는 거래가 금지의 대상이다. 따라서 거래의 명의는 불문하며, 직접거래와 간접거래를 모두 포함한다. 먼저 **직접거래**란 이사 등이 직접 회사와 거래상대방이 되는 경우를 말한다. A회사와 B회사의 대표이사를 겸하는 갑이 두 회사 간의 계약을 체결하는 경우에도 자기거래가 성립한다(대판 1969.11.11., 69다1374). 다음 **간접거래**란 회사의 거래로 인한 결과적인 이득이 이사에 귀속되는 경우이다. 이사가 타인에게 금원을 대여함에 있어 회사가 그 채무를 연대보증한 경우(1980.7.22., 80다828) 및 A・B 두 회사의 대표이사를 겸하는 갑이 A회사의 채무에 관하여 B회사를 대표하여 연대보증을 한 경우(대판 1984.12.11, 84다카 1591)가 이에 해당한다.

1) 이철송(회) 755면; 송옥렬 1023면. 반대: 최준선(회) 538면(상장회사에 관한 조항인 제542조의8을 차용하여 주요주주를 규정한 것은 중대한 입법상의 실수이나, 해석론으로는 비상장회사의 주요주주를 제외하는 것이 불가피하다고 함).

(3) 회사와의 이익충돌 우려

회사와 이익충돌의 우려가 없는 거래는 금지대상이 아니다(통설). 예컨대, 이사가 회사에 대하여 담보 약정이나 이자 약정 없이 금전을 대여하는 행위는 이사회의 승인이 필요 없다(대판 2010.1.14., 2009다55808). **1인주주인 이사와 회사의 거래**에 대하여는 설이 갈린다. 즉, 회사의 재산은 회사채권자에 대한 담보가 되므로 회사와 1인주주인 이사의 이익이 충돌할 수 있다는 견해가 있으나,[1] 1인주주와 회사는 이해관계가 일치되므로 이익충돌의 우려가 없다고 본다[2]. 판례는 1인주주인 이사의 자기거래의 경우 주주 전원이 동의하였다고 할 것이므로 회사는 이사회의 승인이 없었음을 이유로 자기거래의 책임을 회피할 수 없다고 한다(대판 2017.8.18., 2015다5569).

최신 판례 **1인주주인 이사의 자기거래에 해당하는 회사의 채무부담행위에 대하여 이사회의 승인이 없었음을 이유로 회사가 책임을 회피할 수 있는지 여부(소극)**(대판 2017.8.18., 2015다5569)

『・・・회사의 채무부담행위가 구 상법 제398조에서 정한 이사의 자기거래에 해당하여 이사회의 승인이 필요하다고 할지라도, 위 규정의 취지가 회사와 주주에게 예기치 못한 손해를 끼치는 것을 방지함에 있으므로, 그 채무부담행위에 대하여 주주 전원이 이미 동의하였다면 회사는 이사회의 승인이 없었음을 이유로 그 책임을 회피할 수 없다(대법원 2002.7.12. 선고 2002다20544 판결 등 참조. 다만 2011.4.14. 법률 제10600호로 개정되어 2012.4.15.부터 최초로 체결된 거래부터 적용되는 현행 상법 제398조는 '상법 제542조의8 제2항 제6호에 따른 주요주주의 경우에도 자기 또는 제3자의 계산으로 회사와 거래를 하기 위해서는 미리 이사회에 해당 거래에 관한 중요사실을 밝히고 이사회의 승인을 받아야 한다.'고 정하고 있다).・・・

원심판결 이유와 같이 이 사건 공급계약 체결 당시 소외 1이 원고 주식의 100%를 양수하여 주식 소유권을 이전받았다면, 소외 1은 특별한 사정이 없는 한 원고 주식에 대해서 주주로서의 권리를 행사할 수 있다. 소외 1이 주식매매계약에 따른 주식매매대금을 지급하지 않았다고 하더라도 주식매매대금 지급채무를 부담하는 것은 별론으로 하고 소외 1이 원고 주식의 주주가 아니라고 할 수 없다. 또한 주식에 대해 질권이 설정되었다고 하더라도 질권설정계약 등에 따라 질권자가 담보제공자인 주주로부터 의결권을 위임받아 직접 의결권을 행사하기로 약정하는 등의 특별한 약정이 있는 경우를 제외하고 질권설정자인 주주는 여전히 주주로서의 지위를 가지고 의결권을 행사할 수 있다. 이 사건에서 소외 1이 원고의 투자자들과의 근질권설정계약에 따라 일정한 중요 사항에 관한 의결권을 행사할 때 질권자에게 사전 서면 동의를 구해야 하는 채권적인 의무를 부담하고 있었다는 등의 사정만으로 원고 주식이 소외 1의 소유가 아니라 사실상 원고의 투자자들에게 귀속되었던 것이라거나 소외 1이 주주로서의 의결권을 행사할 수 없었다고 보기 어렵다. 이와 같이 원고의 대표이사이자 원고 주식의 100%를 소유한 소외 1이 원고의 1인 주주로서 이 사건 공급계약을 체결하였

1) 손주찬(상) 799면; 이철송(회) 759면.
2) 최기원・김동민(상) 837면; 정동윤(상) 634면; 최준선(회) 544면; 송옥렬 1028면.

다면, 이 사건 공급계약의 체결에 원고의 주주 전원이 동의하였다고 할 것이므로 원고는 이사회의 승인이 없었음을 이유로 그 책임을 회피할 수 없다.』

어음행위의 경우 원인관계에 관하여 이사회의 승인을 받았더라도, 어음채무는 항변의 절단, 입증책임의 경감 등으로 인해 원인채무에 비해 채무자에게 더욱 불리하므로, 어음행위를 위한 별도의 승인이 필요하다고 본다(통설)(대판 1994.10.11., 94다24626).

다. 금지의 예외

이사 등의 자기거래는 이사회의 승인을 받고 그 거래의 내용과 절차가 공정한 것인 때에는 허용된다(398조).

(1) 이사회의 승인

자기거래의 승인은 이사회에서 하여야 한다(398조 전단). 그러나 주주 전원의 동의로 이사회 승인을 대체할 수 있으며(대판 2002. 7. 12., 2002다20544)(이설 있음),[1] 정관으로 이를 주주총회의 권한사항으로 할 수도 있다(대판 2007.5.10., 2005다4284)(이설 있음).[2] 또한 자본금총액 10억원 미만인 회사가 1명 또는 2명의 이사를 둔 경우 주주총회가 승인기관이 된다(383조 4항, 398조).

자기거래를 위해서는 미리 이사회에서 해당 거래에 관한 중요사실을 밝히고 이사회의 승인을 받아야 한다(398조 전단). 2011년 개정을 통해 (i) 사전승인이 필요함을 명시하고, (ii) 판례(대판 2007.5.10., 2005다4284 · 4291)상 인정된 중요사실 공개의무를 명문화한 것이다. 또한 2011년 개정에서는 결의요건을 가중하여 이사 3분의 2 이상의 수로써 하도록 하였다(동조 후단). 이때 자기거래의 주체인 이사는 특별이해관계인으로서 의결권을 행사할 수 없다(391조 3항, 368조 3항).

(2) 거래의 공정성

이사회의 승인이 있었더라도 그 거래의 내용과 절차가 불공정한 경우에는 자기거래금지 위반이 된다(398조 후단). 이는 종래의 해석론을 2011년 개정을 통해

1) 최기원 · 김동민(상) 837면; 정동윤(상) 635면; 최준선(회) 542면; 송옥렬 1028면. 반대: 이기수 · 최병규(회) 420면; 이철송(회) 759면; 정찬형(상) 1025면.

2) 최기원 · 김동민(상) 837면; 최준선(회) 542면; 송옥렬 1028면. 반대: 이철송(회) 759면; 정찬형(상) 1025면.

명문화한 것이다. 따라서 이사회의 승인결의가 있더라도 자기거래를 한 이사의 책임이 면제되지 않으며(대판 1989.1.31., 87누760), 불공정한 자기거래의 승인결의에 찬성한 이사와 당사자인 이사가 연대하여 손해배상책임을 질 수 있다(399조).

라. 위반의 효과

(1) 승인 없는 거래의 사법적 효력

이사회의 승인 없는 자기거래의 효력에 관하여 다음과 같이 설이 갈린다. 첫째, 회사 내부사정인 이사회의 승인이 없었음을 이유로 자기거래를 무효로 보면 거래안전을 해할 우려가 있으므로 이를 유효로 보되 내부적으로 이사의 책임을 추궁할 수 있다는 견해가 있다(유효설).[1] 둘째, 제98조는 회사이익 보호를 위한 강행규정이며 이사의 내부적 책임추궁만으로는 회사의 이익보호에 충분치 않으므로 이를 무효로 보아야 한다는 견해가 있다(무효설).[2] 셋째, 승인 없는 거래는 회사와의 관계에서는 무효이나, 제3자와의 관계에서는 회사가 제3자의 악의를 입증하지 못하면 유효라고 하는 견해가 있다(상대적 무효설)(통설)(대판 1973.10.31., 73다954).[3] 회사의 이익과 거래안전을 가장 잘 조화시킨 상대적 무효설이 타당하다고 본다. 제3자가 선의라도 중과실이 입증되면 승인 없는 거래는 무효이다(대판 2004.4.25., 2003다64688).

(2) 이사 등의 책임

자기거래의 주체가 이사 또는 업무집행지시자 등(401조의2 1항)에 해당하는 경우에는 이사회 승인이 없는 자기거래나 승인은 있더라도 불공정한 자기거래로 인하여 회사에 손해가 발생한 경우 이를 배상하여야 한다(399조).[4]

---

1) 서정갑 · 이남기(회) 360면.
2) 최기원 · 김동민(상) 840면.
3) 손주찬(상) 800면; 정동윤(상) 636면; 이기수 · 최병규(회) 422면; 이철송(회) 747면; 정찬형(상) 997면; 최준선(회) 529 · 530면; 송옥렬 1031면.
4) 상법은 이사 등의 자기거래금지와 별도로 상장회사의 신용공여 등에 대한 특칙을 두고 있다.
첫째, **상장회사**가 주요주주 등 이해관계자를 상대방으로 하거나 그를 위하여 **신용공여**(금전 등 경제적 가치가 있는 재산의 대여, 채무이행의 보증, 자금 지원적 성격의 증권 매입, 그 밖에 거래상의 신용위험이 따르는 직접적 · 간접적 거래로서 대통령령으로 정하는 거래)를 하는 것은 **금지**된다(542조의9 1항, 영 35조 1항). 다만 복리후생 등 일정한 예외사유가 인정되는 경우에는 그렇지 않다(542조의9 2항, 영 35조 2항 · 3항).
둘째, **자산총액 2조원 이상의 상장회사**가 최대주주, 그의 특수관계인 및 그 상장회사의 특

Ⅶ. 이사의 책임

1. 회사에 대한 책임

(1) 손해배상책임

(가) 의의 및 성질

이사가 고의 또는 과실로 법령 또는 정관에 위반한 행위를 하거나 그 임무를 게을리한 경우에는 그 이사는 회사에 대하여 연대하여 손해를 배상할 책임을 진다(399조 1항). 이 책임의 법적 성질에 대하여는 (i) 위임관계로 인한 채무불이행책임으로 보는 설(대판 1985.6.25., 84다카1954)[1]과 (ii) 민법상의 채무불이행책임이나 불법행위책임과 구별되는 상법상의 특별책임(법정책임)으로 보는 설[2]이 대립한다. 생각건대 이사회결의에 찬성한 이사(내지 찬성추정이사)의 연대책임(399조 2항·3항) 등은 위임계약상의 채무불이행책임으로 설명하기 어려워 (ii)설이 타당하다.

(나) 책임의 원인

이사의 회사에 대한 손해배상책임의 원인은 (i) 법령·정관위반과 (ii) 임무해태로 나누어 볼 수 있다.

첫째, **법령·정관위반** 책임에 있어서, 법령에는 상법 외에 공정거래법(대판 2007.10.11., 2006다33333) 등 다른 법령도 포함된다. 그러나 일반적인 의미에서의 법령, 즉 법률·대통령령·총리령·부령 등이 아닌 종합금융회사 업무운용지침 등은 여기서 말하는 법령에 해당하지 않는다(대판 2006.11.9., 2004다41651). 종전에는 법령·정관위반의 경우 과실이 필요한지에 내해 명문규정이 없어 학설이 대립하였으나, 2011년 개정에서 과실책임임을 명시하였다(399조 1항). 다만 이사가 법령 또는 정관을 위반하면 과실이 추정되어 무과실의 입증책임을 이사가 부담한다고

수관계인으로서 대통령령으로 정하는 자를 상대방으로 하거나 그를 위하여 **일정 규모 이상의 거래**를 하려는 경우에는 **이사회의 승인**을 받아야 하며, 승인 결의 후 처음 소집되는 주주총회에 일정사항을 보고하여야 한다(542조의9 3항·4항, 영 35조 4항 내지 8항). 다만 약관에 의해 정형화된 거래로서 대통령령으로 정하는 거래에 대하여는 이사회 승인이 필요 없으며, 이사회에서 승인한 거래총액의 범위 안에서 이행하는 거래는 주주총회에 보고하지 않을 수 있다(542조의9 5항, 영 35조 9항).

1) 송옥렬 1039면.

2) 정동윤(상) 638·639면; 이철송(회) 766면; 정찬형(상) 1045·1046면; 최준선(회) 550면.

본다. 또한 법령에 위반한 행위로 회사에 손해가 발생한 때에는 그 행위 자체가 회사에 대하여 채무불이행에 해당되므로 특별한 사정이 없는 한 손해배상책임을 면할 수 없으며, 임무해태책임의 경우에 고려될 수 있는 경영판단의 원칙은 적용될 여지가 없다(대판 2005.10.28., 2003다69638).

둘째, **임무해태** 책임은 선량한 관리자의 주의를 게을리하여 회사에 손해를 끼친 경우 발생하며, 과실책임이다. 다만 이사의 행위가 허용되는 경영판단의 재량 범위 내에 있는 경우에는 사후적으로 손해가 발생하였어도 임무해태로 인한 손해배상책임이 인정되지 않는다. 즉, "합리적으로 이용가능한 범위 내에서 필요한 정보를 충분히 수집·조사하고 검토하는 절차를 거친 다음, 이를 근거로 회사의 최대 이익에 부합한다고 합리적으로 신뢰하고 신의성실에 따라 경영상의 판단을 내렸고, 그 내용이 현저히 불합리하지 않은 것으로서 통상의 이사를 기준으로 할 때 합리적으로 선택할 수 있는 범위 안에 있는 것이라면, 비록 사후에 회사가 손해를 입게 되는 결과가 발생하였다 하더라도 그 이사의 행위는 허용되는 경영판단의 재량범위 내에 있는 것이어서 회사에 대하여 손해배상책임을 부담한다고 할 수 없다."(대판 2007.10.11., 2006다33333). 그러나 단순히 회사의 영업에 이익이 될 것이라는 일반적·추상적 기대 하에 일방적으로 임무를 수행하여 회사에 손해를 입힌 경우는 허용되는 재량판단의 범위 내에 있다 할 수 없다(대판 2008.7.10., 2006다39935).

(다) 책임의 내용

이사는 그 법령·정관위반행위 또는 임무해태행위와 **상당인과관계**가 있는 손해에 한하여 배상책임을 진다(대판 2007.8.23., 2007다23425). 또한 법원은 제반 사정을 참작하여 손해분담의 공평이라는 손해배상제도의 이념에 비추어 그 손해배상액을 제한할 수 있다(대판 2007.7.26., 2006다33609).

법령·정관위반 또는 임무해태가 이사회 결의에 의한 것인 경우 그 **결의에 찬성한 이사**도 연대하여 손해배상책임을 진다(399조 2항). 또한 결의에 참가하였으나 의사록에 이의를 한 기재가 없는 이사는 그 결의에 찬성한 것으로 추정되므로(399조 3항) 이를 반증하지 못하는 한 함께 책임을 진다. 그러나 이사가 이사회에 출석하여 결의에 기권하였다고 의사록에 기재된 경우 그 이사는 이사회 결의에 찬성한 것으로 추정되지 않는다(대판 2019.5.16., 2016다260455).

최신 판례 **이사가 이사회에 출석하여 결의에 기권하였다고 의사록에 기재된 경우 이사회 결의에 찬성한 것으로 추정할 수 있는지 여부(소극)**(대판 2019.5.16., 2016다260455)

『상법 제399조 제1항은 "이사가 고의 또는 과실로 법령 또는 정관에 위반한 행위를 하거나 그 임무를 게을리한 경우에는 그 이사는 회사에 대하여 연대하여 손해를 배상할 책임이 있다."라고 규정하고, 같은 조 제2항은 "전항의 행위가 이사회의 결의에 의한 것인 때에는 그 결의에 찬성한 이사도 전항의 책임이 있다.", 같은 조 제3항은 "전항의 결의에 참가한 이사로서 이의를 한 기재가 의사록에 없는 자는 그 결의에 찬성한 것으로 추정한다."라고 규정하고 있다. 이와 같이 상법 제399조 제2항은 같은 조 제1항이 규정한 이사의 임무위반 행위가 이사회 결의에 의한 것일 때 그 결의에 찬성한 이사에 대하여도 손해배상책임을 지우고 있고, 상법 제399조 제3항은 같은 조 제2항을 전제로 하면서, 이사의 책임을 추궁하는 자로서는 어떤 이사가 이사회 결의에 찬성하였는지 여부를 알기 어려워 그 증명이 곤란한 경우가 있음을 고려하여 그 증명책임을 이사에게 전가하는 규정이다. 그렇다면 이사가 이사회에 출석하여 결의에 기권하였다고 의사록에 기재된 경우에 그 이사는 "이의를 한 기재가 의사록에 없는 자"라고 볼 수 없으므로, 상법 제399조 제3항에 따라 이사회 결의에 찬성한 것으로 추정할 수 없고, 따라서 같은 조 제2항의 책임을 부담하지 않는다고 보아야 한다.』

회사에 대한 이사의 책임은 소수주주에 의한 대표소송으로 추궁할 수 있다(403조 이하).

회사는 정관으로 정하는 바에 따라 제399조에 의한 이사의 책임을 이사가 그 행위를 한 날 이전 최근 1년간의 보수액(상여금·주식매수선택권행사로 인한 이익 등 포함)의 6배(사외이사는 3배)를 초과하는 금액에 대하여 면제할 수 있다(400조 2항 본문). 이처럼 **책임의 감경**을 인정하는 것은 이사의 책임이 엄격하고 특히 감사위원회 위원인 사외이사의 경우 감사위원회 위원으로서의 책임까지 부담하게 되므로 이사의 책임을 완화함으로써 유능한 경영인을 쉽게 영입하고 이사의 진취적 경영을 활성화하기 위한 것이다. 다만, 이사의 고의·중과실의 경우, 경업금지의무 위반, 회사기회유용금지의무위반, 자기거래금지의무위반의 경우는 면제할 수 없다(동항 단서).

한편 정기총회에서 재무제표를 승인한 후 2년 내에 다른 결의가 없으면 부정행위의 경우를 제외하고 이사의 책임을 **해제**한 것으로 본다(450조). 이로써 해제되지 않은 책임은 무의결권주를 포함하여 총주주의 동의가 있어야 **면제**할 수 있다(400조).

판례는 이사의 회사에 대한 손해배상책임을 위임관계로 인한 채무불이행 책임으로 보고 그 **소멸시효** 기간은 일반채무의 경우와 같이 10년이라고 한다(대판

1985.6.25., 84다카1954). 이는 이사의 손해배상책임을 상법상의 특별책임(법정책임)으로 보는 경우에도 같다(민 162조 1항).

(2) 자본금 충실의 책임

신주의 발행으로 인한 변경등기가 있은 후에 아직 인수하지 아니한 주식이 있거나 주식인수의 청약이 취소된 때에는 이사가 이를 공동으로 인수한 것으로 본다(428조 1항). 이 경우 공동인수인으로 간주된 이사들은 연대하여 납입할 책임이 있다(333조 1항). 이사의 자본금 충실책임은 무과실책임이며, 총주주의 동의로도 면제할 수 없다.

2. 제3자에 대한 책임

가. 의 의

이사가 악의 또는 중대한 과실로 인하여 그 임무를 해태한 때에는 그 이사는 제3자에 대하여 연대하여 손해를 배상할 책임이 있다(401조 1항). 이사는 본래 회사에 대하여 선관의무를 부담할 뿐 이에 위반하여 제3자에게 손해를 가하였다고 당연히 배상책임을 지는 것은 아니나, 경제사회에 있어서의 중요한 지위에 있는 주식회사의 활동이 이사의 직무집행에 의존하는 것을 고려하여 제3자를 보호하고자, 이사가 악의·중과실인 경우에 배상책임을 인정한 것이다(대판 1985.11.12., 84다카2490).

나. 성 질

이사의 제3자에 대한 책임의 법적 성질에 관하여 설이 갈린다. 첫째, 상법이 제3자의 보호를 위하여 특별히 인정한 법정책임이라고 하는 견해가 있다(법정책임설)(통설)(대판 2006.12.12., 2004다63354).[1] 이 견해는 이사의 임무해태행위가 제3자에 대한 불법행위의 요건을 갖춘 때에는 불법행위책임과 경합을 인정하며, 일반 채권과 같이 10년의 소멸시효기간을 인정한다. 둘째, 불법행위의 요건 중에서 경과실을 면제한 불법행위상의 특수책임으로 보는 견해가 있다(불법행위특칙설).[2] 이 견해는 민법상 불법행위책임과의 경합을 인정하지 않는다. 셋째, 특수한 불법

1) 손주찬(상) 809면; 최기원·김동민(상) 854면; 정동윤(상) 644면; 정찬형(상) 1065면; 최준선(회) 559면; 송옥렬 1051면.
2) 서정갑·이남기(회) 366면.

행위책임으로 보면서도 민법상 불법행위책임과의 경합을 인정하는 견해가 있다(특수불법행위책임설).[1] 생각건대 불법행위특칙설은 민법상 불법행위책임과의 경합을 인정하지 않고, 특수불법행위책임설의 경우에도 민법상의 불법행위책임과 같은 3년의 소멸시효기간을 인정하게 되어(민 766조 1항), 법정책임설에 비해 제3자 보호에 미흡하다. 통설이 타당하다.

다. 책임의 원인

이사는 악의 또는 중과실로 인하여 그 임무를 해태하여 제3자에게 손해가 생긴 때에 배상책임을 진다. 악의 또는 중대한 과실은 임무해태에 대한 것으로 해석하는 것이 일반이다. 예컨대, 주식청약서·사채청약서 등의 서류에 허위의 기재를 하거나 허위의 등기 또는 공고를 한 경우 및 대표이사가 타인에게 회사업무 일체를 맡긴 채 자신의 업무집행에 아무런 관심도 두지 아니하여 급기야 부정행위 내지 임무해태를 간과함에 이른 경우(대판 2003.4.11., 2002다70044) 등이 이에 해당한다. 그러나 회사의 채무를 이행할 능력이 있음에도 단순히 그 이행을 지체하여 상대방에게 손해를 끼치는 것만으로는 임무해태에 해당하지 않는다(대판 1985.11.12., 84다카2490). 이사의 악의·중과실에 대한 입증책임은 제3자가 진다.

라. 책임의 범위

(1) 직접손해·간접손해

이사는 제3자에게 발생한 직접손해뿐 아니라 간접손해에 대하여도 책임을 진다. 직접손해란 이사의 임무해태로 직접 제3자가 입은 손해이다. 예컨대, 이사의 부실공시로 주가가 정상가보다 높게 형성되었는데 이를 모르고 주식을 매수하여 입은 손해가 이에 해당한다(대판 2012.12.23., 2010다77743). 간접손해란 이사의 임무해태로 회사가 입은 손해로 인해 다시 제3자가 입은 손해이다. 예컨대, 이사가 회사재산을 횡령하여 회사채권자가 채권을 만족하지 못하게 된 경우의 손해가 이에 해당한다.

(2) 제3자의 범위

이사의 악의·중과실에 의한 임무해태로 주주가 직접손해를 입은 경우 이사가

1) 서돈각(상) 396면.

배상책임을 지는 제3자에 해당함에는 이설이 없다. 그러나 주주가 간접손해를 입은 경우 제3자에서 제외된다는 견해가 있다(불포함설)(대판 2012.12.23., 2010다77743).[1] 간접손해의 경우 회사가 손해배상을 받으면 주주의 손해도 간접으로 보상된다는 것이 그 논거이다. 그러나 회사가 이사에게 손해배상청구를 하지 않을 경우 소수주주가 대표소송을 제기하여야 하는데 이에는 후술하는 바와 같이 많은 제약이 따르므로, 간접손해를 입은 주주도 제3자로서 이사에게 직접 손해배상을 청구할 수 있도록 하여야 할 것이다(포함설)(통설).[2]

마. 책임의 확장

이사의 제3자에 대한 책임이 이사회의 결의에 의한 행위로 발생한 것인 때에는 그 결의에 찬성한 이사도 연대하여 책임을 지며 의사록에 이의를 한 기재가 없는 때에는 찬성한 것으로 추정된다(401조 2항, 399조 2항 · 3항).

바. 책임의 시효

이사의 제3자에 대한 책임은 제3자 보호를 위해 상법이 인정하는 특수한 책임이라고 볼 때 일반 채권의 소멸시효인 10년이 적용된다(민 162조 1항)(통설)(대판 2008.1.18., 2005다65579).

3. 업무집행지시자 등의 책임

가. 의 의

법률상의 이사가 아니면서도 회사에 대한 영향력을 이용하여 업무집행에 관여하거나 업무집행권한이 있는 듯한 명칭을 사용하여 업무를 집행한 자는 사실상 이사의 권한을 행사한 것이므로 그에 상응하는 법적 책임을 지울 필요가 있다. 그리하여 1998년 개정상법은 이러한 사실상의 이사의 회사 및 제3자에 대한 손해배상책임을 인정하고 있다(401조의2). 이는 특히 대규모 기업집단의 지배주주가 이사가 아니면서 업무집행에 관여하는 경우 법적 책임을 지우기 위한 것이다.

---

1) 서돈각(상) 397면; 최준선(회) 564면.
2) 손주찬(상) 810면; 최기원 · 김동민(상) 858면; 정동윤(상) 645면; 이철송(회) 793면; 정찬형(상) 1065 · 1025면; 송옥렬 1053면.

나. 요 건

사실상의 이사는 회사 내에 직함이 없는 경우(배후이사)와 직함이 있는 경우(표현이사)로 나누어 볼 수 있다.

(1) 배후이사

배후이사는 다시 두 가지로 나뉜다. 첫째, 회사에 대한 자신의 영향력을 이용하여 이사에게 업무집행을 지시한 자(업무집행지시자)이다(401조의2 1항 1호). 이에는 자연인뿐 아니라 법인인 지배회사도 포함된다(대판 2006.8.25., 2004다26119). 형식은 권고 · 조언이라도 실제로 강제성이 있다면 지시로 보아야 할 것이다.[1] 또한 법률행위뿐 아니라 사실행위(예: 물건의 공급) 또는 불법행위를 지시한 경우도 이에 해당한다.[2] 둘째, 이사의 이름으로 직접 업무를 집행한 자(무권대행자)이다(동항 2호). 명문으로 요구되지는 않지만 이 역시 회사에 대한 영향력을 갖춘 자임을 전제로 한다(대판 2009.11.26., 2009다39240). 이사에게 경영상의 실권을 주지 않고 기업주 등이 이사 명의로 직접 업무를 처리한 경우 그 책임면탈을 막기 위해 배후이사로 인정한 것이다.[3]

(2) 표현이사

이사가 아니면서 명예회장 · 회장 · 사장 · 부사장 · 전무 · 상무 · 이사 기타 회사의 업무를 집행할 권한이 있는 것으로 인정될 만한 명칭을 사용하여 회사의 업무를 집행한 자를 말한다(401조의2 1항 3호). 표현이사에게는 전술한 배후이사와 같은 회사에의 영향력은 요구되지 않는다(대판 2009.11.26., 2009다39240).

다. 내 용

사실상의 이사는 회사 및 제3자에 대하여 손해배상책임을 진다(401조의2 1항, 399조 · 401조). 또한 이사도 책임이 있을 때에는 사실상의 이사와 연대하여 그 책임을 진다(401조의2 2항). 사실상의 이사의 회사에 대한 책임은 소수주주의 대표소송으로 추궁할 수 있다(401조의2 1항, 403조).

---

1) 손주찬(상) 814면.
2) 손주찬(상) 814 · 815면; 정동윤(상) 649면; 최준선(회) 568면.
3) 손주찬(상), 815면.

Ⅷ. 주주에 의한 이사의 견제와 책임추궁

주주가 주주총회나 이사회 등을 통하지 않고 직접 이사를 견제하고 그 책임을 추궁할 수 있는 제도로서 이사위법행위 유지청구권 및 대표소송제기권이 인정되고 있다. 미국법과 일본법에서는 이들을 단독주주권으로 인정하나, 상법은 소수주주권으로 규정하여 그 실효성이 약화되고 있다.

1. 이사의 위법행위에 대한 유지청구권

가. 의 의

이사의 법령·정관위반행위로 인해 회사에 회복할 수 없는 손해가 생길 염려가 있을 때 감사·감사위원회 또는 소수주주가 이사에 대하여 그 행위의 유지(留止)를 청구할 수 있는 권리(402조)를 위법행위 유지청구권이라 한다. 유지청구권은 이사의 위법행위에 대한 사전적 견제수단으로서 주주의 공익권에 속한다.

나. 유지청구의 요건

유지청구를 할 수 있는 것은 (i) 이사가 법령 또는 정관에 위반한 행위를 하여, (ii) 이로 인하여 회사에 회복할 수 없는 손해가 생길 염려가 있는 경우라야 한다(402조). 법령·정관에 위반한 이상 고의·과실 여부, 정관의 목적 범위 및 권한 범위 내외를 불문한다.[1] 회복할 수 없는 손해인지 여부는 사회통념에 따라 판단하며, 비용이나 절차 등으로 보아 회복이 곤란한 때에도 유지청구가 인정된다(통설).

다. 유지청구의 당사자

유지청구는 감사·감사위원회 또는 발행주식총수의 100분의 1 이상을 가진 소수주주[2]가 할 수 있다(402조, 415조의2 7항). 소수주주의 지주비율을 계산할 때에는 의결권 없는 주식도 포함된다. 주주의 유지청구권 행사는 임의이지만, 감사 및 감사위원회가 이를 행사하지 않은 경우 임무해태가 된다.[3] 유지청구의 상대

1) 이철송(회) 804면; 정찬형(상) 1069면; 송옥렬 1061면.
2) **상장회사**의 경우 6개월 전부터 계속하여 상장회사 발행주식총수의 10만분의 50(자본금이 1천억원 이상인 상장회사의 경우에는 10만분의 25) 이상에 해당하는 주식을 보유한 자는 이사위법행위 유지청구권을 행사할 수 있다(542조의6 5항, 영 32조).

방은 이사이다(402조).

라. 유지청구의 방법

유지청구의 방법은 불문한다. 따라서 이사에 대하여 직접 그 행위의 유지를 청구할 수도 있고, 소를 제기할 수도 있으며, 제소와 함께 가처분으로 그 행위를 중지시킬 수도 있다. 유지청구의 소는 회사를 위한 것이므로 그 효과는 당연히 회사에 미치며, 그 절차에 관하여는 후술하는 대표소송에 관한 규정을 유추적용하여야 할 것이다(통설).

마. 유지청구의 효과

유지청구가 있었다 해서 이사가 이에 응해야 할 의무가 있는 것은 아니며, 이사는 선관주의로 당해행위의 중지여부를 판단하여야 할 것이다. 만약 부당한 유지청구에 응한 경우는 오히려 손해배상책임이 발생할 수 있다.

이사가 유지청구를 무시하고 한 행위의 효력에 관하여는 설이 갈린다. 첫째, 신주발행·사채발행 등의 경우는 상대방의 선의·악의를 불문하고 유효이나, 개별적인 거래의 경우 상대방이 악의인 때에는 회사가 무효를 주장할 수 있다는 견해가 있다.[1] 둘째, 상대방의 선의·악의를 불문하고 행위의 효력에 영향이 없다고 하는 견해가 있다.[2] 생각건대 유지청구가 있어도 이사는 선관주의로 당해행위의 중지 여부를 판단하여야 함에 비추어, 유지청구가 있다는 것을 상대방이 알았다는 이유만으로 그 행위를 무효로 보기는 어렵다고 본다.

2. 대표소송

가. 의 의

이사의 회사에 대한 책임은 대표이사가 이를 추궁할 책임이 있고, 소에 의하여 이사의 책임을 추궁하기 위해서는 감사가 회사를 대표하여야 하나(394조), 회사 내부 관계상 이러한 책임추궁이 제대로 이루어지지 않을 수 있다. 이러한 경우 주주가 직접 이사의 회사에 대한 책임을 추궁하는 소를 제기할 수 있는데, 이를

3) 이철송(회) 805면; 정찬형(상) 1070면; 최준선(회) 573면.
1) 손주찬(상) 820·821면; 최준선(회) 573면.
2) 정동윤(상) 653면; 이철송(회) 806면; 송옥렬 1063면.

대표소송이라 한다(403조). 주주의 대표소송 제기권은 이사에 대한 사후적 책임 추궁 수단으로서 공익권에 속한다.

나. 요 건

(1) 이사의 책임

주주가 대표소송으로 추궁할 수 있는 이사의 책임은 제399조의 손해배상책임과 제428조의 자본금충실책임에 한정된다고 하는 견해가 있다.[1] 그러나 회사 내부관계로 책임추궁이 이루어지지 않을 경우를 위해 마련된 대표소송 제도의 취지에 비추어 볼 때 이사가 회사에 대해 부담하는 모든 채무(예: 이사와 회사 간의 거래상 채무)를 포함한다 할 것이다(통설). 따라서 이사가 취임 전에 부담한 채무에 대하여도 대표소송이 가능하다(이설 있음).[2] 재임 중에 발생한 채무에 대하여는 퇴임 후에도 대표소송이 가능하다(통설).

(2) 소수주주의 소제기 청구

발행주식총수의 100분의 1 이상의 주식을 가진 소수주주[3]는 회사에 대하여 이유를 기재한 서면으로 이사의 책임을 추궁할 소의 제기를 청구할 수 있다(403조 1항 · 2항). 회사가 이러한 청구를 받은 날로부터 30일 내에 소를 제기하지 아니한 때에는 이를 청구한 주주가 회사를 위하여 소를 제기할 수 있다(3항). 그러나 위 기간의 경과로 회사에 회복할 수 없는 손해가 생길 염려가 있는 경우 주주는 즉시 소를 제기할 수 있다(4항).

대표소송을 제기한 주주의 보유주식이 제소 후 발행주식총수의 100분의 1 미만으로 감소한 경우(발행주식을 보유하지 않게 된 경우 제외)에도 제소의 효력에는 영향이 없다(403조 5항). 그러나 대표소송을 제기한 주주가 소송 계속 중에 주식을 전혀 보유하지 아니하게 되어 주주의 지위를 상실하면 특별한 사정이 없는 한 그 주주는 원고적격을 상실하게 되어 그가 제기한 소는 부적법하게 되고(대판 2013.9.12., 2011다67869), 이는 그 주주가 자신의 의사에 반하여 주주의 지위를 상

1) 박원선 · 이정한(회) 316 · 317면; 정희철(상) 498 · 499면.

2) 서돈각(상) 399면; 강위두 · 임재호(상) 882면; 정동윤(상) 655면; 이철송(회) 795면; 최준선(회) 559면; 권기범(회) 882면; 김정호(상) 704면; 송옥렬 1064면. 반대(재임 중 부담한 채무에 한정함): 손주찬(상) 822면; 김홍기 619면.

3) **상장회사**의 경우 6개월 전부터 계속하여 상장회사 발행주식총수의 1만분의 1 이상에 해당하는 주식을 보유한 자는 대표소송을 제기할 수 있다(542조의6 6항).

실한 경우에도 같다(대판 2018.11.29., 2017다35717).

대표소송을 제기한 주주가 소송 계속 중 주주의 지위를 상실한 경우 그 주주가 제기한 소가 부적법하게 되는지 여부(원칙적 적극) 및 이는 그 주주가 자신의 의사에 반하여 주주의 지위를 상실한 경우에도 마찬가지인지 여부(적극)(대판 2018.11.29., 2017다35717)

『1. 상법 제403조 제1항은 "발행주식의 총수의 100분의 1 이상에 해당하는 주식을 가진 주주는 회사에 대하여 이사의 책임을 추궁할 소의 제기를 청구할 수 있다.", 같은 조 제2항은 "제1항의 청구는 그 이유를 기재한 서면으로 하여야 한다.", 같은 조 제3항은 "회사가 전항의 청구를 받은 날로부터 30일 내에 소를 제기하지 아니한 때에는 제1항의 주주는 즉시 회사를 위하여 소를 제기할 수 있다."고 규정하고 있다. 이어 같은 조 제5항은 "제3항과 제4항의 소를 제기한 주주의 보유주식이 제소 후 발행주식 총수의 100분의 1 미만으로 감소한 경우(발행주식을 보유하지 아니하게 된 경우를 제외한다)에도 제소의 효력에는 영향이 없다."고 규정하고 있다. 그리고 구 은행법(2015.7.31. 법률 제13453호로 개정되기 전의 것, 이하 '구 은행법'이라 한다) 제23조의5 제1항은 "6개월 이상 계속하여 은행의 발행주식 총수의 10만분의 5 이상에 해당하는 주식을 대통령령으로 정하는 바에 따라 보유한 자는 상법 제403조에서 규정하는 주주의 권리를 행사할 수 있다."고 규정하고 있다.

이러한 규정들을 종합하여 보면, 주주가 대표소송을 제기하기 위하여는 회사에 대하여 이사의 책임을 추궁할 소의 제기를 청구할 때와 회사를 위하여 그 소를 제기할 때 상법 또는 구 은행법이 정하는 주식보유요건을 갖추면 되고, 소 제기 후에는 보유주식의 수가 그 요건에 미달하게 되어도 무방하다. 그러나 대표소송을 제기한 주주가 소송의 계속 중에 주식을 전혀 보유하지 아니하게 되어 주주의 지위를 상실하면, 특별한 사정이 없는 한 그 주주는 원고적격을 상실하여 그가 제기한 소는 부적법하게 되고(상법 제403조 제5항, 대법원 2013.9.12. 선고 2011다57869 판결 참조), 이는 그 주주가 자신의 의사에 반하여 주주의 지위를 상실하였다 하여 달리 볼 것은 아니다.

2. 원심은, 다음과 같은 이유로 이 사건 대표소송 제기 후 주식회사 외환은행(이하 '외환은행'이라고 한다)의 주식을 전혀 보유하지 않게 된 원고는 이 사건 원고적격을 상실하였다고 판단하였다. 즉, 원고는 이 사건 소 제기 당시 제1심 공동원고들과 함께 외환은행 발행주식의 약 0.013%인 84,080주를 보유한 주주였다. 그러나 이 사건 소송의 계속 중 외환은행과 주식회사 하나금융지주(이하 '하나금융지주'라고 한다)가 이 사건 주식교환을 완료하여 하나금융지주가 외환은행의 100% 주주가 되고 원고는 더 이상 외환은행의 주주가 아니게 되었다.

앞에서 본 법리와 기록에 비추어 살펴보면, 원심의 판단에 상고이유 주장과 같은 상법 제403조의 주주대표소송의 원고적격에 관한 법리오해 등의 위법이 없다.』

(3) 다중대표소송

2020년 12월 개정상법은 모회사의 대주주가 자회사를 설립하여 자회사의 자산 또는 사업기회를 유용하는 행위로부터 소수주주의 권익을 보호하기 위하여 소위 '다중대표소송' 제도를 도입하였다.[1)] 즉, (i) 모회사 발행주식총수의 100분

1) 개정 전 상법하에서 판례는 다중대표소송을 인정하지 않았다(대판 2004.9.23. 2003다

의 1 이상에 해당하는 주식을 가진 주주는 자회사에 대하여 자회사 이사의 책임을 추궁할 소의 제기를 청구할 수 있으며(406조의2 1항), (ii) 자회사가 이러한 청구를 받은 날부터 30일 내에 소를 제기하지 아니한 때에는 즉시 자회사를 위하여 소를 제기할 수 있도록 하였다(2항). 위 (i)의 청구를 한 후 모회사가 보유한 주식이 자회사 발행주식총수의 100분의 50 이하로 감소한 경우(발행주식을 보유하지 아니하게 된 경우 제외)에도 (i) 및 (ii)의 제소의 효력에는 영향이 없다(4항).[1]

다. 절 차

대표소송은 본점소재지 지방법원에 제기하여야 한다(403조 7항, 186조). 회사는 주주가 제기한 대표소송에 참가할 수 있으며, 제소주주는 소 제기 후 지체없이 회사에 대하여 그 소송의 고지를 하여야 한다(404조). 이사가 제소주주의 악의를 소명하여 청구한 경우 법원은 그 주주에게 상당한 담보를 제공할 것을 명할 수 있다(403조 7항, 176조 3항·4항).

회사가 소수주주의 청구에 따라 이사의 책임을 추궁하는 소를 제기하거나 소수주주가 대표소송을 제기한 경우 당사자는 법원의 허가를 얻지 않고는 소의 취하, 청구의 포기·인락·화해를 할 수 없다(403조 6항). 대표소송의 원고와 피고가 공모하여 소송의 목적인 회사의 권리를 사해할 목적으로써 판결을 하게 한 때에는 회사 또는 주주는 확정한 종국판결에 대하여 재심의 소를 제기할 수 있다(406조 1항).

라. 판결의 효과

대표소송을 제기한 주주가 승소한 때에는 그 주주는 회사에 대하여 소송비용 및 그 밖에 소송으로 인하여 지출한 비용 중 상당한 금액의 지급을 청구할 수 있다. 이 경우 소송비용을 지급한 회사는 이사 또는 감사에 대하여 구상권이 있다(405조 1항). 제소주주가 패소한 때에는 악의인 경우 외에는 회사에 대하여 손해를 배상할 책임이 없다(2항).

492210).

1) 모회사가 상장회사인 경우 그 발행주식총수의 1만분의 50에 해당하는 주식을 보유한 자는 상법 제406조의2에 따른 주주의 권리를 행사할 수 있다(542조의6 7항).

제3절 감사 및 감사위원회

주식회사는 물적회사이면서 소유와 경영이 분리되어 있어 주주와 회사채권자의 이익을 보호하기 위한 경영진의 감독이 다른 어느 종류의 회사에서보다 중요하다. 상법은 주주총회(예: 이사의 선임 · 해임) · 이사회(예: 이사의 업무감독) · 주주(예: 회계장부열람권) 및 검사인(예: 회사의 업무 · 재산상태의 조사)에게도 일정한 감독기능을 부여하고 있지만, 그 외에도 강력한 권한을 가진 감사전담기관들을 두고 있다. 즉, 필요적 상설기관으로서의 감사와 이를 대체할 수 있는 감사위원회가 그것이다. 이하에서는 이들 두 기관을 중점적으로 살펴보기로 한다.[1)]

Ⅰ. 감 사

1. 의 의

감사(監事)는 회사의 감사(監査)를 주된 직무권한으로 하는 주식회사의 필요적 상설기관이다. 다만 자본금 총액 10억원 미만인 회사는 감사를 두지 않을 수 있다(409조 4항). 감사는 수인이 있는 때에도 회의체가 아니므로 각자 독립하여 그 권한을 행사한다.

2. 선임 및 종임

감사는 주주총회에서 보통결의로 **선임**한다(409조 1항). 다만 회사가 전자적 방법으로 의결권을 행사할 수 있도록 한 경우(368조의4 1항)에는 출석한 주주의 의결권의 과반수로써 감사의 선임을 결의할 수 있다(409조 3항). 의결권 없는 주식을 제외한 발행주식총수의 100분의 3(정관에서 더 낮은 주식 보유비율을 정할 수 있으며,

1) 자산총액 5천억원 이상인 **상장회사**는 대통령령이 정하는 바에 따라 **준법통제기준**을 마련하고 그 준수에 관한 업무를 담당할 **준법지원인**을 1명 이상 두어야 한다. 다만 다른 법률에 따라 내부통제기준 및 준법감시인을 두어야 하는 회사는 예외이다(542조의13, 영39조 내지 42조). 이는 법률전문가가 미리 회사경영의 적법성을 자체 점검함으로써 기업의 자발적인 준법 · 윤리경영 노력을 촉진하기 위해 2011년 개정상법에서 도입된 제도이다.

정관에서 더 낮은 주식 보유비율을 정한 경우에는 그 비율로 한다)을 초과하는 주식을 가진 주주는 감사선임결의에서 그 초과하는 주식에 관하여 의결권을 행사하지 못한다(2항).[1]

감사의 수와 자격에는 제한이 없다.[2] 그러나 회사 및 자회사의 이사 또는 지배인 기타 사용인의 직무를 겸하지 못한다(411조). 감사의 임기는 취임 후 3년 내의 최종의 결산기에 관한 정기총회의 종결시까지로 한다(410조). 감사를 선임한 때에는 그 성명과 주민등록번호를 등기하여야 한다(317조 2항 8호).

감사와 회사는 위임관계이며(415조, 382조 2항) 그 **종임**사유는 대체로 이사와 같다. 다만 이사와 달리 회사의 해산은 종임사유가 아니다. 또한 감사는 주주총회에서 특별결의로 해임될 수 있으나(415조, 385조 1항), 감사는 주주총회에서 그 해임에 관하여 의견을 진술할 수 있다(409조의2). 해임결의 부결시의 소수주주에 의한 감사해임청구의 소(415조, 385조 2항), 감사 결원시의 퇴임이사의 권리의무 및 일시 감사의 직무를 행할 자의 선임 등은 이사의 경우와 같다(415조, 386조). 감사의 종임도 등기사항이다.

3. 권 한

감사는 이사의 직무의 집행을 감사한다(412조 1항). 감사의 직무감사가 적법성 감사 외에 일반적인 타당성 감사에도 미친다는 견해가 있으나,[3] 감사의 직무감사는 적법성감사를 위주로 하며 명문의 규정이 있는 경우(413조, 447조의4 2항 5호 · 8호)에만 타당성감사가 허용된다고 본다(다수설).[4]

---

1) **상장회사**가 감사를 선임 또는 해임할 때에는 의결권 없는 주식을 제외한 발행주식총수의 100분의 3(정관에서 더 낮은 주식 보유비율을 정한 경우에는 그 비율로 한다)을 초과하는 수의 주식을 가진 주주(최대주주인 경우에는 사외이사가 아닌 감사위원회위원을 선임 또는 해임할 때에 그의 특수관계인, 그 밖에 대통령령으로 정하는 자가 소유하는 주식을 합산한다)는 그 초과하는 주식에 관하여 의결권을 행사하지 못한다(542조의12 7항, 영 38조 2항).

2) 자산총액 1천억원 이상 2조원 미만인 **상장회사**는 회사에 상근하면서 감사업무를 수행하는 감사(**상근감사**)를 1명 이상 두어야 한다. 다만 법정 요건을 갖춘 감사위원회를 설치한 경우는 예외이다(542조의10 1항), 상근감사에 대하여는 일정한 결격사유가 규정되어 있다(2항).

3) 최기원 · 김동민(상) 885면; 이기수 · 최병규(회) 554면.

4) 손주찬(상) 831면; 정동윤(상) 669 · 670면; 이철송(회) 842 · 843면; 정찬형(상) 1085면; 최준선(회) 600면; 송옥렬 1082면.

가. 조사 관련 권한

감사는 언제든지 이사에 대하여 영업에 관한 보고를 요구하거나 회사의 업무와 재산상태를 조사할 수 있으며, 회사의 비용으로 전문가의 도움을 구할 수 있다(412조 2항·3항). 또한 모회사의 감사는 그 직무를 수행하기 위하여 필요한 때에는 자회사에 대하여 영업의 보고를 요구할 수 있으며, 자회사가 지체없이 보고를 하지 않을 때 또는 그 보고의 내용을 확인할 필요가 있는 때에는 자회사의 업무와 재산상태를 조사할 수 있다(412조의5 1항·2항). 자회사는 정당한 이유가 없는 한 이러한 보고 또는 조사를 거부할 수 없다(3항).

나. 이사·이사회 및 주주총회 관련 권한

이사가 법령 또는 정관에 위반한 행위로 인하여 회사에 회복할 수 없는 손해가 생길 염려가 있는 경우 감사는 회사를 위하여 이사에 대하여 그 행위를 유지할 것을 청구할 수 있다(402조).

감사는 **이사회**에 출석하여 의견을 진술할 수 있으며(391조의2 1항), 필요하면 회의의 목적사항과 소집이유를 서면에 적어 이사(소집권자가 있는 경우 소집권자)에게 제출하여 이사회 소집을 청구할 수 있다(412조의4 1항). 이러한 청구에도 불구하고 이사 또는 소집권자가 지체없이 이사회를 소집하지 않으면 그 청구한 감사가 이사회를 소집할 수 있다(2항).

또한 감사는 회의의 목적사항과 소집의 이유를 기재한 서면을 이사회에 제출하여 **임시총회**의 소집을 청구할 수 있다(412조의3 1항). 이러한 청구가 있은 후 지체없이 총회소집의 절차를 밟지 아니한 때에는 감사가 법원의 허가를 얻어 총회를 소집할 수 있다(412조의3 2항, 366조 2항).

다. 소송 관련 권한

회사가 이사에 대하여 또는 이사가 회사에 대하여 소를 제기하는 경우 감사가 회사를 대표한다(394조 1항 전단). 소수주주가 이사의 책임추궁을 위한 대표소송의 제기를 청구한 경우에도 같다(394조 1항 후단, 403조 1항). 자본금 총액 10억원 미만인 회사가 감사를 선임하지 않은 경우 회사가 이사에 대하여 또는 이사가 회사에 대하여 소를 제기한 때에는 회사·이사 또는 이해관계인은 법원에 회사를 대표할 자를 선임해 줄 것을 신청하여야 한다(409조 5항).

한편 감사는 회사설립무효의 소(328조), 주주총회결의취소의 소(376조), 신주발행무효의 소(429조), 감자무효의 소(445조), 합병무효의 소(529조) 등 각종의 소를 제기할 수 있다.

4. 의무와 책임

가. 의 무

감사는 수임인으로서 회사에 대하여 선량한 관리자의 주의의무를 진다(민 681조). 상법상 감사의 의무는 다음과 같다. (i) 감사는 이사가 법령 또는 정관에 위반한 행위를 하거나 그 행위를 할 염려가 있다고 인정한 때에는 **이사회**에 이를 보고하여야 한다(391조의2 2항). (ii) 감사는 이사가 주주총회에 제출할 의안 및 서류를 조사하여 법령 또는 정관에 위반하거나 현저하게 부당한 사항이 있는지의 여부에 관하여 **주주총회**에 그 의견을 진술하여야 한다(413조). (iii) 감사는 감사에 관하여 **감사록**을 작성하여야 하며, 이에는 감사의 실시요령과 그 결과를 기재하고 감사를 실시한 감사가 기명날인 또는 서명하여야 한다(413조의2). (iv) 감사는 정기총회일의 6주간 전에 이사로부터 재무제표 및 영업보고서를 받은 날부터 4주 내에 **감사보고서**를 이사에게 제출하여야 한다(447조의4 1항).[1] (v) 감사는 재임 중 뿐만 아니라 퇴임 후에도 직무상 알게 된 회사의 **영업상 비밀**을 누설하여서는 안 된다(415조, 382조의4).

감사에 대하여는 경업금지의무, 회사기회유용금지의무 및 자기거래금지의무에 관한 규정이 없다.

1) **주식회사의 외부감사에 관한 법률**(외부감사법)에 따르면 일정 규모 이상의 주식회사는 재무제표(연결재무제표를 작성하여야 하는 회사의 경우 연결재무제표 포함)를 작성하여 회사로부터 독립된 외부의 감사인에 의한 회계감사를 받아야 한다(외감 2조 본문). 이러한 외부감사의 대상인 회사는 (i) 자산총액 120억원 이상인 주식회사, (ii) 주권상장법인 또는 주권상장법인이 되려는 주식회사, (iii) 부채총액과 자산총액이 각각 70억원 이상인 주식회사 및 (iv) 종업원 수가 300명이고 자산총액이 70억원 이상인 주식회사이다(동법 시행령 2조 1항). 다만 이에는 일정한 예외가 있다(동조 단서, 외감령 2조 2항). 감사인이 될 수 있는 자는, (i) 회계법인 및 (ii) 한국공인회계사회에 등록한 감사반이다(동법 3조 1항). 감사인은 일정 요건 하에 회사 및 제3자에 대한 손해배상책임을 지며(외감 17조 1항 · 2항), 이 경우 해당 회사의 이사 · 감사 또는 감사위원회 위원도 그 책임이 있으면 감사인은 이들과 연대하여 손해를 배상할 책임이 있다(4항).

나. 책 임

감사가 그 임무를 해태한 때에는 그 감사는 회사에 대하여 연대하여 손해를 배상하여야 하며, 악의 또는 중과실로 인하여 그 임무를 해태한 때에는 그 감사는 제3자에 대하여 연대하여 손해를 배상할 책임이 있다(414조 1항 · 2항). 감사가 회사 또는 제3자에 대하여 손해를 배상할 책임이 있는 경우에 이사도 그 책임이 있는 때에는 그 감사와 이사는 연대하여 배상할 책임이 있다(3항).

회사에 대한 감사의 책임은 대표소송의 대상이 된다(415조, 403조 내지 406조). 그러나 감사의 위법행위에 대한 유지청구제도는 인정되지 않는다.

II. 감사위원회

1. 의 의

감사위원회는 감사(監事)에 갈음하여 주식회사의 감사(監査)를 고유의 직무권한으로 하는 이사회내 위원회이다. 즉, 회사는 정관이 정한 바에 따라 감사에 갈음하여 감사위원회를 설치할 수 있으며, 이 경우 감사는 둘 수 없다(415조의2 1항). 이는 감사제도의 실효성을 확보하고 기업의 투명성을 높이기 위해 미국식 감사위원회제도가 필요하다는 주장에 따라 1999년 개정상법에서 도입하면서, 그 채택 여부를 기업이 임의로 선택할 수 있도록 한 것이다.[1] 감사위원회가 제 기능을 발휘하기 위해서는 이사회의 하부위원회라는 한계를 극복하여야 하는데, 상법은 감사위원회위원의 3분의2 이상을 사외이사로 선임하도록 하는 등 그 독립성을 확보하기 위한 규정들을 두고 있다.

2. 설치 · 구성 및 운영

감사위원회의 설치 · 폐지 및 운영, 감사위원회위원의 선임 및 해임 등은 여타의 이사회 내 위원회와 대체로 같다(415조의2 1항, 393조의2). 차이가 나는 점들은 다음과 같다.[2] (i) 감사위원회는 3명 이상의 위원으로 구성하며, 사외이사가 위

1) 자산총액 2조원 이상인 **상장회사**는 감사위원회를 설치할 의무가 있다. 다만 이에는 일정한 예외가 있다(542조의11 1항, 영 37조 1항).

2) 감사위원회를 의무적으로 설치하여야 하는 자산총액 2조원 이상의 **상장회사** 및 상근감사 대신 감사위원회를 설치하는 자산총액 1천억원 이상 2조원 미만의 **상장회사**(542조

원의 3분의2 이상이어야 한다(415조의2 2항). (ii) 감사위원회위원의 해임에 관한 이사회의 결의는 이사 총수의 3분의2 이상의 결의로 하여야 한다(3항). (iii) 감사위원회는 그 결의로 위원회를 대표할 자를 선정하여야 하며, 이 경우 수인의 위원이 공동으로 위원회를 대표할 것을 정할 수 있다(4항). (iv) 이사회는 감사위원회가 결의한 사항에 대하여 다시 결의하지 못한다(415조의2 6항, 393조의2 4항 후단).

3. 권한 · 의무 및 책임

감사위원회에 대하여는 감사에 관한 규정이 준용되어, 감사위원회의 권한과 의무는 감사의 그것과 같고, 감사위원회위원의 책임도 감사의 그것과 같다(415조의2 7항). 따라서 회사와 이사 간의 소에 있어서 감사위원회가 회사를 대표하나(415조의2 7항, 394조 1항), 감사위원회위원이 소의 당사자가 되는 경우 감사위원회 또는 이사는 법원에 회사를 대표할 자를 선임하여 줄 것을 청구할 수 있다(394조 2항).

의10 1항 단서)에 대하여는 다음과 같은 특례규정이 적용된다.

첫째, 감사위원회위원이 자격이 제한된다. 즉, (i) 감사위원회위원 중 1명 이상은 대통령령으로 정하는 회계 또는 재무전문가이어야 하고, (ii) 감사위원회의 대표는 사외이사여야 하며(542조의11 2항), (iii) 상근감사의 결격사유가 사외이사 아닌 감사위원회위원에게 동일하게 적용된다(동조 3항, 542조의10 2항).

둘째, 감사위원회위원을 선임 · 해임하는 권한은 주주총회에 있다(542조의12 1항, 542조의10 1항 단서).

셋째, 감사위원회 위원 중 1명(정관에서 2명 이상으로 정한 경우에는 그에 따른 인원)은 주주총회의 결의로 다른 이사들과 분리하여 감사위원회위원이 되는 이사로 선임하여야 한다(542조의12 2항)(**감사위원 분리선출 제도**). 이와 같이 분리선출한 감사위원회위원은 주주총회 특별결의로 해임함으로써 이사와 감사위원회위원의 지위를 모두 상실한다(3항 2문).

넷째, 감사위원회위원을 선임 또는 해임할 때에는 상장회사의 의결권 없는 주식을 제외한 발행주식총수의 100분의 3(정관에서 더 낮은 주식 보유비율을 정할 수 있으며, 정관에서 더 낮은 주식 보유비율을 정한 경우에는 그 비율로 한다)을 초과하는 수의 주식을 가진 주주(최대주주인 경우에는 사외이사가 아닌 감사위원회위원을 선임 또는 해임할 때에 그의 특수관계인, 그 밖에 대통령령으로 정하는 자가 소유하는 주식을 합산한다)는 그 초과하는 주식에 관하여 의결권을 행사하지 못한다(4항, 영 38조 1항).

다섯째, 회사가 전자적 방법으로 의결권을 행사할 수 있도록 한 경우(368조의4 1항)에는 주주총회 보통결의 요건에 관한 규정(368조 1항)에도 불구하고 출석한 주주의 의결권의 과반수로써 감사위원회위원의 선임을 결의할 수 있다(524조의12 8항).

회사법

제6장 신주의 발행

주식회사가 집단적·대량적으로 일반 대중으로부터 자금을 조달하는 방법에는 신주의 발행과 사채의 발행이 있다. 전자는 자금제공자가 회사 내부로 들어와 주주가 되기 때문에 자기자본조달이라 하고, 후자는 자금제공자가 회사 외부의 채권자로 남기 때문에 타인자본조달이라 한다. 상법은 이 두 방법에 의한 자금조달을 모두 이사회의 권한으로 하고 있다. 즉, 사채발행은 이사회의 결의에 의하여 하며(469조 1항), 신주발행도 원칙적으로 이사회가 결정한다(416조).

신주발행은 회사 성립 후에 자기자본 조달 목적으로 이루어지는 것이 보통이나(통상의 신주발행), 그 외에도 신주가 발행되는 여러 경우가 있다(특수한 신주발행). 즉, 준비금의 자본금전입(461조), 주식배당(462조의2 1항), 전환주식(346조 이하)의 전환, 전환사채(513조 이하)의 전환, 신주인수권부사채(516조의2 이하)의 신주인수권 행사, 회사의 합병(523조)·분할(530조의5) 및 분할합병(530조의6), 주식의 분할(329조의2)·병합(440조 이하)·포괄적 교환(360조의2) 및 포괄적 이전(360조의15) 등의 경우가 그것이다. 이러한 특수한 신주발행은 별도의 절차가 규정되어 있을 뿐 아니라, 회사 재산이 증가하지 않는 경우가 대부분이고, 자본금도 불변하거나 감소하는 경우가 있는 등 통상의 신주발행과는 여러 차이점이 있다.

특수한 신주발행과 사채발행에 대하여는 각각 관계되는 곳에서 살펴보기로 하고, 이 자리에서는 통상의 신주발행을 중심으로 그 절차와 효력 및 하자 있는 신주발행에 대한 조치 등을 살펴보고자 한다. 통상의 신주발행은 외관상 회사의 일부설립과 유사하며, 그 절차도 대체로 모집설립에 가깝다.

제1절 신주발행사항의 결정

I. 결정기관 및 결정사항

신주의 발행은 원칙적으로 이사회가 결정한다. 즉, 신주발행 시 다음 사항 중 정관에 규정이 없는 것은 이사회가 이를 결정한다. 이는 대표이사나 다른 자에게 위임할 수 없으나(통설), 정관으로 주주총회에서 정하도록 할 수 있다(416조).

- 신주의 종류와 수
- 신주의 발행가액과 납입기일
- 무액면주식의 경우에는 신주의 발행가액 중 자본금으로 계상하는 금액
- 신주의 인수방법
- 현물출자자의 성명과 그 목적재산의 종류 · 수량 · 가액과 이에 대하여 부여할 주식의 종류와 수
- 주주가 가지는 신주인수권을 양도할 수 있는 것에 관한 사항
- 주주의 청구가 있는 때에만 신주인수권증서를 발행한다는 것과 그 청구기간

이 중 신주의 발행가액과 관련하여 액면미달발행이 금지되고 있으며, 신주인수권은 주주 외에 제3자에게도 인정될 수 있다. 이 두 사항에 관하여 아래에서 좀 더 상세히 살펴본다.

II. 액면미달발행

1. 의 의

주식은 액면미달의 가액으로 발행하지 못한다(330조 본문). 자본금충실의 원칙에 위배되기 때문이다. 그러나 회사설립 후 주가가 액면가 이하로 하락한 상태에서 신주를 발행해서라도 자금을 조달하여야 할 필요가 있을 수 있다. 그리하여 상법은 엄격한 요건 하에 신주의 액면미달발행(할인발행)을 허용하고 있다. 무액면주식의 경우는 액면미달의 문제가 발생하지 않는다.

2. 요 건

액면미달발행을 위해서는, (i) 회사 성립 후 2년을 경과한 후에 주식을 발행하는 경우라야 하며, (ii) 주주총회의 특별결의와 법원의 인가를 얻어야 한다(417조 1항). 이 주주총회 결의에서는 주식의 최저발행가액을 정하여야 한다(2항). 법원은 회사의 현황과 제반사정을 참작하여 최저발행가액을 변경하여 인가할 수 있으며, 이 경우 법원은 회사의 재산상태 기타 필요한 사항을 조사하게 하기 위하여 검사인을 선임할 수 있다(3항). 액면미달의 신주발행은 법원의 인가를 얻은 날로부터 1월 내에 하여야 하나, 법원은 이 기간을 연장하여 인가할 수 있다(4항).

3. 회사채권자를 위한 공시

신주를 액면미달로 발행한 경우 회사채권자 보호를 위해 그 발행조건과 미상각액을 주식청약서에 기재하도록 하고 있다(420조 4호). 또한 신주발행으로 인한 변경등기에는 미상각액을 등기하여야 한다(426조).

Ⅲ. 신주인수권

1. 의 의

신주인수권이란 회사가 그 성립 후에 발행하는 신주를 다른 사람에 우선하여 인수할 수 있는 권리를 말한다. 회사의 신주를 주주 이외의 제3자가 인수하면 기존 주주의 지분율이 줄어들어 회사지배에 대한 영향력이 약해지고, 시가 또는 주당 순자산가치보다 낮은 가액으로 신주를 발행할 경우 기존 주주가 보유하고 있는 주식의 가치가 희석된다. 이를 막기 위하여 신주인수권은 원칙적으로 주주에게 부여된다(주주배정)(418조 1항). 다만 상법은 일정한 경영상 목적을 달성하기 위하여 필요한 경우 정관으로 정하는 바에 따라 제3자에게 신주를 배정할 수 있도록 하였다(제3자배정)(2항). 상법 또는 정관의 규정에 의하여 주주 또는 제3자에게 인정된 신주인수권을 추상적 신주인수권이라 하며, 실제 신주를 발행할 때 이사회의 결의로 주주 또는 제3자에게 부여되는 권리를 구체적 신주인수권이라 한다.

2. 주주의 신주인수권

가. 의의 및 성질

주주는 그가 가진 주식 수에 따라 신주의 배정을 받을 권리가 있다(418조 1항). 이를 주주의 신주인수권이라 한다. 주주의 추상적 신주인수권은 주주권의 일부를 이루므로 주식과 분리하여 양도 또는 처분하지 못하나, 구체적 신주인수권은 채권적 권리로서 주식과 별도로 양도·처분이 가능하다.

나. 신주인수권의 대상이 되는 주식

주주의 추상적 신주인수권은 현재의 발행예정주식총수에서 이미 발행한 주식총수를 제외한 미발행주식총수에 대해 존재하는 것은 물론이며, 발행예정주식총수를 증가시키는 경우 그 증가된 발행예정주식총수에 대하여도 인정된다. 그러나 준비금의 자본금전입(461조), 주식배당(462조의2), 주식의 병합 또는 분할(440조 내지 444조, 329조의2)로 인한 신주발행의 경우 모든 주주가 신주인수인으로 정해져 있어 신주인수권이 문제되지 않는다. 또한 (i) 주식매수선택권의 행사(340조의2), 전환주식의 전환(346조 이하), 전환사채의 전환(513조 이하), 신주인수권부사채의 신주인수권 행사(516조의8)로 인한 신주발행, (ii) 주식의 포괄적 교환(360조의2 2항) 및 포괄적 이전(360조의15 2항)을 위한 신주발행, (iii) 흡수합병의 경우 소멸회사 주주에 대한 존속회사 주식의 발행(523조 3호), (iv) 현물출자자에 대한 신주발행(416조 4호)(대판 1989.3.14., 88누889) 등의 경우에는 신주를 받을 자가 미리 정해져 있어 추상적 신주인수권의 대상이 되지 않는다.

다. 신주인수권의 제한

회사는 정관에 정하는 바에 따라 주주 외의 자에게 신주를 배정할 수 있다(418조 2항 본문). 따라서 주주의 신주인수권은 정관으로 제한할 수 있을 뿐 아니라 완전히 박탈하는 것도 가능하다(통설). 다만 이러한 신주의 제3자 배정은 신기술의 도입, 재무구조의 개선 등 회사의 경영상 목적을 달성하기 위하여 필요한 경우에 한한다. 경영진의 경영권이나 지배권 방어는 여기서 말하는 경영상 목적에 해당하지 않는다(대판 2009.1.30., 2008다50776).[1)]

---

1) **자본시장법**에 의하여 주권상장법인은 불특정 다수인에게 신주인수의 청약을 할 기회를 부여하고 이에 따라 청약을 한 자에 대하여 신주를 배정하는 방식(**일반공모증자방식**)으로

라. 주주평등의 원칙과의 관계

신주인수권의 부여 및 제한은 주주평등의 원칙에 따라야 한다. 다만 회사가 가지는 자기주식 및 자회사가 가지는 모회사주식은 신주인수권이 인정되지 않는다(통설). 또한 회사가 종류주식을 발행하는 때에는 정관에 다른 정함이 없는 경우에도 주식의 종류에 따라 신주의 인수에 관하여 특수하게 정할 수 있다(344조 3항).

마. 신주인수권의 양도

(1) 요 건

주주의 구체적 신주인수권을 양도할 수 있는지에 관하여 과거 긍·부 양설이 대립하였으나, 1984년 개정상법은 이를 입법적으로 해결하여 그 양도성 여부를 회사가 정할 수 있도록 하고, 신주인수권의 양도성이 인정되는 경우를 위해 신주인수권증서제도를 도입하였다. 그리하여 상법상 주주의 구체적 신주인수권은 (i) 정관의 규정, (ii) 이사회결의(정관에 규정이 없는 경우), 또는 (iii) 주주총회결의(정관규정으로 주주총회에서 정하도록 한 경우)로 이를 양도할 수 있음을 정한 경우에 한하여 양도할 수 있다(416조 5호).

그런데 이러한 정함이 없는 경우에도 그 양도는 회사에 대하여 효력이 있다는 견해[1] 및 회사가 승낙한 경우 양도는 유효라는 견해(대판 1995.5.23., 94다36421)[2]가 있다. 이 경우 신주인수권의 양도의 방법 및 효력은 지명채권양도의 법리에 따른다고 한다. 그러나 이러한 양도는 회사에 대하여 효력이 없다고 보아야 할 것이다(다수설).[3] 신주인수권의 양도성을 회사가 정할 수 있도록 하고 그 양도방법으로 신주인수권증서를 도입한 상법의 취지가 몰각될 우려가 있기 때문이다.

(2) 방 법

신주인수권의 양도는 신주인수권증서의 교부에 의하여서만 할 수 있다(420조의3 1항). 따라서 회사가 신주인수권을 양도할 수 있음을 정한 경우에는 신주인수권

신주를 배정할 수 있다(자 165조의6 1항 3호). 이 경우 구체적인 배정방식은 정관이 정하는 바에 따라 이사회의 결의로 정하며, 주주의 신주인수권에 관한 상법 제418조 제1항 및 경영상의 목적에 관한 동조 제2항 단서는 적용되지 않는다(자 165조의6 4항).

1) 이철송(회) 891면.
2) 최준선(회) 633면.
3) 손주찬(상) 862면; 최기원 · 김동민(상) 920 · 921면; 정동윤(상) 695면; 이기수 · 최병규(회) 593면; 정찬형(상) 1120면.

증서를 발행하여야 한다(420조의2 1항).

(3) 신주인수권증서

(가) 의의 및 성질

신주인수권증서는 주주의 신주인수권을 표창하는 유가증권이다. 이미 발생한 신주인수권을 증권에 화체시킨 것이므로 비설권증권이며, 증서에 권리자를 표시할 필요가 없이 증서의 교부만으로 권리가 이전되므로 무기명증권이다. 또한 기재사항이 법정(420조의2 2항)된 요식증권이기도 하다.

(나) 발 행

회사가 (i) 신주인수권을 양도할 수 있음(416조 5호)을 정하면서, (ii) 주주의 청구가 있는 때에만 신주인수권증서를 발행한다는 것과 그 청구기간(동조 6호)을 함께 정한 경우에는 그 정함에 따라 신주인수권증서를 발행하여야 한다. 회사가 (i)만 정하고 (ii)를 정하지 않은 경우에는 신주청약기일의 2주간 전에 모든 주주에게 신주인수권증서를 발행하여야 한다(420조의2 1항).[1] 따라서 신주인수권증서는 청약기일 전 2주간 정도의 짧은 기간만 유통된다.

(다) 신주인수권의 전자등록

회사는 신주인수권증서를 발행하는 대신 정관으로 정하는 바에 따라 전자등록기관의 전자등록부에 신주인수권을 등록할 수 있다. 이 경우 주식의 전자등록에 관한 규정이 준용된다(420조의4, 356조의2 2항 내지 4항).

(라) 효 력

신주인수권을 양도하려면 신주인수권증서를 교부하여야 한다(420조의3 1항). 상법은 신주인수권증서의 유통을 보호하기 위해 그 점유자를 적법한 소지인으로 추정하고 선의취득을 인정하고 있다(동조 2항, 336조 2항, 수 21조).

또한 신주인수권증서가 발행된 경우 주식의 청약은 이 증서로 하여야 한다(420조의5 1항).

---

1) **자본시장법**에 의하면 주권상장법인이 주주배정으로 신주를 발행하는 경우 주주의 청구 여부를 불문하고 신주인수권증서를 발행하여야 한다(자 165조의6 3항).

3. 제3자의 신주인수권

가. 의의 및 부여의 요건

제3자의 신주인수권이란 주주 이외의 자가 신주를 우선적으로 인수할 수 있는 권리를 말한다. 상법상 제3자에게 신주인수권을 부여하려면, (i) 정관에 규정이 있어야 하며, (ii) 신기술의 도입, 재무구조의 개선 등 회사의 경영상 목적달성을 위해 필요한 경우라야 한다(418조 2항).[1]

제3자가 발기인·이사 등과 같이 회사조직상의 지위로 특정되어 있는 경우 인수권 부여계약이 없어도 정관 규정의 효력으로 신주인수권을 취득한다는 견해가 있으나,[2] 회사와의 계약이 있어야 한다고 본다. 즉, 제3자의 신주인수권은 계약상의 권리인 것이다(통설).[3] 또한 주주총회의 특별결의만으로 제3자에게 신주인수권을 부여할 수 있다는 견해가 있으나,[4] 반드시 정관의 규정이 필요하다고 본다.[5]

여기서 제3자는 종업원·임원 등과 같이 어느 정도 특정되어야 하며, 주주가 주주의 자격과 관계없이 신주인수권을 부여받는 경우도 제3자에 포함된다. 제3자에게 신주인수권을 부여한 경우 이를 주식청약서에 기재하여야 한다(420조 5호).

나. 양 도

제3자의 신주인수권을 양도할 수 있는지에 대해 명문규정이 없어 설이 갈리고 있다. 즉, (i) 이는 계약상의 권리이므로 양도할 수 있다는 견해,[6] (ii) 회사와의 특별한 관계를 고려하여 인정된 것이므로 양도할 수 없다는 견해[7] 및 (iii) 정관규정의 단체법적인 효력에 의해 인정된 권리이므로 양도할 수 없다는 견해[8]가

1) **자본시장법**에 의하면 주권상장법인 또는 주식을 신규로 상장하고자 하는 법인이 주식을 모집 또는 매출하는 경우에 당해 법인의 **우리사주조합원**은 모집 또는 매출하는 주식총수의 100분의 20 범위 안에서 우선적으로 주식의 배정을 받을 권리가 있다(자 165조의 7). 이는 법률에 의해 주주 이외의 자에게 신주인수권이 부여된 경우이다.
2) 이철송(회) 889면.
3) 손주찬(상) 860면; 최기원·김동민(상) 910면; 정동윤(상) 698면; 이기수·최병규(회) 596면; 정찬형(상) 1123·1124면; 최준선(회) 637면.
4) 정동윤(상) 698면; 이철송(회) 883면.
5) 최기원·김동민(상) 910·911면; 최준선(회) 638면; 송옥렬 1097면.
6) 정찬형(상) 1081면; 최준선(회) 640면.
7) 손주찬(상) 865면; 최기원·김동민(상) 910면; 정동윤(상) 699면; 이기수·최병규(회) 598면.
8) 이철송(회) 889면.

대립한다. 생각건대 제3자의 신주인수권은 계약상의 권리이지만 회사와의 특별한 관계를 고려하여 인정된 것이므로 그 양도를 허용하지 않는 것이 바람직할 것이다.

제2절 신주발행절차

I. 신주인수권의 내용 및 배정일의 지정 · 공고

1. 주주배정의 경우

주주에게 신주를 배정하는 경우 회사는 신주인수권자를 확정하기 위하여 일정한 날(신주배정일)을 정하여 그 날에 주주명부에 기재된 주주가 신주인수권을 가진다는 뜻을 그 날의 2주간 전에 공고하여야 한다. 신주인수권의 양도성을 인정하는 경우에는 그 뜻도 함께 공고하여야 한다. 신주배정일이 주주명부폐쇄기간 중인 때에는 그 기간의 초일의 2주간 전에 공고하여야 한다(418조 3항).

그리하여 신주배정일이 도래하면 그 날 현재 주주명부상의 주주가 신주인수권자로 확정된다. 배정일까지 명의개서를 하지 않은 주식에 배정된 신주를 협의의 **실기주**(실념주)라 하며, 그에 관한 법률관계에 대하여는 앞에서 살펴보았다(전술 명의개서 부분 참조).

2. 제3자배정의 경우

정관에 정하는 바에 따라 주주 이외의 자에게 신주를 배정하는 경우 회사는 (i) 신주의 종류와 수, (ii) 신주의 발행가액과 납입기일, (iii) 무액면주식의 경우에는 신주의 발행가액 중 자본금으로 계상하는 금액, (iv) 신주의 인수방법 및 (iv) 현물출자를 하는 자의 성명과 그 목적인 재산의 종류 · 수량 · 가액과 이에 대하여 부여할 주식의 종류와 수를 그 납입기일의 2주 전까지 **주주에게 통지하거나 공고**하여야 한다(418조 4항). 이러한 통지 · 공고의무는 제3자배정이 기존 주주의 신주인수권을 부당하게 침해할 경우 주주들에게 신주발행유지청구권을 행사할 기회를 주기 위한 것으로서, 2011년 개정에서 도입되었다.

Ⅱ. 신주인수권자에 대한 최고

주주배정의 경우 회사는 신주인수권자에 대하여 (i) 그 인수권을 가지는 주식의 종류 및 수와 (ii) 일정한 기일(청약기일)까지 주식인수의 청약을 하지 않으면 그 권리를 잃는다는 뜻을 그 청약기일의 2주간 전에 통지하여야 한다. 이 경우 신주인수권의 양도성 및 신주인수권증서의 발행에 관한 정함이 있는 경우에는 그 내용도 함께 통지하여야 한다(419조 1항 · 2항). 이러한 통지에도 불구하고 그 기일까지 주식인수의 청약을 하지 않으면 신주인수권자는 그 권리를 잃는다(실권주)(3항).

Ⅲ. 주식인수의 청약 및 신주의 배정 · 인수

주식인수의 **청약**은 모집설립의 경우와 마찬가지로 주식청약서 2통에 인수할 주식의 종류와 수 및 주소를 기재하고 기명날인 또는 서명함으로써 한다(425조 1항, 302조 1항). 이러한 청약이 비진의표시에 의한 것이고 상대방이 악의인 때에도 무효가 되지 않음은 모집설립의 경우와 같다(425조 1항, 302조 3항).

신주인수권증서가 발행된 경우 이 증서로 신주인수의 청약을 한다(420조의5 1항). 신주인수권증서를 상실한 자는 주식청약서에 의하여 청약을 할 수 있다. 그러나 그 청약은 신주인수권증서에 의한 청약이 있는 때에는 그 효력을 잃는다(2항).

신주인수의 청약이 있으면 대표이사가 이에 대해 신주를 **배정**함으로써 주식인수가 성립한다. 회사설립의 경우와 달리 신주인수의 청약이 모집주식의 총수에 미달한 경우에도 배정이 가능하다. 신주인수권자의 청약에 대하여 회사는 배정할 의무가 있으며 배정자유의 원칙이 적용되지 않는다. 신주인수인은 배정된 주식의 수에 따라 인수가액을 납입할 의무를 부담한다(425조 1항, 303조). 신주의 인수는 청약과 배정에 의해 성립하는 입사계약으로 본다(통설).

Ⅳ. 출자의 이행과 실권주의 처리

신주인수인은 소정의 납입기일에 배정된 주식 수에 따라 그 인수가액의 전액을 납입하여야 한다(421조 1항). 이때 납입장소, 현물출자의 이행방법, 납입장소 ·

납입금보관자의 변경 및 납입금보관자의 책임 등은 모집설립의 경우와 같다(425조 1항, 305조 2항 · 3항, 306조, 308조).

신주인수인은 회사의 동의 없이 그 납입채무와 주식회사에 대한 채권을 **상계**할 수 없다(421조 2항). 종래 자본금충실의 요청에 따라 상계에 의한 납입이 금지되었으나, 금융위기 이후 채권의 출자전환 필요성이 커지면서 2011년 개정을 통해 회사의 동의를 전제로 이를 허용한 것이다.

신주인수인이 납입기일에 납입 또는 현물출자의 이행을 하지 않은 때에는 그 권리를 잃는다(실권주)(423조 2항). 이 경우 신주인수인은 회사에 대한 손해배상책임을 진다(3항). 실무상으로는 청약과 동시에 납입금과 동액의 청약증거금을 납입하게 하므로, 실권주는 납입기일에는 거의 발생하지 않고 대부분 청약기일의 종료로 확정된다.

실권주의 처리에 관하여는 상법에 규정이 없다. 따라서 회사는 이를 미발행주식으로 유보할 수도 있고, 정관에 규정이 없더라도 이사회결의로 제3자에게 처분할 수도 있다(대판 2012.11.15., 2010다49380).[1)]

V. 현물출자의 검사

현물출자를 하는 자가 있는 경우 이사는 이를 조사하게 하기 위하여 검사인의 선임을 법원에 청구하여야 한다. 이 경우 공인된 감정인의 감정으로 검사인의 조

---

1) **자본시장법**에 의하면 주권상장법인은 실권주에 대하여 원칙적으로 발행을 철회하여야 한다(자 165조의6 2항 본문). 이는 상장회사의 신주발행에 있어 실권주가 대주주의 지분을 강화하는 수단으로 남용되는 것을 막기 위한 것이다. 다만 일정한 가격 이상으로 신주를 발행하는 경우로서 다음 중 어느 하나에 해당하는 경우는 실권주를 제3자에게 배정할 수 있다(동항 단서, 자령 176조의8 1항 내지 3항).

1. 실권주가 발생하는 경우 대통령령으로 정하는 특수한 관계에 있지 아니한 투자매매업자가 인수인으로서 그 실권주 전부를 취득하는 것을 내용으로 하는 계약을 해당 주권상장법인과 체결하는 경우
2. 주주배정의 경우 신주인수의 청약 당시에 해당 주권상장법인과 주주 간의 별도의 합의에 따라 실권주가 발생하는 때에는 신주인수의 청약에 따라 배정받을 주식수를 초과하는 내용의 청약을 하여 그 초과청약을 한 주주에게 우선적으로 그 실권주를 배정하기로 하는 경우. 이 경우 신주인수의 청약에 따라 배정받을 주식수에 대통령령으로 정하는 비율을 곱한 주식수를 초과할 수 없다.
3. 그 밖에 주권상장법인의 자금조달의 효율성, 주주 등의 이익 보호, 공정한 시장질서 유지의 필요성을 종합적으로 고려하여 대통령령으로 정하는 경우

사에 갈음할 수 있다(422조 1항). 그러나 다음의 경우에는 현물출자의 검사가 면제된다. 즉, (i) 목적재산의 가액이 자본금의 5분의 1 및 5천만원을 초과하지 않는 경우, (ii) 목적재산이 거래소의 시세 있는 유가증권으로서 회사에 의해 결정된 가액이 대통령령으로 정한 방법으로 산정된 시세를 초과하지 않는 경우, (iii) 변제기가 돌아온 회사에 대한 금전채권을 출자의 목적으로 하는 경우로서 그 가액이 회사장부에 적혀 있는 가액을 초과하지 않는 경우 및 (iv) 위 (i) 내지 (iii)에 준하는 경우로서 대통령령으로 정하는 경우가 그것이다(422조 2항, 영 14조). 이 중 (iii)은 회사설립 시에는 인정되지 않는 면제사유로서 채권을 출자전환하는 경우에 관한 것이다. 법원은 검사인의 조사보고서 또는 감정인의 감정결과를 심사하여 현물출자사항이 부당하다고 인정한 때에는 이를 변경하여 이사와 현물출자자에게 통고할 수 있으며, 이에 불복하는 현물출자자는 그 주식의 인수를 취소할 수 있다(422조 3항 · 4항). 법원의 통고 후 2주 내에 주식인수를 취소한 현물출자자가 없는 때에는 현물출자사항이 이에 따라 변경된 것으로 본다(5항).

Ⅵ. 신주발행의 효력발생

회사설립시와 달리 신주발행의 경우에는 일부 주식의 주금이 납입되지 않더라도 납입기일까지 납입된 주식만으로 신주발행의 효력이 발생한다. 그리하여 신주인수인이 납입 또는 현물출자의 이행을 한 때에는 납입기일의 다음날부터 주주의 권리의무가 있다(423조 1항 전단). 다만 이익배당에 관하여는, (i) 납입기일 이후 기간의 이익만을 배당하는 소위 일할배당(日割配當)을 할 수도 있고, (ii) 정관에 규정을 두어 영업연도 전체의 이익을 배당함으로써 구주와 같은 금액을 배당하는 소위 동등배당(同等配當)을 할 수도 있다.

Ⅶ. 등기와 이사의 자본금충실책임

신주발행의 효력이 발생하면 회사의 발행주식 총수와 자본금이 늘어나는데 이들은 모두 등기사항이므로 변경등기가 필요하다(317조 2항 2호 · 3호, 4항, 183조). 이 등기는 신주발행의 효력발생요건이 아니며 이미 효력이 발생한 사항을 **공시**하는

데 불과하다.

신주발행의 변경등기를 한 날로부터 1년을 경과한 후에는 신주를 인수한 자는 주식청약서 또는 신주인수권증서의 요건의 흠결을 이유로 하여 그 인수의 무효를 주장하거나 사기·강박 또는 착오를 이유로 하여 그 인수를 취소하지 못한다. 그 주식에 대하여 주주의 권리를 행사한 때에도 같다(427조).

신주의 발행으로 변경등기가 있은 후에 아직 인수하지 아니한 주식이 있거나 주식인수의 청약이 취소된 때에는 이사가 이를 공동으로 인수한 것으로 본다(428조 1항). 이사가 이러한 **인수담보책임**을 지는 경우에도 이사에 대한 손해배상청구가 가능하다(2항).

제3절 위법·불공정한 신주발행에 대한 조치

신주발행이 원칙적으로 이사회의 권한으로 되어 있어 주주의 개입 없이 이루어지는 만큼 불공정하거나 위법한 신주발행으로 인해 주주 및 회사의 이익이 침해될 우려가 있다. 그리하여 상법은 하자 있는 신주발행에 대한 사전적(신주발행의 효력발생 이전) 및 사후적(신주발행 효력발생 이후) 구제책들을 마련하고 있다. 첫째, 사전적 대책으로서 주주가 이사에 대하여 위법·불공정한 신주발행을 유지(留止)할 것을 청구할 수 있도록 하고 있다(424조). 둘째, 사후적 구제책으로서 불공정한 가액으로 주식을 인수한 자의 책임을 규정하고 있다(424조의2). 셋째, 보다 포괄적인 사후적 구제책으로서 신주발행무효의 소를 인정하고 있다(429조 이하).

Ⅰ. 신주발행의 유지청구

1. 의 의

회사가 법령 또는 정관에 위반하거나 현저하게 불공정한 방법에 의하여 주식을 발행함으로써 주주가 불이익을 받을 염려가 있는 경우에는 그 주주는 회사에 대하여 그 발행을 유지(留止)할 것을 청구할 수 있다(424조). 이러한 주주의 신주발행유지청구권은 전술한 이사위법행위유지청구권과 유사한 사전예방적 구제수단이나, 그 목적에 차이가 있다. 즉, 신주발행유지청구권은 '주주'의 이익보호를 목적으로 하는 권리로서 단독주주권으로 되어 있다. 이에 비해 이사위법행위유지청구권은 '회사'의 이익보호를 목적으로 하는 권리이며 소수주주권으로 되어 있다.

2. 요 건

가. 위법 또는 불공정한 신주발행

회사가 (i) 법령·정관에 위반하거나 (ii) 현저하게 불공정한 방법에 의해 주식을 발행하여야 한다(424조). (i)의 예로는 이사회결의가 없거나 하자 있는 결의에 의한 경우, 액면미달발행절차에 위배한 경우, 주주의 신주인수권을 무시한 경우, 정관상의 발행예정주식총수를 초과하여 발행하는 경우, 정관에 없는 종류의 주식을 발행한 경우 등을 들 수 있다. (ii)의 예로는 특정인에게 과다한 주식을 배정하는 경우, 현물출자를 과대평가하는 경우 등을 들 수 있다. (ii)의 경우 '현저한' 불공정을 요구하므로 다소 불공정한 데 불과한 경우는 유지청구를 할 수 없다. (i) 또는 (ii)에 해당하는 한 신주발행이 유효인지 무효인지 여부를 불문하고 유지청구를 할 수 있다.[1)]

나. 주주의 불이익 염려

위법·불공정한 신주발행으로 특정 주주가 불이익을 받을 염려가 있어야 한다(424조). 주주가 직접적 불이익을 받은 경우에 한하며, 회사가 손해를 입어 주주가 간접적으로 불이익을 받는 경우는 이사위법행위유지청구권(402조) 등으로 구제하여야 한다.[2)]

3. 청구권자

위법·불공정한 신주발행이 있다 해서 모든 주주가 유지청구를 할 수 있는 것은 아니고 이로 인해 불이익을 받을 염려가 있는 주주만이 유지청구를 할 수 있다. 단독주주권이므로 1주만 보유해도 가능하며, 신주인수권 및 의결권의 유무를

1) 이기수·최병규(회) 609면; 정찬형(상) 1137면.
2) 이철송(회) 907면; 정찬형(상) 1137면; 송옥렬 1113면.

불문한다. 주주 외의 제3자는 신주발행으로 불이익을 받더라도 손해배상청구를 할 수 있을 뿐이다.

4. 청구의 시기 · 방법

신주발행유지청구권은 사전적 구제수단이므로 신주발행의 효력이 발생(423조 1항)하기 전까지 행사하여야 한다. 신주발행이 무효인 경우 그 이후에도 주권발행 등을 유지할 수 있다는 견해가 있으나,[1] 이 경우는 사후구제수단인 신주발행무효의 소에 의하여야 할 것이다.[2] 유지청구의 방법에는 제한이 없다. 따라서 재판 외에서 청구할 수도 있고, 유지청구의 소를 제기할 수도 있으며, 이 소를 본안으로 발행유시의 가처분(민집 300조)을 신청할 수도 있다.

5. 효 과

주주의 유지청구가 있으면 회사는 신주발행의 위법 · 불공정을 심사하여 그 유지 여부를 결정하여야 할 것이다. 그러나 회사가 주주의 정당한 유지청구를 무시하고 신주를 발행하여도 그 신주발행이 무효가 되지는 않으며 이사의 책임이 발생할 뿐이다(401조). 다만 법원의 유지판결이나 가처분을 무시한 신주발행은 무효이다(통설).

Ⅱ. 이사와 통모한 인수인의 책임

1. 의의 및 성질

신주가 불공정한 가액으로 인수되면 회사는 (공정한 가액으로 인수된 경우에 비해) 적은 액수의 자금을 조달하게 되고, 기존 주주는 보유주식의 가치가 줄어드는 손실을 입게 된다. 이 경우 이사는 회사에 대한 손해배상책임을 질 수 있고(399조), 신주인수인도 불법행위가 성립되는 경우에는 손해배상책임을 진다(민 750조). 상법은 한 걸음 더 나아가 신주인수인이 이사와 통모하여 현저하게 불공

1) 정동윤(상) 711면; 이기수 · 최병규(회) 609면.
2) 이철송(회) 907면; 송옥렬 1115면.

정한 발행가액으로 주식을 인수한 경우 회사에 대하여 공정한 발행가액과의 차액을 지급할 의무를 지우고 있다(424조의2 1항).

이러한 통모인수인의 책임은 법률적으로는 회사에 대한 불법행위로 인한 손해배상책임으로 볼 수도 있으나, 실질적으로는 회사의 자본금충실을 위한 **추가출자의무**의 성질을 가지고 있으며, 주주유한책임의 예외가 된다(통설).

주주에게만 신주를 발행하는 경우에는 불공정한 가액으로 인한 이득과 주식가치 감소로 인한 손실이 상쇄되므로 통모인수인의 책임을 인정할 필요가 없다는 견해가 있으나,[1] 이 경우에도 이사와의 통모가 있고 발행가액이 현저하게 불공정하다면 자본금충실을 위해 차액지급책임을 인정하여야 할 것이다.[2]

2. 요 건

가. 이사와의 통모

인수인이 이사와 통모하였어야 한다. 따라서 통모가 없는 한 인수인의 책임은 발생하지 않으며, 인수가액이 불공정함을 인수인이 알았다는 사실만으로는 통모가 인정되지 않는다.

나. 현저하게 불공정한 발행가액

현저하게 불공정한 발행가액으로 주식이 인수되어야 한다. 여기서 **'발행가액'**은 이사회가 정한 발행가액이 아니라 인수인이 실제 납입한 인수가액을 말한다. 따라서 이사회가 정한 가액이 불공정해도 실제 인수가액이 공정하면 통모인수인의 책임은 발생하지 않는다(통설). 반대로 이사회가 정한 발행가액은 공정한데 실제 인수가액은 불공정한 경우에 관하여 설이 갈린다. 이 경우 주식인수는 무효이고 신주발행무효의 원인이 되므로 차액지급의무가 생길 여지가 없다는 견해가 있다.[3] 그러나 실제 인수가액이 액면가에 미달하지 않은 한 주식인수를 무효로 볼 것은 아니고 인수가액을 전액 납입한 이상 인수인이 실권한 것도 아니므로 자본금 충실을 위해 통모인수인의 책임을 인정할 필요가 있다(다수설).[4]

---

1) 이철송(회) 909·910면; 정찬형(상) 1139면; 송옥렬 1121면.
2) 최기원·김동민(상) 947면; 정동윤(상) 715면; 이기수·최병규(회) 616면; 최준선(회) 653·654면.
3) 최기원·김동민(상) 947면; 이철송(회) 909면.
4) 손주찬(상) 875면; 정동윤(상) 715면; 이기수·최병규(회) 616면; 정찬형(상) 1140면;

현저하게 불공정한 발행가액인지 여부를 판단할 기준이 되는 '공정한 발행가액'은 구주의 시가, 회사의 자산상태 및 수익력 등을 고려하여 결정하는데, 실무상 발행가액은 시가보다 다소 낮게 책정되는 것이 상례이다. 따라서 '현저하게 불공정한 발행가액'이 되려면 이러한 공정한 가액보다 훨씬 낮게 책정되는 경우라야 할 것이다. 현물출자의 현저한 과대평가도 통모인수인의 책임을 발생시킨다.

3. 내 용

이사와 통모한 인수인은 회사에 대하여 실제 인수한 금액과 공정한 발행가액과의 **차액을 지급할 책임**이 있다. 이 책임을 지는 것은 인수인 자신이며, 주식의 양도로 책임을 면할 수 없다. 통모인수인이 회사에 차액지급책임을 이행하는 경우 이는 추가출자의 성질을 가지므로 자본준비금으로 적립하여야 한다.

통모인수인이 차액지급책임을 지더라도 이사는 회사 또는 주주에 대하여 손해배상책임을 질 수 있다(424조의2 3항). 이러한 **이사의 책임**과 통모인수인의 책임은 부진정연대채무의 관계에 있다(이설 있음).[1)]

4. 책임의 추궁

이사와 통모한 인수인의 책임을 추궁하는 데 회사가 소극적일 우려가 있다. 따라서 상법은 통모인수인의 책임을 추궁하기 위한 소수주주의 대표소송을 인정하고 있다(454조의2 2항, 403조 내지 406조).

Ⅲ. 신주발행무효의 소

1. 의 의

신주발행에 하자가 있는 경우에 일반원칙에 따라 이를 무효로 할 경우 법률관계의 안정과 거래의 안전을 저해할 우려가 있다. 따라서 상법은 신주발행무효의

최준선(회) 654면; 송옥렬 1021면.

1) 손주찬(상) 876면; 최기원・김동민(상) 948면; 정동윤(상) 715면; 이기수・최병규(회) 616면; 정찬형(상) 1141면; 송옥렬 1121면. 반대(상호 독립된 채무라 함): 이철송(회) 910・911면; 최준선(회) 655면.

주장을 제한하고 법률관계의 획일적 확정을 도모하기 위해 신주발행무효의 소 제도를 규정하고 있다(429조 이하). 즉, 신주발행의 무효는 소로서만 주장할 수 있게 하고, 그 제소권자와 제소기간을 제한하며, 무효판결의 대세효를 인정하되 소급효를 제한하고 있는 것이다. 이러한 신주발행무효의 소는 형성의 소에 해당한다.

신주발행의 무효는 그 회(回)의 발행주식 전체를 무효로 하는 것으로서, 개개의 주식인수의 무효·취소와 구별된다. 또한 신주발행의 절차적·실체적 하자가 너무 커서 신주발행이 존재하지 않는다고 볼 수밖에 없는 경우는 **신주발행의 부존재**에 해당하여 누구라도 언제든지 어떤 방법으로든 그 부존재를 주장할 수 있다. 예컨대, 주주 아닌 자들이 개최한 임시총회에서 발행주식 총수에 대한 정관변경결의와 이사선임결의가 이루어졌고, 여기서 선임된 이사들이 이사회를 개최하여 대표이사 선임 및 신주발행결의를 한 경우 회사의 주주는 신주발행무효의 소의 제소기간에 구애받지 않고 신주발행 부존재확인의 소를 제기할 수 있다(대판 1989.7.25., 87다카2316).

2. 무효원인

상법은 신주발행무효의 원인을 규정하고 있지 않으나, 그 회의 발행주식 전체를 무효로 하여야 할 사유이므로, 이로 인한 법률관계의 혼란을 방지하기 위해 **가급적 무효사유를 제한**할 필요가 있다. 따라서 "법령이나 정관의 중대한 위반 또는 현저한 불공정이 있어 그것이 주식회사의 본질이나 회사법의 기본원칙에 반하거나 기존 주주들의 이익과 회사의 경영권 내지 지배권에 중대한 영향을 미치는 경우로서 신주와 관련된 거래의 안전, 주주 기타 이해관계인의 이익 등을 고려하더라도 도저히 묵과할 수 없는 정도라고 평가되는 경우에 한하여 신주의 발행을 무효로 할 수 있을 것이다."(대판 2010.4.29., 2008다65860).

구체적인 무효원인으로는, (i) 정관 소정의 발행예정주식총수를 초과하여 발행한 경우, (ii) 정관에 없는 종류의 주식을 발행한 경우, (iii) 액면미달 발행절차에 위배한 경우 및 (iv) 신주발행유지판결 또는 가처분을 위반한 경우 등을 들 수 있다. 그러나 현물출자의 평가가 부당하지 않은 한 현물출자의 검사절차를 밟지 않은 것만으로는 신주발행의 당연무효사유가 되지 않는다(대판 1980.1.12., 79다

509)(이설 있음).[1] 이사회결의 없이 신주를 발행한 경우도 거래안전을 위해 유효로 본다(대판 2007.2.22., 2005다77060 · 77077)(이설 있음)(전술한 전단적 대표행위의 효력 참조).

주주의 신주인수권을 무시한 경우에 대하여는 설이 갈린다. 즉, (i) 신주인수권의 근소한 일부분만이 무시된 경우는 유효라는 견해,[2] (ii) 구체적인 경우에 회사지배에 대한 영향력에 변동을 줄 정도이면 무효이고 그렇지 않으면 유효라는 견해[3], (iii) 주주의 신주인수권을 전부 또는 대부분 무시하거나 무시의 결과 지배권이 변동된 경우는 무효이나 근소하게 무시한 경우는 유효라는 견해[4] 및 (iv) 주주의 신주인수권에 대한 침해는 그 정도 및 지배권에의 영향 여하를 불문하고 신주발행 무효사유가 된다고 보는 견해[5]가 있다. 생각건대 신주발행의 무효원인을 엄격히 제한하는 입장에서 회사지배에 영향을 미치지 않는 신주인수권의 근소한 무시는 무효사유가 되지 않는다 할 것이다. (iii)설이 타당하다. 이에 비해 제3자의 신주인수권을 무시한 신주발행의 경우는 회사의 손해배상책임이 발생할 뿐 신주발행무효의 원인이 되지 않는다.

현저하게 불공정한 신주발행이 무효인지에 대하여도 설이 갈린다. 즉, (i) 거래안전을 위하여 유효로 보는 견해[6] 및 (ii) 회사지배에 영향을 미치거나 불공정이 현저한 경우는 무효라고 보는 견해[7]가 있다. (ii)설이 타당하다. 예컨대, 범죄행위를 수단으로 하여 이루어진 신주발행(대판 2003.2.26., 2000다42786), 신주발행금지 가처분이 내려진 상황에서 경영권 다툼을 벌이던 특정인과 그 우호주주들만 신주를 인수하여 그 지분율이 크게 증가한 경우(대판 2010.4.29., 2000다65860) 등이 이에 해당한다.

---

1) 정동윤(상) 713면; 이기수 · 최병규(회) 612면; 이철송(회) 913면; 정찬형(상) 1144면; 송옥렬 1115면. 반대(현물출자의 검사절차를 밟지 않은 신주발행은 무효라 함): 최기원 · 김동민(상) 938면.
2) 강위두 · 임재호(상) 936면; 이기수 · 최병규(회) 612면.
3) 이철송(회) 914면.
4) 정동윤(상) 712면; 송옥렬 1103면.
5) 최기원 · 김동민(상) 937면; 최준선(회) 659면.
6) 이기수 · 최병규(회) 612면.
7) 최기원 · 김동민(상) 939면; 정동윤(상) 713면; 정찬형(상) 1144면; 송옥렬 1116면.

3. 제소권자 · 제소기간 및 절차

신주발행무효주장은 반드시 소에 의하여야 하며, 주주 · 이사 · 감사만이 제소할 수 있고, 제소기간은 신주를 발행한 날로부터 6월내이다(429조). 신주발행무효의 소가 계속 중 원고적격의 근거가 되는 주식이 양도된 경우 그 양수인이 기존의 소송을 승계할 수 있으며, 원래의 소가 제소기간 내에 제기된 이상 양수인은 이 기간이 경과한 후에도 **승계참가**를 할 수 있다(대판 2003.2.26., 2000다42786).

신주발행무효의 소의 관할, 소제기의 공고, 병합심리, 하자의 보완과 청구의 기각, 패소원고의 책임, 무효판결의 등기 등은 설립무효의 소와 같고, 제소주주의 담보제공은 주주총회결의취소의 소와 같다(430조).

신주발행에 관한 이사회 또는 주주총회의 결의에 하자가 있는 경우, 신주발행의 효력발생 전에는 이러한 결의의 하자를 다툴 수 있으나, 그 효력발생 후에는 이사회(주주총회)결의무효확인의 소 내지 주주총회결의취소의 소는 신주발행무효의 소에 흡수되어 이러한 결의의 하자에 관한 소를 별도로 제기할 수 없다(흡수설)(통설)(합병무효의 소에 관한 대판 1993.5.27., 92누14908 참조).

4. 무효판결의 효력

신주발행 무효판결은 제3자에게도 효력이 있다(대세적 효력)(430조, 190조 본문). 그러나 법률관계의 안정을 위해 소급효는 부정되며 발행된 신주는 장래에 대하여만 그 효력을 잃는다(불소급효)(431조 1항). 따라서 이미 이루어진 신주의 양도, 의결권 행사 및 이익배당 등에는 영향이 없다.

그러나 발행된 주권은 장래에 대하여 효력을 잃게 되므로 회사에 반환되어야 한다. 따라서 회사는 지체없이 일정한 기간내에 신주의 **주권을 회사에 제출**할 것을 공고하고 주주명부에 기재된 주주와 질권자에 대하여는 각별로 그 통지를 하여야 한다. 주권제출기간은 3월 이상으로 하여야 한다(2항). 또한 회사는 신주의 주주에 대하여 그 **납입한 금액을 반환**하여야 한다(432조 1항). 이 금액이 무효판결 확정시의 회사의 재산상태에 비추어 현저하게 부당한 때에는 법원은 회사 또는 주주의 청구에 의하여 그 금액의 증감을 명할 수 있다(2항). 질권의 물상대위와 주식의 등록질에 관한 규정은 위의 납입금 반환의 경우에 준용된다(432조 3항, 339조, 340조 1항 · 2항).

회사법

제7장 정관의 변경

Ⅰ. 의의 및 범위

정관의 변경이란 실질적 의의의 정관, 즉 회사의 조직과 활동에 관한 근본규칙의 변경을 말한다. 회사 설립 시와 달리 형식적 의의의 정관, 즉 정관을 기재한 서면의 변경을 의미하지는 않는다. 정관의 변경은 원칙적으로 자유이나 주식회사의 본질, 강행법규, 주주평등의 원칙에 반해서는 안 되며 주주의 고유권을 침해할 수 없다.

Ⅱ. 절 차

정관의 변경에는 **주주총회의 특별결의**를 요하며(434조), 총회의 소집통지에 의안의 요령을 기재하여야 한다(433조 2항). 다만 행정구역의 변경 등 사실의 변경만으로 효력이 생기는 경우는 총회의 결의를 요하지 않는다. 회사가 수종의 주식을 발행한 경우에 정관변경을 함으로써 특정 종류의 주주에게 손해를 주게 될 때에는 주주총회의 특별결의 외에 그 종류의 주주의 총회(종류주주총회)의 결의가 있어야 한다(435조 1항).

Ⅲ. 정관변경의 효력발생

주주총회의 특별결의로 정관변경은 당연히 효력이 생기며, 서면인 정관의 변경이나, 등기의 변경 등은 효력발생요건이 아니다(대판 1978.12.26., 78누167). 다만 조건부(기한부) 정관변경 결의가 있은 경우에는 조건의 성취(기한의 도래)에 의하여 변경결의의 효력이 생긴다. 설립시의 원시정관에는 원칙적으로 공증인의 인증을 요하나(292조 본문), 정관의 변경에는 인증이 필요 없다.

Ⅳ. 문제되는 사항

발행예정주식총수를 증가 또는 감소시키려면 정관의 변경이 필요하다. 발행예정주식총수의 증가에는 제한이 없다. 그러나 이를 감소시키려면 자본금 감소절차를 거쳐야 한다. **주금액**을 인상할 경우 주주에게 추가출자의무를 부담시키게 되어 주주유한책임의 원칙에 반하므로 주주 전원의 동의를 요한다. 주금액의 감소는 자본금 감소절차에 따라야 한다.

회사법

제8장 자본금의 감소

I. 의 의

회사이 자본금의 액을 감소시키는 것을 자본금의 감소라 한다. 이는 주주의 권리를 감축·소멸시킬 뿐 아니라 회사채권자를 위한 담보를 감소시키므로 주주총회의 특별결의와 채권자보호절차 등 엄격한 절차에 따르도록 되어 있다.

자본금의 감소에는 두 가지 경우가 있다. 첫째, 실질상의 자본금감소는 불필요하게 된 자금을 주주에게 반환하는 방법으로 쓰이며, 회사재산이 실제로 감소한다. 둘째, 명의상의 자본금감소는 회사에 결손이 생겨 자본금의 액에 달하지 못할 때 양자를 일치시키기 위한 방법으로 쓰이며 회사재산은 감소하지 않는다.

II. 자본금감소의 방법

액면주식의 경우 자본금은 발행주식의 액면총액이므로, 주금액을 줄이거나 주식수를 줄이거나 혹은 양자를 병행함으로써 자본금을 감소시킬 수 있다. **무액면주식**의 경우 단순히 자본금의 액을 줄임으로써 자본금을 감소시킬 수 있다.

1. 주금액의 감소

주금액은 정관의 기재사항이므로 정관변경을 요한다. 또한 주금액은 100원 이상이어야 하므로(329조의2 2항) 이미 주금액이 이 수준에 와 있다면 이 방법은 불가능하다. 주금액의 감소에는 다시 (i) 주금액의 일부를 실제로 주주에게 반환하는 방법(실질적인 자본금감소)과 (ii) 감소되는 부분을 주주의 손실로 돌리는 방법(명의상의 자본금감소)이 있다. 주금액을 감소하는 경우의 절차에 대하여 상법에 규정이 없으나, 회사가 주주들에게 그 뜻을 통지하여 구주권을 제출하게 하고 신주권을 교부하여야 할 것이다.

2. 주식수의 감소

가. 주식의 소각

주식의 소각은 회사가 일정한 주식을 절대적으로 소멸시키는 행위를 말한다. 이는 다시 (i) 주주의 의사와 관계없이 이루어지는 강제소각과 (ii) 주주의 동의하에 특정주식을 양수하여 소멸시키는 임의소각으로 나뉜다. 또한 대가의 유무에 따라 유상소각과 무상소각으로 나눌 수도 있다. 주식의 강제소각에 의한 자본금 감소의 절차에 대하여는 후술하는 주식병합의 절차에 관한 규정을 준용한다(343조 2항, 440조 · 441조). 임의소각의 경우 주주로부터 주식을 취득하여 실효시키면 된다.

나. 주식의 병합

주식의 병합이란 수개의 주식을 합하여 그보다 적은 수의 주식으로 바꾸는 것을 말한다. 주식을 병합할 경우 회사는 1월 이상의 기간을 정하여 그 뜻과 그 기간 내에 주권을 회사에 제출할 것을 공고하고, 주주명부에 기재된 주주와 질권자에게는 각별로 그 통지를 하여야 한다(440조). 이 주권제출기간이 만료하면 주식병합의 효력이 발생한다(441조 본문). 다만 이 기간 내에 채권자이의절차(232조)가 종료하지 않은 때에는 그 절차가 종료한 때에 효력이 생긴다(동조 단서).

주식병합의 경우 구주권을 회사에 제출할 수 없는 자가 있는 때에는 회사는 그 자의 청구에 의하여 3월 이상의 기간을 정하고 이해관계인에 대하여 그 주권에 대한 이의가 있으면 그 기간 내에 제출할 것을 공고하고 그 기간이 경과한 후에 신주권을 청구자에게 교부할 수 있다(442조 1항). 이 경우 공고의 비용은 청구자가 부담한다(2항).

병합에 적당하지 않은 수의 주식이 있는 때에는 그 병합에 적당하지 않은 부분에 대하여 발행한 신주를 경매하여 각 주수에 따라 그 대금을 종전의 주주에게 지급하여야 한다. 그러나 거래소의 시세 있는 주식은 거래소를 통하여 매각하고, 거래소의 시세가 없는 주식은 법원의 허가를 받아 경매 외의 방법으로 매각할 수 있다(443조 1항). 이 경우 구주권을 회사에 제출할 수 없는 자가 있는 때에는 전술한 이의제출절차(442조)를 준용한다.

3. 양자의 병용

주금액을 감소시키면서 주식수도 줄이는 방법의 자본금감소도 가능하다. 예컨대, 주금액을 법정최저한인 100원으로 감소시켜도 충분치 않은 경우 이런 방법이 실익이 있을 것이다.

Ⅲ. 자본금감소의 절차

1. 주주총회의 특별결의

자본금감소를 위해서는 주주총회의 특별결의가 있어야 하나(438조 1항, 434조), 결손의 전보를 위한 자본금감소는 주주총회의 보통결의에 의한다(438조 2항, 368조 1항). 자본금감소에 관한 의안의 주요 내용은 소집통지에 기재하여야 한다(438조 3항). 자본금감소의 결의에서는 그 방법을 정하여야 하며(439조 1항), 감자방법의 결정을 이사회에 일임하는 것은 허용되지 않는다.

2. 채권자보호절차

회사는 자본금감소 결의일로부터 2주 내에 회사채권자에 대하여 자본금감소에 이의가 있으면 1월 이상으로 정한 일정기간 내에 제출할 것을 공고하고, 알고 있는 채권자에 대하여는 따로따로 최고하여야 한다(439조 2항, 232조 1항). 이의를 제출한 채권자가 있으면 변제·담보제공 또는 재산신탁을 하여야 한다(439조 2항, 232조 3항). 사채권자가 이의를 하려면 사채권자집회의 결의가 있어야 하며, 이 경우 법원은 이해관계인의 청구가 있으면 사채권자를 위해 이의 제기 기간을 연장할 수 있다(439조 3항). 그러나 결손의 전보를 위한 자본금감소의 경우는 채권자보호절차를 요하지 않는다(2항 단서).

Ⅳ. 자본금감소의 효력

자본금감소는 주주총회의 결의, 채권자보호절차 및 자본금감소의 각 방법에 따른 주식에 대한 조치가 모두 완료한 때에 효력이 생긴다. 자본금감소로 자본금의 액이 감소하며 경우에 따라서는 발행주식총수도 감소한다. 이들은 모두 등기사항이므로 일정기간 내에 변경등기를 하여야 한다(317조 2항 2호 · 3호 및 4항, 183조). 자본금감소에 의하여 발행주식총수가 감소하여도 그만큼 미발행주식수가 증가하는 것은 아니다. 자본금감소에 의하여 감소된 자본금의 액이 주식의 소각 및 주금의 반환에 요한 금액과 결손의 전보에 충당한 금액을 초과한 경우 그 초과액은 자본준비금으로 적립하여야 한다(459조 1항).

V. 자본금감소의 무효

1. 무효원인 및 무효주장의 제한

상법은 자본금감소의 절차나 내용에 하자가 있는 경우에도 법률관계의 안정과 획일적 확정을 위하여 소(訴)로써만 이를 주장할 수 있게 하고 있다. 자본금 감소의 무효원인으로는 자본금감소를 위한 주주총회결의에 하자가 있는 경우, 채권자보호절차를 밟지 않은 경우, 자본감소의 방법 기타 절차가 주주평등의 원칙에 반하는 경우 등이 있다.

2. 감자무효의 소

가. 제소권자 · 제소기간 및 절차

자본금감소 무효의 소(감자무효의 소)는 **주주 · 이사 · 감사 · 청산인 · 파산관재인** 또는 자본금감소를 승인하지 아니한 **이의채권사**에 한하여 자본금감소로 인한 변경등기가 있은 날부터 **6개월 내**에 제기할 수 있다(445조). 감자무효의 소의 관할, 소제기의 공고, 소의 병합심리, 하자의 보완 등과 청구의 기각에 대하여는 설립무효의 소에 관한 규정을 준용하며, 제소주주 등의 담보제공의무에 관해서는 주주총회결의 취소의 소에 관한 규정을 준용한다(446조).

자본금감소에 관한 주주총회의 결의에 하자가 있는 경우, 자본금감소의 효력발생 전에는 이러한 결의의 하자를 다툴 수 있으나, 그 효력발생 후에는 주주총회결의 하자의 소는 감자무효의 소에 흡수되어 이러한 결의의 하자에 관한 소를 별도로 제기할 수 없다(흡수설)(통설)(합병무효의 소에 관한 대판 1993.5.27., 92누14908).

나. 판결의 효과

감자무효(원고승소)판결에는 대세적 효력과 **소급효**가 인정된다(446조, 190조 본문). 따라서 신주발행무효판결과 달리 자본금감소에 의하여 감축 또는 소멸된 주주의 권리는 원상태로 돌아가게 되며, 그 결과 복잡한 법률관계가 생길 수 있다. 판결이 확정된 때에는 본점과 지점의 소재지에서 등기하여야 한다(446조, 192조). 원고가 패소한 경우 악의·중과실이 있는 경우에 한하여 회사에 대하여 연대하여 손해배상책임을 진다(446조, 191조).

회사법

제9장 회사의 계산

제1절 총 설

주식회사의 회계가 적정하게 이루어지고 이를 바탕으로 회사의 재정이 건전하게 운용되는 것은 경영진이나 투자자인 주주는 물론 회사채권자나 잠재적 투자자 내지 거래처인 일반 대중들에게도 매우 중요한 의미가 있다. 따라서 상법은 회사의 재산관계를 명확히 하고 그 재산적 기초를 확보하기 위하여 회사의 계산에 관하여 규정하면서 여러 강행규정들을 두고 있다.

다만 기업의 회계원칙 및 관행은 국제적 회계규범의 변화를 수용하여 급속히 발전하고 있는데, 빈번한 개정이 어려운 상법에 지나치게 자세한 규정을 둘 경우 양자의 괴리가 확대될 우려가 있다. 그리하여 상법은 2011년 개정을 통해 (i) 회사의 회계는 동법과 대통령령으로 규정한 것[1]을 제외하고는 일반적으로 공정하고 타당한 회계관행에 따르도록 하는 일반원칙을 규정하고(287조의32, 446조의2), (ii) 대차대조표 · 손익계산서 외의 회계서류는 대통령령으로 규정하며(287조의33, 447조, 579조), (iii) 주식회사의 구체적 회계처리에 관한 규정을 삭제하였나.

한편 상법은 회사채권자 가운데에서도 특수한 지위에 있는 사용인의 우선변제권에 관하여 1개의 조문을 두고 있다(468조).

---

1) 여기서 "대통령령으로 규정한 것"이라 함은 다음 각 호의 구분에 따른 회계기준을 말한다(영 15조).
   1. 외부감사법 제2조에 따른 외부감사 대상 회사: 같은 법 제13조제1항에 따른 회계처리기준
   2. 공공기관의 운영에 관한 법률 제2조에 따른 공공기관: 같은 법에 따른 공기업 · 준정부기관의 회계 원칙
   3. 제1호 및 제2호에 해당하는 회사 외의 회사 등: 회사의 종류 및 규모 등을 고려하여 법무부장관이 금융위원회 및 중소기업청장과 협의하여 고시한 회계기준

제2절 재무제표 및 영업보고서

Ⅰ. 재무제표 및 영업보고서의 내용

재무제표라 함은 (i) 대차대조표, (ii) 손익계산서 및 (iii) 그 밖에 회사의 재무상태와 경영성과를 표시하는 것으로서 대통령령으로 정하는 서류를 말하며, 이사는 매 결산기에 재무제표와 그 부속명세서 및 영업보고서를 작성하여 이사회의 승인을 받아야 한다(447조 1항, 447조의2 1항, 영 16조 1항).[1]

대차대조표는 재무상태표라고도 하며(외감 1조의2 1호 가목), 일정 시점 현재 기업이 보유하고 있는 경제적 자원인 자산과 경제적 의무인 부채 그리고 자본금에 대한 정보를 제공하는 재무보고서이다.[2] 또한 손익계산서는 일정 기간 동안 기업의 경영성과에 대한 정보를 제공하는 재무보고서이다.[3] 영업보고서는 당해 영업연도의 영업상태의 개요를 보고하는 서류로서 그 기재사항이 법정되어 있다(447조의2 2항, 영 17조). 영업보고서는 재무제표에 포함되지 않으나, 이사회의 승인을 얻어 정기총회에 보고하여야 한다(447조의1 1항, 449조 2항).

Ⅱ. 재무제표 등의 승인 및 공시

주식회사의 결산을 위한 재무제표 등의 작성·승인 및 공시절차는 다음과 같다.

(i) 이사는 결산기마다 재무제표, 그 부속명세서 및 영업보고서를 작성하여 이사회의 승인을 얻은 후 정기총회회일의 6주간 전에 감사에게 제출하여야 한다(447조, 447조의2, 447조의3).

(ii) 감사는 (i)의 서류를 받은 날부터 4주 내에 법정 사항을 기재한 감사보고서를 이사에게 제출하여야 한다(447조의4).

(iii) 이사는 정기총회회일의 1주간 전부터 (i)의 서류와 감사보고서를 본점에

---

1) 외부감사법 제2조에 따른 외부감사의 대상이 되는 회사가 다른 회사의 지배회사(동법 1조의2 2호)인 경우 그 이사는 **연결재무제표**를 작성하여 이사회의 승인을 받아야 한다(상법 447조 2항, 영 16조 2항).

2) 일반기업회계기준 문단 2.17.

3) 일반기업회계기준 문단 2.44.

5년간, 그 등본을 지점에 3년간 비치하여야 한다(448조).

(iv) 이사는 재무제표를 정기총회에 제출하여 그 승인을 요구하여야 하며, 영업보고서는 정기총회에 제출하여 그 내용을 보고하여야 한다(449조 1항 · 2항). 다만 회사는 정관으로 정하는 바에 따라 재무제표 및 그 부속명세서를 이사회의 결의로 승인할 수 있는데, 이 경우 다음 두 요건을 모두 충족하여야 한다(449조의2 1항). 첫째, 재무제표와 그 부속명세서가 법령 및 정관에 따라 회사의 재무상태 및 경영성과를 적정하게 표시하고 있다는 감사인의 의견이 있어야 한다. 둘째, 감사(감사위원회 설치회사의 경우 감사위원) 전원의 동의가 있어야 한다. 이에 따라 재무제표와 그 부속명세서를 이사회가 승인한 경우 이사는 각 서류의 내용을 주주총회에 보고하여야 한다(2항).

(v) 정기총회에서 재무제표를 승인한 후 2년 내에 다른 결의가 없으면 회사는 이사와 감사의 책임을 해제한 것으로 본다. 그러나 이사 또는 감사의 부정행위에 대하여는 그러하지 아니하다(450조). 이때 해제되는 책임은 재무제표에 기재되었거나 그 기재로부터 알 수 있는 사항에 한한다(통설)(대판 2002.2.26., 2001다76854). 제449조의2에 따라 재무제표를 이사회가 승인한 때에는 이사 · 감사의 책임이 해제되지 않는다(이설 있음).[1)]

(vi) 재무제표에 대하여 정기총회 또는 이사회의 승인을 얻은 때에는 이사는 지체없이 대차대조표를 공고하여야 한다(449조 3항).

제3절 준비금

I. 의 의

준비금이라 함은 영업연도 말에 회사가 보유하는 순자산액 중에서 자본금의 액을 초과하는 금액을 이익배당 등으로 처분하지 않고 일정한 목적을 위하여 회사 내에 유보하는 금액을 말한다. 자본금과 마찬가지로 준비금도 관념상 내지 계

1) 이철송(회) 957면; 송옥렬 1162면. 반대: 최기원 · 김동민(상) 966면; 정찬형(상) 1180면; 최준선(회) 706면.

산상의 금액에 불과하며, 준비금을 적립 또는 사용한다는 것도 대차대조표상 준비금의 액을 증가 또는 감소시키는 것에 불과하다.

준비금에는 상법에 의해 적립이 강제되는 법정준비금과 정관 또는 주주총회의 결의에 따라 적립하는 임의준비금이 있다. 임의준비금은 그 적립 목적에 따라 이익배당(462조) 등 다양한 용도로 처분할 수 있으나, 법정준비금은 자본금의 결손보전에 충당하거나(460조) 자본금에 전입(461조 1항)하는 외에는 처분이 금지된다.

II. 법정준비금

1. 종 류

가. 이익준비금

회사는 그 자본금의 2분의 1이 될 때까지 매 결산기의 이익배당액의 10분의 1 이상의 금액을 이익준비금으로 적립하여야 한다(458조 본문). 이를 이익준비금이라 한다. 다만 주식배당의 경우는 재산의 사외유출이 없으므로 이익준비금을 적립할 의무가 없다(동조 단서). 자본금의 변동에 따라 이익준비금의 적립한도액도 연동된다. 정관규정에 따라 자본금의 2분의 1 이상을 적립한 경우 그 초과액은 임의준비금으로써 정관변경에 의하여 한도액을 감소하여 그 차액을 자유로이 처분할 수 있다.

나. 자본준비금

회사는 자본거래에서 발생한 잉여금을 대통령령으로 정하는 바에 따라 자본준비금으로 적립하여야 한다(459조 1항, 영 18조). 종래 자본준비금의 종류를 상법에 한정적으로 열거하던 것을 2011년 개정을 통해 대통령령에 위임한 것이다. 이익준비금과 달리 자본준비금은 적립비율·한도 및 시기에 제한 없이 적립하여야 한다.

2. 법정준비금의 사용

가. 결손보전

자본금의 결손이란 결산기에 대차대조표상 순자산액이 자본금과 법정준비금의 합계액보다 적은 경우를 말한다. 이 때 법정준비금의 액을 이 차액만큼 줄여 결손을 보전할 수 있다(460조). 결손을 보전할 때 이익준비금을 우선적으로 사용하도록 했던 제460조 제2항은 2011년 개정으로 삭제되었다.

나. 준비금의 자본금전입

(1) 의의 및 대상

준비금의 자본금전입이란 준비금계정의 금액을 감소시키고 그 감소된 금액만큼을 자본금계정에 가산하는 것을 말한다. 이 경우 자본금은 증가하나 주금의 납입이 필요 없어 무상증자라고도 한다. 준비금이 자본금으로 전입되면 자본금 구성이 개선되고, 순재산의 사외유출이 억제되며, 주가절하로 신주발행이 용이해진다.

자본금으로 전입할 수 있는 것은 법정준비금에 한한다(통설). 임의준비금은 정관의 규정 또는 주주총회의 결의에 따라 적립하는데 이사회의 결의로 자본금에 전입하는 것은 부당하기 때문이다. 자본준비금과 이익준비금 모두 자본금으로 전입할 수 있으며, 순서에도 제한이 없다.

(2) 절　차

준비금의 자본금전입은 이사회가 결정한다(461조 1항 본문). 주주나 회사채권자에게 불이익이 없기 때문이다. 다만 정관으로 주주총회에서 결정하기로 정할 수 있다(동항 단서). 준비금의 자본금전입 시기는 제한이 없으며 영업연도의 중간이라도 무방하다.

준비금의 자본금전입이 결정되면 주주에 대하여 그가 가진 주식의 수에 따라 신주를 발행하여야 한다. 이 경우 단주가 발생하는 때에는 이를 모아 매각하여 그 대금을 주주에게 교부하여야 한다(461조 2항, 443조 1항).

(3) 효　과

준비금의 자본금전입을 주주총회가 결정하는 경우 주주는 그 결의가 있은 때로부터 신주의 주주가 되나(461조 4항), 자본금전입을 이사회가 결정한 경우는 이사회가 정한 신주배정일에 그 효력이 발생한다. 따라서 회사는 일정한 날을 정하여 그 날에 주주명부에 기재된 주주가 신주의 주주가 된다는 뜻을 그 날의 2주간 전에 공고하여야 한다. 그러나 그 날이 주주명부폐쇄기간 중인 경우는 그 기간의 초일의 2주간 전에 이를 공고하여야 한다(461조 3항). 다만 신주에 대한 이익배당에 관하여는 주주총회결의일 또는 신주배정일이 속하는 영업연도의 직전 영업연도 말에 신주가 발행된 것으로 할 수 있다(461조 6항, 350조 3항).

주주총회결의 또는 배정일의 도래로 자본금전입의 효력이 발생하면 이사는 지체없이 신주를 받은 주주와 주주명부에 기재된 질권자에 대하여 그 주주가 받은 주식의 종류와 수를 통지하여야 한다(461조 5항). 신주 또는 단주의 매각대금에 대하여는 질권의 물상대위가 인정된다(461조 7항, 339조).

다. 준비금의 감소

종래 이익준비금의 적립한도가 주요 선진국에 비해 지나치게 높고 준비금 운용이 경직되어 있었다. 이에 2011년 개정상법은 적립된 자본준비금 및 이익준비금의 총액이 자본금의 1.5배를 초과할 경우 주주총회의 결의로 그 초과금액 범위 내에서 자본준비금과 이익준비금을 감액할 수 있게 하였다(461조의2). 따라서 회사는 준비금을 감액하여 이익배당 등 다양한 용도로 신축성 있게 사용할 수 있게 되었다.

Ⅲ. 임의준비금

임의준비금은 정관의 규정 또는 주주총회의 결의에 따라 적립되는 준비금을 말하며, 법정준비금을 공제한 후의 잔여이익을 재원으로 적립한다. 임의준비금에는 사용목적이 미리 정하여진 경우(예: 사업확장 · 주식소각 · 배당평준화 · 사채상환 등)와 그렇지 않은 경우(별도적립금)가 있다. 임의준비금은 정관변경 또는 주주총회의 결의로 폐지 또는 변경할 수 있다.

제4절 이익배당

Ⅰ. 의 의

이익배당이란 회사가 영업활동으로 얻은 이익을 주주에게 배분하는 것을 말한다. 이익배당청구권은 주주의 자익권 중에서도 가장 중요한 것이나, 회사신용의 기초인 회사재산의 보호를 위해 이익배당의 요건은 매우 엄격하게 규정되고 있다. 이익배당의 방법에는 금전배당·현물배당 및 주식배당이 있으며, 결산기에 하는 배당 외에 영업연도 중에 하는 중간배당이 있다. 이 절에서는 결산기에 하는 금전배당과 현물배당을 중심으로 살펴보고, 주식배당과 중간배당에 대하여는 절을 바꾸어 살펴보기로 한다.

Ⅱ. 이익배당의 요건

이익배당을 위하여는 **배당가능이익**이 있어야 한다. 배당가능이익이란 대차대조표상의 순자산액으로부터 (i) 자본금의 액, (ii) 그 결산기까지 적립된 자본준비금과 이익준비금의 합계액, (iii) 그 결산기에 적립하여야 할 이익준비금의 액 및 (iv) 대통령령으로 정하는 미실현이익[1]을 공제한 액을 말한다(462조 1항).

배당가능이익의 한도 내에서 이익배당을 결정하는 것은 **주주총회**의 권한이다. 다만 재무제표를 이사회가 승인하는 경우(449조의2 1항) **이사회**가 이익배당을 정한다(462조 2항 단서).

2011년 개정상법은 재무관리의 자율성을 높이기 위해 **현물배당** 제도를 도입하여 회사가 정관으로 금전 외의 재산으로 배당할 것을 정할 수 있도록 하였다(462조 1항). 이 경우 (i) 주주가 배당되는 금전 외의 재산 대신 금전의 지급을 회사에 청구할 수 있도록 한 경우에는 그 금액 및 청구할 수 있는 기간, (ii) 일정 수 미만의 주식을 보유한 주주에게 금전 외의 재산 대신 금전을 지급하기로 한 경우에는 그 일정 수 및 금액을 정하여야 한다(2항).

Ⅲ. 이익배당의 기준

이익배당은 주주평등의 원칙에 따라 각 주주가 가진 주식의 수에 따라야 하며, 종류주식의 경우는 예외이다(464조). 그러나 주주가 스스로 자기의 배당받을 권

---

1) 여기서 "미실현이익"이란 회계 원칙(446조의2)에 따른 자산 및 부채에 대한 평가로 인하여 증가한 대차대조표상의 순자산액으로서, 미실현손실과 상계하지 않은 금액을 말한다(영 19조 1항). 미실현이익의 공제는 2011년 개정상법으로 신설된 것이다. 아직 판매 등으로 그 가치가 실현되지 않은 상태의 이익이 배당될 경우 과대배당으로 순자산이 감소할 우려가 있기 때문이다.

리를 포기하거나 양도하는 것은 가능하므로, 모든 대주주가 참석하여 당해 사업년도 잉여이익 중 자기들이 배당받을 몫의 일부를 스스로 떼어내어 소액주주들에게 고루 나누어주기로 한 결의는 유효하다(대판 1980.4.14., 79나3882).

Ⅳ. 이익배당의 지급

회사는 주주총회 또는 이사회가 이익배당을 결의한 날부터 1개월 내에 이익배당을 지급하여야 한다. 다만 주주총회 또는 이사회에서 배당금 지급시기를 따로 정한 경우는 예외이다(464조의2 1항). 주주총회 또는 이사회에서 이익배당을 결의함으로써 발생한 주주의 구체적 이익배당청구권은 주식과 독립하여 양도·압류 등의 대상이 될 수 있다. 그 소멸시효기간은 5년이다(2항).

Ⅴ. 위법배당의 효과

위법배당이란 배당가능이익이 없는 경우의 이익배당 또는 배당가능이익을 초과한 이익배당을 말한다. 위법배당의 경우 회사는 주주의 선의·악의를 불문하고 위법배당된 금전 또는 재산의 반환을 청구할 수 있다(민 741조). 회사채권자도 주주에 대하여 그 배당받은 이익을 회사에 반환할 것을 청구할 수 있다(462조 3항).

위법배당에 관련된 이사·감사 등은 회사 또는 제3자에 대하여 손해배상책임을 질 수 있다(399조, 401조, 414조). 또한 위법배당은 회사재산을 위태롭게 하는 죄로서 벌칙이 인정된다(625조 3호).

제5절 중간배당

Ⅰ. 의 의

연 1회의 결산기를 정한 회사는 정관의 규정에 따라 영업연도 중 1회에 한하여 이사회의 결의로 일정한 날을 정하여 그날의 주주에 대하여 이익을 배당할 수 있다(462조의3 1항). 이를 중간배당이라 한다. 중간배당은 결산절차를 통해 배당가능이익을 확정하기 전에 이루어지므로 엄밀한 의미의 이익배당은 아니나, 상법은 이익배당에 관한 규정을 대부분 준용하면서(5항 · 6항) 엄격한 요건과 이사의 책임을 부가하여 규정함으로써(2항 내지 4항) 자본금충실을 도모하고 있다.

Ⅱ. 요건 및 절차

중간배당은 연 1회의 결산기를 정한 회사가 정관에 근거규정을 둔 경우만 할 수 있으며, 중간배당을 받을 주주를 정하기 위한 기준일을 이사회의 결의로 정하여야 한다(462조의3 1항). 중간배당은 직전 결산기의 대차대조표상의 순자산액에서 (i) 직전 결산기의 자본금의 액 (ii) 직전 결산기까지 적립된 자본준비금과 이익준비금의 합계액, (iii) 직전 결산기의 정기총회에서 이익으로 배당하거나 또는 지급하기로 정한 금액 및 (iv) 중간배당에 따라 당해 결산기에 적립하여야 할 이익준비금을 공제한 금액을 한도로 한다(2항). 또한 회사는 당해 결산기에 배당가능이익이 없을 것으로 우려되는 때에는 중간배당을 하지 못한다(3항).

회사는 이사회의 중간배당 결의가 있은 날부터 1개월 내에 중간배당을 하여야 한다. 다만 이사회의 결의로 중간배당 지급시기를 따로 정한 경우는 예외이다(464조의2 1항).

Ⅲ. 위법중간배당의 효력

당해 결산기에 배당가능이익이 없음에도 중간배당을 한 경우 이사는 회사에 대하여 연대하여 당해 결산기의 대차대조표상의 순자산액과 이익배당 공제항목(462조 1항)의 합계액과의 차액(배당액이 그 차액보다 적을 경우에는 배당액)을 배상할 책임이 있다. 다만 이사가 배당가능이익이 없을 것으로 우려되지 않는다고 판단함에 있어 주의를 게을리하지 않았음을 증명한 때에는 예외이다(462조의3 4항).

법정한도를 초과한 중간배당은 위법 · 무효이므로 회사는 주주에 대하여 그 반환을 청구할 수 있고(민 741), 회사채권자는 주주에 대하여 그 배당받은 이익을 회사에 반환할 것을 청구할 수 있다(462조의3 6항, 462조 3항).

제6절 주식배당

Ⅰ. 의 의

주식배당이란 이익의 배당을 새로이 발행하는 주식으로 하는 것을 말한다(462조의2 1항 본문). 주식배당은 배당가능이익을 유출시키지 않고 사내에 유보할 수 있는 장점이 있으나, 금전에 의한 배당을 받을 주주의 권리를 침해할 우려도 있다. 그리하여 상법은 주식배당이 이익배당총액의 2분의 1을 초과하지 못하도록 하고 있다(동항 단서).

Ⅱ. 성 질

주식배당의 성질에 관하여는 설이 갈린다. 먼저 주식배당은 배당가능이익을 자본금으로 전입하는 주식분할이라고 보는 견해가 있다(주식분할설).[1] 주식배당의 경우 회사재산의 증가나 각 주주의 지분비율의 변동 없이 주식 수만 증가하며, 이익배당과 달리 회사재산의 사외유출로 인한 채권자보호문제가 발생하지 않는다는 것이 그 논거이다. 그러나 주식배당은 이익배당의 일종이라고 보는 것이 타당하다(이익배당설)(다수설).[2] 주식배당은 금전배당과 마찬가지로 배당가능이익의 존재를 전제로 하며, 금전배당을 하지 않은 금액만큼 회사재산이 증가하기 때문이다.

Ⅲ. 요건 및 절차

주식배당을 위해서는 (i) 배당가능이익(462조 1항)이 있어야 하고, (ii) 발행예정주식총수 중에 미발행주식이 남아 있어야 하며, (iii) 주식에 의한 배당은 이익배

1) 정동윤(상) 786면; 송옥렬 1179면.
2) 손주찬(상) 944면; 강위두 · 임재호(상) 991면; 최기원 · 김동민(상) 989 · 990면; 이기수 · 최병규(회) 695면; 이철송(회) 985면; 정찬형(상) 1196 · 1197면; 최준선(회) 740면.

당총액의 2분의 1에 상당하는 금액을 초과하지 못한다(462조의2 1항 단서). 주식배당의 경우 이익준비금의 적립은 필요치 않다(458조 단서).

주식배당은 **주주총회**의 결의로 정한다(462조의2 1항 본문). 주식배당에 따라 발행하는 신주의 발행가액은 주식의 권면액[1]으로 하며(동조 2항), 단주가 발생한 때에는 경매 등의 방법으로 이를 매각하여 그 대금을 주주에게 지급한다(동조 3항, 443조 1항).

종류주식이 발행된 경우 주식배당은 각각 그와 같은 종류의 주식으로 할 수 있다(462조의2 2항). 상법의 이와 같은 문언에도 불구하고 종전의 주식과 같은 종류의 주식으로 배당하여야 한다는 견해가 있으나,[2] 상이한 종류의 주식에 대하여 단일한 종류의 주식으로 배당하는 것도 가능하다고 본다.[3]

자기주식의 경우 주식분할설의 입장에서는 주식배당을 허용한다. 그러나 주식배당의 성질을 이익배당이라고 보고, 자기주식에 대하여 이익배당을 허용하지 않는 입장(전면적 휴지설: 통설)에서 주식배당도 금지된다고 본다.

주식으로 배당을 받은 주주는 주식배당결의가 있는 주주총회가 종결할 때부터 신주의 주주가 된다. 다만 이익배당에 관하여는 직전 영업연도 말부터 주주가 된 것으로 볼 수도 있다(462조의2 4항, 350조 3항).

이사는 주식배당결의가 있은 때에는 지체없이 배당을 받을 주주와 주주명부에 기재된 질권자에게 그 주주가 받을 주식의 종류와 수를 통지하여야 하며(462조의2 5항), 주식배당으로 발행되는 신주에 대하여 질권의 물상대위가 인정된다(동조 6항, 340조 1항·3항).

주식배당으로 발행주식수와 자본금이 증가하므로 변경등기가 필요하다(317조 2항 2호·3호, 4항, 183조).

---

1) 무액면주식의 경우에도 주식배당을 인정할 필요성은 있으나, 이 경우 발행가액을 어떻게 정하여야 할 것인지가 문제된다. 예컨대, 권기범(회) 1144면(발행가액을 정하여 권면액으로 보면 가능하나, 이때 주식배당총액(발행가액총액)의 2분의 1 이상을 자본금으로 계상할지에 대해 보다 깊이 있는 검토가 필요하다 함); 송옥렬 1183면(자본금으로 전환되는 금액을 현재의 주당 자본금으로 나누어 그 수만큼의 주식을 발행하는 방법이 무난하나, 무액면주식은 자본금의 2배까지 발행가액으로 할 수 있으므로 이보다 2배까지 발행하는 것도 허용될 수 있다 함). 이에 관하여는 입법적 해결이 필요할 것으로 보인다. 현행법상 주식배당은 액면주식의 경우에만 가능하다는 견해로, 이철송(회) 991면.

2) 정동윤(상) 788면; 최기원·김동민(상) 991면.

3) 손주찬(상) 946면; 강위두·임재호(상) 993면; 이기수·최병규(회) 701·702면; 이철송(회) 987·988면; 정찬형(상) 1198면; 송옥렬 1182면.

Ⅳ. 위법한 주식배당의 효과

법정 요건을 위반한 주식배당에 대하여는 신주발행무효의 소를 제기할 수 있다(통설). 또한 위법한 주식배당에 관련된 이사・감사 등이 회사 또는 제3자에 대하여 손해배상책임을 질 수 있다(399조, 401조, 414조). 그러나 주주에게 지급된 금전 또는 재산이 없으므로 채권자의 반환청구는 인정되지 않는다.

제7절 주주의 경리검사권 등

Ⅰ. 주주의 회계장부열람권

주주에게 재무제표 등의 열람・등사청구권(448조 2항)과 회사의 업무・재산을 조사하기 위한 검사인 선임청구권(467조 1항)이 인정됨은 각각 관계되는 곳에서 살펴본 바 있다. 그 외에도 상법은 주주의 경리검사권의 일환으로 회계장부열람권을 인정하고 있다. 즉, 발행주식총수의 100분의 3 이상을 가진 주주는 이유를 붙인 서면으로 회계의 장부와 서류의 열람・등사를 청구할 수 있다(466조 1항). 회사는 이러한 주주의 청구가 부당함을 증명하지 못하면 이를 거부하지 못한다(2항).

Ⅱ. 사용인의 우선변제권

신원보증금의 반환을 받을 채권 기타 회사와 사용인 간의 고용관계로 인한 채권이 있는 자는 회사의 총재산에 대하여 우선변제를 받을 권리가 있다. 그러나 질권・저당권이나 동산・채권 등의 담보에 관한 법률에 따른 담보권에 우선하지 못한다(468조).

회사법

제10장 사 채

제1절 총 설

I. 사채의 의의

사채(社債)란 회사가 일반대중으로부터 대량의 자금을 집단적·장기적으로 조달하기 위해 유가증권인 채권(債券)을 발행하여 부담하는 채무를 말한다. 상법은 주식회사에 대하여서만 사채에 관한 규정을 두고 있다.

사채는 유가증권의 발행을 통한 주식회사의 자금조달 수단이라는 점에서 주식과 공통되나 다음과 같은 차이가 있다. (i) 주식은 자기자본 조달의 수단인 데 반해 사채는 타인자본의 조달 수단이다. (ii) 주주는 기업위험을 부담하는 회사의 구성원으로서 주주총회에서의 의결권 등을 통해 회사 운영에 참여할 수 있으나(무의결권주 제외) 사채권자는 회사 외부의 채권자로서 회사 운영에 참여할 수 없다. (iii) 주주는 불확정한 이익배당을 받으나 사채권자는 확정이자를 받는다. (iv) 주주에게는 회사의 존속 중에 출자금을 상환하지 않으나(상환주식 제외) 사채권자에게는 만기에 상환금액을 지급하여야 한다. (v) 회사가 해산한 경우 사채를 우선적으로 상환한 후에 주주에 대한 잔여재산분배가 가능하다. (vi) 주식의 납입금은 자본금을 구성하기 때문에 자본금충실을 위한 여러 제한이 있으나(분할납입·상계·액면미달발행 및 자기주식취득의 제한 등) 사채의 경우에는 이러한 제한이 없다. (vii) 주식에 대하여는 현물출자가 허용되나 사채에 대하여는 금전납입만이 인정된다.

그러나 주식과 사채는 서로 접근하는 현상을 보여주고 있는데, 이는 주식의 사채화(예: 무의결권주・상환주식・전환주식) 및 사채의 주식화(예: 전환사채・신주인수권부사채)의 양방향으로 나타나고 있다.

Ⅱ. 사채의 발행

사채발행의 방법에는 특정인이 사채총액을 포괄적으로 인수하는 총액인수(475조)와 일반 공중으로부터 사채를 모집하는 공모발행(474조)이 있다. 후자는 다시 기채회사(起債會社)가 직접 사채를 모집하는 직접모집과 다른 회사에 모집을 위탁하는 위탁모집(476조 2항)으로 나뉜다. 위탁모집을 함에 있어서 그 모집액이 총액에 달하시 못한 경우에 그 잔액을 수탁회사가 인수하는 경우(474조 2항 14호)를 도급모집이라 한다.

회사는 이사회의 결의에 의하여 사채를 발행할 수 있다(469조 1항). 또한 이사회는 정관으로 정하는 바에 따라 대표이사에게 사채의 금액 및 종류를 정하여 1년을 초과하지 아니하는 기간 내에 사채를 발행할 것을 위임할 수 있다(4항). 사채의 모집에 응하고자 하는 자는 사채청약서 2통에 그 인수할 사채의 수와 주소를 기재하고 기명날인 또는 서명하여야 한다(474조 1항). 총액인수 및 도급모집의 경우에는 사채청약서가 필요치 않다(475조). 사채의 모집이 완료한 때에는 이사는 지체없이 인수인에 대하여 각 사채의 전액 또는 제1회의 납입을 시켜야 한다(476조 1항).

Ⅲ. 사채의 유통・관리 및 상환

1. 채권의 발행

상법은 사채의 유통성을 강화하기 위하여 채권(債券)의 발행을 인정한다. 채권(債券)은 사채전액의 납입이 완료한 후가 아니면 발행할 수 없다(478조 1항). 채권에는 법정사항을 기재하고 대표이사가 기명날인 또는 서명하여야 한다(2항). 채권은 기명식(기명사채)과 무기명식(무기명사채)으로 발행할 수 있으며 사채권자는 언제든지 기명식의 채권을 무기명식으로, 무기명식의 채권을 기명식으로 할 것을 회사에 청구할 수 있다. 그러나 채권을 기명식 또는 무기명식에 한할 것으로 정한 때에는 그러하지 아니하다(480조 1항). 회사는 채권(債券)을 발행하는 대신 정관으로 정하는 바에 따라 전자등록기관의 전자등록부에 채권(債權)을 등록할 수 있다(478조 3항 전단).

2. 사채의 양도와 입질

기명사채의 이전은 취득자의 성명과 주소를 사채원부에 기재하고 그 성명을 채권에 기재하지 아니하면 회사 기타의 제3자에게 대항하지 못한다(479조 1항). 명의개서대리인에 관한 상법 제337조 제2항의 규정은 기명사채의 이전에 대하여 이를 준용한다(479조 2항). 무기명사채의 양도는 그 채권을 양수인에게 교부함으로써 양도의 효력이 생긴다(민 523조).

사채의 입질은 기명사채의 경우 당사자의 의사표시로 입질할 수 있지만(민 346조), 채권이 발행된 때에는 이를 질권자에게 교부함으로써 그 효력이 생긴다(민 347조). 무기명사채의 입질은 질권자에게 채권을 교부함으로써 그 효력이 생긴다(민 351조).

기명사채의 경우 그 점유에 자격수여적 효력이 없으므로 선의취득이 인정되지 않으나, 무기명사채(65조, 민514·524조)와 전술한 전자등록부에 등록된 채권(478조 3항, 356조의2 3항)의 경우는 선의취득이 인정된다.

3. 사채의 관리

사채는 대중의 자금을 장기에 걸쳐 조달하는 것이므로 다수의 사채권자를 보호하기 위하여 상법은 사채관리회사와 사채권자집회에 관한 규정을 둠으로써 사채 관리의 적정을 기하고 있다. 먼저 회사는 사채를 발행하는 경우에 사채관리회사를 정하여 변제의 수령, 채권의 보전, 그 밖에 사채의 관리를 위탁할 수 있으며(480조의2), 상법은 사채관리회사의 자격·권한·의무·책임 및 비용 등에 관하여 규정하고 있다(480조의3, 481조 내지 485조, 507조). 또한 사채권자집회는 동일한 종류의 사채권자의 이해관계에 중대한 영향을 미치는 사항에 대하여 결의함으로써 사채권자의 총의를 결정하기 위한 임시적 회의체이며, 상법은 그 권한과 소집·결의 및 결의사항의 집행절차, 대표자 및 집행자의 선·해임과 그 직무권한 등에 대하여 규정하고 있다(490조 이하).

4. 사채의 상환

사채의 상환과 이자지급의 방법과 기한 및 사채의 이율 등은 사채청약서·채권 및 사채원부에 기재하여야 한다(474조 2항, 478조 2항, 488조 3호). 사채의 상환은 채권과 상환으로 한다. 무기명사채의 경우 이자채권을 표창하는 이권(利券)이 발행되어 채권과 독립하여 유통될 수 있다. 이권있는 무기명식의 사채를 상환하는 경우에 이권이 흠결된 때에는 그 이권에 상당한 금액을 상환액으로부터 공제한다(486조 1항). 이 경우 이권소지인은 언제든지 그 이권과 상환하여 공제액의 지급을 청구할 수 있다(2항).

사채의 상환청구권의 소멸시효기간은 10년이며(487조 1항), 사채의 이자와 이권소지인의 공제액 지급청구권의 소멸시효기간은 5년이다(3항).

Ⅳ. 특수사채

1. 전환사채

가. 의 의

전환사채란 일정한 조건에 따라 주식으로 전환할 수 있는 권리, 즉 전환권이 인정된 사채를 말한다. 이는 사채의 안정성과 주식의 투기성을 함께 갖춘 투자대상으로서 회사의 자금조달을 용이하게 해 준다. 반면 전환사채는 잠재적 주식의 성격을 갖고 있어 상법은 그 발행으로 기존주주들의 이익이 침해되는 것을 막기 위한 규정들을 두고 있다.

나. 전환사채의 발행

(1) 주주에게 발행하는 경우

전환사채를 주주에게 발행하는 경우 원칙적으로 이사회가 발행사항을 결정하나, 정관에 규정이 있거나 정관으로 주주총회에서 결정하도록 한 경우는 예외이다(513조 2항). 정관에 신주발행이 주주총회의 결의사항으로 규정되어 있다면 정관에 별도의 규정이 없는 경우에도 전환사채의 발행에 주주총회의 결의를 요한다(대판 1999.6.25., 99다18435). 발행사항이 결정되면 신주발행의 경우와 같이 배정일의 지정・공고(513조의2 2항, 418조 3항) 및 실권예고부최고(513조의3, 419조 2항・3항)의 절차를 밟아야 한다.

(2) 제3자에게 발행하는 경우

주주 이외의 자에 대한 전환사채의 발행은 신기술의 도입, 재무구조의 개선 등 회사의 경영상 목적을 달성하기 위하여 필요한 경우에 한하여 할 수 있다(513조 3항 후단, 418조 2항). 그 발행사항은 정관에 규정이 없으면 주주총회의 특별결의로 정하여야 한다(513조 3항).

(3) 불공정한 발행에 대한 조치

회사가 법령 또는 정관에 위반하거나 현저하게 불공정한 방법에 의하여 전환사채를 발행함으로써 주주가 불이익을 받을 염려가 있는 경우에는 그 주주는 회사에 대하여 그 발행을 유지할 것을 청구할 수 있다(516조 1항, 424조). 또한 이사와 통모하여 현저하게 불공정한 발행가액으로 전환사채를 인수한 자는 회사에 대하여 공정한 발행가액과의 차액에 상당한 금액을 지급할 의무가 있다(516조 1항, 424조의2 1항). 대법원은 전환사채의 발행의 경우에도 신주발행무효의 소에 관한 상법 제429조가 유추적용된다고 본다(대판 2004.6.25., 2000다37326).

다. 전환사채의 전환

전환사채는 사채권자의 전환권 행사를 통해 주식으로 전환된다. 전환을 청구하고자 하는 자는 청구서 2통에 채권을 첨부하여 회사에 제출하여야 한다(515조 1항 본문). 전술한 전자등록부에 채권을 등록한 경우에는 그 채권을 증명할 수 있는 자료를 첨부하여 회사에 제출하여야 한다(동항 단서). 사채의 전환은 사채권자가 전환을 청구한 때에 그 효력이 발생한다(516조 2항, 350조 1항). 즉, 전환권은 형성권이다. 전환으로 인하여 신주식을 발행하는 경우에는 전환전의 사채의 발행가액을 신주식의 발행가액으로 한다(516조 2항, 348조). 전환에 의하여 발행된 주식의 이익배당에 관하여는 전환을 청구한 때가 속하는 영업연도 말에 전환된 것으로 보는 것이 원칙이나, 정관으로 정하는 바에 따라 그 청구를 한 때가 속하는 영업연도의 직전 영업연도 말에 전환된 것으로 할 수도 있다(516조 2항, 350조 3항). 주주명부의 폐쇄기간 중에도 전환권을 행사할 수 있으나 그 기간 중의 총회의 결의에 관하여는 의결권을 행사할 수 없다(516조 2항, 350조 2항).

라. 등 기

전환사채를 발행한 때에는 납입(476조 1항)이 완료된 날로부터 2주간 내에 본점의 소재지에서 전환사채의 등기를 하여야 한다(514조의2 1항). 또한 전환사채가 주식으로 전환된 때에는 그만큼 전환사채가 감소하고 발행주식수와 자본금이 증가하므로 소정기간 내에 변경등기를 하여야 한다(516조 2항, 351조).

2. 신주인수권부사채

가. 의 의

신주인수권부사채란 사채권자에게 기채회사의 신주의 발행을 청구할 수 있는 권리, 즉 신주인수권이 부여된 사채를 말한다. 신주인수권부사채는 잠재적 주식이라는 면에서 전환사채와 같으나, 전환사채는 전환권의 행사에 의하여 주식으로 전환되므로 사채가 소멸하는 데 반해서, 신주인수권부사채는 사채가 존속하면서 신주가 발행되고 그 발행가액이 납입되어야 한다는 점에서 차이가 있다(대용납입의 경우 제외). 또한 신주인수권증권을 발행하여 채권과 분리하여 신주인수권을 양도할 수 있다는 점(분리형의 경우)도 전환사채와 다르다.

나. 발 행

(1) 주주에게 발행하는 경우

신주인수권부사채를 주주에게 발행하는 경우 원칙적으로 이사회가 발행사항을 결정하나, 정관에 규정이 있거나 정관으로 주주총회에서 결정하도록 한 경우는 예외이다(516조의2 2항). 발행사항이 결정되면 전환사채의 경우와 같이 배정일의 지정·공고(516조의 11, 513조의2 2항, 418조 3항) 및 실권예고부최고(516조의3, 419조 2항·3항)의 절차를 밟아야 한다.

(2) 제3자에게 발행하는 경우

주주 이외의 자에 대한 신주인수권부사채의 발행은 신기술의 도입, 재무구조의 개선 등 회사의 경영상 목적을 달성하기 위하여 필요한 경우에 한하여 할 수 있다(516조2 4항 후단, 418조 2항). 그 발행사항은 정관에 규정이 없으면 주주총회의 특별결의로 정하여야 한다(516조의2 4항 전단).

(3) 불공정한 발행에 대한 조치

신주인수권부사채의 경우에도 전환사채의 경우와 같이 신주발행유지청구권과 통모인수인의 책임에 관한 규정이 준용된다(516조의11, 516조 1항, 424조, 424조의2 1항). 대법원은 신주발행무효의 소에 관한 상법 제429조를 신주인수권부사채의 경우에도 유추적용하고 있다(대판 2015.12.10., 2015다202919).

다. 신주인수권의 양도

1장의 채권에 사채권과 신주인수권을 함께 표창하는 경우(비분리형) 채권의 교부에 의하여 사채권과 신주인수권이 함께 양도된다. 채권과 별도로 신주인수권증권이 발행되는 경우(분리형) 신주인수권의 양도는 신주인수권증권의 교부에 의하여서만 이를 행한다(516조의6 1항). 신주인수권부사채를 발행하면서 신주인수권만을 양도할 수 있음을 정한 경우(516조의2 2항 4호) 회사는 채권과 함께 신주인수권증권을 발행하여야 한다(516조의5 1항). 신주인수권증권의 점유자는 적법한 소지인으로 추정되며, 이러한 점유자로부터 악의 또는 중대한 과실 없이 신주인수권증권을 취득한 때에는 그 선의취득이 인정된다(516조의6 2항, 336조 2항, 수 21). 회사는 신주인수권증권을 발행하는 대신 정관으로 정하는 바에 따라 전자등록기관의 전자등록부에 신주인수권을 등록할 수 있다(516조의7).

라. 신주인수권의 행사

신주인수권을 행사하려는 자는 청구서 2통을 회사에 제출하고 신주의 발행가액의 전액을 납입하여야 한다(516조의9 1항). 이 때 분리형 신주인수권부사채의 경우는 신주인수권증권을 교부하고 비분리형의 경우는 채권을 제시하여야 한다. 다만 전술한 전자등록부에 채권이나 신주인수권을 등록한 경우에는 그 채권이나 신주인수권을 증명할 수 있는 자료를 첨부하여야 한다(2항). 회사는 신주인수권부사채를 발행함에 있어 신주인수권을 행사하려는 자의 청구가 있는 때에는 신주인수권부사채의 상환에 갈음하여 그 발행가액으로 위의 납입이 있는 것으로 본다는 뜻을 정할 수 있다(대용납입)(516조의2 2항 5호). 각 신주인수권부사채에 부여된 신주인수권의 행사로 인하여 발행할 주식의 발행가액의 합계액은 각 신주인수권부사채의 금액을 초과할 수 없다(516조의2 3항).

신주인수권을 행사한 자는 신주발행가액의 전액을 납입한 때에 주주가 된다

(516조의10 전단). 그러나 대용납입의 경우는 회사에 소정의 첨부서류와 함께 신주발행 청구서를 제출한 때에 주주가 된다(516조의9 1항・2항). 신주인수권의 행사로 발행된 주식의 이익배당에 관하여는 전환을 청구한 때가 속하는 영업연도 말에 전환된 것으로 보는 것이 원칙이나, 정관으로 정하는 바에 따라 그 청구를 한 때가 속하는 영업연도의 직전 영업연도 말에 전환된 것으로 할 수도 있다(516조의10 후단, 350조 3항). 주주명부의 폐쇄기간 중에도 신주인수권을 행사할 수 있으나 그 기간 중의 총회의 결의에 관하여는 의결권을 행사할 수 없다(516조의10 후단, 350조 2항).

마. 등 기

신주인수권부사채를 발행한 경우 및 신주인수권이 행사된 경우 소정 기간 내에 등기하여야 한다(516조의 8, 514조의2 1항, 516조의 11, 351조).

3. 기 타

회사는 전환사채 및 신주인수권부사채 외에도 (i) 이익배당에 참가할 수 있는 사채(이익참가부사채), (ii) 주식이나 그 밖의 다른 유가증권으로 교환 또는 상환할 수 있는 사채(교환사채・상환사채) 및 (iii) 유가증권이나 통화 또는 그 밖에 대통령령으로 정하는 자산이나 지표 등의 변동과 연계하여 미리 정하여진 방법에 따라 상환 또는 지급금액이 결정되는 사채(파생결합사채)를 발행할 수 있다(469조 2항・3항, 영 20조 내지 25조).[1]

---

1) 물상담보가 붙은 사채, 즉 담보부사채의 경우 각 사채권자에게 개별적으로 담보권을 설정하여 관리하기 어려우므로 신탁업자로 하여금 물상담보권을 취득하게 하여 이를 총사채권자를 위해 보유하고 실행하도록 할 필요가 있다. 이러한 담보부사채의 발행에 관하여 그 신탁업무를 지도・감독하고 사채권자를 보호하여 사채에 대한 일반투자를 쉽게 하기 위하여 담보부사채신탁법이 제정되어 있다.

회사법

제11장 회사의 합병·분할·조직변경·해산 및 청산

제1절 합 병

I. 서 설

1. 합병의 의의

회사의 합병이란 두 개 이상의 회사 중 하나 이상이 청산절차 없이 소멸하고 소멸회사의 모든 권리·의무가 존속회사 또는 새로 설립되는 회사에 포괄적으로 이전되는 효과를 가져오는 회사법상의 법률요건을 말한다. 합병은 회사의 재산이 포괄승계되는 단체법상의 행위라는 점에서, 재산이 특정승계되는 개인법상의 거래행위인 영업양도와 구별된다.

2. 합병의 방법

합병을 함에 있어서 당사회사 중 하나만이 존속하면서 소멸하는 다른 회사를 흡수하는 경우를 **흡수합병**이라 하고, 당사회사가 전부 소멸하면서 새로운 회사를 설립하는 경우를 **신설합병**이라 한다. 신설합병은 절차가 복잡하여 실무상 흡수합병이 주로 이용된다.

소멸회사의 주주에게는 합병대가로서 존속하는 회사의 주식을 교부하는 것이 원칙이나, 2011년 개정상법은 그 대가의 전부 또는 일부로서 '금전이나 그 밖의 재산'을 제공할 수 있도록 하였다(교부금합병)(523조 4호). 또한 존속회사의 모회사 주식을 합병대가로 소멸회사 주주에게 교부하는 것도 가능한데(삼각합병), 2015년

개정상법은 이를 위해 존속회사가 모회사주식을 취득할 수 있는 예외를 인정하고 있다(523조의2).[1)]

3. 합병의 자유와 제한

회사의 합병은 자유이다(174조 1항). 따라서 상법상 다른 종류의 회사 간에도 합병이 가능하나(예: 주식회사와 합명회사의 합병), 실제로 합병은 주식회사 사이에 이루어지는 것이 보통이다. 또한 상법상 합병에는 다음과 같은 제한이 있다. (i) 합병을 하는 회사의 일방 또는 쌍방이 주식회사, 유한회사 또는 유한책임회사인 경우에는 합병 후 존속하는 회사나 합병으로 설립되는 회사는 주식회사, 유한회사 또는 유한책임회사이어야 한다(2항). (ii) 해산후의 회사는 존립 중의 회사를 존속하는 회사로 하는 경우에 한하여 합병을 할 수 있다(3항). (iii) 유한회사가 주식회사와 합병하는 경우에 합병후 존속하는 회사 또는 합병으로 인하여 실립되는 회사가 주식회사인 때에는 법원의 인가를 얻지 아니하면 합병의 효력이 없다(600조 1항). (iv) 합병을 하는 회사의 일방이 사채의 상환을 완료하지 아니한 주식회사인 때에는 합병후 존속하는 회사 또는 합병으로 인하여 설립되는 회사는 유한회사로 하지 못한다(2항).

II. 합병의 절차

(i) 회사가 합병을 함에는 합병계약서를 작성하여 주주총회의 승인을 얻어야 한다(522조 1항). 이사는 합병의 승인을 위한 주주총회 회일의 2주 전부터 합병을 한 날 이후 6개월이 경과하는 날까지 합병계약서 등을 본점에 비치하여야 한다(522조의2 1항).

(ii) 합병의 승인은 주주총회의 특별결의에 의하여야 한다(522조 3항). 그러나 합병할 회사의 일방이 합병후 존속하는 경우에 합병으로 인하여 소멸하는 회사의 총주주의 동의가 있거나 그 회사의 발행주식총수의 100분의 90 이상을 합병

1) 주식의 포괄적 교환의 경우에도 완전자회사가 되는 회사에게 완전모회사의 주식이 아닌 그 모회사의 주식을 교부하는 방식이 가능하며(**삼각주식교환**), 2015년 개정상법은 이를 위해 완전모회사가 그 모회사의 주식을 취득할 수 있는 예외를 인정하고 있다(360조의3 3항 4호, 6항).

후 존속하는 회사가 소유하고 있는 때에는 합병으로 인하여 소멸하는 회사의 주주총회의 승인은 이를 이사회의 승인으로 갈음할 수 있다(간이합병)(527조의2 1항). 또한 합병후 존속하는 회사가 합병으로 인하여 발행하는 신주 및 이전하는 자기주식의 총수가 그 회사의 발행주식총수의 100분의 10을 초과하지 아니하는 경우에는 그 존속하는 회사의 주주총회의 승인은 이사회의 승인으로 갈음할 수 있다(소규모합병). 다만, 합병으로 인하여 소멸하는 회사의 주주에게 제공할 금전이나 그 밖의 재산을 정한 경우에 그 금액 및 그 밖의 재산의 가액이 존속하는 회사의 최종 대차대조표상으로 현존하는 순자산액의 100분의 5를 초과하는 경우에는 그러하지 아니하다(527조의3 1항).

(iii) 합병에 반대하는 주주는 회사에 대하여 주식의 매수를 청구할 수 있다(522조의3). 간이합병의 경우 소멸회사의 반대주주에게 주식매수청구권이 인정된다(522조의3 2항). 소규모합병의 경우에는 합병반대주주의 주식매수청구권이 인정되지 않는다(527조의3 5항).

(iv) 주주총회의 승인 결의 후 2주 내에 채권자보호절차를 거쳐야 한다(527조의5).

(v) 흡수합병의 경우 보고총회, 신설합병의 경우 창립총회를 열어 합병에 대한 보고를 하여야 하나, 이사회의 공고로써 총회에 대한 보고에 갈음할 수 있다(526조 · 527조).

(vi) 이사는 채권자보호절차의 경과, 합병을 한 날, 합병으로 인하여 소멸하는 회사로부터 승계한 재산의 가액과 채무액 기타 합병에 관한 사항을 기재한 서면을 합병을 한 날부터 6월간 본점에 비치하여야 한다(527조의6 1항).

(vii) 회사가 합병을 한 때에는 소정기간 내에 등기하여야 한다(528조 1항). 이러한 등기는 합병의 효력발생요건이다.

Ⅲ. 합병의 효과

합병으로 소멸회사는 해산한다(517조 1호). 그러나 청산절차는 필요치 않으며, 소멸회사의 권리 · 의무는 존속회사 또는 신설회사에 포괄적으로 승계된다(530조 2항, 235조). 또한 소멸회사의 사원(주주)은 원칙적으로 존속회사 또는 신설회사의 사원(주주)이 된다(예외: 합병반대주주가 주식매수청구권을 행사한 경우 등)(대판 2003. 2.11., 2001다14351).

Ⅳ. 합병의 무효

합병무효의 원인으로는 합병에 관한 제한규정 위반, 합병계약서의 법정요건 흠결, 합병승인결의의 하자 및 채권자보호절차의 흠결 등을 들 수 있다. 소멸회사 주식에 대한 존속회사 주식의 부여비율(합병비율)이 현저하게 불공정한 경우도 합병무효의 원인이 된다(대판 2018.1.10., 2007다64316). 합병의 무효는 각 회사의 주주·이사·감사·청산인·파산관재인 또는 합병을 승인하지 아니한 채권자에 한하여 소만으로 이를 주장할 수 있다(529조 1항). 합병무효의 소는 합병등기가 있은 날로부터 6월내에 제기하여야 한다(2항). 합병무효의 소의 절차(전속관할, 소제기의 공고, 소의 병합심리, 하자의 보완 등과 청구의 기각) 및 합병무효판결의 효력(대세효·불소급효) 등에 관하여는 특칙이 있다(530조 2항, 237 내지 240조, 186조 내지 191조).

제2절 회사의 분할

Ⅰ. 의 의

회사의 분할이란 하나의 회사를 둘 이상의 회사로 분리하는 것을 말한다. 분리된 영업재산으로 새로운 회사(단순분할신설회사)를 설립하는 경우를 **단순분할**이라 하며, 분리된 영업재산을 기존의 다른 회사(분할승계회사) 또는 신설되는 회사(분할합병신설회사)가 이어받는 경우를 **분할합병**이라 한다. 회사는 분할에 의하여 1개 또는 수개의 존립 중의 회사와 합병할 수 있고, 1개 또는 수개의 회사를 설립함과 동시에 분할합병할 수 있다(530조의2 2항·3항).

또한 분할되는 회사(분할회사)가 소멸하는 경우를 **완전분할**이라 하고, 분할회사가 존속하는 경우를 **불완전분할**이라 한다. 분할로 신설되는 회사(단순분할신설회사·분할합병신설회사) 또는 분리된 영업재산을 승계하는 기존회사(분할승계회사)의 주식을 분할되는 회사 자신이 취득하는 경우를 **물적분할**이라 하며, 분할로 신설되는 회사 또는 분할승계회사의 주식을 분할회사의 주주에게 배정하는 경우를 **인적**

분할이라 한다. 상법은 인적분할에 대하여 주로 규정하고 있으나, 이 규정들은 물적분할에 준용된다(530조의12).

상법은 주식회사에 대하여서만 회사의 분할을 인정하고 있다. 해산 후의 회사는 존립중의 회사를 존속하는 회사로 하거나 새로 회사를 설립하는 경우에 한하여 분할 또는 분할합병할 수 있다(530조의2 4항).

Ⅱ. 회사분할의 절차

(i) 회사가 분할 또는 분할합병을 하는 때에는 분할계획서 또는 분할합병계약서를 작성하여 주주총회의 승인을 얻어야 한다(530조의3 1항). 분할회사의 이사는 이러한 주주총회 회일의 2주전부터 분할의 등기를 한 날 또는 분할합병을 한 날 이후 6개월 간 분할계획서 또는 분할합병계약서 등을 공시하여야 한다(530조의7 1항).

(ii) 분할 또는 분할합병의 승인은 주주총회의 특별결의에 의하여야 한다(530조의3 2항). 분할합병에 반대하는 주주에게는 주식매수청구권이 인정되나(530조의11 2항, 522조의3). 단순분할의 경우는 그렇지 않다. 분할합병이 간이합병 또는 소규모합병의 요건에 해당하는 경우에는 주주총회의 승인을 이사회의 승인으로 갈음할 수 있다(530조의11 2항, 527조의2, 527조의3).

(iii) 분할 또는 분할합병에 다른 회사의 설립에 관하여는 주식회사의 설립에 관한 규정을 준용한다. 다만, 분할회사의 출자만으로 회사가 설립되는 경우에는 검사인의 조사 · 보고에 관한 상법 제299조를 적용하지 아니한다(530조의4).

(iv) 분할 또는 분할합병을 한 때에는 소정기간 내에 등기를 하여야 한다(530조의11 1항, 234조, 528조). 이러한 등기는 회사분할의 효력발생요건이다.

Ⅲ. 회사분할과 채권자보호

분할회사, 단순분할신설회사, 분할승계회사 또는 분할합병신설회사는 분할 또는 분할합병 전의 분할회사 채무에 관하여 연대하여 변제할 책임이 있다(530조의9 1항). 그러나 이에는 다음 두 가지 예외가 있다. (i) 분할회사가 주주총회의 특별결의로 분할에 의하여 회사를 설립하는 경우에는 단순분할신설회사는 분할회사의 채무 중에서 분할계획서에 승계하기로 정한 채무에 대한 책임만을 부담하는 것으로 정할 수 있다. 이 경우 분할회사가 분할 후에 존속하는 경우에는 단순분할회사가 부담하지 아니하는 채무에 대한 책임만을 부담한다(2항). (ii) 분할합병의 경우에 분할회사는 주주총회의 특별결의로 분할합병에 따른 출자를 받는 분할승계회사 또는 분할합병신설회사가 분할회사의 채무 중에서 분할합병계약서에 승계하기로 정한 채무에 대한 책임만을 부담하는 것으로 정할 수 있다. 이 경우 분할회사가 분할합병 후 존속하는 경우에는 분할승계회사 또는 분할합병신설회사가 부담하지 아니하는 채무에 대한 책임만을 부담할 수 있다(3항). (i)의 경우 합병의 경우와 같은 채권자보호절차를 거쳐야 하며, 사채권자가 이의를 제기하려면 사채권자집회이 결의가 있어야 한다(동조 4항, 439조 3항, 527조의5).

Ⅳ. 회사분할의 효과

단순분할회사, 분할승계회사 또는 분할합병신설회사는 분할회사의 권리와 의무를 분할계획서 또는 분할합병계약서에서 정하는 바에 따라 승계한다(530조의10). 따라서 분할합병의 경우 분할합병계약서에 따라 피분할회사의 권리의무는 사법상 관계나 공법상 관계를 불문하고 성질상 이전을 허용하지 않는 것을 제외하고는 분할합병으로 인하여 존속하는 회사에게 포괄승계된다(대판 2011.8.25., 2010다44002).

Ⅴ. 회사분할의 무효

회사분할의 무효원인으로는 회사분할을 제한하는 법규정에 위반한 경우, 분할계획서 또는 분할합병계약서가 법정요건을 흠결한 경우, 회사분할의 승인결의에 하자가 있는 경우 및 채권자보호절차를 흠결한 경우 등을 들 수 있다. 회사분할의 무효는 소로서만 주장할 수 있으며, 합병무효의 소에 관한 규정은 회사분할의 경우에 준용된다(530조의11, 529조).

제3절 조직변경

Ⅰ. 주식회사의 유한회사에의 조직변경

주식회사는 총주주의 일치에 의한 총회의 결의로 그 조직을 변경하여 이를 유한회사로 할 수 있다. 다만 유한회사는 사채발행이 허용되지 않으므로 먼저 사채의 상환을 완료하여야 한다(604조 1항). 또한 채권자보호절차를 거쳐야 한다(608조, 232조). 주식회사의 유한회사에의 조직변경의 경우에 회사에 현존하는 순재산액이 자본금의 총액에 부족하는 때에는 조직변경 결의 당시의 이사와 주주는 회사에 대하여 연대하여 그 부족액을 지급할 책임이 있다(605조 1항). 주식회사가 유한회사로 조직을 변경한 때에는 소정기간 내에 주식회사는 해산등기를, 유한회사는 설립등기를 하여야 한다(606조).

Ⅱ. 주식회사의 유한책임회사로의 조직변경

주식회사는 총회에서 총주주의 동의로 결의한 경우에는 그 조직을 변경하여 유한책임회사로 할 수 있다(287조의43 1항). 사채의 상환, 채권자보호절차, 이사·주주의 순재산액전보책임, 조직변경의 등기 등은 전술한 주식회사의 유한회사에의 조직변경의 경우와 같다(287조의44, 232조, 604조 내지 606조).

제4절 해 산

Ⅰ. 의 의

회사의 해산이란 회사의 법인격이 소멸하는 원인이 되는 법률요건을 말한다. 그러나 회사의 법인격은 해산만으로 소멸하는 것은 아니고 청산절차를 마쳤을 때 종국적으로 소멸한다. 즉 회사는 해산된 뒤에도 청산법인으로서 청산의 목적 범위 내에서 존속하는 것이다(대판 1982.4.27., 81다358).

Ⅱ. 해산사유

주식회사는 (i) 존립기간의 만료 기타 정관으로 정한 사유의 발생, (ii) 합병·파산·분할·분할합병 및 (iii) 주주총회의 특별결의로 해산한다(517조·518조). 회사가 (i) 또는 (iii)의 사유로 해산한 때에는 주주총회의 특별결의로 회사를 계속할 수 있다(회사의 계속)(519조).

법원은 (i) 회사의 설립목적이 불법한 것인 때, (ii) 회사가 정당한 사유없이 설립후 1년내에 영업을 개시하지 아니하거나 1년 이상 영업을 휴지하는 때 및 (iii) 이사 또는 회사의 업무를 집행하는 사원이 법령 또는 정관에 위반하여 회사의 존속을 허용할 수 없는 행위를 한 때에는 이해관계인이나 검사의 청구에 의하여 또는 직권으로 회사의 해산을 명할 수 있다(해산명령)(176조1항).

또한 주식회사에서 (i) 회사의 업무가 현저한 정돈상태를 계속하여 회복할 수 없는 손해가 생긴 때 또는 생길 염려가 있는 때 및 (ii) 회사재산의 관리 또는 처분의 현저한 실당으로 인하여 회사의 존립을 위태롭게 한 때에 부득이한 사유가 있는 때에는 발행주식의 총수의 100분의 10 이상에 해당하는 주식을 가진 주주는 회사의 해산을 법원에 청구할 수 있다(해산판결)(520조 1항).

한편 법원행정처장이 최후의 등기후 5년을 경과한 회사는 본점의 소재지를 관할하는 법원에 아직 영업을 폐지하지 아니하였다는 뜻의 신고를 할 것을 관보로 공고한 경우에, 그 공고한 날에 이미 최후의 등기후 5년을 경과한 회사로서 공고한 날로부터 2월 이내에 대통령령이 정하는 바에 의하여 신고를 하지 아니한 때에는 그 회사는 그 신고기간이 만료된 때에 해산한 것으로 본다. 그러나 그 기간내에 신고를 한 회사에 대하여는 그러하지 아니하다(휴면회사의 해산의제)(520조의2 1항, 영 28조).

Ⅲ. 해산 및 회사계속의 공시

회사가 해산한 때에는 파산의 경우 외에는 이사는 지체없이 주주에 대하여 그 통지를 하여야 한다(521조). 회사가 해산한 때에는 소정기간 내에 해산등기를 하여야 하며, 전술한 회사계속의 결의를 한 경우에 이미 해산등기를 하였을 때에는 소정기간 내에 회사의 계속등기를 하여야 한다(521조의2, 228조, 229조 3항).

제5절 청 산

Ⅰ. 의 의

청산이란 회사가 합병 · 분할 · 분할합병 및 파산 이외의 사유로 해산한 경우에 그 법률관계를 정리하고 재산을 처분하여 그 법인격을 소멸시키는 절차를 말한다(531조 1항 본문). 정관 또는 총사원의 동의로 회사재산의 처분방법을 정하는 것(임의청산)은 주식회사의 경우 허용되지 않으며 법정절차에 따른 청산만이 가능하다(법정청산). 주주가 유한책임을 지므로 회사채권자의 보호가 더욱 엄격하게 요구되기 때문이다.

Ⅱ. 청산인

회사가 해산하면 이사 · 이사회 및 대표이사는 각각 청산인 · 청산인회 및 대표청산인으로 교체된다. 이사가 청산인이 되는 것이 원칙이지만, 정관에 다른 정함이 있거나 주주총회에서 타인을 선임한 경우는 예외이다(531조 1항). 이와 같이 자치적으로 정해지는 청산인이 없는 때에는 법원은 이해관계인의 청구에 의하여 청산인을 선임한다(2항). 청산인은 법원이 선임한 경우 외에는 언제든지 주주총회의 결의로 이를 해임할 수 있다(539조 1항). 청산인이 그 업무를 집행함에 현저하게 부적임하거나 중대한 임무에 위반한 행위가 있는 때에는 발행주식의 총수의 100분의 3 이상에 해당하는 주식을 가진 주주는 법원에 그 청산인의 해임을 청구할 수 있다(2항).

Ⅲ. 청산사무

청산인은 현존사무의 종결, 채권의 추심과 채무의 변제, 재산의 환가처분 및 잔여재산의 분배에 관한 사무를 처리하여야 한다(542조 1항, 245조). 이를 위해 청산인은 (i) 법원에 대한 신고, (ii) 회사재산에 관한 조사보고, (iii) 대차대조표・사무보고서・부속명세서의 제출・감사・공시・승인 및 (iv) 회사채권자에의 최고 등의 절차를 밟아야 한다(532조 내지 537조).

Ⅳ. 청산의 종결

청산사무가 종결한 때에는 청산인은 지체없이 결산보고서를 작성하고 이를 주주총회에 제출하여 승인을 얻어야 한다(540조 1항). 이러한 승인이 있는 때에는 회사는 청산인에 대하여 그 책임을 해제한 것으로 본다. 그러나 청산인의 부정행위에 대하여는 그러하지 아니하다(2항). 청산인은 승인을 받은 후 소정기간 내에 청산종결의 등기를 하여야 한다(542조 1항, 264조).

회사의 장부 기타 영업과 청산에 관한 중요한 서류는 본점소재지에서 청산종결의 등기를 한 후 10년간 이를 보존하여야 한다. 다만, 전표 또는 이와 유사한 서류는 5년간 이를 보존하여야 한다(541조 1항). 이러한 서류의 보존에 관하여는 청산인 기타의 이해관계인의 청구에 의하여 법원이 보존인과 보존방법을 정한다(2항).

회사법

제12장 주식회사 이외의 회사

제1절 합명회사

Ⅰ. 의 의

합명회사는 2인 이상의 무한책임사원으로만 구성되는 회사이다. 합명회사는 법인이지만(169조), 사원이 회사채무에 대하여 직접 무한책임을 지는 등 조합으로서의 성격이 강하다. 그리하여 합명회사의 내부관계에 관하여 정관 또는 상법에 다른 규정이 없으면 조합에 관한 민법의 규정을 준용한다(195조).

Ⅱ. 설 립

1. 설립절차

합명회사는 그 사원이 모두 무한책임을 지기 때문에 엄격한 설립절차가 필요치 않다. 즉, 합명회사는 2인 이상의 사원이 공동으로 정관을 작성하고 설립등기를 함으로써 성립한다(178조 · 180조).

2. 설립무효 및 설립취소

합명회사는 사원이 무한책임을 지므로 각 사원 개인의 주관적 하자가 설립의 무효 또는 취소원인이 된다. 즉, (i) 설립의 무효원인에는 설립등기의 무효 등 객관적 하자 외에 사원의 의사무능력, 상대방이 알고 있는 비진의표시・허위표시 등도 포함된다. (ii) 설립의 취소원인으로는 사원이 제한능력자인 경우, 착오・사기・강박에 의한 의사표시가 있는 경우 및 사원이 그 채권자를 해할 것을 알고 회사를 설립한 경우가 있다(184조 2항, 185조).

회사의 설립의 무효는 그 사원에 한하여, 설립의 취소는 그 취소권 있는 자에 한하여 회사성립의 날로부터 2년 내에 소만으로 이를 주장할 수 있다(184조 1항). 또한 사원이 그 채권자를 알고 회사를 설립한 때에는 채권자는 그 사원과 회사에 대한 소로 회사의 설립취소를 청구할 수 있다(185조). 설립무효의 소 및 설립취소의 소의 전속관할, 소제기의 공고, 소의 병합심리, 하지의 보완 등과 청구의 기각, 판결의 효력(대세효・불소급효), 패소원고의 책임 등에 관하여는 특칙이 있다(186조 내지 191조). 설립무효의 판결 또는 설립취소의 판결이 확정된 때에는 본점과 지점의 소재지에서 등기하고 해산의 경우에 준하여 청산하여야 한다(192조, 193조 1항).

그러나 설립무효 또는 설립취소의 판결이 확정된 경우에 그 무효나 취소의 원인이 특정한 사원에 한한 것인 때에는 다른 사원 전원의 동의로써 회사를 계속할 수 있으며, 이 경우 그 무효 또는 취소의 원인이 있는 사원은 퇴사한 것으로 본다(194조 1항・2항).

Ⅲ. 회사의 내부관계

1. 출 자

합명회사의 사원은 회사채무에 대하여 직접 무한책임을 지므로 출자에 관한 제한이 없어 금전・현물 뿐 아니라 신용・노무・채권 등도 출자할 수 있다(195조・222조, 민 703조 2항). 다만 채권을 출자의 목적으로 한 사원은 그 채권이 변제기에 변제되지 아니한 때에는 그 채권액을 변제할 책임을 지며, 이 경우 이자를 지급하는 외에 이로 인하여 생긴 손해를 배상하여야 한다(196조).

2. 업무집행

각 사원은 정관에 다른 규정이 없는 때에는 회사의 업무를 집행할 권리와 의무가 있다(200조 1항). 각 사원의 업무집행에 관한 행위에 대하여 다른 사원의 이의가 있는 때에는 곧 행위를 중지하고 총사원 과반수의 결의에 의하여야 한다(2항). 정관으로 사원의 1인 또는 수인을 업무집행사원으로 정한 때에는 그 사원이 회사의 업무를 집행할 권리와 의무가 있다(201조 1항). 수인의 업무집행사원이 있는 경우에 그 각 사원의 업무집행에 관한 행위에 대하여 다른 업무집행사원의 이의가 있는 때에는 곧 그 행위를 중지하고 업무집행사원 과반수의 결의에 의하여야 한다(2항). 다만 지배인의 선임과 해임은 정관에 다른 정함이 없으면 업무집행사원이 있는 경우에도 총사원 과반수의 결의에 의하여야 한다(203조). 또한 정관을 변경함에는 총사원의 동의가 있어야 한다(204조). 사원이 업무를 집행함에 현저하게 부적임하거나 중대한 의무에 위반한 행위가 있는 때에는 법원은 사원의 청구에 의하여 업무집행권한의 상실을 선고할 수 있다(205조 1항). 이러한 판결이 확정된 때에는 본점과 지점의 소재지에서 등기하여야 한다(2항). 업무집행권이 없는 사원은 회사의 업무와 재산상태를 언제든지 검사할 수 있다(195조, 민 710조).

3. 사원의 경업피지의무 및 자기거래의 제한

사원은 다른 사원의 동의가 없으면 자기 또는 제3자의 계산으로 회사의 영업부류에 속하는 거래를 하지 못하며 동종영업을 목적으로 하는 다른 회사의 무한책임사원 또는 이사가 되지 못한다(198조 1항). 이러한 경업피지의무 위반에 대하여 회사는 개입권을 행사하고 손해배상을 청구할 수 있다(2항 내지 4항). 또한 사원은 다른 사원 과반수의 결의가 있는 때에 한하여 자기 또는 제삼자의 계산으로 회사와 거래를 할 수 있다(199조 1항).

4. 지분 및 사원의 변동

사원은 다른 사원의 동의를 얻지 아니하면 그 지분의 전부 또는 일부를 타인에게 양도하지 못한다(197조). 지분을 입질함에도 총사원의 동의가 필요하다고 본다(통설). 지분의 압류도 가능한데 사원의 지분의 압류는 사원이 장래이익의 배당과 지분의 환급을 청구하는 권리에 대하여도 그 효력이 있다(223조). 합명회사는 사원의 개성이 중시되기 때문에 지분의 상속은 정관에 규정이 있는 경우에만 인정된다(218조 3호, 219조 1항).

정관으로 회사의 존립기간을 정하지 아니하거나 어느 사원의 종신까지 존속할 것을 정한 때에는 사원은 영업년도말에 한하여 퇴사할 수 있다. 그러나 6월전에 이를 예고하여야 한다(217조 1항). 사원이 부득이한 사유가 있을 때에는 언제든지 퇴사할 수 있다(2항). 또한 사원은 (i) 정관에 정한 사유의 발생, (ii) 총사원의 동의, (iii) 사망, (iv) 성년후견개시, (v) 파산 및 (vi) 제명으로 퇴사한다(218조). 사원이 출자의무를 이행하지 않은 경우 등에는 회사는 다른 사원 과반수의 결의에 의하여 그 사원의 제명의 선고를 법원에 청구할 수 있다(220조).

Ⅳ. 회사의 외부관계

1. 회사의 대표

정관으로 업무집행사원을 정하지 아니한 때에는 각 사원은 회사를 대표한다. 수인의 업무집행사원을 정한 경우에 각 업무집행사원은 회사를 대표한다. 그러나 정관 또는 총사원의 동의로 업무집행사원중 특히 회사를 대표할 자를 정할 수 있다(207조). 회사를 대표하는 사원은 회사의 영업에 관하여 재판상 또는 재판외의 모든 행위를 할 권한이 있으며, 그 권한에 대한 제한은 선의의 제삼자에게 대항하지 못한다(209조). 회사는 정관 또는 총사원의 동의로 수인의 사원이 공동으로 회사를 대표할 것을 정할 수 있다(208조 1항). 회사의 대표사원 및 공동대표를 정한 때에는 등기하여야 한다(180조 4호·5호). 회사를 대표하는 사원이 그 업무집행으로 인하여 타인에게 손해를 가한 때에는 회사는 그 사원과 연대하여 배상할 책임이 있다(210조).

2. 사원의 책임

회사의 재산으로 회사의 채무를 완제할 수 없는 때에는 각 사원은 연대하여 변제할 책임이 있다(212조 1항). 회사재산에 대한 강제집행이 주효하지 못한 때에도 같다(2항). 다만 사원이 회사에 변제의 자력이 있으며 집행이 용이한 것을 증명한 때에는 그러하지 아니하다(3항). 회사성립 후에 가입한 사원은 그 가입 전에 생긴 회사채무에 대하여 다른 사원과 동일한 책임을 진다(213조). 사원이 회사채무에 관하여 변제의 청구를 받은 때에는 회사가 주장할 수 있는 항변으로 그 채권자에게 대항할 수 있다(214조 1항). 회사가 그 채권자에 대하여 상계, 취소 또는 해제할 권리가 있는 경우에는 사원은 변제를 거부할 수 있다(2항). 사원이 아닌 자가 타인에게 자기를 사원이라고 오인시키는 행위를 하였을 때에는 오인으로 인하여 회사와 거래한 자에 대하여 사원과 동일한 책임을 진다(215조).

V. 회사의 해산 등

합명회사는 (i) 존립기간의 만료 기타 정관으로 정한 사유의 발생, (ii) 총사원의 동의, (iii) 사원이 1인으로 된 때, (iv) 합병, (v) 파산 및 (vi) 법원의 명령 또는 판결로 해산한다(227조). 이 중 (i) 및 (ii)의 경우에는 사원의 전부 또는 일부의 동의로 회사를 계속할 수 있다. 그러나 동의를 하지 아니한 사원은 퇴사한 것으로 본다(229조 1항). 또한 (iii)의 경우에는 새로 사원을 가입시켜서 회사를 계속할 수 있다(2항). 부득이한 사유가 있는 때에는 각 사원은 회사의 해산을 법원에 청구할 수 있다(241조 1항). 합명회사는 해산된 후에도 청산의 목적범위내에서 존속하는 것으로 보며(245조), 해산된 회사의 재산처분방법은 정관 또는 총사원의 동의로 이를 정할 수 있다(임의청산)(247조 1항). 합명회사가 합병을 함에는 총사원의 동의가 있어야 하며(230조), 총사원의 동의로 일부사원을 유한책임사원으로 하거나 유한책임사원을 새로 가입시켜서 합자회사로 변경할 수 있다(242조 1항).

제2절 합자회사

I. 의 의

합자회사는 무한책임사원과 유한책임사원으로 조직된 회사이다(268조). 사업수행능력을 가진 자와 자본력을 가진 자가 결합하는 데 유용한 회사형태이다. 합자회사는 합명회사에 유한책임사원이 부가된 형태로서, 상법은 이에 관해 다른 규정이 없는 사항은 합명회사에 관한 규정을 준용하고 있다(269조). 이하에서는 합자회사에 특유한 내용을 중심으로 살펴본다.

Ⅱ. 설 립

합자회사의 경우에도 정관을 작성하고 설립등기를 함으로써 성립하는 점은 합명회사와 같으나, 정관 및 등기에 무한책임사원과 유한책임사원을 구분하여 기재하여야 하는 점에서 차이가 있다(270조, 271조 1항).

Ⅲ. 내부관계

1. 출 자

무한책임사원의 출자는 합명회사의 경우와 같으나, 유한책임사원은 신용 또는 노무를 출자의 목적으로 하지 못한다(272조).

2. 업무집행

무한책임사원은 정관에 다른 규정이 없는 때에는 각자가 회사의 업무를 집행할 권리와 의무가 있다(273조). 다만 지배인의 선임과 해임은 무한책임사원 과반수의 결의에 의하여야 한다(274조). 유한책임사원은 회사의 업무집행이 금지되나(278조), 판례는 정관이나 내부규정으로 유한책임사원에게 업무집행권을 부여할 수 있다고 본다(1977.4.26., 75다1341). 또한 유한책임사원은 업무집행에 대한 감시권을 갖는다. 즉, 유한책임사원은 영업년도말에 있어서 영업시간 내에 한하여 회사의 회계장부·대차대조표 기타의 서류를 열람할 수 있고 회사의 업무와 재산상태를 검사할 수 있으며, 중요한 사유가 있는 때에는 유한책임사원은 언제든지 법원의 허가를 얻어 이러한 열람과 검사를 할 수 있다(277조). 한편 유한책임사원에게는 경업피지의무가 인정되지 않는다(275조).

3. 지분 및 사원의 변동

무한책임사원의 지분양도는 총사원의 동의가 있어야 하나(269조, 197조). 유한책임사원의 지분양도는 무한책임사원 전원의 동의만 있으면 된다. 지분의 양도에 따라 정관을 변경하여야 할 경우에도 같다(276조). 무한책임사원과 달리 유한책임사원이 사망한 때에는 그 상속인이 그 지분을 승계하여 사원이 된다(283조 1항). 또한 유한책임사원은 성년후견개시 심판을 받은 경우에도 퇴사되지 아니한다(284조).

Ⅳ. 외부관계

1. 회사대표

회사의 대표권은 무한책임사원에게만 인정되며, 유한책임사원은 회사의 대표행위를 하지 못한다(278조). 따라서 유한책임사원이 정관 또는 총사원의 동의로서 회사의 대표자로 지정되어 그와 같은 등기까지 경유되었다 하더라도 회사대표권을 가질 수 없다(1966.1.25., 65다2128).

2. 사원의 책임

무한책임사원의 책임은 합명회사의 경우와 같다(269조, 212조). 유한책임사원은 그 출자가액에서 이미 이행한 부분을 공제한 가액을 한도로 하여 회사채무를 변제할 책임이 있다(279조 1항). 유한책임사원은 그 출자를 감소한 후에도 본점소재지에서 등기를 하기 전에 생긴 회사채무에 대하여는 등기 후 2년 내에는 이러한 변제책임을 면하지 못한다(280조). 유한책임사원이 타인에게 자기를 무한책임사원이라고 오인시키는 행위를 한 때에는 오인으로 인하여 회사와 거래를 한 자에 대하여 무한책임사원과 동일한 책임이 있다. 유한책임사원이 그 책임의 한도를 오인시키는 행위를 한 경우도 같다(281조).

제3절 유한책임회사

Ⅰ. 의 의

유한책임회사는 유한책임사원만으로 구성되나, 회사의 설립·운영과 기관 구성 등의 면에서 사적 자치가 폭넓게 인정되는 회사이다. 사모투자펀드와 같은 각종

펀드 및 벤처기업 등 새로운 기업형태에 대한 수요에 부응하기 위해 2011년 개정상법에서 도입되었다. 합명회사의 내부관계에 관하여 정관 또는 상법에 다른 규정이 없으면 합명회사에 관한 규정을 준용한다(287조의18). 이하에서는 유한책임회사에 특유한 내용을 중심으로 살펴본다.

Ⅱ. 설 립

유한책임회사를 설립할 때에는 사원은 정관을 작성하여야 한다(287조의2). 사원 1인에 의한 설립이 가능하다는 점에서 합명회사 및 합자회사와 다르고 주식회사 및 유한회사와 같다.

사원은 신용이나 노무를 출자의 목적으로 하지 못하며, 정관의 작성 후 설립등기를 하는 때까지 금전이나 그 밖의 재산의 출자를 전부 이행하여야 한다(287조의4 1항·2항). 현물출자를 하는 사원은 납입기일에 지체 없이 유한책임회사에 출자의 목적인 재산을 인도하고, 등기, 등록, 그 밖의 권리의 설정 또는 이전이 필요한 경우에는 이에 관한 서류를 모두 갖추어 교부하여야 한다(3항).

유한책임회사는 본점의 소재지에서 등기함으로써 성립한다(287조의5 1항).

Ⅲ. 내부관계

1. 지분 및 사원의 변동

사원은 다른 사원의 동의를 받지 아니하면 그 지분의 전부 또는 일부를 타인에게 양도하지 못한다(287조의8 1항). 그러나 업무를 집행하지 아니한 사원은 업무를 집행하는 사원 전원의 동의가 있으면 지분의 전부 또는 일부를 타인에게 양도할 수 있다. 다만, 업무를 집행하는 사원이 없는 경우에는 사원 전원의 동의를 받아야 한다(2항). 이상 지분의 양도에 관한 사항은 정관으로 달리 정할 수 있다(3항). 한편 유한책임회사는 그 지분의 전부 또는 일부를 양수할 수 없다(287조의9 1항). 유한책임회사가 지분을 취득하는 경우에 그 지분은 취득한 때에 소멸한다(2항).

유한책임회사는 정관을 변경함으로써 새로운 사원을 가입시킬 수 있다(287조의23 1항). 사원의 퇴사권, 퇴사원인, 사원사망시 권리승계의 통지 및 제명의 선고 등에 관하여는 합명회사에 관한 규정을 준용한다(287조의24 내지 287조의27, 217조 1항, 218조 내지 220조).

2. 업무의 집행

제287조의12(업무의 집행) ① 유한책임회사는 정관으로 사원 또는 사원이 아닌 자를 업무집행자로 정하여야 한다(287조의12). 1명 또는 둘 이상의 업무집행자를 정한 경우에는 업무집행자 각자가 회사의 업무를 집행할 권리와 의무가 있다(2항). 정관으로 둘 이상을 공동업무집행자로 정한 경우에는 그 전원의 동의가 없으면 업무집행에 관한 행위를 하지 못한다(3항). 다만, 정관에 다른 규정이 없는 경우 정관을 변경하려면 총사원의 동의가 있어야 한다(287조의16).

업무집행자는 사원 전원의 동의를 받지 아니하고는 자기 또는 제3자의 계산으로 회사의 영업부류에 속한 거래를 하지 못하며, 같은 종류의 영업을 목적으로 하는 다른 회사의 업무집행자·이사 또는 집행임원이 되지 못한다(297조의10 1항). 또한 업무집행자는 다른 사원 과반수의 결의가 있는 경우에만 자기 또는 제3자의 계산으로 회사와 거래를 할 수 있다(287조의11).

업무집행자가 아닌 사원의 감시권은 합자회사 유한책임사원의 그것과 같다(287조의14, 277조).

Ⅳ. 외부관계

1. 회사대표

업무집행자는 유한책임회사를 대표한다(287조의19 1항). 업무집행자가 둘 이상인 경우 정관 또는 총사원의 동의로 유한책임회사를 대표할 업무집행자를 정할 수 있다(2항). 유한책임회사는 정관 또는 총사원의 동의로 둘 이상의 업무집행자가 공동으로 회사를 대표할 것을 정할 수 있다(3항). 유한책임회사를 대표하는 업무집행자의 권한은 합명회사 대표사원의 그것과 같다(동조 4항, 209조). 유한책임회사를 대표하는 업무집행자가 그 업무집행으로 타인에게 손해를 입힌 경우에는 회사는 그 업무집행자와 연대하여 배상할 책임이 있다(287조의20).

2. 사원의 책임

사원의 책임은 상법에 다른 규정이 있는 경우 외에는 그 출자금액을 한도로 한다(287조의7). 유한책임회사의 사원은 설립등기 전에 출자를 완료하여야 하므로, 직접 회사채권자에 대한 변제책임을 지지 않으며, 출자에 대한 전보책임도 없다(간접유한책임). 이 점에서 주식회사의 주주와 유사하며, 유한회사의 사원과 다르다.

V. 회사의 계산

유한책임회사의 사원은 유한책임만을 부담하므로 상법은 회사채권자 보호를 위해 주식회사의 경우와 유사한 계산 관련 규정들을 두고 있다. 즉, 유한책임회사의 회계는 이 법과 대통령령으로 규정한 것 외에는 일반적으로 공정하고 타당한 회계관행에 따르며(287조의32, 영 5조), 업무집행자에게는 재무제표의 작성·보존·비치·공시의무가 있다(287조의33, 287조의34). 또한 유한책임회사는 대차대조표상의 순자산액으로부터 자본금의 액(287조의35)을 뺀 액을 한도로 하여 잉여금을 분배할 수 있다(287조의37 1항). 유한책임회사는 정관변경의 방법으로 자본금을 감소할 수 있다(287조의36).

VI. 회사의 해산 등

유한책임회사의 해산원인은 합명회사의 그것과 대체로 같으나 '사원이 1인으로 된 때'는 제외된다(287조의38). 즉, 주식회사 및 유한회사의 경우와 같이 성립 후의 1인회사가 인정되는 것이다.

유한책임회사는 총사원의 동의에 의하여 주식회사로 변경할 수 있다(287조의43). 이 경우 합명회사 합병의 경우의 채권자보호절차에 관한 상법 제232조와 유한회사의 주식회사로의 조직변경에 관한 제607조를 준용한다(287조의44).

제4절 유한회사

Ⅰ. 의 의

유한회사는 사원의 출자로 형성된 자본금을 가지고, 자본금은 균일한 금액의 단위로 나누어지며, 사원은 원칙적으로 그 출자금액 한도 내에서 회사에 대하여서만 책임을 지는 회사이다. 2011년 개정상법은 유한회사의 최저자본금제도를 폐지하고, 사원총수의 상한(50인)을 폐지하였으며, 지분양도를 원칙적으로 허용하되 정관으로 이를 제한할 수 있도록 하였다. 유한회사는 주식회사에 비해 그 설립・운영 등에 관한 규제가 완화된 회사형태이나, 우리나라에서는 이용도가 매우 낮은 실정이다.

Ⅱ. 설 립

1. 설립절차

유한회사를 설립함에는 사원이 정관을 작성하여야 하며(543조 1항), 정관은 주식회사의 경우와 같이 공증인의 인증을 받음으로써 효력이 생긴다(동조 2항, 292조). 1인회사의 설립이 인정됨은 주식회사 및 유한책임회사와 같다. 변태설립사항, 즉 (i) 현물출자를 하는 자의 성명과 그 목적인 재산의 종류, 수량, 가격과 이에 대하여 부여하는 출자좌수, (ii) 회사의 설립후에 양수할 것을 약정한 재산의 종류, 수량, 가격과 그 양도인의 성명 및 (iii) 회사가 부담할 설립비용은 정관에 기재함으로써 그 효력이 있다(544조).

정관으로 이사를 정하지 아니한 때에는 회사성립전에 사원총회를 열어 이를 선임하여야 한다(547조 1항). 이 사원총회는 각 사원이 소집할 수 있다(2항). 출자 1좌의 금액은 100원 이상으로 균일하게 하여야 하며(546조), 이사는 사원으로 하여금 출자전액의 납입 또는 현물출자의 목적인 재산전부의 급여를 시켜야 한다(548조 1항). 유한회사의 설립등기는 출자의 이행이 있은 날로부터 2주간 내에 하여야 한다(549조 1항).

2. 출자에 대한 책임과 설립의 하자

현물출자 및 재산인수의 목적물(전술한 변태설립사항 중 (i)·(ii))의 회사성립 당시의 실가가 정관에 정한 가격에 현저하게 부족한 때에는 회사성립당시의 사원은 회사에 대하여 그 부족액을 연대하여 지급할 책임이 있다(550조 1항). 이러한 사원의 책임은 면제하지 못한다(2항). 회사성립 후에 출자금액의 납입 또는 현물출자의 이행이 완료되지 아니하였음이 발견된 때에는 회사성립당시의 사원, 이사와 감사는 회사에 대하여 그 납입되지 아니한 금액 또는 이행되지 아니한 현물의 가액을 연대하여 지급할 책임이 있다(551조 1항). 이 경우 사원의 책임은 면제하지 못하며, 이사와 감사의 책임은 총사원의 동의가 없으면 면제하지 못한다(2항·3항).

유한회사의 경우 설립무효의 소 뿐 아니라 설립취소의 소도 인정된다(552조). 주식회사에 비해 사사원의 개성이 중시되기 때문이다.

Ⅲ. 사원의 권리의무

각 사원은 그 출자좌수에 따라 지분을 가진다(554조). 사원의 책임은 상법에 다른 규정이 있는 경우 외에는 그 출자금액을 한도로 한다(553조).

유한회사는 사원의 지분에 관하여 지시식 또는 무기명식의 증권을 발행하지 못한다(555조). 사원은 그 지분의 전부 또는 일부를 양도하거나 상속할 수 있다. 다만, 정관으로 지분의 양도를 제한할 수 있다(556조). 지분의 이전은 취득자의 성명, 주소와 그 목적이 되는 출자좌수를 사원명부에 기재하지 아니하면 이로써 회사와 제삼자에게 대항하지 못한다(557조). 지분은 질권의 목적으로 할 수 있다(559조 1항).

Ⅳ. 회사의 관리

1. 이 사

유한회사에는 1인 또는 수인의 이사를 두어야 한다(561조). 이사는 회사를 대표하며, 이사가 수인인 경우에 정관에 다른 정함이 없으면 사원총회에서 회사를 대표할 이사를 선정하여야 한다(562조 1항·2항). 정관 또는 사원총회는 수인의 이사가 공동으로 회사를 대표할 것을 정할 수 있다(3항). 이사가 수인인 경우에 정관에 다른 정함이 없으면 회사의 업무집행, 지배인의 선임 또는 해임과 지점의 설치·이전 또는 폐지는 이사 과반수의 결의에 의하여야 한다(564조 1항). 이 경우 사원총회는 지배인의 선임 또는 해임을 할 수 있다(2항).

이사는 감사가 있는 때에는 그 승인이, 감사가 없는 때에는 사원총회의 승인이 있는 때에 한하여 자기 또는 제삼자의 계산으로 회사와 거래를 할 수 있다(3항 전단). 이사가 법령 또는 정관에 위반한 행위를 하여 이로 인하여 회사에 회복할 수 없는 손해가 생길 염려가 있는 경우에는 감사 또는 자본금 총액의 100분의 3 이상에 해당하는 출자좌수를 가진 사원은 회사를 위하여 이사에 대하여 그 행위를 유지할 것을 청구할 수 있다(564조의2). 자본금 총액의 100분의 3 이상에 해당하는 출자좌수를 가진 사원은 회사에 대하여 이사의 책임을 추궁할 소의 제기를 청구할 수 있다(565조).

2. 감 사

유한회사는 정관에 의하여 1인 또는 수인의 감사를 둘 수 있다(568조 1항). 감사는 언제든지 회사의 업무와 재산상태를 조사할 수 있고 이사에 대하여 영업에 관한 보고를 요구할 수 있다(569조).

3. 사원총회

사원총회는 상법에서 달리 규정하는 경우 외에는 이사가 소집한다. 그러나 임시총회는 감사도 소집할 수 있다(571조 1항). 사원총회를 소집할 때에는 사원총회일의 1주 전에 각 사원에게 서면으로 통지서를 발송하거나 각 사원의 동의를 받아 전자문서로 통지서를 발송하여야 한다(2항). 자본금 총액의 100분의 3 이상에 해당하는 출자좌수를 가진 사원은 회의의 목적사항과 소집의 이유를 기재한 서면을 이사에게 제출하여 총회의 소집을 청구할 수 있다(572조 1항). 이에 관하여는 정관으로 달리 정할 수 있다(2항). 총사원의 동의가 있을 때에는 소집절차없이 총회를 열 수 있다(573조).

사원총회의 결의는 정관 또는 본법에 다른 규정이 있는 경우외에는 총사원의 의결권의 과반수를 가지는 사원이 출석하고 그 의결권의 과반수로써 하여야 한다(574조). 각 사원은 출자1좌마다 1개의 의결권을 가진다. 그러나 정관으로 의결권의 수에 관하여 다른 정함을 할 수 있다(575조). 총회의 결의를 하여야 할 경우에 총사원의 동의가 있는 때에는 서면에 의한 결의를 할 수 있다(577조 1항).

유한회사가 영업양도·양수·임대 등의 행위를 하려면 사원총회의 특별결의가 있어야 한다(576조 1항, 585조). 유한회사가 그 성립후 2년내에 성립전으로부터 존재하는 재산으로서 영업을 위하여 계속하여 사용할 것을 자본금의 20분의 1 이상에 상당한 대가로 취득하는 계약을 체결하는 경우에도 같다(576조 2항).

4. 회사의 계산

이사는 매결산기에 재무제표와 영업보고서를 작성하여야 하며, 정기총회회일의 1주간전부터 5년간 이들 서류와 감사보고서를 본점에 비치하여야 한다(579조, 579조의2, 579조의3 1항). 이익의 배당은 정관에 다른 정함이 있는 경우외에는 각사원의 출자좌수에 따라 하여야 한다(580조).

자본금의 100분의 3 이상에 해당하는 출자좌수를 가진 사원은 회계의 장부와 서류의 열람 또는 등사를 청구할 수 있다(581조 1항). 또한 회사의 업무집행에 관하여 부정행위 또는 법령이나 정관에 위반한 중대한 사유가 있는 때에는 자본금 총액의 100분의 3 이상에 해당하는 출자좌수를 가진 사원은 회사의 업무와 재산상태를 조사하게 하기 위하여 법원에 검사인의 선임을 청구할 수 있다(582조 1항). 그 밖에 유한회사의 계산에 관하여는 주식회사의 준비금, 이익배당, 중간배당 등에 관한 규정이 준용된다(583조).

V. 정관변경

정관을 변경함에는 사원총회의 특별결의(총사원의 의결권의 4분의 3 이상을 가지는 자의 동의)가 있어야 한다(584조, 585조 1항). 이때 의결권을 행사할 수 없는 사원은 이를 총사원의 수에, 그 행사할 수 없는 의결권은 이를 의결권의 수에 산입하지 아니한다(585조 2항). 자본금 증가의 결의에서는 정관에 다른 정함이 없더라도 (i) 현물출자를 하는 자의 성명과 그 목적인 재산의 종류, 수량, 가격과 이에 대하여 부여할 출자좌수, (ii) 자본금 증가 후에 양수할 것을 약정한 재산의 종류, 수량, 가격과 그 양도인의 성명 및 (iii) 증가할 자본금에 대한 출자의 인수권을 부여할 자의 성명과 그 권리의 내용을 정할 수 있다(586조). 상법은 자본금증가의 상세한 절차와 증자무효의 소 등에 관하여 규정하고 있다(587조 내지 597조).

Ⅵ. 합병과 조직변경

유한회사가 다른 회사와 합병을 함에는 사원총회의 특별결의가 있어야 한다(598조, 585조). 유한회사가 주식회사와 합병하는 경우에 합병후 존속하는 회사 또는 합병으로 인하여 설립되는 회사가 주식회사인 때에는 법원의 인가를 얻지 아니하면 합병의 효력이 없다(600조 1항). 합병을 하는 회사의 일방이 사채의 상환을 완료하지 아니한 주식회사인 때에는 합병후 존속하는 회사 또는 합병으로 인하여 설립되는 회사는 유한회사로 하지 못한다(2항). 유한회사가 합병을 한 때에는 소정기간 내에 등기하여야 한다(602조). 그 밖에 합병의 절차 등에 관하여 상법은 합명회사 및 주식회사에 관한 규정을 대부분 준용하고 있다(603조).

유한회사는 총사원의 일치에 의한 총회의 결의로 주식회사로 조직을 변경할 수 있다. 다만, 회사는 그 결의를 정관으로 정하는 바에 따라 제585조의 사원총회의 결의로 할 수 있다(607조 1항). 이 경우 발행하는 주식의 발행가액의 총액은 회사에 현존하는 순재산액을 초과하지 못한다(2항). 이때 회사에 현존하는 순재산액이 조직변경으로 발행하는 주식의 발행가액 총액에 부족할 때에는 합병결의 당시의 이사, 감사 및 사원은 연대하여 회사에 그 부족액을 지급할 책임이 있다(4항). 유한회사의 주식회사로의 조직변경은 법원의 인가를 받지 아니하면 효력이 없다(3항). 유한회사가 주식회사로 조직변경한 때에는 소정기간 내에 등기하여야 한다(동조 5항, 606조).

Ⅶ. 해산과 청산

유한회사는 (i) 존립기간의 만료 기타 정관으로 정한 사유의 발생, (ii) 합병, (iii) 파산, (iv) 법원의 명령 또는 판결 및 (v) 사원총회의 특별결의로 해산한다

(609조). 즉, 유한책임회사 및 주식회사의 경우와 같이 사원이 1인으로 된 때에도 해산하지 않는다. 위 (i) 또는 (v)의 사유로 회사가 해산한 경우 사원총회의 특별결의로 회사를 계속할 수 있다(610조). 회사를 해산한 때에는 잔여재산은 정관에 다른 정함이 있는 경우 외에는 각사원의 출자좌수에 따라 사원에게 분배하여야 한다(612조). 유한회사를 해산한 때에는 소정기간 내에 등기하여야 한다(613조 1항, 228조). 유한회사의 청산절차는 주식회사의 경우와 대체로 같다(613조 참조).

회사법

제13장 외국회사

Ⅰ. 대표자 및 영업소의 등기

외국회사가 대한민국에서 영업을 하려면 대한민국에서의 대표자를 정하고 대한민국 내에 영업소를 설치하거나 대표자 중 1명 이상이 대한민국에 그 주소를 두어야 한다(614조 1항). 이 경우 외국회사는 그 영업소의 설치에 관하여 대한민국에서 설립되는 동종의 회사 또는 가장 유사한 회사의 지점과 동일한 등기를 하여야 한다(2항). 이러한 등기에서는 회사설립의 준거법과 대한민국에서의 대표자의 성명과 그 주소를 등기하여야 한다(3항). 외국회사는 그 영업소의 소재지에서 위의 등기를 하기 전에는 계속하여 거래를 하지 못한다(616조 1항). 이에 위반하여 거래를 한 자는 그 거래에 대하여 회사와 연대하여 책임을 진다(2항).

Ⅱ. 대차대조표 등의 공고

외국회사로서 이 법에 따라 등기를 한 외국회사(대한민국에서의 같은 종류의 회사 또는 가장 비슷한 회사가 주식회사인 것만 해당한다)는 상법 제449조에 따른 승인과 같은 종류의 절차 또는 이와 비슷한 절차가 종결된 후 지체 없이 대차대조표 또는 이에 상당하는 것으로서 대통령령으로 정하는 것을 대한민국에서 공고하여야 한다(616조의2, 영 43조).

Ⅲ. 영업소폐쇄명령

외국회사가 대한민국에 영업소를 설치한 경우에 다음의 사유가 있는 때에는 법원은 이해관계인 또는 검사의 청구에 의하여 그 영업소의 폐쇄를 명할 수 있다(619조 1항).

- 영업소의 설치목적이 불법한 것인 때
- 영업소의 설치등기를 한 후 정당한 사유없이 1년내에 영업을 개시하지 아니하거나 1년 이상 영업을 휴지한 때 또는 정당한 사유없이 지급을 정지한 때
- 회사의 대표자 기타 업무를 집행하는 자가 법령 또는 선량한 풍속 기타 사회질서에 위반한 행위를 한 때

이 경우 회사의 해산명령에 관한 상법 제176조 제2항 내지 제4항의 규정을 준용한다(619조 2항).

Ⅳ. 한국에 있는 재산의 청산

법원이 위와 같이 영업소의 폐쇄를 명한 경우에는 법원은 이해관계인의 신청에 의하여 또는 직권으로 대한민국에 있는 그 회사재산의 전부에 대한 청산의 개시를 명할 수 있다. 이 경우에는 법원은 청산인을 선임하여야 한다(620조 1항). 이는 외국회사가 스스로 영업소를 폐쇄한 경우에도 같다(3항).

Ⅴ. 기 타

외국에서 설립된 회사라도 대한민국에 그 본점을 설치하거나 대한민국에서 영업할 것을 주된 목적으로 하는 때에는 대한민국에서 설립된 회사와 같은 규정에 따라야 한다(617조). 외국회사는 다른 법률의 적용에 있어서는 법률에 다른 규정이 있는 경우 외에는 대한민국에서 성립된 동종 또는 가장 유사한 회사로 본다(621조).

회사법

제14장 벌 칙

Ⅰ. 형사제재

상법은 회사법 위반행위에 대하여 다음과 같이 형사제재를 규정한다.

1) 발기인·이사 기타의 임원 등의 특별배임죄: 10년 이하의 징역 또는 3천만원 이하의 벌금(622조)
2) 사채권자집회의 대표자 등의 특별배임죄: 7년 이하의 징역 또는 2천만원 이하의 벌금(623조)
3) 주요주주 등 이해관계자와의 거래 위반의 죄: 5년 이하의 징역 또는 2억원 이하의 벌금(624조의2)
4) 회사재산을 위태롭게 하는 죄: 3년 이하의 징역 또는 1천500만원 이하의 벌금(625조)
5) 주식의 취득제한 등에 위반한 죄: 2천만원 이하의 벌금(625조의2)
6) 부실보고죄: 5년 이하의 징역 또는 1천500만원 이하의 벌금(626조)
7) 부실문서행사죄: 5년 이하의 징역 또는 1천500만원 이하의 벌금(627조)
8) 납입가장죄 등: 5년 이하의 징역 또는 1천500만원 이하의 벌금(628조)
9) 초과발행의 죄: 5년 이하의 징역 또는 1천500만원 이하의 벌금(629조)
10) 발기인·이사 기타 임원의 독직죄: 5년 이하의 징역 또는 1천500만원 이하의 벌금(630조)
11) 권리행사방해 등에 관한 증수뢰죄: 1년 이하의 징역 또는 300만원 이하의 벌금(631조)
12) 납입책임면탈의 죄: 1년 이하의 징역 또는 300만원 이하의 벌금(634조)
13) 주주의 권리행사에 관한 이익공여의 죄: 1년 이하의 징역 또는 300만원 이하의 벌금(634조의2)

위 1) 및 2)의 죄의 미수범은 처벌한다(624조). 위 1) 내지 11)의 징역과 벌금은 이를 병과할 수 있다(632조). 위 10), 11)의 경우에는 범인이 수수한 이익은 이를 몰수한다. 그 전부 또는 일부를 몰수하기 불능한 때에는 그 가액을 추징한다(633조). 회사의 대표자나 대리인, 사용인 그 밖의 종업원이 그 회사의 업무에 관하여 위 3)의 위반행위를 하면 그 행위자를 벌하는 외에 그 회사에도 해당 조문의 벌금형을 과한다(634조의3). 위 1), 2), 4), 7), 8) 및 10)의 조문에 규정된 자가 법인인 경우에는 해당 벌칙은 그 행위를 한 이사, 집행임원, 감사, 그 밖에 업무를 집행한 사원 또는 지배인에게 적용한다(637조).

Ⅱ. 과태료

상법은 회사법 위반행위 중 과태료에 처할 행위와 과태료의 부과·징수절차에 관한 규정들을 두고 있다(635조, 636조, 637조의2).

찾아보기

ㄱ

가맹업 170
가설인・타인명의의 주식청약 206
감사 335
감사위원회 339
감시의무 310
감자무효의 소 365
개입권 62
결약서 134
결의무효확인의 소 281
결의부존재확인의 소 282
결의취소의 소 279
경업금지의무 312
고가물에 대한 특칙 151
공동대표이사 300
공동지배인 53
공익권 229
공중접객업자 161
권리주 239
금융리스업 168
기본적 상행위 37
기업의 유지 30
기준일 236

ㄴ

낙부통지의무 106
납입가장 210
내국회사 185

ㄷ

단기소멸시효 152
단독주주권 230
대리상 128
대용납입 385
대표권의 남용 299
대표소송 331
대표이사 297
대표집행임원 307

ㅁ

명의개서 248
명의개서대리인 256
명의개서 전 주식취득자의 지위 250
명의대여자의 책임 73
모집설립 199
무액면주식 190
물건운송 148
물건판매점포의 사용인 59
물적회사 184
민법의 상화 26
민사회사 42, 185
민상2법통일론 26

ㅂ

발기설립 199
발기인 196
_____의 책임 213
발기인조합 197
배당가능이익 373

배정자유의 원칙 209
법인격부인론 179
변태설립사항 201
보조적 상행위 97
보통거래약관 33
보통결의 272
부당결의취소·변경의 소 283
부분적 포괄대리권을 가진 상업사용인 57
부실등기의 효력 84
비상근이사 284
비상장회사 185

ㅅ

사내이사 284
사실인 상관습 33
사외이사 284
사채 379
사채관리회사 381
사채권자집회 381
사후설립 202
상관습법 32
상법의 법원 31
상사매매 113
상사법정이율 109
상사자치법 33
상사채권의 단기시효 100
상사회사 184
상업등기 80
상업사용인 48
_________의 경업피지의무 60
상업장부 77
상인 36
상인자격 42
상장회사 185
상행위 96
_____의 대리 99
상호 66
상호계산 117
상호권 68
상환주식 225
서면투표 270
설립등기 212
설립무효의 소 217
설립중의 회사 197
설비상인 41
소상인 42
소수주주권 230
소유와 경영의 분리 261
수권자본제도 191
순차운송 158
순차운송주선 145
신주발행무효의 소 356
신주발행의 유지청구 352
신주인수권 343
신주인수권부사채 384
신주인수권증권 385
신주인수권증서 346
실권주 211, 350
실기주 255
실질적 의의의 상법 25
쌍방적 상행위 98

ㅇ

액면미달발행 342
액면주식 190
업무집행지시자 등의 책임 328
여객운송 159
영업능력 46
영업보고서 368
영업소 64
영업양도 87
영업적 상행위 96
완전상인 42
외관존중주의 29
외국회사 185, 413
운송인 147
운송주선인 142
위탁매매인 136
유가증권 112
유사발기인 216

유한책임회사 403
유한회사 407
의결권 266
_____의 대리행사 269
_____의 불통일행사 268
의제상인 40
이사 284
___와 통모한 인수인의 책임 354
___의 위법행위에 대한 유지청구권 330
___의 책임 323
이사회 293
이사회내 위원회 297
이익배당 372
이행담보책임 139
익명조합 124
인적회사 184
일반상사유치권 102
일반적으로 공정하고 타당한 회계관행 367
일방적 상행위 98
1인회사 178

ㅈ

자기거래 금지의무 318
자기주식의 취득제한 241
자본금 189
_____의 감소 362
자본금불변의 원칙 193
자본금충실(유지 · 구속)의 원칙 192
자본금확정의 원칙 192
자익권 229
자회사에 의한 모회사주식취득의 제한 246
재무제표 368
재산인수 202
전단적 대표행위 298
전액납입주의 209
전자주주명부 235
전자투표 271
전환사채 382
전환주식 226
정관 199
___의 변경 360
제3자배정 343
조직변경 393
종류주식 222
종류주주총회 277
주권 231
___의 선의취득 257
주권불소지제도 232
주식 193
___의 공유 221
___의 병합 363
___의 분할 220
___의 소각 363
___의 양도 237
___의 양도담보 259
___의 입질 258
주식 · 사채의 전자등록제 233
주식매수선택권 289
주식배당 376
주식상호보유(상호주) 246
주식회사 189
주주 228
주주명부 234
주주명부의 폐쇄 236
주주배정 343
주주유한책임의 원칙 194
주주제안권 265
주주(주식)평등의 원칙 228
주주총회 262
준비금 369
_____의 자본전입 371
준위탁매매 141
중간배당 375
중개인 132
지배권 51
지배인 49
지정가액준수의무 138
집중투표제도 287
집행임원 305

ㅊ

창고업자 163
창고증권 167
창립총회 211
채권 380
채권매입업 171
청산 395
체당금의 이자 109
최저자본제 190
충실의무 310

ㅌ

통상의 신주발행 341
특별결의 273
특별결의 반대주주의 주식매수청구권 274
특별소멸사유 152
특별이해관계인 267
특수결의 276
특수한 신주발행 341

ㅍ

표현대표이사 302
표현지배인 55

ㅎ

합명회사 397
합병 387
합자조합 125
합자회사 401
현물출자 350
형식적 의의의 상법 25
화물명세서 153
화물상환증 155
확정자본제도 191
회사 175
___의 계속 394
___의 분할 390
___의 해산 393
회사기회 유용금지의무 315

저자약력

이 기 종

연세대학교 법과대학 졸업
연세대학교 법학박사 학위취득
미국 UC Berkely Law School Visiting Scholar
변호사시험 · 사법시험 · 군법무관 임용시험 · 행정고등고시 · 외무고시 문제은행 출제위원
사법시험 · 행정고등고시 · 가맹거래사시험 시험위원
(현) 숙명여자대학교 법과대학 교수
대리점 분쟁조정협의회 위원장
아시아경쟁연합(ACA) 사무총장
블로그 : economiclaw7.blog.me

[주요 저작]

- 경제법(제3판)(삼영사, 2019)
- 공정거래법 심결 해설 및 평석(공저)(한국공정거래협회, 2000)
- 경제법(공저)(박영사, 2000)
- 플랫폼 경쟁법(삼영사, 2021)
- General Principles of Korean Commercial Law(삼영사, 2021)
- "Promoting Convergence of Competition Policies in Northeast Asia : Culture–competition Correlation and Its Implication", *The Global Limits of competition Law*, ed. Ioannis Lianos and Daniel Sokol (Stanford, California: stanford University Press, 2012) 외 논문 다수.

저자와의
협의하에
인지생략

상법 [총칙 · 상행위 · 회사] [제3판]

2017년 8월 16일 1판 1쇄 발행
2020년 1월 20일 2판 1쇄 발행
2022년 2월 10일 3판 1쇄 발행
2025년 2월 17일 3판 2쇄 발행

저 자 이 기 종
발행인 고 성 익
조 판 해 인 기 획

05027
발행처 서울특별시 광진구 아차산로 335 삼영빌딩
도서출판 三 英 社
등 록 1972년 4월 27일 제 2013-21호
전 화 737-1052 · 734-8979 FAX 739-2386

정가 : 28,000 원

ISBN 978-89-445-0539-3-93360